1848. D.

Jur.

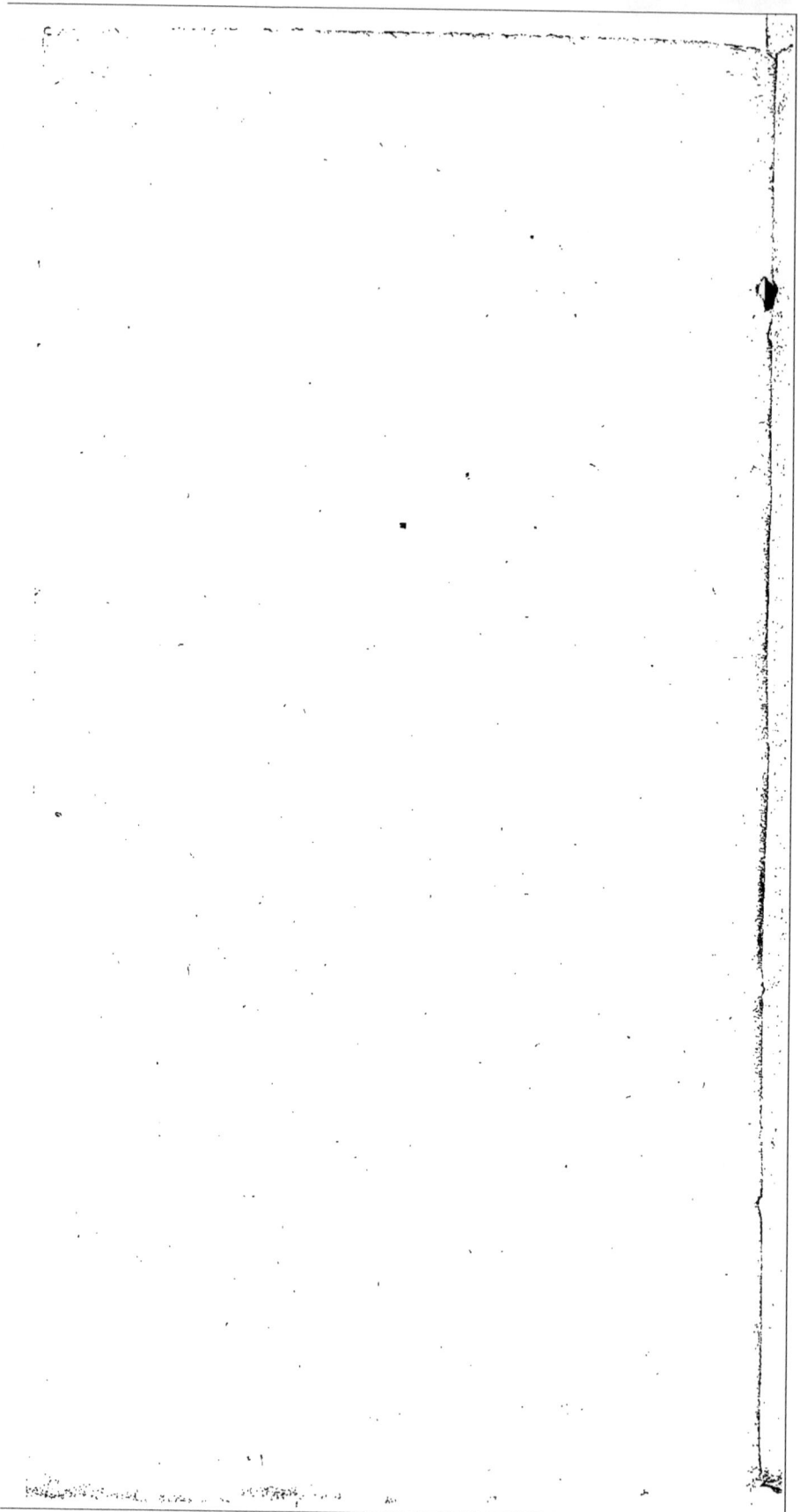

DROIT PUBLIC
D'ALLEMAGNE,

CONTENANT

La forme de son Gouvernement, ses différentes Loix; l'Election, le Couronnement &c. de l'Empereur & du Roi des Romains, leur Origine, Titres, Droits &c. ainsi que ceux des Electeurs, Princes & autres États de l'Empire; y compris ceux de la Noblesse immédiate.

On y a ajouté

Les Droits de la Noblesse Equestre de la Basse-Alsace son origine, & autres matieres intéressantes, avec ce qui est analogue à la France.

Le tout enrichi d'une compilation de Loix fondamentales de l'Empire.

PAR M. JACQUET,
Licencié-ès-Loix.

TOME VI.

à STRASBOURG,

De l'Imprimerie de SIMON KÜRSNER.
M DCC LXXXII.

Avec Approbation.

TABLE

Fin de la Table.

APPROBATION.

Nous soufignés avons permis &
approuvé l'impreffion des trai-
tes de paix & autres loix fonta-
mentales de l'Empire, contenus aū
préfent VI. Tome.

Permis d'imprimer, ce 28. Septembre 1781. WENCKER, XV.

*Permis d'imprimer ce 2. Octobre
1781, GERARD.*

TRAITÉ DE PAIX,

ENTRE

LE ROI ET L'EMPEREUR,

Conclu à Raſtadt(a) le 6 Mars 1714.

LOUIS, par la grace de. Dieu, Roi de France & de Navarre : A tous ceux qui ces préſentes Lettres verront, Salut. Comme notre très-cher & bien-amé couſin, le Duc de Villars, Pair & Maréchal de France, Général de nos armées en Allemagne, Chevalier de nos Ordres, Gouverneur & notre Lieutenant général en notre pays & Comté de Provence, notre Ambaſſadeur & Plénipotentiaire, en vertu des pleins-pouvoirs que nous lui avions donné, auroit conclu, arrêté & ſigné le ſixieme du

---

(a) Les deux Traités de Raſtadt & de Bade ſont preſqu'en toutes leurs diſpoſitions les mêmes ; ainſi pour ne point ſurcharger cet ouvrage d'une répétition inutile, j'apporterai le Traité de Raſtadt, en y inſérant par des lettres italiques les différences du Traité de Bade.

Tome VI.   A

préfent mois de Mars à Raftadt, avec notre très-cher & bien-amé coufin le Prince Eugene de Savoye, Chevalier de la Toifon d'Or, Préfident du Confeil Aulique, Lieutenant général & Maréchal de Camp de l'Empire, en qualité d'Ambaffadeur extraordinaire & plénipotentiaire de notre très-cher & très-amé frere l'Empereur, pareillement muni de fes pleins-pouvoirs, le traité de paix & les articles féparés, dont la teneur s'enfuit :

Au nom de la Très-Sainte & indivifible Trinité.

Soit notoire à tous & à chacun à qui il appartient, ou qu'il pourra en quelque façon appartenir, que depuis plufieurs années l'Europe ayant été agitée de longues & fanglantes guerres, où les principaux Etats ou Royaumes qui la compofent, fe font trouvés enveloppés, il a plu à Dieu qui tient les cœurs des Rois entre fes mains, de porter enfin les efprits des Souverains à une parfaite réconciliation, & de préparer les voies à terminer la guerre commencée premiérement entre le féréniffime & très-puiffant Prince & Seigneur Léopold, élu Empereur des Romains, toujours Augufte, Roi de Germanie & de Bohéme, de glorieufe mémoire ; & depuis fon décès, entre le féréniffime & très-puiffant Prince & Seigneur, le Seigneur Jofeph fon fils,

élu Empereur des Romains , toujours
Augufte , Roi de Germanie &c. de glo-
rieufe mémoire ; & après fa mort entre
le féréniffime & très-puiffant Prince &
Seigneur, le Seigneur Charles VI , élu
Empereur des Romains , toujours Augufte, Roi de Germanie, de Caftille,
d'Aragon, de Léon, des deux Siciles, de
Jerufalem , de Hongrie , de Bohéme , de
Dalmatie , de Croatie , de Sclavonie , de
Navarre , de Grénade , de Tolede , de
Valence , de Galice , de Majorque , de
Séville , de Sardaigne , de Cordoue , de
Corfe , de Murcie , des Algarbes , d'Al-
ger , de Gibraltar , des Isles de Canaries , des Indes , Isles & terres fermes
de l'Océan , Archi-Duc d'Autriche , Duc
de Bourgogne, de Brabant, de Milan ,
de Stirie , de Carinthie , de Carniole ,
de Limbourg , de Luxembourg , de Guel-
dre , de Wirtemberg , de la haute &
baffe Siléfie , de Calabre , Prince de Suabe , de Catalogne , d'Afturie , Marquis
du faint Empire Romain , de Burgau,
de Moravie , de la haute & baffe Lufa-
ce, Comte d'Habfpourg , de Flandres ,
de Tirol, de Frioul, de Kybourg , de
Gorice , d'Artois , de Namur , de Rouf-
fillon & de Cerdaigne, Seigneur de la
Marche Efclavone, de Port-Mahon & de
Salins , de Bifcaye , de Moline , de
Tripolis & de Malines , &c. & le faint
Empire d'une part ; & le féréniffime &
très-puiffant Prince & Seigneur , le Seigneur Louis XIV, Roi Très-Chrétien de

France & de Navarre, de l'autre part; en sorte que Sa Majesté Impériale & Sa Majesté Très-Chrétienne ne souhaitant rien aujourd'hui plus ardemment, que de parvenir par le rétablissement d'une paix ferme & inébranlable à faire cesser la désolation de tant de Provinces, & l'effusion de tant de sang chrétien; elles ont consenti que pour y parvenir plus promptement, il se tînt des conférences à Rastadt, entre les deux Généraux commandans en chef leurs armées, qu'elles ont muni à cet effet de leurs pleins pouvoirs, & établi leurs Ambassadeurs extraordinares & plénipotentiaires pour ce sujet; savoir, de la part de l'Empereur, le très-haut Prince & Seigneur Eugene de Savoye, &c. & de la part du Roi Très-Chrétien le très-haut & très - excellent Seigneur Louis-Hector, Duc de Villars, Pair & Maréchal de France, &c. lesquels après avoir imploré l'assistance Divine, & s'être communiqué réciproquement les pleins-pouvoirs, dont les copies sont insérées de mot à mot à la fin de ce traité, sont convenus pour la gloire du saint nom de Dieu, & le bien de la République chrétienne, des conditions réciproques de paix & d'amitié, dont la teneur s'ensuit.

ARTICLE I.

Il y aura une paix chrétienne, universelle, & une amitié perpétuelle, vraie & sincere entre Sa Majesté Impériale & l'Empire, & Sa Majesté Royale Très-chrétienne & leurs héritiers, Succeſſeurs, Royaumes & Provinces, en ſorte que l'un n'entreprenne aucune choſe ſous quelque prétexte que ce ſoit, à la ruine ou au préjudice de l'autre, & ne prête aucun ſecours, ſous quelque nom que ce ſoit, à ceux qui voudroient l'entreprendre, ou faire quelque dommage en quelque maniere que ce pût être; que Sa Majeſté Impériale & l'Empire, & Sa Majeſté Très-Chrétienne ne protégent ou aident en quelque ſorte que ce ſoit les ſujets rébelles ou déſobéiſſans à l'une ou à l'autre; mais au contraire qu'Elles procurent ſérieuſement l'utilité, l'honneur & l'avantage de l'une l'autre, nonobſtant toutes promeſſes, traité, ou alliances contraires, faits ou à faire, en quelque ſorte que ce ſoit.

I I.

Qu'il y ait de part & d'autre un perpétuel oubli & amniſtie de tout ce qui a été fait depuis le commencement de cette guerre, en quelque maniere & en quelque lieu que les hoſtilités ſe ſoient exercées; de ſorte que pour aucune de ces choſes, ni ſous quelque prétexte que ce ſoit, on ne faſſe dorénavant l'un à l'autre, ni ne ſouffre faire aucun tort directement ou indirectement, ni par voie de fait, ni au-dedans ni au-dehors de l'étendue de l'Empire & des pays héréditaires de Sa Majesté Impériale & du Royaume de France, nonobstant tous pactes faits au contraire auparavant ; mais que toutes les injures qu'on a reçues de part & d'autre en paroles, écrits, hostilités, dommages & dépenses, sans aucun égard aux personnes & aux choses, soient entiérement abolies ; de maniere que tout ce que l'un pourroit demander & prétendre sur l'autre à cet égard, soit entiérement oublié.

I I I.

Les Traités de Westphalie, de Nimegue & de Ryswick, sont considérés comme la base & le fondement du présent Traité ; & en conséquence immédiatement après l'échange des ratifications, lesdits Traités seront entiérement exécutés à l'égard du spirituel & du temporel, & seront observés inviolablement à l'avenir, si ce n'est en tant qu'il y sera expressément dérogé par le présent Traité ; en sorte que tout sera rétabli généralement dans l'Empire & ses appartenances, ainsi qu'il a été prescrit par le susdit Traité de Ryswick, tant par rapport aux changemens qui ont été faits pendant cette guerre, ou avant, qu'à l'égard de ce qui n'a pas été exécuté, s'il se trouve effectivement que quelque article soit demeuré sans exécution, ou que l'exécution faite ait été changée depuis.

I V.

Conformément au Traité de Ryſwick,
Sa Majeſté Très-Chrétienne rendra à l'Empereur la ville & fortereſſe du vieux Bri-
ſac entiérement dans l'état où elle eſt
à préſent; avec les greniers, arſenaux,
fortifications, remparts, murailles, tours
& autres édifices publics & particuliers,
& toutes les dépendances ſituées à la
droite du Rhin, laiſſant au Roi Très-
Chrétien celles qui ſont à la gauche,
nommément le fort appellé le Mortier;
le tout aux clauſes & conditions portées par l'article XX. du Traité conclu
à Ryſwick au mois d'Octobre 1697,
entre le défunt Empereur Léopold, &
le Roi Très-Chrétien.

V.

Sa Majeſté Très-Chrétienne rend pareillement à Sa Majeſté Impériale & ſéréniſſime Maiſon d'Autriche, la ville & fortereſſe de Fribourg, de même que le
fort de Saint Pierre, le fort appellé de
l'Etoile, & tous les autres forts conſtruits ou réparés, là ou ailleurs dans
la forêt Noire, ou dans le reſte du Briſ-
gau, le tout en l'état où il eſt préſentement, ſans rien démolir ou détériorer,
avec les villages de Lehem, Mertzhau-
ſen, & Kirchzarten, & avec tous leurs
droits, archives, écritures & documens
écrits, leſquels y ont été trouvés lors

A 4

que Sadite Majesté très-chrétienne s'en
eſt miſe derniérement en poſſeſſion, ſoit
qu'ils ſoient encore ſur les lieux, ſoit
qu'ils aient été transportés ailleurs,
ſauf & réſervé le droit Diocéſain, &
autres droits & revenus de l'Evêché de
Conſtance.

V I.

Le fort de Kehl conſtruit par Sa Majeſté Très - Chrétienne à la droite du
Rhin, au pont de Strasbourg, ſera pareillement rendu par Elle à l'Empereur
& à l'Empire en ſon entier, ſans en
rien démolir, & avec tous ſes droits &
dépendances; quant au fort de la Pile &
autres conſtruits dans les Isles du Rhin,
ſous Strasbourg, ils feront entiérement
raſés aux dépens du Roi Très-Chrétien,
ſans qu'ils puiſſent être rétablis ci-après
par l'un ou par l'autre, leſquelles ceſſions
& démolitions des places & fortifications
ci-deſſus énoncées, feront faites dans
les termes portés par les articles ſuivans,
c'eſt-à-dire, à compter du jour de l'é-
change des ratifications du Traité de paix
ſolemnel ou général entre Sa Majeſté
Impériale, l'Empire, & Sa Majeſté Très-
Chrétienne, la navigation & autres uſages du fleuve demeurant libres & ouverts
aux ſujets des deux partis, & à tous
ceux qui voudront y paſſer, naviguer
ou tranſporter leurs marchandiſes, ſans
qu'il ſoit permis à l'un ou à l'autre de

rien entreprendre pour détourner ledit fleuve, & en rendre en quelque forte le cours & la navigation, ou autres ufages, plus difficiles; moins encore d'exiger de nouveaux droits, impôts & péages, ou augmenter les anciens, d'obliger les bateaux d'aborder à une rive plutôt qu'à l'autre, d'y expofer leurs charges & marchandifes, ou d'y en recevoir; mais le tout fera toujours à la liberté de chaque particulier.

V I. I.

Lefdits lieux, châteaux & forterefles de Brifac, Fribourg & Kehl, feront rendus à Sa Majefté Impériale & à l'Empire, avec toutes leurs jurifdictions, appartenances & dépendances; comme auffi avec leur artillerie & munitions qui fe font trouvés dans lefdites places, lorfque Sa Majefté Très Chrétienne les a occupées pendant cette guerre, fuivant les inventaires qui ont été faits, & feront délivrés fans aucune réferve ni exception, & fans en rien retenir, de bonne foi & fans aucun retardement, empêchement ou prétexte à ceux qui, après l'échange des ratifications du préfent Traité, & celui des ratifications du Traité de paix folemnel ou général entre Sa Majefté Impériale, l'Empire, & Sa Majefté Très Chrétienne, feront établis & députés fpécialement pour cet effet par Sa Majefté Impériale feule, ou felon la différence des lieux par Elle & par l'Empire, &

en auront fait apparoir leurs pleins-pouvoirs aux Intendans, Gouverneurs ou
Officiers François des lieux qui doivent
être rendus, en forte que lefdites
villes, citadelles, forts & lieux, avec
tous leurs privileges, utilités, revenus &
émolumens, & autres chofes quelconques
y comprifes, retournent fous la jurif-
diction, poffeffion actuelle & abfolue,
puiffance & fouveraineté de Sa Majefté
Impériale, de l'Empire & de la Maifon
d'Autriche, ainfi qu'ils leur ont appartenu
autrefois, & ont été poffédés depuis par
Sa Majefté Très-Chrétienne, fans que fadite
Majefté Très-Chrétienne retienne ou fe
réferve aucun droit ou prétention fur
les lieux fufdits, & fur leur reffort.

Il ne fera rien exigé non plus pour
les frais & dépenfes employés aux fortifications & autres édifices publics ou
particuliers; la pleine & entiere reftitution ne pourra être différée pour quelque caufe que ce foit dans les termes
qui feront prefcrits ci-après, en forte
que les garnifons Françoifes en fortent
entiérement, fans molefter, vexer les
Citoyens & Habitans, leur caufer quelque perte ou quelque peine, non plus
qu'aux autres Sujets de Sa Majefté Impériale ou de l'Empire, fous prétexte de
dettes ou de prétentions de quelque nature qu'elles puiffent être.

Il ne fera pas permis non plus aux
troupes Françoifes de demeurer plus long-
temps au-delà des termes qui feront fti-

pulés ci-après dans les lieux qui doivent
être rendus, ou autres quelconques,
qui n'appartiendront pas à Sa Majesté
très-chrétienne, d'y établir des quartiers
d'hiver ou quelque féjour, mais feront
obligés de fe retirer inceffamment fur les
terres appartenantes à Sadite Majesté.

V I I I.

Sa Majesté Très-Chrétienne promet pareillement de faire rafer à fes dépens
les fortifications conftruites vis-à-vis Hu-
ningue, fur la droite & dans l'isle du
Rhin, de même que le pont conftruit
en cet endroit fur le Rhin, en rendant
les fonds & édifices à la famille de Bade;
comme aufli le fort de Sellingen, les
forts qui fe trouvent dans les isles entre
ledit fort de Sellingen & le Fort-Louis;
& quant au terrein du fort démoli, il
fera rendu avec les maifons à la famille
de Bade; de détruire la partie du pont
qui conduit dudit fort de Sellingen au
Fort-Louis, & le fort bâti à la droite du
Rhin, vis-à-vis ledit Fort-Louis, fans
qu'ils puiffent déformais être rétablis
par aucune des parties : bien entendu
que le Fort-Louis & l'isle demeureront
au pouvoir du Roi Très-Chrétien. Sadite
Majesté Très-Chrétienne promet de faire
rafer à fes dépens tous les forts, re-
tranchemens, lignes & ponts fpécifiés
dans le Traité de Ryfwick, & que Sa
Majesté aura fait conftruire depuis ladite

paix de Ryfwick, foit le long du Rhin, dans
le Rhin , ou ailleurs , dans l'Empire . &
fes appartenances , fans qu'il foit permis de les rétablir.

I X.

Le Roi Très Chrétien s'engage & promet pareillement de faire évacuer le château de Bitfch avec toutes fes appartenances, comme auffi le château d'Hom-
bourg, en faifant auparavant rafer les
fortifications , pour n'être plus·rétablies ;
en forte néanmoins que lefdits châteaux
& ·les Villes qui y font jointes, n'en
reçoivent aucun dommage , mais demeu-
rent totalement en leur entier.

X.

Trente jours après que les ratifications
du Traité de paix général ou folemnel à
faire entre Sa Majefté Impériale, l'Empire, & Sa Majefté Très-Chrétienne auront
été échangées , & même plutôt, fi faire
fe peut, les places & lieux fortifiés ,
tant ci-deffus nommés, que généralement
tous ceux qui doivent être rendus fuivant le préfent Traité relatif à celui de
Ryfwick, dont les articles feront tenus
pour compris dans ce Traité, & exécutés
ponctuellement, de même que s'ils fe
trouvoient ici inférés mot à mot , feront
remis entre les mains de ceux qui feront
autorifés pour cet effet par l'Empereur

& l'Empire, ou par les autres Princes particuliers qui devront les posséder en vertu du Traité de Ryswick, sans qu'il soit permis de rien démolir des fortifications ni des édifices publics ou particuliers, & sans rien détériorer de l'état où ils se trouvent présentement, ni rien exiger pour les dépenses faites dans lesdits lieux, ou à leur occasion; seront aussi rendus en même temps toutes archives & documens appartenans, soit à Sa Majesté Impériale, ou aux Etats de l'Empire, soit aux places & lieux que Sa Majesté Très-Chrétienne s'engage de remettre.

X I.

Comme l'intention du Roi Très-Chrétien est d'accomplir le plus promptement qu'il sera possible, les conditions du présent Traité, Sa Majesté promet que les places & lieux qu'elle s'engage à faire démolir à ses dépens, le seront; savoir, les plus considérables dans le terme de deux mois au plus tard, après l'échange des ratifications du Traité général ou solemnel à faire entre Sa Majesté Impériale, l'Empire & Sa Majesté très-chrétienne, & les moins considérables dans l'espace d'un mois, à compter aussi de l'échange des ratifications dudit Traité.

X I I.

Et comme Sadite Majesté Très Chrétienne veut véritablement & de bonne foi rétablir une fincere union avec l'Empereur & l'Empire, elle promet & s'engage lorfqu'Elle traitera avec les Electeurs, Princes & Etats au Congrès général avec l'Empereur & l'Empire, de leur rendre auffi-bien qu'aux fujets, cliens & vaffaux dudit Empire, tant eccléfiaftiques que féculiers, & généralement à tous ceux qui font nommés & compris dans la paix de Ryfwick, quoiqu'ils ne foient pas ici nommément exprimés, les Etats, places, biens dont elle fe feroit mife en poffeffion pendant le cours & à l'occafion de la préfente guerre, foit par la voie des armes, par confifcation, ou de telle autre maniere que ce puiffe être; comme auffi d'exécuter pleinement & ponctuellement toutes claufes & conditions du Traité de Ryfwick, auxquelles il n'aura pas été expreffément dérogé par le préfent Traité, s'il y en a quelqu'une qui n'ait pas été exécutée, depuis la conclufion de la paix de Ryfwick.

XIII.

Réciproquement Sa Majefté Impériale voulant témoigner le defir qu'Elle a de contribuer à la fatisfaction de Sa Majefté très-chrétienne, & d'entretenir déformais avec Elle une amitié fincere, & une intelligence parfaite; & en vertu de la paix de Ryfwick, rétablie par ce préfent traité, confent que la ville de Landau avec fes dépendances, confiftant dans les villages de Nufdorff, Damheim & Queichheim, avec leurs bans, ainfi que le Roi très-chrétien en jouiffoit avant la guerre, demeure fortifiée à Sa Majefté très-chrétienne; Sa Majefté Impériale fe faifant fort d'en obtenir le confentement & l'approbation de l'Empire, quand il fera queftion de dreffer & de conclure le traité de paix folemnel ou général entre Sa Majefté Impériale, l'Empire, & Sa Majefté très-chrétienne.

X I V,

La Maifon de Brunfwick-Hanover ayant été élevée par l'Empereur, du confentement de l'Empire, à la dignité Electorale, Sa Majefté Très-Chrétienne reconnoitra en vertu de ce Traité cette dignité Electorale dans ladite Maifon.

X V.

Pour ce qui eft de la Maifon de Baviere, Sa Majefté Impériale & l'Empire confentent par les motifs de la tranquillité publique, quen vertu du préfent Traité, & du Traité général & folemnel à faire avec l'Empereur & l'Empire, le Seigneur Jofeph-Clément, Archevêque de Cologne, & le Seigneur Maximilien-Emanuel de Baviere foient rétablis généralement & entiérement dans tous leurs Etats, rangs, prérogatives, régales, biens, dignités Electorales & autres, & dans tous les droits, en la même maniere qu'ils en ont joui ou pu jouir avant cette guerre, & qui appartenoit à l'Archevêché de Cologne & autres Eglises nommés ci-après, ou à la Maison de Baviere, médiatement ou immédiatement. Ils pourront envoyer avec leurs pleins-pouvoirs, & sans caractere au Congrès du Traité général ou solemnel à faire entre Sa Majesté Impériale, l'Empire & Sa Majesté très-chrétienne, pour y négocier & veiller à leurs intérêts sans aucun obstacle, aussi-tôt que les conférences commenceront pour cet effet. Leur seront aussi rendus de bonne foi tous les meubles, pierreries, bijoux & autres effets de quelque nature qu'ils puissent être ; comme aussi toutes les munitions & artilleries spécifiées dans les inventaires autentiques que l'on produira de part & d'autre ; c'est-à-dire, toutes celles qui peuvent avoir été ôtées par l'ordre de l'Empereur & de ses prédécesseurs, de glorieuse mémoire, depuis l'occupation de Baviere, de leurs palais, châteaux, villes, forteresses & lieux quelconques qui leur ont appartenu, & qui leur appartiendront, à l'exception de l'artillerie qui appartenoit aux villes & Etats voisins qui leur a été restituée, & pareillement toutes les archives & papiers seront restitués.

Ajouté du Traité de Bade. *Quant à ce qui manquera ou qui aura été converti en une autre forme,*

ou

ou qu'il feroit difficile de raffembler, le juste prix des chofes ainfi ôtées, & qui devroient d'ailleurs être reftituées, fera payé en argent comptant, ou bien l'on en conviendra autrement.

Et fera le Seigneur Archevêque de Cologne rétabli en fon Archevêché de Cologne, fes Evechés d'Hildesheim, de de Ratisbonne, de Liége & de la Prépofiture de Bertholsgaden, fans qu'aucune raifon de procès ou prétentions, puiffe, en façon quelconque, altérer la -reftitution totale; fauf pourtant les droits de ceux qui pourroient en avoir, lefquels il leur fera permis, après que les deux Electeurs y auront été actuellement rétablis, de pourfuivre comme avant la premiere guerre par les voies de Juftice établis dans l'Empire; fauf auffi les priviléges des Chapitres & Etats de l'Archevêché de Cologne & des autres Eglifes, établis précédemment, fuivant leurs unions, traités & conftitutions.

Et quant à la Ville de Bonn, en temps de paix, il n'y aura point de garnifon du tout, mais la garde en fera confiée aux Bourgeois de la ville; & quant à celle du Corps & du Palais, elle fera reftrainte dans les fimples compagnies de fes gardes, dont il conviendra avec Sa Majefté Impériale & l'Empire; bien entendu pourtant que dans un temps de guerre, ou apparence de guerre, Sa Majefté Impériale & l'Empire puiffent y mettre autant de troupes que la raifon

de guerre demandera, conformément
aux loix & conftitutions de l'Empire;
bien entendu auffi, que moyennant cette
reftitution totale, lefdits deux Seigneurs
de la Maifon de Baviere, renonceront
pour toujours, & feront cenfés déchus
dès-à-préfent de toutes prétentions, fatisfactions ou dédommagemens quelconques
qu'ils voudroient prétendre contre l'Empereur, l'Empire & la Maifon d'Autriche, pour raifon de la préfente guerre,
fans -pourtant que cette renonciation déroge en aucune maniere aux anciens
droits & prétentions qu'ils pourroient
avoir eu avant cette guerre, lefquels il
leur fera permis de pourfuivre comme
ci-devant, par les voies de Juftice établies dans l'Empire : de forte pourtant,
que cette réftitution totale ne leur donne
aucun nouveau droit contre qui que
ce foit.

Renonceront auffi, & font pareillement
cenfés déchus dès-à-préfent de toutes prétentions, fatisfactions ou dédommagemens quelconques, tous ceux qui voudront former des prétentions pour raifon
de la préfente guerre, contre la Maifon
de Baviere & les fufdits Archevêché,
Evéchés & Prévôté.

En vertu de cette reftitution totale,
les fufdits Seigneurs Jofeph Clément,
Archevêque de Cologne, & Maximilien-
Emanuel de Baviere, rendront obéiffance
& garderont fidélité à Sa Majefté Impériale, de même que les autres Electeurs

& Princes de l'Empire; & feront tenus
à demander & à prétendre dûment de
Sa Majefté Impériale le renouvellement
de l'inveftiture de leurs Electorats, Principautés, fiefs, titres & droits, dans la
maniere & temps prefcrits par les loix de
l'Empire ; & fera tout ce qui eft arrivé
de part & d'autre, pendant cette guerre,
mis à perpétuité dans un entier oubli.

X V I.

Les Miniftres, Officiers, tant Eccléfiaftiques que Militaires, Politiques &
Civils, de quelque condition qu'ils foient,
qui auront fervi en l'un ou en l'autre parti,
même ceux qui peuvent être fujets &
vaffaux de Sa Majefté Impériale, de
l'Empire & de la Maifon d'Autriche ;
auffi bien que tous les domeftiques quelconques de la Maifon de Baviere, &
du Seigneur Archevêque de Cologne,
feront pareillement retablis dans la poffeffion de tous leurs biens, charges,
honneurs & dignités, comme avant la
guerre, & jouiront d'une amniftie générale de tout ce qui a précédé, moyennant & à condition que cette même
amniftie foit entierement réciproque envers ceux de leurs fujets, vaffaux, miniftres ou domeftiques qui auront fuivi
pendant cette guerre le parti de Sa Majefté Impériale & de l'Empire, lefquels
ne pourront pour ce fujet être moleftés
ou inquiétés en maniere quelconque.

X V I I.

Quant au temps auquel la reſtitution totale ſpécifiée dans les deux articles pré-cédens doit ſe faire, il ſera limité dans le Traité général ou ſolemnel à faire entre l'Empereur, l'Empire, & Sa Majeſté très-chrétienne, à trente jours après l'échange des ratifications dudit Traité, ainſi qu'il a été convenu dans l'article dixieme, pour l'évacuation des places & lieux que Sa Majeſté très‑chrétienne promet de rendre à Sa Majeſté Impériale & à l'Em-pire; de maniere que l'un & l'autre, comme auſſi la reſtitution à l'Empereur des Etats & pays que la maiſon de Ba-viere poſſéde préſentement aux Pays-Bas, ſe feront en même temps.

X V I I I.

Si la Maiſon de Baviere, après ſon rétabliſſement total, trouve qu'il lui con-vienne de faire quelques changemens de ſes Etats contre d'autres, Sa Majeſté très-chrétienne ne s'y oppoſera pas.

X I X.

Sa Majeſté très-chrétienne ayant remis & fait remettre aux Etats généraux des Provinces-Unies en faveur de la Maiſon d'Autriche, tout ce que Sadite Majeſté ou ſes Alliés poſſédoient encore des Pays-Bas, communément appellés Eſpagnols, tels que le feu Roi d'Eſpagne Charles II.

les a possédé ou dû posséder, conformément au Traité de Ryswick: Sa Majesté très-chrétienne consent, que l'Empereur entre en possession desdits Pays-
Bas Espagnols, pour en jouir lui & ses
héritiers & successeurs désormais & à
toujours pleinement & paisiblement, selon
l'ordre de succession établi dans la Maison
d'Autriche; sauf les conventions que l'Empereur fera avec lesdits Etats généraux
des Province-Unies touchant leur barriere & la reddition des susdites places
& lieux; bien entendu que le Roi de
Prusse retiendra du haut quartier de Gueldres tout ce qu'il y possède & occupe
actuellement; savoir, la ville de Gueldres, la Préfecture, le Bailliage & le
bas Bailliage de Gueldres avec tout ce
qui y appartient & dépend; comme aussi
spécialement les Villes, Bailliages & Seigneuries de Strahlen, Wachtendonck,
Middelaar, Walbeck, Aertzen, Afferden
& de Weel; de même que Racy &
Kleinkevelaar avec toutes leurs appartenances & dépendances. De plus, il sera
remis audit Roi de Prusse l'Ammanie de
Krikenbeck avec tout ce qui y appartient
& en dépend, & le pays de Kessel, pareillement avec toutes ses appartenances
& dépendances, & généralement tout ce
que contient ladite Ammanie & ledit
district sans en rien excepter, si ce n'est
Erklens avec ses appartenances & dépendances, pour le tout appartenir audit
Roi & aux Princes ou Princesses ses héri-

tiers ou fuccefleurs, avec tous les droits,
prérogatives, revenus & avantages de
quelques noms qu'ils puiffent être appellés, en la même qualité, & de la même
maniere que la Maifon d'Autriche, &
particulierement le feu Roi d'Efpagne les
a poffédé ; toutefois avec les charges &
hypotheques, la confervation de la Religion catholique romaine & des priviléges des Etas.

X X.

Et comme outre les provinces, villes,
places & forterefles qui étoient poffédées
par le feu Roi d'Efpagne Charles II, au
jour de fon décès ; le Roi très-chrétien
a cédé, tant pour Sa Majefté très-chrétienne même, que pour les Princes, fes
hoirs & fuccefleurs nés & à naître aux
Etats généraux en faveur de la Maifon
d'Autriche, tout le droit qu'elle a eu
ou pourroit avoir fur la ville de Menin
avec toutes fes fortifications & avec fa
verge, comme auffi fur la ville & cita-
delle de Tournay, avec tout le Tour-
naifis, fans fe rien réferver de fon droit
là deffus, ni fur aucune de leurs dépendances, appartenances, annexes, territoires & enclavemens : Sa Majfté confent
que les Etats généraux des Provinces-
Unies, rendent lefdites villes, places,
territoires, dépendances, appartenances,
annexes & enclavemens, à l'Empereur
auffi-tôt qu'ils en feront convenus avec

Sa Majesté Impériale, pour en jouir, elle, ses héritiers & successeurs, pleinement, paisiblement & à toujours, aussi bien que des Pays-Bas Espagnols qui appartenoient au feu Roi d'Espagne Charles II, au jour de son décès : bien entendu toutefois que ladite remise des Pays-Bas Espagnols, villes, places & forteresses cédés par le Roi très chrétien, ne pourra être faite par lesdits Etats généraux, qu'après l'échange des ratifications des Traités de paix entre Sa Majesté Impériale, l'Empire & Sa Majesté très-chrétienne : bien entendu aussi que Saint Amand avec ses dépendances, & Mortagne sans dépendances, demeureront à Sadite Majesté très-chrétienne, à condition néanmoins qu'il ne sera pas permis de faire à Mortagne aucunes fortifications ni écluses, de quelque nature qu'elles puissent être.

X X I.

Pareillement le Roi très-chrétien confirme en faveur de l'Empereur & de la Maison d'Autriche, la cession que Sa Majesté a déja faite en faveur de ladite Maison aux Etats généraux des Provinces-Unies, tant pour elle même que pour les Princes ses héritiers & successeurs, nés & à naître, de tous ses droits sur Furnes & Furnambacht, y compris les huit Paroisses & le fort de Kenoque, sur les villes de Loo & Dixmude avec leurs dé-

pendances, fur la ville d'Ipres avec fa
châtellenie, Rouffelaer y compris, avec
les autres dépendances, qui feront déformais Poperingue, Warneton, Commi-
nes, Warwick, ces trois dernieres places
en tant qu'elles font fituées fur la rive
vers Ipres, & ce qui dépend des lieux
ci-deffus exprimés; defquels droits ainfi
cédés à l'Empereur, fes héritiers & fucceffeurs, Sa Majefté très chrétienne ne
fe réferve aucun droit fur lefdites villes,
places, forts & pays, ni fur aucune de
lerus appartenances, annexes ou enclavemens, confentant que les Etats généraux puiffent les remettre à la maifon
d'Autriche, pour en jouir irrévocable-
ment & à toujours auffi-tôt qu'ils feront
convenus avec elle fur leur barriere, &
que les ratifications des Traités de paix
entre l'Empereur, l'Empire & Sa Majefté
très-chrétienne auront été échangées.

X X I I.

La navigation fur la Lys depuis l'embouchure de la Deule, en remontant,
fera libre, & il ne s'y établira aucun
péage ni impofition.

X X I I I.

Il y aura de part & d'autre un oubli
& une amniftie perpétuelle & réciproque
de tous les torts, injures & offenfes qui
auront été commis de fait & de parole,

ou en quelque maniere que ce foit pendant le cours de la préfente guerre, par les fujets des Pays-Bas Efpagnols, & des places & pays cédés ou reftitués, fans qu'ils puiffent être expofés à quelque recherche que ce foit.

X X I V.

Par le moyen de cette paix, les fujets de Sa Majefté très-chrétienne & ceux defdits Pays-Bas Efpagnols, & des places cédées par Sadite Majefte très-chrétienne; pourront en gardant les loix, coutumes & ufages des pays, aller, venir, demeurer, trafiquer, retourner, traiter, négocier enfemble comme bons marchands, même vendre, changer, aliéner ou autrement difpofer des biens, effets; meubles & immeubles qu'ils ont ou auront fitués refpectivement de part & d'autre, & chacun les y pourra acheter, fujet ou non fujet, fans que pour cette vente ou achat ils aient befoin de part ni d'autre de permiffion autre que le préfent Traité. Il fera auffi permis aux fujets des places & pays, reciproquement cédés ou reftitués; comme auffi à tous les fujets defdits Pays-Bas Efpagnols, de fortir defdites places & Pays-Bas Efpagnols, pour aller demeurer où bon leur femblera dans l'efpace d'un an, avec la faculté de vendre à qui il leur plaira, ou de difpofer autrement de leurs effets, biens, meubles & immeubles, avant & après leur fortie,

B 5

fans qu'ils puiffent en être empêchés, directement ou indirectement.

Ajouté Enfin, tous les réglemens établis par
du Traité *les précédens Traités & par les ordon-*
de Bade. *nances ou édits Royaux, & qui ont été*
jufqu'à préfent reçus par un ufage fuivi
de part & d'autre, pour l'abolition
réciproque du droit d'Aubaine, à l'égard
des fujets de France & de ceux des Pays-
Bas, feront tenus pour confirmés, & fe-
ront perpétuellement obfervés, comme s'ils
étoient ici expreffément rapportés.

X X V.

Les mêmes fujets de part & d'autre, eccléffaftiques & féculiers, Corps, Communautés, Univerfirés & Colléges feront rétablis, tant en jouiffance des honneurs, dignités, bénéfices dont ils étoient pourvus avant la guerre, qu'en celle de tous & chacuns leurs droits, biens, meubles & immeubles, rentes faifies ou occupées à l'occafion de la préfente guerre; enfemble leurs droits, actions & fucceffions à eux furvenus, même depuis la guerre commencée, fans toutefois rien demander des fruits & revenus perçus & échus pendant le cours de la préfente guerre, jufqu'au jour de la publication du préfent Traité; lefquels rétabliffemens fe feront réciproquement, nonobftant toute donation, conceffion, déclaration, confifcation, fentence donnée par contumace, les parties non ouies, qui feront nulles &

de nul effet, avec une liberté entiere auxdites Parties de revenir dans les pays d'où elles fe font retirées pour & à caufe de la guerre, pour jouir de leurs biens & rentes en perfonne ou par Procureur, conformément aux loix & coutumes des pays & Etats; dans lefquels rétabliffemens font auffi compris ceux qui dans la derniere guerre, ou à fon occafion auron fuivi le parti des deux Puiffances contractantes ; néanmoins les Arrêts & Jugemens rendus dans les Parlemens, Confeils & autres Cours fupérieures ou inférieures, & auxquels il n'aura pas été expreffément dérogé par le préfent Traité, auront lieu, & fortiront leur plein & entier effet : & ceux qui en vertu defdits Arrêts & Jugemens fe trouveront en poffeffion des terres, feigneuries & autres biens, y feront maintenus, fans préjudice toutefois aux Parties qui fe croiront lefées par lefdits Jugemens & Arrêts, de fe pourvoir par les voies ordinaires, & devant les Juges compétens.

X X V I.

Et à l'égard des rentes affectées fur la généralité de quelques Provinces des pays, dont une partie fe trouvera poffédée par Sa Majefté très-chrétienne, Sa Majefté Impériale, ou autres, il a été convenu & accordé que chacun payera fa cotte part, & feront nommés des Commiffaires pour régler la portion qui fe payera de part & d'autre.

Ajouté du Traité de Bade. *Et que pour les régler & pour terminer auffi tous les autres differens ou difficultés qui font déjà mus, ou qui pourroient fe mouvoir par rapport aux lieux qui doivent être poffédés de part & d'autre dans les Pays-Bas, ou par rapport aux limites defdits lieux, ou encore pour quelque chofe que ce foit qui regarde l'exécution du préfent Traité de paix, l'on envoyera de part & d'autre, dans l'efpace de deux mois, après la conclufion de ce traité, des Commiffaires dans la ville dont on conviendra, qui apporteront toute la diligence poffible pour parvenir au plutôt à cette fin.*

XXVII.

Comme dans les pays, villes & places des Pays-Bas Catholiques que le Roi très-chrétien a cédé à l'Empereur, plufieurs bénéfices ont été conférés par Sa Majefté très-chrétienne à des perfonnes capables; lefdits bénéfices ainfi accordés, feront laiffés à ceux qui les poffédent préfentement, & tout ce qui concerne la Religion Catholique, Apoftolique & Romaine, y fera maintenu dans l'état où les chofes étoient avant la guerre, tant à l'égard des Magiftrats qui ne pourront être que des Catholiques Romains, comme par le paffé; qu'à l'égard des Evêques, Chapitres, Monafteres, des biens de l'Ordre de Malthe, & généralement de tout le Clergé, lefquels feront tous maintenus

& reftitués dans toutes leurs Eglifes, libertés, franchifes, immunités, droits, prérogatives & honneurs, ainfi qu'ils l'ont été fous les précédens Souverains Catholiques Romains. Tous & chacun dudit Clergé pourvus de quelques biens eccléfiaftiques, Commanderies, Canonicats, Perfonats, Prévôtés & autres bénéfices quelconques, y demeureront fans en pouvoir être dépoffédés Jouiront des biens & revenus en provenant, & les pourront adminiftrer & percevoir comme aupararavant; comme auffi les penfionnaires jouiront comme par le paffé de leurs penfions affignées fur les bénéfices, foit qu'elles foient crées en Cour de Rome, ou par des Brevêts expédiés avant le commencement de la préfente guerre, fans qu'ils puiffent en être fruftrés pour quelque caufe & prétexte que ce foit.

X X V I I I.

Les Communautés & Habitans de toutes les places & pays que Sa Majefté très.chrétienne cédé dans les Pays-Bas Catholiques, par le préfent Traité, feront confervés & maintenus dans la libre jouiffance de tous leurs priviléges, prérogatives, coutumes, exemptions, droits, octrois communs & particuliers, charges & offices héréditaires, avec les mêmes honneurs, gages, émolumens & exemptions, ainfi qu'ils en ont joui fous la domination de Sa Majefté très chrétienne;

ce qui doit s'entendre uniquement des Communautés & Habitans des places, villes & pays que Sa Majesté a possédé immédiatement après la conclusion du Traité de Ryswick, & non des places, villes & pays que possédoit le feu Roi d'Espagne Charles II, au temps de son décès, dont les Communautés & Habitans feront confervés dans la jouiffance des priviléges, prérogatives, coutumes, exemptions, droits, octrois communs & particuliers, charges & offices héréditaires, ainfi qu'ils les poffédoient lors de la mort dudit feu Roi d'Espagne.

X X I X.

Pareillement les bénéfices eccléfiaftiques, médiats ou immédiats, qui auront été durant la préfente guerre, conférés par l'un des partis dans les terres ou lieux qui lui étoient alors fujets, à des perfonnes capables, felon la regle de leur premiere inftitution & ftatuts légitimes, généraux ou particuliers faits fur ce fujet, ou par quelqu'autre difpofition canonique faite par le Pape, lefdits bénéfices eccléfiaftiques feront laiffés aux préfens poffeffeurs, enforte qu'aucun ne les puiffe ou doive déformais troubler ou empêcher dans la poffeffion & légitime adminiftration d'iceux, ni dans la perception des fruits, ni être à leur occafion, ou par quelqu'autre raifon paffée ou préfente, appellés ou cités en Juftice ou en quel-

qu'autre forte inquiétés ou moleftés à
ce fujet ; à condition néanmoins qu'ils
s'acquittent de ce à quoi ils font tenus
en vertu defdits bénéfices.

X X X.

Sa Majefté Impériale, & Sa Majefté
très chrétienne, ne pourront pour aucun
fujet interrompre déformais la paix qui
eft établie par le préfent Traité, reprendre
les armes, & commencer, fous quelque
prétexte que ce foit, aucun acte d'hoftilité l'un contre l'autre ; mais au contraire, elles travailleront fincerement & de
bonne foi, & comme amis véritables à
affermir de plus en plus cette amitié mutuelle & bonne intelligence fi néceffaire
pour le bien de la chrétienneté ; &
d'autant que le Roi très chrétien, fincerement reconcilié avec Sa Majefté Impériale, ne veut déformais lui caufer aucun
trouble ni préjudice, Sa Majefté très-
chrétienne promet & s'engage de laiffer
jouïr Sa Majefté Impériale tranquille-
ment & paifiblement de tous les Etats
& lieux qu'elle poffède actuellement, &
qui ont été ci - devant poffédés par les
Rois de la Maifon d'Autriche en Italie ;
favoir, du Royaume de Naples, ainfi
que Sa Majefté Impériale le poffède
actuellement ; du Duché de Milan, ainfi
que Sa Majefté Impériale le poffède auffi
actuellement ; de l'Isle & Royaume de
Sardaigne ; comme auffi des ports & places

sur les côtes de Toscane que Sadite Majesté Impériale possède actuellement, & qui ont été possédés ci-devant par les Rois d'Espagne de la Maison d'Autriche ; ensemble de tous les droits attachés aux susdis Etats d'Italie, que Sadite Majesté Impériale possède, ainsi que les Rois d'Espagne les ont exercés depuis Philippes premier jusqu'au Roi dernier décédé. Sadite Majesté très-chrétienne donnant sa parole royale, de ne jamais troubler ni inquiéter l'Empereur & la Maison d'Autriche dans cette possession, directement ni indirectement, sous quelque prétexte ou par quelque voie que ce puisse être, ni de s'opposer à la possession que Sa Majesté Impériale & la Maison d'Autriche a, ou pourra avoir à l'avenir, soit par négociation, Traité ou autre voie légitime & paisible, ensorte toutefois que la neutralité d'Italie n'en soit point troublée ; l'Empereur promettant & engageant sa parole de ne point troubler ladite neutralité ni le repos d'Italie, & par conséquent de n'employer la voie des armes pour quelque cause ou pour quelque occasion que ce soit ; mais, au contraire, de suivre & d'observer ponctuellement les engagemens que Sa Majesté Impériale a pris dans le Traité de neutralité, conclu à Utrecht, le 14 de Mars de l'année 1713. lequel Traité sera censé comme répété ici, & sera exactement observé par Sa Majesté Impériale ; pourvu que de l'autre part l'observation en soit réciproque,

réciproque, & qu'elle n'y foit point atta-
quée. Sadite Majefté Imperiale s'engageant pour le même effet à laiffer jouir
paifiblement chaque Prince en Italie des
Etats dont il eft actuellement en poffeffion, fans que cela puiffe préjudicier
aux droits de perfonne.

X X X I.

Pour faire goûter aux Princes & Etats
d'Italie les fruits de la paix entre l'Empereur & le Roi Très-Chrétien, la neutralité, non - feulement y fera exactement gardée, mais fera auffi rendue bonne
& prompte juftice par Sa Majefté Impériale aux Princes ou Vaffaux de l'Empire
pour les autres places, pays & lieux en
Italie qui n'ont point été poffédés par
les Rois d'Efpagne de la Maifon d'Autriche, & fur lefquels lefdits Princes
pourroient avoir quelque prétention légitime; favoir, au Duc de Guaftalla, Pico
de la Mirandole, & Prince de Caftiglione,
fans pourtant que cela puiffe interrompre
la paix & la neutralité d'Italie, ni donner fujet d'en venir à une nouvelle guerre.

X X X I I.

Outre les fufdites prétentions, le Maréchal Duc de Villars fe trouvant chargé
de plufieurs autres, pour lefquelles il
auroit à infifter au nom de Sa Majefté

Tome VI. C

Très-Chrétienne ; favoir, fur la prétention
de Madame la Ducheffe Douairiére d'El-
beuf , pour raifon du douaire & conventions matrimoniales de la feue Ducheffe
de Mantouë fa fille , celle de Madame
la Princeffe des Urfins , la Princeffe Piombin , & enfin le Duc de Saint Pierre
fur la Principauté de Sabionette ; & de
l'autre côté le Prince Eugene de Savoye,
fe trouvant auffi chargé de plufieurs pré-
tentios fur lefquelles il auroit à infifter
au nom de Sa Majefté Impériale ; favoir ,
quelques prétentions de M. le Duc de
Lorraine , outre celles qui font comprifes
dans le traité de Ryfwick , & fous les
articles précédens , relatifs audit traité ;
celle du Duc de Modene , comme auffi
celle de la Maifon d'Aremberg , de la
Maifon de Ligne ; & enfin du rembourfement des dettes que les troupes Françoifes ont laiffées dans le Duché de
Milan , lefquelles toutes demanderoient
trop de temps pour être vuidées dans ce
traité : l'on eft convenu d'en remettre
la difcuffion réciproquement aux conférences qui feront établies pour le traité
de paix général ou folemnel entre Sa
Majefté Très Chrétienne, où il fera permis
à chacun de repréfenter fes droits , &
de produire fes titres & raifons , lefquelles
bien examinées Sa Majefté Impériale
& Sa Majefté Très - Chrétienne promet d'y avoir l'égard que demande
la juftice , fans que pourtant cela puiffe
altérer ou retarder l'exécution de la paix.

XXXIII.

La conjoncture préfente n'ayant pas laiffé le temps à Sa Majefté Impériale de confulter les Electeurs, Princes & Etats de l'Empire fur les conditions de la paix, non plus qu'à ceux-ci, de confentir dans les formes ordinaires au nom de tout l'Empire, aux conditions du préfent traité qui les regardent; Sa Majefté Impériale promet que lefdits Electeurs, Princes & Etats enverront inceffamment au nom de l'Empire des pleins-pouvoirs, ou bien une députation de leur Corps, munie pareillement de leurs pleins-pouvoirs, au lieu qui fera choifi pour travailler au traité général ou folemnel à faire entre l'Empereur, l'Empire & le Roi Très-Chrétien. Sa Majefté Impériale engageant fa parole, que ladite députation ou ceux qui feront chargés des pleins-pouvoirs, confentiront au nom dudit Empire, à tous les points dont il eft convenu entr'Elle & Sa Majefté Très-Chrétienne, par le préfent traité, lequel Elle s'engage & promet d'exécuter.

Cet article & le fuivant, ne fe trouvent point dans le traité de Bade.

XXXIV.

Comme il eft porté par l'article précédent que les Electeurs, Princes & Etats de l'Empire, enverront au nom de l'Empire une députation de leur Corps, ou bien leurs pleins-pouvoirs pour les conférences du traité de paix générale ou folemnele à faire entre Sa Majesté Impériale, l'Empire & Sa Majesté Très-Chrétienne dans le lieu qui sera choisi & destiné à cet effet; l'Empereur & le Roi Très-Chrétien conviennent de fixer ce lieu dans un pays neutre, hors de l'Empire & du Royaume de France; & pour cet effet leurs Majestés ont jetté les yeux sur le territoire de la Suisse, dans lequel il sera nommé par Sa Majesté Impériale, ou par SaMajesté Très-Chrétienne, trois Villes pour en choisir une en la maniere suivante. A savoir, que Sa Majesté Impériale nommant & proposant lesdites trois Villes, Sa Majesté Très-Chrétienne fera le choix de celle qui servira pour les conférences; ou réciproquement si Sa Majesté très-chrétienne propose les trois Villes, Sa Majesté Impériale aura le choix des trois qu'elle voudra préférer; lesquelles proposition & election se feront en même temps que le présent Traité sera signé, ensorte qu'il n'y ait ni retardement, ni temps perdu pour traiter & conduire au plutôt la paix générale & solemnelle entre l'Empereur, l'Empire & le Roi Très-Chrétien, & que leur Ministres Plénipotentiaires puissent s'assembler le quinzieme jour du mois d'Avril prochain, ou le premier Mai prochain au plutard dans le lieu destiné pour y tenir les conférences, pendant lesquelles tous les Electeurs, Princes & Etats de l'Empire, qui outre ce qui leur revient par l'exécution stipulée ci-dessus des articles du Traité

de Ryſwick, auront des prétentions &
raiſons pour ſe faire comprendre, particulierement dans le Traité de paix générale à faire, pourront les produire ;
pour leſquelles Sa Majeſté Très-Chrétienne
promet d'avoir l'égard que demande la
juſtice. Néanmoins pour que la fin deſ-
dites conférences ne ſoit pas retardée,
on eſt convenu de part & d'autre qu'elles
aient à ſe terminer par la concluſion du
Traité général ou ſolemnel dans deux
mois, ou trois au plutard, à compter
du premier jour que commenceront les
conférences.

X X X V.

Au moment que le Traité de paix aura
été ſigné, toutes hoſtilités & violences
ceſſeront de la part de l'Empereur & de
l'Empire, auſſi-bien que celles du Roi Très-
Chrétien, & du jour de l'échange des ratifications, Sa Majeſté Très-Chrétienne n'exigera plus des Etats de l'Empereur & de l'Empire ni contributions ni impoſitions de fourages pour les Troupes, non plus que Sa
Majeſté Impériale & l'Empire n'en exigeront des Etats de Sa Majeſté Très-Chrétienne ; & ceſſeront généralement toutes
autres demandes reciproques faites à l'oc-
caſion de la préſente guerre, tant de la
part de Sa Majeſté Impériale & de
l'Empire, que de Sa Majeſté Très-Chrétienne.

Ajouté du Traité de Bade. *Mais auſſi toutes levées d'argent, de fourages ou d'autre nature quelconque faites ſous quelque prétexte que ce puiſſe être ſur les ſujets de part & d'autre, depuis le jour de l'échange des ratifications du Traité de Raſtadt, contre la teneur expreſſe de l'Article XXXV. du même Traité ſeront toutes reſtituées de bonne foi & ſans délai à ceux qui en fourniront des preuves ſuffiſantes, & les ôtages donnés ou emmenés à quelque occaſion ou pour quelqu'autre cauſe que ce ſoit, ſeront promptement rendus ſans rien payer, avec la liberté de retourner chez eux; mais ce qui reſtera dû des contributions de part ou d'autre jusqu'à temps fixé par le Traité de Raſtatt, ſera payé dans l'eſpace de trois mois, à compter du jour de l'échange des ratifications du préſent Traité de Raſtatt, en ſorte néanmoins que pendant ce temps 'il ne ſoit pas permis d'uſer de la voie d'exécution contre les débiteurs qui reſteront en arriere, pourvu qu'ils ayent donné caution ſuffiſante pour ledit payement.*

Les Priſonniers tant d'Etat que de guerre de part & d'autre ſeront renvoyés ſans rançon, & quinze jours après l'échange des Ratifications du préſent Traité, chaque Prince retirera ſes troupes du plat pays dans ſes propres Etats, Sa Majeſté Impériale s'engageant à retirer auſſi celles de l'Empire & du plat pays de l'Archevêché de Cologne & de la Baviere, lefquels pays & Etats au refte feront reftitués dans la forme & terme fpecifiés par les Articles XV. XVI. XVII. & XVIII. du préfent Traité.

XXXVI.

Le Commerce défendu durant la guerre entre les fujets de fa Majefté Impériale, de l'Empire, & ceux de fa Majefté Très-Chrétienne, fera rétabli auffi-tôt après l'échange des ratifications du prefent Traité, avec la même liberté qu'il l'étoit avant la guerre; & jouiront tous & chacun, & particulierement les citoyens & habitans des villes anféatiques de toute forte de fûreté par mer & par terre, conformement à l'Article LII. de la paix de Ryfwick.

XXXV. *Tout ce dont on eft convenu par le préfent Traité, fera obfervé & exécuté, nonobftant toutes les chofes qui pourroient jamais être crues, alléguées ou imaginées au contraire, qui demeureront entierement nulles & abolies, encore qu'elles fuffent telles qu'on en dût faire une mention plus fpéciale ou plus ample, & quoique ladite abrogation ou abfolution femblât devoir être confidérée comme nulle & invalide.*

Ajouté du Traité de Bade.

XXXVI. *Seront compris dans cette paix tout ceux qui feront nommés d'un commun confentement d'une & d'autre part*

C 4

dans l'espace de six mois après l'échange des ratifications.

XXXVII. *Les Ambassadeurs extraordinaires & plénipotentiaires de part & d'autre promettent que le présent Traité sera ratifié respectivement par l'Empereur & l'Empire & par le Roi Très-Chrétien dans la forme dont on est ici mutuellement convenu, & qu'ils feront en sorte, sans y manquer, que les Ratifications solemnelles soient échangées ici reciproquement & dans l'espace de six semaines, à compter du jour de la signature du présent Traité, ou plûtot si faire se peut.*

XXXVIII. *Et comme l'Empereur a été dûement requis par les Electeurs, Princes & Etats de l'Empire, en vertu d'une résolution de la Diete générale audit Empire dattée du 23. Avril de la présente année, scellée du sceau de la Chancellerie de Mayence, & remise aux Ambassadeurs du Roi Très-Chrétien, de commettre aux Ambassadeurs de sa Majesté Impériale le soin des interêts desdits Electeurs, Princes & Etats de l'Empire dans le présent Congrès; lesdits Ambassadeurs de l'Empereur & ceux du Roi Très-Chrétien, aux noms de sa Majesté Impériale, de l'Empire & de sa Majesté Très-Chrétienne, & pour une plus grande force & vigueur de toutes & chaucnes des choses contenues au présent*

Traité, l'ont signé de leurs mains, y
ont appofé les cachets de leurs armes,
& ont promis d'en fournir les ratifications competentes dans la forme dont
l'on eft convenu, & dans le terme ci-
deffus marqué, & nulle proteftation ou
contradiction ne fera reçue, & ne pourra valoir contre le préjent Traité. Fait
à Bade en Ergau le feptième jour de
Septembre l'an de grace mil fept cens
quatorze.

XXXVII.

Le prefent Traité fera ratifié par l'Empereur & par le Roi Très-Chrétien, &
l'échange des ratifications fera faite au
Palais de Raftadt dans l'efpace d'un mois
à compter du jour de la fignature, ou
plûtôt, fi faire fe peut. En foi dequoi
les fusdits Ambaffadeurs extraordinaires
& plénipotentiaires, tant de fa Majefté
Impériale que de fa Majefté Très-Chrétienne, ont foufigné le prefent Traité de
leurs propres mains, & y ont appofé les
fceaux de leurs armes. Fait au Palais
de Raftadt le fixiéme Mars mil fept cens
quatorze.

(L. S.) EUGENE DE SAVOYE.
(L. S.) LE MARÉCHAL DUC DE VIL-
LARS.

Premier Article féparé.

Comme dans les Titres que fa Majefté
Impériale employe, foit dans fes pleins

CetArticle
& le fui
vant ne fe
trouvent
point dans
le Traité
de Bade.

pouvoirs, foit dans le préambule du Traité qui doit être figné cejourd'hui entre le Prince Eugene de Savoye & le Maréchal Duc de Villars, Ambaffadeurs extraordinaires & plénipotentiaires de leurs Majefté Impériale & Très-Chrétienne, quelques-uns defdits Titres ne peuvent être reconnus par fa Majefté Très-Chrétienne, il a été convenu entre lefdits Ambaffadeurs extraordinaires & plénipotentiaires par cet article féparé & figné par eux avant ledit Traité, que les qualités prifes ou obmifes de part & d'autre ne donneront nul droit, pareillement ne cauferont nul préjudice à l'une ou à l'autre des parties contractantes ; & le préfent Article féparé aura la même force que s'il étoit inferé mot à mot dans le Traité de Paix. Fait au Palais de Raftadt ce fixième Mars mil fept cens quatorze.

(L. S.) EUGENE DE SAVOYE.
(L. S.) LE MARÉCHAL DUC DE
VILLARS.

Second Article féparé.

Le préfent Traité par les raifons mentionnées dans l'Art. XXXIII. ayant été commencé, pourfuivi & achèvé fans les folemnités & formalités reqúifes & ufitées à l'égard de l'Empire, & compofé & redigé en langue Françoife, contre l'ufage ordinairement obfervé dans les

Traités entre fa Majefté Impériale, l'Empire & fa Majefté Très-Chrétienne, cette difference ne pourra être alleguée pour exemple, ni tirer à conféquence ou porter préjudice en aucune maniere à qui que ce foit, & l'on fe conformera à l'avenir à tout ce qui a été obfervé jufqu'à préfent dans de femblables occafions, tant à l'égard de la langue Latine, que pour les autres formalités, & nommément dans le Congrès & Traité général & folemnel à faire entre fa Majefté Impériale, l'Empire & fa Majefté Très-Chrétienne, le préfent Traité ne laiffant pas d'avoir la même force & vigueur que fi toutes les fusdites formalités y avoient été obfervées, & comme s'il étoit en langue Latine ; & le préfent Article féparé aura pareillement la même force que s'il étoit inferé mot à mot dans le Traité de paix. Fait à Raftadt ce fixiéme Mars mil fept cens quatorze.

(L. S.) EUGENE DE SAVOYS.

(*L.* S.) LE MARÉCHAL DUC DE VILLARS.

Troifieme Article féparé

Sà Majefté Impériale conformément à l'Article XXXIV. du Traité conclu ce jourd'hui, ayant nommé & propofé pour le lieu des Conférences du Traité de paix générale & folemnelle à faire enta'Elle, l'Empire & Sa Majefté Très-Chrétiens ne, les trois Villes fuivantes dans le Territoire de la Suiffe; favoir, Schaffhaufen, Bade en Ergau & Frauenfeld; & le Maréchal Duc de Villars n'ayant pû encore recevoir les ordres de Sa Majefté Très-Chrétienne fur le choix des trois villes qu'Elle voudra préferer, il promet de le faire favoir inceffamment au Prince Eugene de Savoye par un Courier. Fait au Palais de Radadt ce fixiéme Mars mil fept cens quatorze.

(L. S.) Eugene de Savoye.
(L. S.) Le Maréchal Duc de
Villars.

Nous ayant agréable les fusdits Traités de Paix & articles féparés en tous & chacun les points & articles qui y font contenus & déclarés, avons iceux, tant pour Nous que pour nos héritiers, fucceffeurs, royaumes, pays, terres, feigneuries & fujets, accepté, approuvé, ratifié & confirmé, & par ces préfentes fignées de notre main, acceptons, approuvons, ratifions & confirmons, & le tout promettons en foi & parole de Roi, fous l'obligation & hypoteque de tous & un chacun nos biens préfens & à venir, garder, obferver inviolablement, fans jamais aller ni venir contre, directement ou indirectement, en quelque forte & maniere que ce foit: en foi dequoi Nous avons fait mettre notre fcel à ces préfentes. Donné à Verfailles le vingt-troisiéme Mars mil sept cens quatorze , & de notre Regne le soixante-onziéme, *Signé*, LOUIS. Et plus : par le Roi, COLBERT. Scellé du grand sceau de cire jaune sur lacs de soye bleue tressés d'or, le sceau enfermé dans une boëte d'argent, sur le dessus de laquelle sont empreintes & gravées les Armes de France & de Navarre, sous un Pavillon soûtenu par deux anges.

PLEIN-POUVOIR DE SA MAJESTÉ
Impériale.

NOS Carolus Sextus Divinâ favente clementiâ, electus Romanorum Imperator semper Augustus ac Rex Germaniæ, Castellæ, Arragoniæ, Legionis, utriusque Siciliæ , Hierusalem , Hungariæ, Bohemiæ , Dalmatiæ , Croatiæ, Sclavoniæ , Navarræ , Granatæ , Toleti , Valentiæ, Gallitiæ, Majoricarum, Seviliæ, Sardiniæ, Cordubæ, Corsicæ , Murciæ , Giennis , Algarbiæ, Algeziræ, Gibraltaris, Insularum Canariæ & Indiarum ac Terræ Firmæ, Maris Oceani, Archidux Austriæ , Dux Burgundiæ, Brabantiæ, Mediolani , Styriæ , Carinthiæ, Carniolæ, Limburgiæ, Lucenburgiæ, Geldriæ , Wittembergiæ, Superioris & Inferioris Silesiæ, Calabriæ, Athenarum & Neo Patriæ , Princeps Sueviæ, Cataloniæ & Asturiæ , Marchio Sacri Romani Imperii , Burgoviæ, Moraviæ, Superioris & Inferioris Lusatiæ, Comes Habspurgi , Flandriæ, Tyrolis ,

Ferretis, Kyburgi, Goritiæ & Arthefiæ, Marchio Orifthani, Comes Goziani, Namurci, Roffilionis & Ceritaniæ, Dominus Marchiæ Sclavonicæ, Portus Naonis, Bifcayæ, Molinæ, Salinarum, Trypolis & Mechliniæ. Notum teftatumque facimus, quod cum nobis à quibufdam de Salute publicâ probè follicitis infinuatum fuerit ad pacem inter nos & Imperium ex unâ, & Sereniffimum ac Potentiffimum Principem Dominum Ludovicum, Franciæ Regem Chriftianiffium, ex altera parte, conciliandam opportunum fore, fi de eâ cum fupremo Exercitús Gallici Ductore (tit.) de Villars, authoritate & mandato hunc in finem neceffariis inftructo ageretur, & nos tametfi pacificatio Ultrajecti ex caufis paffim cognitis nuper diffoluta fuerit, nihilominus adhuc parati fimus, conjunctim cum Imperio Pacem æquis conditionibus inire, nihil, quod eo facere poffit prætermittendum; ac proindè quantumvis à nobis deliberatum agnitumque fuerit, de ejusmodi mandato prius cum Romano Imperio communicandum fuiffe: Ne tamen huic falutari negotio mora interponeretur, haud diutiùs cunctandum exiftimaverimus, quin Illuftriffimum Eugenium Principem Sabaudiæ Pedemontium, Aurei Velleris Equitem, Cæfareum noftrum Confiliarium initmum, Confilii Aulico Bellici Præfidem, Locum tenentem Generalem, Sacrii Imperii Campi Marefcallum; nec non confanguineum & Principem Chariffimum,

in cujus fide, prudentiâ, & fingulari re-
rum gerendarum ufu plenè confidimus,
ad fupradictum finem. Legatum Extra-
ordinarium conftitueremus ; quemadmo‑
dum hifce conftituimus, dantes & con-
cedentes eidem plenam poteftatem agen-
di, tractandi, concludendi & fignandi
cum fupra nominato fupremo Exercitûs
Gallici Ductore (tit.) de Villars, omnia
quæ ad procurandam Pacem pertinent;
necnon promittentes, verbo noftro Im-
peratorio, quidquid per dictum Principem
Eugenium actum, tractatum, conclufum
& fignatum fuerit, acceptum & gratum,
firmum quoque & ratum habituros. In
quorum fidem ac robur, præfentes manu
noftra fubfcriptas, Sigillo noftro Impera-
torio muniri juffimus: quæ dabantur in
Civitate noftrâ Viennæ, die decimâ fex-
tâ menfis Decembris, anno millefimo
feptingentefimo decimo tertio, Regnorum noftrorum Romani tertio, Hifpanicorum undecimo, Hungarici verò & Bo‑
hemici pariter tertio. Signatum CARO-
LUS, inferius Ul. Frid. Car. Com. de
Schönborn, ex tergo. Ad mandatum
Sacræ Cefareæ Majeftatis proprium. PE-
TRUS-JOSEPHUS DOLLBERG.

PLEIN-POUVOIR DE SA MAJESTÉ
Très-Chrétienne.

LOUIS par la Grace de Dieu, Roi
de France & de Navarre: A tous
ceux qui ces préfentes Lettres verront :

Salut. Comme Nous defirons finceré-
ment de contribuer de tout notre pouvoir à confommer l'ouvrage de la paix
générale, de convenir au plûtôt des interêts de notre très-cher & très-amé frere l'Empereur des Romains & de ceux
de l'Empire, & de chercher les moyens
d'arrêter l'effufion du fang Chrétien, &
de faire ceffer la défolation de tant de
Provinces. Nous confiant entierement en
la capacité, expérience, zele & fidélité
pour notre fervice, de notre très-cher &
bien amé Coufin le Duc de Villars, Pair
& Maréchal de France, Général de nos
armées en Allemagne, Chevalier de nos
Ordres, Gouverneur & notre Lieutenant
Général en notre Pays & Comté de Provence. Pour ces Causes, & autres
bonnes confidérations à ce Nous mouvans, Nous avons commis, ordonné &
député, & par ces préfentes fignées de
notre main, commettons, ordonnons &
députons notredit Coufin le Duc de Villars, & lui avons donné & donnons plein
pouvoir, commiffion & mandement fpécial en qualité de notre Ambaffadeur
Extraordinaire & Plenipotentiaire, de
conférer, négocier & traiter avec les Ambaffadeurs Extraordinaires & plénipotentiaires munis de pouvoirs en bonne forme de la part de notredit frere & des
Princes & Etats de l'Empire, arrêter,
conclure & figner tels Traités, Articles
& conventions que notredit Coufin le
Duc de Villars avifera bon être, enforte
qu'il

qu'il agiffe en tout ce qui regardera la négociation de la paix avec la même autorité que nous ferions & pourrions faire fi Nous y étions préfens en perfonne, encore qu'il eût quelque chofe qui requit un mandement fpécial non contenu en cefdites Préfentes Promettant en foi & parole de Roi d'avoir pour agréable, tenir ferme & ftable à toujours, accomplir & exécuter ponctuellement tout ce que notredit Coufin le Duc de Villars aura ftipulé, promis & figné en notre nom en vertu du préfent Pouvoir, fans y contrevenir ni permettre qu'il y foit contrevenu, pour quelque caufe ou fous quelque prétexte que ce puiffe être; comme auffi d'en fournir notre ratification en bonne forme pour être échangée dans le temps dont il fera convenu : Car tel eft notre plaifir. En foi & témoignage de quoi Nous avons fait mettre notre fcel à cefdites Préfentes. Donné à Marli le vingt-quatriéme jour d'Août l'an de grace mil fept-cens treize, & de notre Regne le foixante onziéme. Signé, LOUIS : & fur le repli, par le Roi, COLBERT. Et fcellé du grand fceau de cire jaune.

Le Traité de Bade a été fuivi de deux Réfultats ou Réfolutions de la Diete de l'Empire, & de la ratification de l'Empereur, les voici :

CONCLUSUM
Où Réfolution de la Diete de l'Empire.

du 23. Avril 1714. traduit de l'Allemand.

SON Alteffe Monfieur le Prince Maximilien Charles de Löwenftein- Wertheim , Plénipotentiaire & principal Commiffaire de l'Empereur Notre très benin Seigneur, en la préfente Diete générale de l'Empire, ayant remis, dicté & mis, fuivant l'ordre convenable, en délibération le 9. Avril de la préfente année, les Décrets de Commiffions Impériales du 24. & du 31. Mars précédent, & les pieces y jointes. On a vû clairement par leur contenu , par l'expofition de ce qui s'eft paffé pendant la négociation de la Paix fignée à Raftadt le 6. Mars dernier, ratifiée par Sa Majefté Impériale, & par plufieurs autres confidérations, que Sadite Majefté Impériale defire de favoir des Electeurs, Princes & Etats de l'Empire, quelle réfolution ils veulent prendre dans cette conjoncture, s'ils donneront à Sadite Majefté Impériale un plein pouvoir de la part de l'Empire pour la négociation de la paix générale à laquelle on va travailler, ou s'ils prendront la réfolution d'y envoyer la Députation qui a été formée en 1709. Surquoi les trois Colléges de l'Empire ont jugé plus à propos , & ont unanimement réfolu de faire d'abord de la part de l'Empire , des remercimens très humbles à Sa Majefté Impériale , des foins paternels qu'elle ne ceffe de pren-

dre pour le falut de l'Empire, de reconnoitre que nous devons à fa magnani-
mité & à fa conftance, la confervation
de notre chere Patrie, dans fon élévation & dans fa liberté, & de la fupplier
enfuite, en lui donnant pour cet effet
les pouvoirs fuffifans, comme ils lui
font donnés par le préfent Acte, de traiter au Congrès folemnel qui fe tiendra
inceffamment, & de conclure de la part
& au nom de l'Empire, la paix, fur le
plan des conditions dont il a été convenu à Raftadt le 6. Mars dernier, entre
Elle & la Couronne de France; de faire auffi d'ailleurs, & d'avoir attention à
tout ce qu'il fera poffible d'obtenir de
plus, pour le bonheur de l'Empire en
général, & pour la confolation & la fû-
rete de chacun de fes Etats en particulier.

Les Electeurs, Princes & Etats de l'Empire ont une refpectueufe & ferme confiance, que Sa Majefté Impériale ne laiffera de fa part rien à defirer pour cet
effet. Sur ce les Confeillers, Envoyés
& Députés des Electeurs, Princes &
Etats de l'Empire, préfens, fe recommandent en la maniere la plus convenable
à Sadite Alteffe Monfieur le Commiffaire
principal de l'Empereur. Signé à Augsbourg le 23. Avril 1714.

(L. S.)

La Chancellerie Electorale de Mayence.

D 2

RATIFICATIO CÆSAREA

NOS Carolu VI. Divinâ favente clementiâ, electus Romanorum Imperator, femper Auguftus, ac Rex Germaniæ, Caftellæ, Arragoniæ, Legionis, utri-
ufque Siciliæ, Hierufalem, Hungariæ,
Bohemiæ, Dalmatiæ, Groatiæ, Sclavoniæ, Navarræ, Granatæ, Toleti, Valentiæ, Gallitiæ, Majoricarum, Seviliæ,
Sardiniæ, Cordubæ, Corficæ, Murciæ,
Giennis, Algarbiæ, Algeziræ, Gibraltaris, Infularum, Canariæ, & Indiarum,
ac Terræ Firmæ, Maris Oceani, Archidux
Auftriæ, Dux Burgundiæ, Brabantiæ,
Mediolani, Stiriæ, Carinthiæ, Carniolæ,
Limburgiæ, Lucemburgiæ, Geldriæ,
Wirtembergæ, Superioris & Inferioris
Silefiæ, Calabriæ, Athenarum, Neopa-
triæ, Princeps Sueviæ, Cataloniæ, & Au-
fturiæ; Marchio Sacri Romani Imperii,
Burgoviæ, Moraviæ, Superioris & Infe-
rioris Lufatiæ, Comes Habfpurgi, Flan-
driæ, Tyrolis, Ferretis, Kyburgi, Go-
ritiæ, & Arthefiæ, Marchio Orifthani,
Comes Goziani, Namurci, Roffilionis,
& Ceritaniæ; Dominus Marchiæ Sclavo-
nicæ, Portus Naonis, Bifcayæ, Molinæ,
Salinarum, Tripolis, & Mechliniæ, &c.

Notum facimus omnibus & fingulis
præfentes Litteras infpecturis, vel legi
audituris, aut quomodocunque infra Scrip-
torum notitia ad ipfos pervenire poterit.
Poftquam ad reftinguendum quod ante an-

nos aliquot exarfit grave bellum, primum
quidem Pax nos & Sacrum Romanum
Imperium inter, & Sereniffimum ac potentiffimum Principem Dominum Ludovicum Franciæ Regem Chriftianiffimum
Raftadii inita, deinde verò folemnior
Congreffus Badæ - Ergoviæ inftitutus fuerit, divina favente clementia factum effe,
ut poft multos & laboriofos Tractatus
per Legatos Extraordinarios & Plenipotentiarios ab utraque parte ad id defti-
nàtos, generale Pacis inftrumeutum con-
fectum fit formâ, modo & tenore fe-
quenti.

Ici eft tranfcrit le Traité.

Cum igitur hæc omnia & fingula per
noftros Legatos, & Plenipotentiarios fupra memoratos, Mandato noftro, prout
hic verbo tenus inferta & defcripta le-
guntur, gefta, peracta & conventa fint,
nos eadem omnia & fingula præhabita
matura & diligenti confideratione ex cer-
tâ noftrâ fcientiâ approbamus, ratifica-
mus & confirmamus, rataque & firma
effe & fore virtute præfentium declara-
mus, fimulque verbo Imperiali & Regio
promittimus pro Nobis noftrifque Succef-
foribus, & Imperio Romano, (cujus Status Ratisbonæ per Deputatos congregati
memoratum Pacis inftrumentum in omnibus & fingulis Articulis vigore conclufi
die nonà menfis hujus facti, & ad ma-
nus noftras tranfmiffi, approbarunt & ra-
tificarunt;) nos omnes & fingulos fupra

defcriptos Articulos, & quidquid tota hac Pacis conventione continetur, firmiter, conftanter ac inviolabiliter fervaturos, atque executioni mandaturos, nullâque ratione vel per alios ullo unquam tempore contraventuros, aut ut per alios contraveniatur, paffuros, quomodocunque id fieri poffit, omni dolo & fraude exclufis. In horum omnium teftimonium & fidem, figillum noftrum Cæfareum majus huic diplomati manu noftrâ fubfcripto, appendi fecimus. Datum in Arce noftra Regia Pofonii die decima quinta Octobris anno millefimo feptingentefimo decimo quarto ; Regnorum noftrorum Romani quarto, Hifpanicorum duodecimo, Hungarici & Bohemici verò pariter quarto.

(*L. S.*) C A R O L U S.

(*L. S.*) UL. F. COMTE DE SCHOMBORN.

Ad Mandatum Sacræ Cæfareæ Majeftatis proprium.

(*L. S.*) PETRUS JOSEPHUS D'OLBERG.

CONCLUSUM OU RÉSOLUTION
de la Diete de l'Empire, du 9. Octobre 1714. Traduit de l'Allemand.

ON repréfente en la maniere convenable par la préfente, au nom des Electeurs, Princes & Etats de l'Empire à Son Alteffe Monfeigneur le Prince Maximilien - Charles de Löwenftein-Wertheim, Plénipotentiaire & Commiffaire-principal de Sa Majefté Impériale notre très-benin Seigneur en la préfente Diete générale de l'Empire, que l'on a appris amplement par le Décret de la Commiffion Impériale communiqué le deuxiéme de ce mois, & par le Traité de paix qui y étoit joint, que ladite paix avoit été concluë & fignée à Bade en Ergau le feptiéme jour du mois de Septembre dernier, entre Sa Majefté Impériale & le faint Empire Romain d'une part, & la Couronne de France d'autre part, en conformité de la négociation de paix de Raftadt, & en vertu du Pouvoir donné par le Saint Empire Romain; Et que comme Sadite Majefté Impériale demande très bénignement à la préfente Diete de l'Empire une prompte délibération touchant la ratification de ladite paix, l'on a propofé, examiné & délibéré mûrement & dans les formes, l'importance de l'affaire, fuivant fes circonftances, & que l'on a jugé & conclu, que ladite paix fignée le feptiéme jour du mois de Septembre dernier à Bade en Ergau, entre Sa Majefté Impériale & le Saint Empire Romain d'une part, & la Couronne de France d'autre part, doit être ratifiée & confirmée de la part de Sa Majefté Impériale & de l'Empire, ainfi qu'on ratifie & confirme par la préfen-

D 4

te dans tous les trois Colléges de l'Empire. Ainsi remerciant très-humblement Sa Majesté Impériale, des soins paternels qu'Elle a fait connoître & qu'Elle a pris en cette occasion; on la prie respectueusement par la présente de la part de l'Empire, de vouloir bien ratifier & confirmer ladite paix en son nom & en celui du Saint Empire, dans le temps limité. Sur ce, les Conseillers, Envoyés & Deputés des Electeurs, Princes & Etats de l'Empire, présens, se recommandent à Sadite AltesseMonsieur le Commissaire - principal de l'Empereur. Signé à Ratisbonne le neuvième jour d'Octobre 1714.

(L. S.) La Chancellerie Electorale de Mayence.

Le soussigné Secrétaire d'Ambassade de Sa Majesté Impériale, certifie que cette Copie est conforme en tout à l'Original envoyé à la Cour Impériale. Fait à Bade en Ergau le 28. Octobre 1714. Scellé & signé.

C. DE PENTERRIDTER D'ADELHAUSEN.

TRAITÉ DE PAIX,

ENTRE

LE ROI, L'EMPEREUR

ET

L'EMPIRE.

Conclu à Vienne, le 18. Nov. 1738.

⁕⸺✦⸺✦⸺✦⸺✦⸺✦⸺⁕

LOUIS, PAR LA GRACE DE DIEU, ROI DE FRANCE ET DE NAVARRE : A tous ceux qui ces préfentes lettres verront, Salut. Comme notre cher & bien amé le fieur Marquis de Mirepoix, Maréchal de nos camps & armées, & notre Ambaffadeur auprès de notre très-cher & très-amé frere l'Empereur des Romains, en vertu du plein-pouvoir que nous lui en avons donné, auroit, en qualité de notre Miniftre plénipotentiaire, conclu, arrêté, & figné le 18 du mois de Novembre dernier, à Vienne en Autriche, avec le Sr. Comte de Sihzendorff tréforier héréditaire de l'Empire, Chevalier de la toifon d'or, &c. Le Sr. Comte de Stahremberg Maréchal héréditaire de l'Archiduché d'Autriche, Chevalier de la Toifon d'or, &c. le fieur Comte d'Harrach grand-écuyer de la haute & baffe Autriche, Chevalier de

Préambule de la ratification du Roi du 7. Janvier 1739.

la toifon d'or, &c. & le fieur Comte de
Metfch vice-chancelier de l'Empire, tous
confeillers intimes auctuels de notre dit frere, pareillement munis de fes pleins-pouvoirs
tant en fon nom qu'en celui de l'Empire,
conformément à la réfolution de la Diete
dudit Empire, du 18. Mai 1736. le traité de paix & l'article feparé dont la teneur s'enfuit.

Au nom de la Trés-Sainte & indivifible
Trinité, Pere, Fils, & Saint-Efprit.
Ainfi foit-il.

Préam-
bule du
Traité de
Paix, figné
à Vienne
le 18. No-
vembre
1738.

Soit notoire à tous & chacun qu'il appartient, ou peut appartenir en maniere quelconque. La paix ayant été
heureufement rétablie par les articles préliminaires conclus à Vienne le troifieme
jour d'Octobre de l'année 1735. & enfuite düement ratifiés, entre le féréniffime & très-puiffant Prince & Seigneur,
le Seigneur Charles VI. élu Empereur
des Romains, toûjours Augufte, Roi de
Germanie, d'Efpagne, de Hongrie &
de Boheme, Archiduc d'Autriche, &c.
d'une part; & le féréniffime & très-puiffant Prince & Seigneur le Seigneur Louis
XV. Roi Très-Chrétien de France & de
Navarre, d'autre part: l'un & l'autre des
contractans n'ont rien eu de plus preffé,
ni de plus à cœur, que de faire en forte que leurs vûes & leurs foins, pour
affurer de toutes parts la tranquillité publique, en ôtant toutes femences de hai-

ne & de diffention, fuffent embraffés
avec une pareille affection, par tous les
Princes qui étoient impliqués dans la
guerre ; & que ce qu'ils avoient agréé
d'un confentement mutuel, fut au plûtôt mis à exécution La divine providence a été propice à des confeils &
deffeins auffi falutaires, puifqu'après avoir
furmonté toutes difficultés quelconques,
non-feulement tous les Princes qui y é-
toient intereffés, ont déclaré qu'ils étoient
pleinement contens des conditions contenues dans les fufdits articles préliminaires, & ont concouru de leur part à
leur exécution ; mais auffi les Etats du
Saint Empire Romain, dûement affemblés en Diete par Députés, ont pareillement approuvé & ratifié, par le Réfultat du 18. du mois de Mai de l'année
1736. les mêmes articles préliminaires ;
transmettant de plus à fa facrée Majefté
Impériale toute faculté pleine & entiere
de traiter de même, & conclure au
nom de l'Empire, tout ce qui pourroit
paroitre encore à faire, pour porter entierement à fa perfection ou exécution,
l'affaire de la piax. Après que les chofes
ont profperé auffi heureufement, il a paru qu'il ne manquoit plus, pour remplir
les vœux des Princes, tendant uniquement au but falutaire mentionné ci-deffus ; que de mettre par un traité folemnel de paix, la derniere main à un ouvrage qui avoit précédemment coûté
tant de travail : & pour cet effet, de

raſſembler en un ſeul corps, tout ce qui a été arrêté juſqu'à préſent, tant entre les deux contractans, que par le conſentement des autres princes, que chaque choſe touchoit de plus près, & d'y donner en même-temps la forme d'un traité de paix qui ne laiſſat rien d'indécis; non que les deux contractans veuillent que les autres Princes n'ayent point part à un ouvrage dont ils ſouhaitent que les fruits ſoient communs à tous, mais parce qu'il a été eſtimé qu'il ſeroit beaucoup plus facile de cette maniere, d'eviter d'une part les embarras & écueils auxquels un ouvrage auſſi difficile eſt ſujet par ſa propre nature, & d'ouvrir d'autre part le chemin à tous ceux à qui le plus ſolide affermiſſement d'une tranquillité ſtable & durable, eſt véritablement à cœur; afin que venant à prendre part à cet objet, il ne manque abſolument plus rien à l'accompliſſement d'un ouvrage auſſi deſiré. A cet effet, ſa ſacrée Majeſté Impériale, tant en ſon nom, qu'au nom du ſaint Empire Romain, a nommé les très-illuſtres & très-excellens Seigneurs, le Sieur Philippe Louis Comte de Sinzendorff, tréſorier héréditaire du ſaint Empire, libre Baron d'Ernſtbruun, Seigneur de Gſoll, du haut Selowitz, de Porliz, Sabor, Mulzig, Loos, Zaan & Droskau, Bourggrave de Rheineck, Grand-Echanſon héréditaire de la haute Autriche, Chevalier de la Toiſon d'or, Conſeiller actuel intime de ſa ſacrée Majesté Impériale & Catholique, & premier Chancelier de la cour; le sieur Thomas Gundakre de Stahremberg, Comte du saint Empire, de Schaumbourg, & Waxenberg, Seigneur d'Eschelberg, Liechtenhag, Rotenegg, Freistadt, Haus, Oberwalsée, Senfftenberg, Bodendorff, Hatwan, Chevalier de la Toison d'or, Conseiller intime actuel de sa sacrée Majesté Impériale & Catholique, Maréchal héréditaire de l'Archiduché de la haute & basse Autriche; le Sr. Louis-Thomas Raymond d'Harrach, Comte du saint Empire, de Rorhau, Seigneur de Stauff, Aschach, Freistadt, & Pruck sur la Leith, Seigneur héréditaire de Pranna, Starchenbach, Ulkava, Stœser, Homile, Boharna & Namiest, Grand-Ecuyer héréditaire de la haute & basse Autriche, Chevalier de la Toison d'or, Conseiller intime actuel de sa sacrée Majesté Impériale & Catholique, & Maréchal des Etats de la province de la basse Autriche; & le Sr. Jean Adolphe de Metsch Comte du saint Empire, Conseiller intime actuel de sa sacrée Majesté Impériale & Catholique, & son Vice-Chancelier & du saint Empire. Et sa sacrée Majesté Royale Très-Chrétienne a nommé le très-illustre & très-excellent Seigneur, le Sr. Charles Pierre Gaston de Levis de Lomagne, Maréchal héréditaire de la foi, Marquis de Mirepoix, Comte de Terride, Vicomte de Gimois, Baron de Montfourcat & de la Garde, Maréchal des camps

& armées de. Sa même facrée Majefté Royale Très-Chrétienne : qui, après avoir conféré entr'eux, & échangé mutuellement leurs pleins-pouvoirs, ajoûtés à la fin du prefent Traité, font convenus des articles fuivans.

ARTICLE I.

La paix Chrétienne, conclue à Vienne le troifieme jour d'Octobre de l'année 1735. & affermie enfuite par le confentement que les autres Princes, qui avoient pris part à la guerre, y ont donné, par des actes folemnels en forme de déclarations, fera & demeurera perpétuelle & univerfelle, & elle produira une vraie amitié, & une étroite union entre fa facrée Majefté Impériale & fes héritiers & fuccefleurs, tout le faint Empire Romain, les Royaumes & Etats héréditaires, leurs vaffaux & fujets, d'une part : & fa facrée Majefté Royale Très-Chrétienne, & fes hérétiers & fuccefleurs, vaffaux & fujets, d'autre part, pour affermir de toutes parts le repos public : & cette paix, amitié & union, feront confervées & cultivées fi fincerement, qu'aucune des deux parties ne tentera rien, fous quelque couleur que ce foit, au préjudice ou dommage de l'autre, & ne devra ni pourra donner aucun aide ni fecours, fous quelque nom que ce puiffe étre, à ceux qui tenteroient, ou voudroient faire dommage

ou préjudice quelconque à l'autre partie,
ni recevoir, protéger ou aider, de quelque maniere que ce foit, les fujets re-
belles ou refractaires ; mais au contraire, chacune des deux parties, pro-
curera véritablement l'utilité, l'honneur
& l'avantage de l'autre, & elles travailleront dans la fuite de concert, & avec
une égale étude & application, à calmer
ce qui pourroit exciter de nouveaux mouvemens de guerre dans le monde chrétien, & à concilier, chacune de leur
part, ce qui paroîtra pouvoir contribuer à affurer la durée de la tranquillité générale,
non-obftant & fans égard à toutes promeffes, alliances, traités ou conventions
quelconques, faites ou à faire, qui ten-
droient au contraire.

II.

Tout ce qui a été fait hoftilement, à
caufe & à l'occafion de la derniere guerre,
en quelque lieu ou maniere que ce foit,
de part ou d'autre, fera mis & demeurera dans un oubli ou amniftie perpétuelle, fuite ordinaire de la paix ; de forte qu'à caufe ou fous pretexte de ces
chofes ni d'aucune autre, l'un ne fera
& ne fouffrira pas qu'il foit fait à
l'autre, aucun tort, directement ou
indirectement, par forme de droit ou
par voie de fait, ni dedans ni dehors, tant du faint Empire Romain,
des Royaumes & Etats héréditaires de fa
facrée Majefté Impériale, que du Royaume de France : mais que toutes & cha-

cune des injures & violences ayent eu
lieu de part & d'autre en paroles, par
écrit ou de fait, feront, fans aucun é-
gard, foit des perfonnes ou des chofes,
fi abfolument abolies, que tout ce que
l'un pourroit, fous ce nom, prétendre
contre l'autre, fera enfeveli dans un
éternel oubli, & que tous & chacun des
vaffaux & fujets de l'une & l'autre partie, feront reftitués dans le même Etat
auquel ils auront été immédiatement
avant la guerre, tant pour les honneurs,
les dignités, les biens & les fruits des
bénéfices eccléfiaftiques, depuis le temps
auquel les lettres de ratifications des articles préliminaires ayant été mutuellement échangées, la paix a dû être regardée pour entierement conclue entre
fa facrée Majefté Impériale & fa facrée
Majefté Royale Très-Chrétienne, fans
qu'il puiffe être nuifible ou préjudiciable à aucun d'eux, d'avoir fuivi l'un ou
l'autre parti; Les prifonniers de guerre,
s'il y en avoit encore quelques-uns, devant pareillement être mis en liberté,
fans rançon. Cette même amniftie n'aura pas moins lieu par rapport aux alliés
de l'un ou l'autre des contractans, à
commencer pareillement au temps auquel
les conditions de la paix auront été for-
tifiées de leur confentement: & l'on mettra fans retardement à exécution cette
amniftie, s'il refte encore quelque chofe à faire à cet égard, pour y fatisfaire
entiere-

entierèment, en quelque lieu que ce puiffe étre.

I I I.

Les traités de paix de Weftphalie , de
Nimégue, de Ryfwick , de Bade, & celui appellé vulgairement la quadruple alliance, conclu à Londres le 2. Août
1718. feront la bafe & le fondement
de la préfente paix : c'eft pourquoi, dans
les chofes qui n'ont point été changées,
foit par les articles préliminaires de la
paix , fignés à Vienne le troifieme jour
d'Octobre de l'année 1735. & ratifiés
enfuite au nom du faint Empire Romain,
foit par la convention faite enfuite le 28.
Août de cette même année, fur la fixa-
tion d'une autre époque, que celle qui
avoit été d'abord convenuë pour la ceffion du Duché de Lorraine , la teneur
des traités fus-mentionnés, demeurera en
fon état, pour être inviolablement obfervée à l'avenir, & mife pleinement à
exécution, s'il n'y avoit pas encore été
fatisfait en quelque chofe.

I V.

Quant aux points des traités fervant de
bafe à la préfente paix, dont la teneur
a été changée, tant du confentement
mutuel des contractans, que du confentement de ceux qui y étoient intéreffés ;
ces même conventions, dont il eft fait

Tome VI.   E

mention dans l'article précédent, suffi-
fent pour en donner une pleine connoiffance, & par cette raifon elles font in-
ferées ici de mot à mot.

ARTICLES PRÉLIMINAIRES.

Articles Sa Majefté Impériale, & Sa Majefté
prélimi-Très-Chrétienne, voulant contribuer au
naires fig-plus prompt rétabliffement de la paix,
nés à Vien-font convenus des articles fuivans :
ne entre le
Roi &
l'Empe-
reur, le 3.
Octobre
1735.

I.

Le Roi, beau-pere de Sa Majefté Très-
Chrétienne, qui abdiquera, fera reconnu & confervera les titres & honneurs
de Roi de Pologne, & de Grand Duc
de Lithuanie.

On lui reftituera fes biens, & ceux
de la Reine fon Epoufe, dont ils auront
la libre jouiffance & difpofition.

Il y aura une amniftie de tout le paffé, & en conféquence, reftitution des
biens d'un chacun.

On ftipulera le rétabliffement & la
maintenue des Provinces & villes de ia
Pologne, dans leurs droits, libertés, priviléges, honneurs & dignités ; comme
auffi la garantie pour toûjours, des libertés & priviléges des conftitutions des

Polonois, & particuliérement de la libre élection de leurs Rois.

L'Empereur confent que le Roi, beau pere de Sa Majefté Très-Chrétienne, fera mis en poffeffion paifible du Duché de Bar & de fes dépendances, dans la mème étendue que le poffède aujourd'hui la Maifon de Lorraine.

De plus, il confent que, dès que le Grand-Duché de Tofcane fera échu à la Maifon de Lorraine, conformément à l'article fuivant, le Roi beau-pere de Sa Majefté Très-Chrétienne, foit encore mis en poffeffion paifible du Duché de Lorraine & de fes dépendances, pareillement dans la même étendue que le poffède aujourd'hui la Maifon de Lorraine. Et ledit féréniffime beau-pere jouira, tant de l'un, que de l'autre Duché, fa vie durant; mais immédiatement après fa mort, ils feront réunis en pleine fouveraineté & à toujours à la couronne de France: bien entendu que quant à ce qui relève de l'Empire, l'Empereur, comme fon Chef, confent à ladite réunion dès-à-préfent; & de plus, promet d'employer de bonne foi fes offices, pour n'en obtenir pas moins fon confentement. Sa Majefté Très-Chrétienne renoncera, tant en fon nom qu'au nom du Roi fon beau-pere, à l'ufage de la voix & féance à la Diete de l'Empire.

Le Roi Augufte fera reconnu Roi de Pologne & Grand-Duc de Lithuanie, par toutes les Puiffances qui prendront part à la pacification.

I I.

Le Grand-Duché de Tofcane, après la mort du préfent poffeffeur, appartiendra à la Maifon de Lorraine, pour l'indemnifer des Duchés qu'elle poffède aujourd'hui.

Toutes les Puiffances qui prendront part à la pacification, lui en garantiront la fucceffion éventuelle. Les Troupes efpagnoles feront retirées des places fortes de ce Grand-Duché, & en leur place introduit un pareil nombre de Troupes Impériales, uniquement pour la fûreté de la fucceffion éventuelle fusdite, & de la même maniere qu'il a été ftipulé à l'égard des garnifons neutres, par la quadruple alliance.

Jufqu'à ce que la Maifon de Lorraine fe trouve en poffeffion du Grand-Duché de Tofcane, elle reftera dans celle du Duché de Lorraine & de fes dépendances, conformément au Traité de paix de Ryfwick. Et pour accélerer un ouvrage auffi falutaire que celui de la paix, & en confidération des engagemens que la France contracte ; pour rendre plus ftable la tranquillité publique, sa Majesté Impériale se charge de bonifier pendant cet intervalle à la Maison de Lorraine, les revenus du Duché de Bar & de ses dépendances, sur le pied de l'évaluation qui en sera faite dans le terme le plus court qu'il se pourra, en décomptant auparavant les charges attachées à leur administration.

Livourne demeurera port franc comme il est.

III.

Les Royaumes de Naples & de Sicile appartiendront au Prince qui en est en possession, & qui en sera reconnu Roi par toutes les Puissances qui prendront part à la pacification.

Il aura les places de la côte de Toscane, que l'Empereur a possédé, Portolongone, & ce que du temps de la quadruple alliance le Roi d'Espagne possédoit dans l'Isle d'Elbe.

Il y aura une amnistie pleine & générale, & par conséquent réstitution des biens, bénéfices & pensions ecclésiastiques d'un chacun, qui pendant la présente guerre auront suivi l'un ou l'autre parti.

IV.

Le Roi de Sardaigne possédera, à son

E 3

choix, ou le Novarois & Vigevanafc, ou le Novarois & le Tortonois, ou le Tortonois & Vigevanafc; & les deux diftricts ainfi par lui choifis, feront unis à fes autres états, bien entendu que de même que tout l'Etat de Milan eft fief de l'Empire, il reconnoîtra encore pour tels, ces diftricts, qui en feront démembrés. Il aura de plus la fupériorité territoriale des terres de Langhes, conformément à la lifte produite par le Commandeur Solar en 1732. & annexée aux préfens articles préliminaires. Pour lequel effet l'Empereur non-feulement renouvellera en faveur du Roi de Sardaigne, tout le contenu du diplome Imperial du feu Empereur Leopold, du 8. Février 1690. mais de plus, il étendra la conceffion y énoncée, fur toutes les terres fpécifiées dans la fufdite lifte, en forte que comme arrieres-fiefs, elles foient fujettes à fa domination immédiate; & il fera tenu de les reconnoître comme mouvantes & relévantes de l'Empereur & de l'Empire.

Il aura les quatre terres de San-Fedele, Torré di Forti, Gravedo & Campo-Maggiore, en conformité de la fentence prononcée par les arbitres en 1712. Il lui fera libre de fortifier pour fa défenfe telles places qu'il jugera à propos dans les pays acquis ou cédés.

V.

Seront rendus à fa Majefté Impériale

tous les autres Etats fans exception qu'il poffédoit en Italie avant la préfente guerre. En outre lui feront cédés en pleine proprieté, les Duchés de Parme & de Plaifance. Sa Majefté Impériale s'obligéra à ne point pourfuivre la defincameration de Caftro & Ronciglione; comme aufli, de rendre juftice à la Maifon de Guaftalle pour fes prétentions fur le Duché de Mantoue, conformément à l'article XXXII. du traité de paix de Bade. Sa Majefté Très-Chrétienne reftituera de fon côté, à fadite Majefté Impériale & à l'Empire, toutes les conquétes fans exception, faites fur l'un ou l'autre par fes armes.

V I.

Sa Majefté Très-Chrétienne, en confidération de ce que deffus, garantira dans la meilleure forme la Pragmatique Sanction de l'année 1713. pour les Etats que l'Empereur poffède actuellement, ou qu'il poffédera en vertu des préfens articles.

V I I.

Il fera nommé des Commiffaires de part & d'autre, pour regler entre Sa Majefté Impériale & Sa Majefté Très-Chrétienne les détails des limites d'Alface & des Pays-Bas, conformément aux Traités précédens, nommément celui de Bade.

Nous souffignés, en vertu des pleins
pouvoirs de nos Maîtres, avons arrêté
les préfens préliminaires, qui resteront
fecrets jufqu'à ce qu'il foit convenu autrement entre les parties, & feront ratifiés dans un mois, au plutôt fi faire fe
pourra. Fait à Vienne, ce trois d'O-
ctobre mil fept-cents trente-cinq.

(L. S.) PHILLIPPE-LOUIS Comte
DE SINZENDORFF.

(L. S) JEAN-BAPTISTE
DE LA BAUNE.

*S'enfuit la note des Terres Impériales
des Langhes.*

1. Rochetta del Tanaro.	18. Brovida.
2. Rocca d'Arazzo.	19. Carretto.
3. Mombercelli.	20. Cencio.
4. Vincio.	21. Rocchetta
5. Caftel nuovo di Calea.	del Cencio.
6. Bozzolafco.	22. Rocca Gri-
7. Albaretto.	malda.
8. Serravalle.	23. Taiolo.
9. Feifolio.	24. Spinola.
10. La Niella.	25. Capriata.
11. S. Benedetto.	26. Francavilla.
12. Monte Chiaro.	27. Biffiô.
13. Mioglia.	28. Montaldi.
14. Prunetto.	29. S. Criftoforo.
15. Levico.	30. Carofio.
16. Scaletta.	31. Bardinetto.
17. Menufilio.	32. Baleftrino.

33. Nazino.
34. Caprauna.
35. Alto.
36. Arnafco.
37. Lovanio.
38. Rezzo.
39. Cefio.

40. Teftico.
41. Garlenda.
42. Paffavenna.
43. Roffi.
44. Duranti.
45. Stalanello.
46. S. Vincenzo.

Terres dont Sa Majefté poffede une partie.

47. Morra   *La moitié*
48. Belvedere.   *Un tiers.*
49. Mornefe.   *La moitie.*
50. Cairo.
51. Rocchetta.   *Les trois.*
52. Vignarollo.   *quarts.*
53. Mellefimo.
54. Cofferia.
55. Plodio.   *La moitié.*
56. Bieftro &
57. Aqua fredda.

Il y a de plus la Terre de Taffarolo, laquelle on n'a pas encore pù favoir fi elle eft Impériale, où à qui elle appartient ; & au cas qu'elle foit telle, il faudra auffi la comprendre dans la note.

L'on fait remarquer qu'il y a quatre hameaux qui ne font que des dépendances des territoires du Cairo & de Mellefimo , & qui font compris dans cette lifte, comme des terres principales.

Article séparé.

Sa Majesté de toutes les Russies, & Sa Majesté le Roi Auguste, seront considérés, en ce qui regarde les affaires de Pologne, comme parties principales contractantes, & invitées, comme telles au futur Congrès, & y admises aux conférences relatives à leurs interêts.

On terminera ledit Congrès au plûtôt que faire se pourra, en n'y admettant que les matieres qui regardent immédiatement les parties belligérantes.

Comme les conjonctures présentes n'ont pas permis qu'avant la conclusion des articles préliminaires, Sa Majesté Impériale ait pû recevoir l'agrément & le consentement de l'Empire, sur tout ce où il est interessé ; elle tâchera de l'obtenir suivant l'usage établi dans l'Empire, le plûtôt qu'il sera possible.

Le présent article aura la même force que s'il étoit inféré mot à mot dans les articles préliminaires. Fait à Vienne, ce trois Octobre mil sept-cents trente-cinq.

(L. S.) PHILLIPPE-LOUIS Comte
DE SINZENDORFF.

(L. S.) JEAN BAPTISTE
DE LA BAUNE.

Premier Article séparé.

Comme dans les titres employés, soit
dans les pleins-pouvoirs, soit dans les
articles préliminaires, quelques-uns ne
font pas reconnus de part & d'autre, il
a été convenu que ces titres ne donneront aucun droit, & ne cauferont aucun préjudice. Et le préfent article féparé aura la même force que s'il étoit
inféré mot à mot dans les articles préliminaires. Fait à Vienne, le trois O-
ctobre mil fept cents trente-cinq.

Second Article féparé.

Les préfens articles préliminaires ayant
été compofés & redigés en langue françoife, contre l'ufage ordinairement obfervé entre fa Majefté Impériale & Sa
Majefté Très-Chrétienne, cette différence ne pourra être alléguée pour exemple, ni tirer en conféquence, ou porter
préjudice en aucune maniere, à qui que
ce foit; & l'on fe conformera à l'avenir,
à tout ce qui a été obfervé jufqu'à préfent dans des femblables occafions, &
nommément dans le congrès ou traité
général à faire; les préfens articles préliminaires ne laiffant pas d'avoir la même force & vertu que s'ils étoient en
langue latine : & le préfent article féparé aura pareillement la même force que
s'il étoit inferé mot à mot dans les articles préliminaires. Fait à Vienne, le

trois Octobre mil sept - cents trente-
cinq.

(L. S.) PHILLIPPE-LOUIS Comte
DE SINZENDORFF.

(L. S.) JEAN BAPTISTE
DE LA BAUNE.

Au nom de la Très sainte Trinité, du
Pere, & du Fils, & du Saint-
Esprit. Ainsi soit-il.

Conven-tion sig-née Vienne entre le Roi & l'Empe-reur, 11. Avril 1736. sur l'exécu-tion des articles prélimi-naies.

Sa Majesté Impériale & sa Majesté Très-Chrétienne, animés d'un désir égal à d'affermir de plus en plus la bonne in-telligence & amitié rétablies entr'elles, & si nécessaires pour le bien de la chré-tienné, & d'assurer solidement un parfait repos en Europe, loin de se borner à la cessation des hostilités établies, déclarent qu'elles veulent procéder, aussi promp-tement qu'il sera possible, à l'effectua-tion des conditions de paix stipulées par les articles préliminaires, signés & ratifiés de part & d'autre : Et voulant à cet effet agir d'un concert parfait, elles font convenues des articles suivans.

ARTICLE I.

Sa Majesté Impériale & Sa Majesté Très-Chrétienne confirment, autant que besoin seroit, la convention signée à Vienne le 5. du mois passé, par leurs

Ministres respectifs, concernant les contributions & toutes autres impositions du côté de l'Allemagne , & stipulant le temps auquel les Troupes de Sa Majesté Très-Chrétienne se retireroient du plat-pays de l'Empire, ladite convention sera censée avoir la même force que si elle étoit inserée ici mot à mot.

II.

L'Empereur & le Roi Très-Chretien ne permettront pas que leurs Troupes exigent de nouvelles impositions ou contributions des Etats neutres en Italie ; & si , contre leur désir, ils étoient obligés d'y laisser encore quelques-unes de leurs troupes, elles s'abstiendront de tous excès , en quelque chose que ce puisse être. L'Acte signé à Vienne le 4. Février de la présente année , pour procurer plus d'aisance aux troupes Impériales, sera censé avoir la même force que s'il étoit inseré ici mot à mot ; & s'il manquoit encore quelque chose à sa parfaite & entiere exécution dans tout ce qu'il contient, elle aura son effet au plûtôt possible.

Les revenus du Milanez, dont la Diaria fait partie , & les impositions faites sur le pays pour le traitement, les fourrages & les quartiers d'hyver des troupes, appartiendront à Sa Majesté Très-Chrétienne, ou à ses alliés, jusqu'au jour de

l'échange des ratifications de la préfente
convention ; fans que néanmoins il foit
permis d'ufer d'aucune voie d'exécution
pourvû qu'il ait été donné caution fuffifante pour le payement.

On évacuera, dans le plus court terme
qu'il fera poffible, tout le Milanez, à
l'exception des deux diftricts qui doivent
appartenir au Roi de Sardaigne, en vertu
des préliminaires : cette évacuation ne
pourra être différée par de-là le terme
de fix femaines, à compter du jour de
l'échange des ratifications de la préfente
convention.

Dans le même temps, le Roi de Sardaigne demeurant en poffeffion defdits
deux diftricts, prendra auffi celle de tout
ce qui eft ftipulé en fa faveur dans le
quatrieme article des préliminaires.

Pour ce qui regarde le traitement des
troupes jufqu'à leur entiere retraite, les
Généraux refpectifs auront ordre de s'entendre enfemble fur cela d'une maniere
à pourvoir en même temps au foulagement du pays & à la confervation des
troupes. Il ne fera commis aucun excès dans lefdits pays, ni rien innové,
& les places feront remifes avec l'artillerie qui y a été trouvée; & fi aucune avoit
été tranfportée ailleurs, elle fera refti-
tuée fur le champ.

Et à l'égard des autres pays qui doivent appartenir à Sa Majesté Impériale, ou dans lesquels elle doit mettre des garnisons, il n'y sera non plus commis aucun excès, ni rien innové; & l'évacuation s'en fera exactement, dans les termes qui auront été ou feront convenus par les Generaux respectifs, en conséquence des déclarations de sa Majesté Impériale & de sa Majesté Très-Chrétienne, du 30. Janvier de la présente année, lesquelles déclarations feront censées faire partie de la présente convention.

L'on ne détournera aucuns documens, papiers, écrits ni archives, concernant les pays qui doivent revenir à Sa Majesté Impériale; & si aucuns avoient été détournés, ils feront rendus de bonne foi: & réciproquement, si quelques-uns avoient été détournés, appartenant aux Etats que l'Empereur céde par les préliminaires, ils feront rendus de même de bonne foi.

III.

Et comme tout doit marcher d'un pas égal, on convient que les troupes alliées de Sa Majesté Impériale, qui font encore en Pologne & en Lithuanie, n'y commettront aucun excès; qu'elles n'y feront aucune innovation capable de porter la moindre atteinte aux loix &

libertés des Polonois, ou qui ne foit conforme à ce qui eft porté par les articles préliminaires : enfin qu'elles y vivront & s'y comporteront comme troupes qui ont à en fortir fix femaines après l'échange des ratifications de la préfente convention, c'eft-à-dire, dans le même temps que tout ce qui eft convenu d'ailleurs dans les préliminaires, fera exécuté. Et quant à la fubfiftance defdites troupes, jufqu'à leur entiere retraite, on fe reglera entierement fur ce qui conviendra en même temps au foulagement du pays, & à la confervation des troupes.

I V.

Sa Majefté Impériale, qui promet à Sa Majefté Très-Chrétienne, la parfaite exécution, de fa part, du premier article préliminaire, en tous fes points, dans le terme de fix femaines, à compter du jour de l'échange des ratifications de la préfente convention, s'engage auffi à faire remettre à Sa Majefté Très-Chrétienne, inceffamment, & au plus tard dans l'efpace d'un mois, à compter du jour de la fignature de la préfente convention, les déclarations en bonne forme, de la Czarine & du Roi Augufte, portant non feulement l'acceptation de tout ce que contient le premier article des préliminaires, mais encore l'obligation

gation & l'engagement, qu'il fera pleinement exécuté en Pologne : notamment
en ce qui regarde la reconnoiffance du
Roi Stanislas premier, avec les titres &
honneurs du Roi de Pologne & Grand-
Duc de Lithuanie, la reftitution de fes
biens & de ceux de la Reine fon Epoufe,
la confervation inviolable des droits &
privilégés de la République de Pologne,
& la fureté pour toutes perfonnes, provinces & villes fans aucune exception,
de n'être ni moleftées, ni inquietées,
fous prétexte de ce qui fe fera paffé
pendant les derniers troubles de Pologne.

Réciproquement, l'acte d'abdication
du Roi Stanislas premier, & les actes
réciproques des déclarations de la Czarine
& du Roi Augufte, feront remis à Sa
Majefté Impériale, pour être délivrés &
avoir leur effet feulement & en même
temps que ce qui eft marqué cy-deffus,
aura fon plein & entier effet.

V.

Seront concertés dès-à-préfent, entre
les parties intéreffées, tous les actes de
ceffions des pays, qui en vertu des préliminaires, doivent appartenir & refter à
chacune, pour être lefdits actes délivrés
en bonne forme, & les ceffions avoir
leur effet dans le même terme que les
évacuations auront lieu.

V I.

Sa Majesté Impériale s'engage d'employer de bonne foi, tous les soins possibles pour obtenir dans le terme de six femaines, à compter du jour de l'échange des ratifications de la présente convention, ou plutôt si faire se peut, le consentement de l'Empire, en bonne forme, aux articles préliminaires, pour tous les points où ledit consentement peut être néceffaire.

V I I.

Suppofé qu'avant l'expiration du terme de six femaines après l'échange des ratifications de la présente convention, le consentement de l'Empire aux articles préliminaires, pour les points où il peut être néceffaire, soit déja obtenu, Sa Majesté Très - Chrétienne fera évacuer dans le même terme, les places de Kehl, Philipsbourg & Treves, dont les deux premieres feront remises à la difposition de l'Empereur & de l'Empire, & la troisieme à l'Electeur de ce nom ; enforte que les troupes de Sa Majesté Très-Chrétienne n'y puiffent plus rien poffléder ou retenir : mais si, contre toute attente, le consentement de l'Empire tardoit plus long-temps à être donné, l'évacuation fusdite auroit à se faire au moment que la France en feroit affurée.

V I I I.

Sa Majefté Impériale & Sa Majefté
Très-Chrétienne , fe déclarent garantes
de l'exécution de tout ce que contient
la préfente convention ; & en conféquence, elles n'agiront que d'un parfait
concert , fur tout ce qui pourra regarder
l'affermiffement & la continuation de
la paix , & en même temps la plus
prompte effectuation, tant des articles
préliminaires , que de la préfente convention.

Les ratifications de la préfente convention , feront échangées dans le terme d'un mois , ou plutôt fi faire-fe peut.

En foi de quoi, nous, Miniftres plénipotentiaires de Sa Majéfté Impériale &
de Sa Majefté Très Chrétienne , avons
figné cette préfente convention, & y
avons fait appofer les cachets de nos
armes. A Vienne en Autriche, ce onze
Avril mil fept-cents trente-fix.

(L. S.) PHILIPPE-LOUIS Comte
    DE SINZENDORFF.

            (L. S.) LA PORTE
                DU THEIL.

Premier Article féparé.

Sa Majefté Très-Chrétienne ayant fait

connoître que nonobſtant ce qui eſt ſtipulé au prémier & ſecond article des
préliminaires, ſur le temps où le Duché
de Lorraine devra ſuivre le ſort de celui
de Bar, elle deſireroit qu'au lieu de prendre pour époque la vacance du Grand-
Duché de Toſcane, on la fixât au terme
de la priſe de poſſeſſion du Duché de
Bar par le Roi beau-pere de Sa Majeſté
Très-Chrétienne ; Sa Majeſté Impériale
déclare, nonobſtant les cauſes du premier & du ſecond article des préliminaires, que le Duché de Lorraine ſera cédé au Roi beau-pere de Sa Majeſté Très-
Chrétienne, auſſitôt après la concluſion
& l'échange des ratifications d'une convention à cet effet ſignée ſoit entre Sa
Majeſté Très-Chrétienne & ſon Alteſſe
royale le Duc de Lorraine, & à laquelle
on procédéra inceſſamment.

Bien entendu que, ſi l'on ne parve-
noit à conclure cette convention, qu'à-
près le temps où le Roi beau-pere de Sa
Majeſté Très-Chrétienne devra être mis
en poſſeſſion du Duché de Bar, ſuivant
les préliminaires & la convention de l'effectuation ſignée cejourd'hui, dont le
préſent article ſéparé fait partie, la re-
miſe dudit Duché de Bar à ce Prince
ne pourra être différée, ni par ce motif, ni par les diſcuſſions qui pourroient
ſurvenir ſur l'étendue & les limites dudit Duché de Bar, leſquelles ſeront enſuite reglées à l'amiable.

Second Article séparé.

Le Roi Stanislas entrant en possession des Duchés de Lorraine & de Bar, la prendra de tout ce que possède le Duc de Lorraine, dans la Lorraine & le Barrois, appartenances & dépendances, soit d'ancien patrimoine, acquisitions ou biens allodiaux, & à quelque titre que ce puisse être; à l'exception néanmoins du Comté de Falckenstein & dépendances.

Convenu réciproquement, que par rapport aux différentes enclaves & terres mélées avec différens Princes de l'Empire, il sera pris, de concert avec Sa Majesté Impériale, de telles mesures & arrangemens, que l'on ne laisse subsister aucune occasion ou prétexte, qui pourroit donner lieu à troubler le repos & la bonne intelligence réciproque. Les présens articles séparés auront la même force que s'ils étoient inserés mot à mot dans la convention d'aujourd'hui. Fait à Vienne, ce onze Avril mil sept-cents trente-six.

(L. S.) PHILIPPE - LOUIS Comte DE SINZENDORFF.

(L. S.) LA PORTE DU THEIL.

Article séparé.

La convention signée cejourd'hui, ayant

été compofée & redigée en langue Françoife, contre l'ufage ordinairement obfervé entre Sa Majefté Impériale & Sa
Majefté Très Chrétienne, cette différence ne pourra être alléguée pour exemple, ni tirer en conféquence, ou porter préjudice en aucune maniere, à qui
que ce foit, & l'on fe conformera, à
l'avenir, à tout ce qui a été obfervé
jufqu'à préfent, dans des femblables occafions, & nommément dans le traité de
paix folemnel à faire: la convention fignée cejourd'hui ne laiffant pas d'avoir
la même force & vertu, que fi elle y étoit
inferée mot à mot. Fait à Vienne ce onze Avril mil fept-cents trente-fix.

(L. S) PHILIPPE LOUIS Comte
DE SINZENDORFF.

(L S.) LA PORTE
DU THEIL.

DECLARATION.

Le fouffigné Miniftre du Roi Très Chrétien auprès de l'Empereur, muni des
Pouvoirs néceffaires; déclare qu'en confidération & en conféquence des deux
articles féparés de la convention fignée
aujourd'hui, Sa Majefté Très-Chrétienne
s'occupera autant que l'Empereur, &
agira de concert avec Sa Majefté Impériale, pour procurer à la Maifon de
Lorraine, tous les biens, de quelque na-

ture qu'ils puiffent être, dans le Grand-Duché de Tofcane : que ni le Roi Sta-nislas, ni Sa Majefté Très-Chrétienne, ne prétendront aucune fujetion de qui le Duc de Lorraine n'en prétendoit pas : Qu'ils donneront toute l'affurance poffi-ble contre toute idée de réunions ; en-fin, qu'ils difpenferont le Duc de Deux-Ponts, de fa relevance d'un fief *ad Ca-meram*. Fait à Vienne, le onze Avril mil fept - cents trente-fix.

(L. S.) La Porte
du Theil.

Au nom de la fainte Trinité, du Pere, du Fils & du Saint - Efprit. Ainfi foit - il.

Soit notoire à tous, que l'Empereur & le Roi Très-Chrétien ayant conclu le 11. du mois d'Avril dernier, une con-vention & quelques articles féparés, pour l'effectuation des préliminaires de paix, dont fa Majefté Impériale & Sa Majefté Très - Chrétienne étoient convenues le trois du mois d'Octobre de l'année der-niere 1735. il a été ftipulé dans un def-dits articles féparés, que nonobftant ce qui eft porté par lefdits préliminaires touchant la Lorraine, ce Duché fera cé-dé au Roi beau-pere de Sa Majefté Très-Chrétienne, auffitôt après la conclufion & l'échange des ratifications d'une con-vention fignée à cet effet ; en conféquen-

Conven-tion entre le Roi & l'Empe-reur, fig-née à Vienne le 28. Août 1736pour la ceffion & remife actuelle duDuché deLorrai-ne au Roi

F 4

de Polog-
ne Stanis-
las I.

ce, Sa Majesté Impériale & Sa Majesté Très - Chrétienne ont autorisé leurs Ministres respectifs, qui en vertu de leurs pleins-pouvoirs, sont convenus de ce qui suit.

ARTICLE I.

Aussitôt que tant l'Empereur que l'Empire, se trouveront en possession actuelle de tout ce qui, suivant les articles préliminaires, leur doit être remis; que les garnisons Impériales seront introduites dans les places fortes de Toscane, & à son Altesse Royale le Duc de Lorraine les actes de cession & de renonciation, tant de la part de Sa Majesté Catholique, que de la part du Roi des deux Siciles, en bonne & dûe forme, le Duché de Lorraine sera remis aux personnes commises pour cet effet par le Roi beau-pere de sa Majesté Très-Chrétienne.

I I.

Le Roi beau-pere de Sa Majesté Très-Chrétienne, entrera dès-lors en possession de tout ce que son Altesse Royale le Duc de Lorraine posséde dans la Lorraine, appartenances & dépendances, soit d'ancien patrimoine, acquisitions ou biens allodiaux, & à quelque titre que ce puisse être; à l'exception néanmoins du Comté de Falckenstein. appartenances & dépendances : le tout dans le même Etat qu'il étoit possédé par son Altésse Royale

le Duc de Lorraine, au jour de l'échange des ratifications des préliminaires, &
pour être, immédiatement après le décès
du Roi beau-pere de Sa Majesté Très-
Chrétienne, réuni en pleine-propriété &
souveraineté, & à toujours, à la couronne de France.

III.

Comme par les déclarations que Sa Majesté Très-Chrétienne a faites pendant
tout le cours de la négociation qui a précédé & suivi la conclusion des préliminaires arrêtés & signés le 3. Octobre
1735. elle a donné à connoître, qu'au
moyen de la cession faite de tout ce que
possède son Altesse royale le Duc de
Lorraine, dans la Lorraine & le Barrois,
appartenances & dépendances, soit d'ancien patrimoine, acquisitions ou biens
allodiaux, & à quelque titre que ce puisse être, elle ne cherche point de titre
pour entrer dans les affaires de l'Empire ;
que si même il y avoit quelques portions de terre, dont la possession fasse
ombrage à quelques Princes voisins,
parce qu'elles seroient enclavées, on ver-
roit ensuite à s'accommoder sur cela à
l'amiable : & comme il a été stipulé en
outre par le second article séparé, signé
à Vienne le 11. Avril de la présente
année, que par rapport aux différentes
enclaves & terres mêlées avec différens
Princes de l'Empire, il sera pris, de
concert avec Sa Majesté Impériale, de

telles mesures & arrangemens, que l'on ne laisse subsister aucune occasion ou prétexte qui pourroit donner lieu à troubler le repos & la bonne intelligence réciproque; Sa Majesté Impériale & Sa Majesté Très-Chrétienne sont convenues de nommer, pour cet effet, des Commissaires, dans l'espace de deux mois, à compter du jour de la signature de la présente convention; lesquels Commissaires auront à concerter les moyens d'assurer l'effet, tant des principes demeurés fixés entre les parties contractantes, que de la cession, telle qu'elle se trouve définie cy-dessus, & par conséquent, les moyens les plus propres à prévenir par les précautions nécessaires, tout ce qui pourroit donner de l'inquiétude aux territoire respectifs, & pour s'accommoder à l'amiable, par rapport auxdites enclaves, le tout, de concert entre leurs dites Majestés Impériale & Très-Chrétienne : ils auront à consommer les arrangemens que suivant les principes susdits, les deux Cours se sont proposées, dans le plus court terme qu'il sera possible ; en attendant, la nature, les droits, la forme & l'administration de ces fiefs, ne pourra en rien être changé ; & ils seront administrés provisionnellement, jusqu'à la consommation desdits arrangemens, par les Princes de l'Empire, avec lesquels son Altesse royale le Duc de Lorraine les possédoit par indivis, ou

dans les Etats defquels ces portions fe
trouvent enclavées ; fans que néanmoins
cette difpofition provifionnelle porte le
moindre préjudice au Roi beau-pere de
Sa Majefté Très-Chrétienne, foit dans l'é-
tendue fusdite de la ceffion de la Lorraine, foit dans les revenus ; & fans que
par elle on donne la moindre atteinte
aux principes dont leurs Majeftés Impériale & Très-Chrétienne font convenues
d'avance : l'intention des parties contractantes étant que cette même difpofition
provifionnelle doit être également com-
patible, tant avec ladite étendue de la
ceffion de la Lorraine, qu'avec ces principes, l'un & l'autre ayant à fervir également de regle aux Commiffaires qui feront nommés.

Les opérations defdits Commiffaires
n'empêcheront ni ne retarderont l'exécution de la préfente convention, ni la
prife de poffeffion par le Roi de Pologne Stanislas premier, du Duché de
Lorraine, au temps marqué cy-deffus
dans l'article premier : pareillement, la
préfente convention ne pourra préjudicier à ce qui fera reglé & convenu par
lesdits Commiffaires.

I V.

Quoique le Roi Très-Chrétien ait déja ratifié la déclaration fignée le 11.

Avril dernier par fon Miniftre auprès de l'Empereur, & dont la teneur s'enfuit :

"Le foufligné Miniftre du Roi Très-
,, Chrétien auprès de l'Empereur, muni
,, des pouvoirs néceffaires, déclare qu'en
,, confidération & en conféquence des
,, deux articles féparés de la conven-
,, tion fignée aujourd'hui, Sa Majefté
,, Très-Chrétienne s'occupera autant que
,, l'Empereur, & agira de concert avec
,, Sa Majefté Impériale, pour procurer à
,, la Maifon de Lorraine, tous les biens,
,, de quelque nature qu'ils puiffent être,
,, dans le Grand - Duché de Tofcane :
,, Que ni le Roi Stanislas, ni Sa Maje-
,, fté Très-Chrétienne, ne prétendront au-
,, cune fujetion de qui le Duc de Lor-
,, n'en prétendoit pas : qu'ils donneront
,, toute l'affurance poffible contre toute
,, idée de réunions ; enfin, qu'ils dif-
,, penféront le Duc de Deux-Ponts,
,, de Sa relévance d'un fief *ad Cameram.*
,, Fait à Vienne, le 11. Avril mil fept-
,, cents trente-fix.

(L. S.) La Porte du Theil.

Sa Majefté Très-Chrétienne la confirme de nouveau, en tant que befoin feroit, en tous les points.

V.

Rien n'étant plus jufte que de procu-

rer à la Maifon de Lorraine, une entiere fureté à l'égard de ce qui eft deftiné
pour l'indemnifer du grand facrifice qu'elle fait, d'abandonner fon ancien patrimoine, il a été convenu par le fecond
article des préliminaires fignés le 3.
Octobre 1735. que toutes les puiffances
qui prendront part à la pacification, lui
en garantiront la fucceffion éventuelle ;
en conféquence de quoi, Sa Majefté
Très-Chrétienne renouvelle pour elle &
fes fucceffeurs, dans la meilleure forme,
la garantie fusdite, tant en faveur de
fon Alteffe Royale le Duc de Lorraine,
que de toutes les perfonnes qui auroient
eu Droit de fuccéder dans les Duchés
de Lorraine & de Bar : enfin, Sa Majefté Très-Chrétienne promet de prendre,
de concert avec Sa Majefté Impériale,
les mefures les plus convenables & les plus
efficaces, pour faire garantir à la Maifon
de Lorraine, la fucceffion en Tofcane,
par les puiffances qui ont garanti ladite
féréniffime Maifon, par le Traité de paix
de Ryfwick, les États qu'elle pofféde
aujourd'hui ; fans que, par la préfente
claufe, la prife de poffeffion de la Lorraine puiffe être retardée au-delà du terme marqué dans le premier article de
la préfente convention.

Sa Majefté Impériale s'engageant réciproquement d'agir de concert avec Sa
Majefté Très-Chrétienne, pour procurer
les mêmes garanties de la poffeffion de

la Lorraine & du Barrois par le Roi Stanislas, & de la réunion defdits Duchés
à la couronne de France, après le décès
de ce Prince.

V I.

Les droits qui dans la fociété des nations, feront reconnus & admis pour
des attributs & des appartenances de la
qualité & du rang de Souverain, & non
des poffeffions, ne devant recevoir aucun préjudice ou atteinte de la ceffion
des Etats, Sa Majefté Impériale & Sa
Majefté Très-Chrétienne font très-expref-
fément convenues, tant de la confervation pour la Maifon de Lorraine, de l'u-
fage & jouiffance des titres, armes,
prééminences & prérogatives qu'elle a
eu jufqu'à préfent, que de la confervation defdits droits propres au rang &
à la qualité de Souverain, pour fon Alteffe Royale & pour toutes les perfonnes qui auroient eu droit de fuccéder
dans les Duchés de Lorraine & de Bar:
bien-entendu que cette confervation defdits droits, titres, armes, prééminences
& prérogatives, ne pourra préjudicier à
la ceffion, ni l'affoiblir en rien; ni enfin
donner en aucun temps prétexte, pré-
tenfion ou droit à aucune perfonne de
la Maifon de Lorraine, & des defcendans, fur les Etats cédés par fon Alteffe
Royale.

VII.

Le Roi Très-Chrétien promet & s'engage de payer annuellement à fon Alteffe royale le Duc de Lorraine, ou à fes fucceffeurs, depuis le jour de la fufdite prife de poffeffion de la Lorraine par le Roi Stanislas, jusqu'à celui où le Grand-Duché de Tofcane par la mort du préfent poffeffeur, appartiendra à la Maifon de Lorraine, la fomme de *quatre millions cinq cens mille livres*, monnoye de Lorraine, fur le pied qu'elle eft aujourd'hui, en deux termes égaux, de fix mois en fix mois, qui ne fera fujette à aucune réduction, pour quelque caufe que ce puiffe être; ledit payement de fix mois en fix mois, fe fera exactement & regulierement, & des fonds dont on conviendra.

VIII.

Sa Majefté Très-Chrétienne fe charge des dettes appellées dettes d'Etat, ou hypothequées fur les revenus des Duchés de Lorraine & de Bar, mentionnées dans l'état produit au nom de Son Alteffe royale le Duc de Lorraine, & joint à la fin de la préfente convention; & fadite Alteffe royale demeure chargée, tant des arrerages des rentes desdites dettes d'Etat, ou hypothequées fur les revenus des Duchés de Lorraine & de Bar, qui fe trouveront échus le jour de la prife de poffeffion par le Roi, beau-pere de Sa Majefté Très-Chrétienne, que de toutes les autres fortes de dettes dont l'Empereur promet l'acquittement de même que le Roi Très-Chrétien promet, après liquidation faite & convenue, l'acquittement de ce qui a été fourni & souffert par la Lorraine, pendant la derniere guerre; & il eft convenu que la fomme de ce qui s'en trouvera dû à fon Alteffe royale, perfonnellement, fera compenfée avec une pareille fomme des dettes dont elle demeure chargée.

IX.

Le Roi Très-Chrétien promet & s'engage de payer à Madame la Ducheffe doûairiere de Lorraine, ou à fes héritiers, régulierement & de la façon la plus convenable & la plusfatisfaifante pour une Princeffe qui lui eft fi proche & fi chere, les rentes qu'elle a fur les Etats cédés, & qui font mentionnées dans l'état des dettes d'Etat, produit au nom du Duc de Lorraine, fans exclufion du droit qu'elle ou fes héritiers pourroient avoir, de demander le rembourfement du capital, auquel, en ce cas, Sa Majefté Très-Chrétienne promet de pourvoir : bien entendu que le montant des intérêts de ce capital, une fois rembourfé, continuera d'être déduit fur la fomme annuelle que Sa Majefté Très-Chrétienne doit payer à Son Alteffe royale le Duc de Lorraine.

X.

X.

Sa Majesté Très-Chrétienne promet pareillement le payement exact & régulier de la somme de cinquante-huit mille cinq cents livres, monnoie de Lorraine, pour les interêts de la dot de cette Princesse, & qui est mentionnée dans l'Etat cité en l'article IX. & de celle de cent vingt-huit mille cinq cents soixante-une livres sept sols six deniers, aussi monnoie de Lorraine, pour son douaire, qui demeurera tel, à tous égards, que son Altesse Royale en jouit & doit jouir : comme aussi ; le payement non moins exacte & régulier, de la somme annuelle de quarante-deux mille huit cents cinquante-sept livres deux sols six deniers de la même monnoie, à Mr. le Prince Charles ; & de la somme de vingt-un mille quatre cents vingt-huit livres onze sols trois deniers, de la même monnoie, à chacune des deux Princesses Elisabeth-Thérèse & Anne-Caroline, frere & sœurs de son Altesse Royale le Duc de Lorraine, pour leur tenir lieu du produit des apanages & entretiens qui leur ont été assignés. Le payement par Sa Majesté Très-Chrétienne, tant du douaire susdit, que desdites sommes servant d'apanages & d'entretiens, aura lieu & effet, non-seulement jusqu'au jour où le Grand-Duché de Toscane, par la mort du présent possesseur, appartiendra à la Maison de Lorraine ; mais encore ce cas arrivé, jufqu'au temps, & à proportion que fon Alteffe Royale le Duc de Lorraine aura à payer en Tofcane, foit douaire, foit apanages & entretiens, à des Princeffes de la Maifon de Medicis : Sa Majefté Très-Chrétienne défalquera de la fomme annuelle qui fera payée à Son Alteffe Royale le Duc de Lorraine, tant les rentes des dettes dont elle fe charge, que le montant des interêts de la dot, & celui du douaire de fon Alteffe Royale, la Ducheffe de Lorraine douairiere, & des apanages des Princes & Princeffes de Lorraine.

X I.

Le Roi Très-Chrétien promet que fon Alteffe Royale Madame la Ducheffe douairiere de Lorraine, demeurant à Lunéville, y jouira, dans une entiere & abfolue indépendance, & conformément à fon contract de mariage, du même Etat dont elle auroit jouit dans le temps que fon Alteffe Royale le Duc de Lorraine poffédant ce Duché y auroit refidé ; & qu'avant, comme après, la réunion de la Lorraine à la couronne de France, elle recevra, avec tous les honneurs & traitemens dûs à fon rang de veuve d'un Souverain, ceux dûs à fa naiffance de petite-fille de France.

X I I.

On eft convenu que tous les meubles

& effets mobiliaires qui appartiennent à
son Alteffe Royale , & qui fe trouvent
dans les Duchés de Lorraine & de Bar,
tant ceux appellés meubles de la couronne , qu'autres , lui feront réfervées.

XIII.

Les Duchés de Lorraine & de Bar,
foit poffédés par le Roi Stanislas , foit
réunis à la couronne de France, demeureront fous ce nom : le Roi Très-Chrétien promettant encore , que dans le dernier cas , ils formeront un gouvernement
dont il ne fera rien démembré pour être
uni à d'autres gouvernemens.

XIV.

Les fondations faites en Lorraine par
fon Alteffe Royale le Duc de Lorraine ,
ou par fes prédéceffeurs, fubfifteront &
feront maintenues , tant fous la domination du Roi beau-pere de Sa Majefté
Très-Chrétienne , qu'après la réunion à
la couronne de France. Subfifteront &
feront maintenus femblablement les jugemens & arrêts rendus par les tribunaux
compétens, les Priviléges de l'Eglife, de
la Nobleffe & du Tiers-Etat, les anno-
bliffemens , graduations & conceffions
d'honneur faites par les Ducs de Lorraine , notamment les priviléges & immunités de l'Univerfité de Pont-à-Mouffon.

XV.

Les Officiers possédant des offices vendus, ne pourront sans avoir merité un tel châtiment, en être dépossédés, à moins qu'on ne les rembourse en especes, du prix qu'ils auront payé pour la finance desdits offices.

Toutes les personnes qui sont actuellement domestiques de son Altesse Royale le Duc régnant, de son Altesse Royale Madame la Duchesse douairiere de Lorraine, du sérénissime Prince Charles, & des sérénissimes Princesses frere & sœurs de son Altesse Royale, jouiront de toutes les franchises, exemptions & priviléges dont ils ont joui jusqu'à présent; & ni eux, ni leurs enfans nés ou à naître, ne seront point sujets au droit d'Aubaine.

XVI.

Les papiers & cartes concernant les Duchés de Lorraine & de Bar, seront remis au Roi beau-pere de Sa Majesté Très-Chrétienne, dans le temps de la prise de possession : mais ceux proprement dits de famille, comme contrats de mariage, testamens & autres, seront ou laissés, ou consignés à la disposition de son Altesse Royale le Duc de Lorraine, en quelque lieu qu'ils se trouvent; & l'on se donnera réciproquement des copies en forme, de ceux qui pourront être communs.

X V I I.

Sa Majefté impériale s'engage à faire remettre, le jour de l'échange des ratifications de la préfente convention, au miniftre de Sa Majefté Très-Chrétienne réfidant en fa cour, l'acte de ceffion de fon Alteffe royale le Duc de Lorraine, en bonne & dûe forme, des Duchés de Lorraine & de Bar, & dans lequel fera inférée la préfente convention ; & cet échange des ratifications fe fera à Vienne, dans le terme d'un mois, à compter du jour de la fignature, ou plutôt fi faire fe peut.

En foi de quoi, Nous, miniftres plénipotentiaires de Sa Majefté Impériale & de Sa Majefté Très-Chrétienne, avons figné cette préfente convention, & y avons fait appofer les cachets de nos armes.

A Vienne en Autriche, ce vingt-huit Août mil fept cents trente-fix.

(L. S.) PHILLIPPE-LOUIS Comte DE SINZENDORFF.

(L. S.) LA PORTE DU THEIL.

(L. S.) GUNDACER Comte DE STARHEMBERG.

(L. S.) LOUIS Comte DE HARRACK.

*Les dettes de l'Etat, & autres, hypo-
thequées sur les Duchés de Lorraine
& de Bar, font*

1°. Les anciennes dettes
d'Etat, montent à . .   541,908ℓ 17ſ

2. Les nouvelles dettes,
pareillement créés à titre
de constitution, montent à 4,573,947 14

3. Les actions de l'an-
cienne compagnie du com-
merce, converties en det-
tes d'Etat, montent à .   208,380

4. La dot de S. A. R.
Madame, qui est de 900,000
livres, argent de France,

Autres contrats sur l'Etat,
dont les rentes font à 5
pour cent, montent au
cours de France, à 600.000
livres, lesquelles deux
sommes converties en ar-
gent de Lorraine, font .   1,937,490

5. Il est dû pour acquisitions, pour argent emprun-
té, évictions de domaines,
&c. sept à huit cents mille
livres, dont les interêts se
payent tant à 5 qu'à 6
pour cent   750,000

6. Il est dû 57286 livres
de rentes, partie pour
fonds à rembourser, partie

à fond perdu, foit par extinction d'anciennes dettes
d'Etat, dots accordées par
contrats de mariage, &c.
L'on peut compter à rem-
bourfer environ la motié
du capital, cy 700,000

TOTAL . . . 8,711,726 liv.

La paix rétablie dans le monde chrétien, ayant dont été conclue fur
les fondemens qui viennent d'être rap-
pellés, Sa Sacrée Majefté Impériale, tant
en fon nom, qu'en celui du faint Empire Romain, & Sa Sacrée Majefté royale
Très-chrétienne, approuvent de nouveau
toutes & chacune des difpofitions qui
fe trouvent dans les conventions inférées ci-deffus; & elles s'obligent le plus
fortement pour elles, & leurs héritiers
& fucceffeurs, de les obferver de la
meilleure foi, à perpétuité; renouvel-
lant expreffément, tant les promeffes
quelles n'y contreviendront jamais en
aucune chofe, directement, ni indirectement, & qu'elles ne permettront pas qu'il
y foit contrevenu par leurs fujets ou
vaffaux, que les cautions appellées vulgairement garanties, qu'elles fe font réciproquement données fur les points à
remplir de la part des autres, en conformité des conventions inférées ci-deffus.
Et comme celles qui concernent, tant
l'abdication de Sa Sacrée Majefté royale

G 4

de Pologne Stanislas premier, & la reconnoiſſance tant de ce même Prince,
que de Sa Sacrée Majeſté royale de Pologne Auguſte III. que la ceſſion & re-
ſtiturion des royaumes, états, villes &
places, & l'introduction des garniſons de
troupes Impériales dans les places fortes de Toſcane, ainſi que le tout a été
ſtatué plus amplement dans les conventions inſérées ci-deſſus, ont déjà été
miſes en exécution ; en conſéquence,
les deux contractans déclarent qu'ils en
ſont pleinement contens. Quant aux
points qui, par rapport à la Maiſon de
Guaſtalla, & à d'autres objets, reſtent
ou à diſcuter peut-être, ou à accomplir
en conformité des engagemens mutuels,
leurs Majeſtés promettent qu'elles y procéderont ſi bien & ſi équitablement,
par les ſoins & l'application qu'elles y
donneront de concert, que l'on puiſſe
par-là voir chaque jour de plus en plus,
combien elles ſont unies entr'elles par
les liens étroits de l'amitié & de la bonne intelligence pour le bien commun
de l'Europe, & pour aſſûrer ſon repos.

V.

Quant à ce qui regarde le Duché de
Caſtro, & le comté de Ronciglione, Sa
Sacrée Majeſté Impériale promet qu'elle
ne pourſuivra jamais la déſincameration
de ces états.

V I.

Afin qu'il ne puiſſe abſolument reſter aucun doute par rapport à ce qui a été ſtatué ſur les affaires de Pologne, il a paru à propos d'inférer dans le préſent article, tant le diplôme d'abdication de Sa Sacrée Majeſté royale de Pologne Stanislas premier, que les actes en forme de déclarations, délivrés mutuellement, partie le 15. Mai, & partie le 23. Novembre de l'année 1736. dont la teneur s'enſuit.

Stanilas premier, par la grace de Dieu, Roi de Pologne, Grand-Duc de Lithuanie, de Ruſſie, de Pruſſe, de Moſavie, de Kiovie, de Volhinie, de Podolie, de Podlachie, de Livonie, de Smolensko, de Severie & de Czernicowie.

Les différentes deſtinées que nous avons éprouvées dans le cours de notre vie, nous ont aſſez appris à ſupporter avec force & égalité d'ame, les viciſſitudes des choſes humaines, & à adorer de même, en quelque ſituation que ce ſoit, les reſſorts ſecrets de la providence divine. Perſuadés donc que la véritable ſplendeur du trône royal ne brille que par les vertus dignes d'un Prince chrétien, & imbus de ſentimens qui nous faiſoient regarder comme la plus grande victoire, de n'être point ébranlés des coups de la fortune ennemie ; nous avons

confervé, même dans les premiers fuccès malheureux de la guerre, la même
tranquillité d'efprit avec laquelle nous
avions vû auparavant les attraits & les
careffes de la fortune: la bonté divine
a depuis couronné cette fermeté d'ame,
par l'évenement le plus glorieux, lorfque comblant nos vœux, elle nous a
unis par les liens les plus étroits avec
le Roi Très-Chrétien. Après cela nous
ne penfions plus qu'à jouir paifiblement
de l'heureux repos qu'il nous avoit pro-
curé; mais étant appellés de nouveau,
pour regner fur une nation libre, dans
le fein de laquelle nous étions nés, &
avions été élevés, nous ne nous fommes portés par aucune autre raifon à
condefcendre aux vœux de nos concitoyens, que pour ne point paroître nous
refufer à notre patrie. Tout ce que
nous avons fupporté de travaux, & tout
ce que nous avons effuyé de périls avec
intrepidité, pour foutenir cette caufe,
demeurera fans doute dans la mémoire
des hommes, & dans les faftes du monde. Cependant ces efforts & ces travaux n'ont pas fuffi pour furmonter les
obftacles qui s'oppofoient à la profpéri-
té de notre royaume, & pour faire ceffer les maux & les calamités fous le
poids defquels la patrie gémiffoit, ce qui
nous touchoit & pénétroit encore plus
vivement: c'eft pourquoi, ne prenant
pour confeils que ces tendres mouvemens d'affection, qui nous attachoient

à l'illuſtre nation Polonoiſe, & elle à
nous, nous avons réſolu de préférer le
repos de la patrie, à tout l'éclat du
trône, car l'amour dont nous ſommes
pénétrés pour elle, a été plus fort en
nous, que tous autres ſentimens; &
nous n'aurions jamais pris la réſolution
de nous ſéparer de cette nation, s'il
n'avoit été en même temps abondam-
ment pourvû à la conſervation & au
maintien des priviléges, libertés, & droits
d'une nation qui a ſi parfaitement méri-
té de nous, & principalement à la libre
élection des Rois. Les périls que nous
avons courus, tendoient uniquement à
ce but, c'étoit auſſi l'objet de nos travaux & de nos ſoins, & l'évenement a
en effet répondu pleinement à nos très-
juſtes déſirs, puiſque non ſeulement,
ſuivant les articles préliminaires de la
paix, convenus entre Sa Majeſté Impériale, & Sa Majeſté royale Très-Chrétienne, les libertés du royaume de Pologne,
& les droits, biens & honneurs des concitoyens qui nous étoient attachés, ſont
conſervés en leur entier à tous égards;
mais auſſi, conformement à ces mêmes
articles préliminaires de la paix, chacun
de ces points ſont fortifiés de garanties
des principaux Princes; & il a été pourvû à toutes ces choſes, de telle ſorte
qu'on ne peut douter qu'elles n'ayent
été miſes entiérerment en ſûreté. Comme
donc il n'y a plus rien à déſirer pour la
gloire du Roi Très-Chrétien & pour les

avantages du royaume de Pologne, il
nous a paru que s'il reftoit encore quelque chofe à faire, c'étoit que par un
effet de notre tendre affection pour la
patrie, nous nous portions à faire à fa
tranquillité, le facrifice de ce qui nous
concerne perfonnellement; & étant cer-
tainement perfuadés que fi les chofes ne
font pas en fituation que nous puiffions
vivre avec nos freres, la mémoire d'un
auffi grand facrifice, ne s'éffacera néant-
moins jamais de leur efprit, & qu'elle
aura & confervera la place qu'elle doit
avoir dans les archives de la nation : A
ces caufes & autres juftes confidérations,
de notre volonté pleine & abfolue, &
avec un entiere liberté, nous avons réfolu de ceder & renoncer au royaume de
Pologne, au grand-Duché de Lithuanie,
& aux provinces de leur dépendance;
comme auffi à tous droits & prétentions
qui, foit par le droit de notre élection,
foit par tout autre titre quelconque,
nous appartiennent ou peuvent jamais
appartenir fur ledit royaume, le grand-
duché de Lithuanie, & les provinces de
leur dépendance; & en conféquence, d'ab-
foudre tous les ordres de la république
de Pologne, & tous & un chacun des habitans de Pologne & de Lithuanie, de
l'obéiffance & ferment qu'ils nous avoient
prétés. Comme en vertu du préfent diplome, nous cédons & renonçons en la
forme la plus folemnelle, & la plus vali-
de que faire fe peut, de notre propre

mouvement, de notre plein gré, & fans
la moindre violence ni contrainte, au
gouvernement & à tous droits & prétentions qui nous appartiennent, ou qui peuvent jamais nous appartenir par quelque
caufe que ce foit, fur le royaume de
Pologne, le grand-Duché de Lithuanie,
& les provinces de leur dépendance,
abfolvant tous les ordres & membres
de la république, de l'obéïffance & du ferment qu'ils nous avoient prêtés ; & de
même, conduits par l'amour de la patrie,
& mettant en arriere la confidération de
nos propres avantages, nous avons été
principalement occupés du foin d'y rame-
ner un repos ftable : nous ne fouhaitons
auffi rien davantage, que de voir nos freres & concitoyens, dépofant toutes hai-
nes & jaloufies que ce puiffe être, s'em-
preffer & employer tous leurs efforts,
afin que toutes femences quelconques de
diffentions étant ôtées, la paix & vraie
union fe rétabliffe & fe perpétue dans ce
royaume libre : c'eft à quoi nous les exhortons le plus amiablement, & le plus
fortement qu'il nous eft poffible, tous en
général & en particulier, ne voulant dans
la fuite laiffer paffer aucune occafion de
leur prouver par des effets multipliés &
convaincans, notre bienveillance royale.
Donné à Kœnigsberg, en l'année mil fept
cents trente - fix, le vingt-feptieme Janvier, la troifieme année de notre regne.

STANISLAS ROI.

(L. S.)

Acte signé à Vienne au nom du Roi, le 15 Mai 1736 sur ce qui dans les articles préliminaires concernoit les affaires de Pologne.

Comme il auroit été conclu, signé & ratifié entre l'Empereur & le Roi Très-Chrétien , certains articles préliminaires de paix, dont ils se font déclarés entierement contens, & portant entr'autres chofes , que le Roi Stanislas, confervant les titres & honneurs de Roi de Pologne & de Grand-Duc de Lithuanie , abdiquera ; que le Roi Augufte fera reconnu Roi de Pologne, & Grand-Duc de Lithuanie; & que Sa Majefté de toutes les Ruffies , & Sa Majefté le Roi Augufte, en ce qui concerne les affaires de Pologne , feront regardés comme parties principales contractantes : Nous fouffignés , Miniftres du Roi Très-Chrétien confirment, en tant que befoin feroit, les points cy-deffus exprimés , & que de fa part ils feront entierement accomplis dans l'efpace de fix femaines , à compter du jour de la préfente déclaration, fpécialement que Sa Majefté le Roi Stanislas, confervant les titres & honneurs de Roi de Pologne & de Grand-Duc de Lithuanie , abdiquera ; le Roi Augufte fera dans le même terme & à toujours reconnu Roi de Pologne & Grand Duc de Lithuanie, tant par le Roi Très-Chrétien, que par le Roi Stanislas, & que Sa Majefté Très-Chrétienne regarde Sa Majefté de toutes les Ruffies , & Sa Majefté le Roi Augufte, pour parties principales contractantes, en ce qui concerne les affaires de Pologne.

En foi de quoi, nous avons figné la préfente déclaration, & l'avons munie du cachet de nos armes. Fait à Vienne ce quinzieme mai mil fept cents trente-fix.

(L. S.) LA PORTE DU THEIL.

Comme certains articles préliminaires contenant de conditions de paix ont été communiqués à Sa Sacrée Majefté Impériale de toute la Ruffie, au nom de Sa Sacrée Majefté Impériale & Royale Catholique, auxquels, tant fadite Sacrée Majefté Impériale & Royale Catholique, que Sa Sacrée Majefté Royale Très-Chrétienne, ont déclaré qu'elles acquiefçoient entierement, & qu'en même temps Sa fufdite Sacrée Majefté Impériale de toute la Ruffie, a été invitée très-amiablement, à ce que devant être tenue pour partie principale contraçtante dans les points concernant les affaires de Pologne, non feulement elle voulu donner fon confentement à tous les points qui s'y trouvent rédigés, pour mettre fin aux troubles de Pologne, & les adopter pleinement; mais même s'obliger par un acte fpécial à les accomplir & mettre à exécution ponçtuellement, en tant qu'ils concernent Sa Sacrée Majefté Impériale de toute la Ruffie: cette difpofition déja fignée du mutuel confentement des Princes fufdits étant conçue dans les termes fuivans:

Acte figné à Vienne, au nom de la Czarine, le 15 Mai 1736 fur ce qui dans les articles préliminaires concernoit les affaires de Pologne.

ARTICLE I.

" Le Roi beau-pere de Sa Majefté Très-
,, Chrétienne , qui abdiquera , fera re-
,, connu & confervera les titres & hon-
,, neurs de Roi de Pologne & de Grand-
,, Duc de Lithuanie.

,, On lui réftituera fes biens & ceux
,, de la Reine fon époufe, dont ils au-
,, ront la libre jouiffance & difpofition.
,, Il y aura une amniftie de tout le paf-
,, fé , & , en conféquence, réftitution des
,, biens d'un chacun.   On ftipulera le
,, rétabliffement & la maintenue des pro-
,, vinces & villes de la Pologne, dans
,, leurs droits , libertés , priviléges, hon-
,, neurs & dignités; comme auffi la ga-
,, rantie pour toujours, des libertés &
,, priviléges des conftitutions des Polo-
,, nois , & particuliérement de la libre
,, éléction de leurs Rois. L'Empereur
,, confent que le Roi beau-pere de Sa
,, Majefté Très-Chrétienne , fera mis en
,, poffeffion paifible du Duché de Bar
,, & de fes dépendances, dans la même
,, étendue que le poffede aujourd'hui
,, la Maifon de Lorraine.

,, De plus, il confent que, dès que
,, le Grand-Duché de Tofcane fera échu
,, à la Maifon de Lorraine, conformé-
,, ment à l'article fuivant, le Roi beau-
,, pere de Sa Majefté Très-Chrétienne ,
,, foit

„ soit encore mis en poſſeſſion paiſible
„ du Duché de Lorraine & de ſes dé-
„ pendances, pareillement dans la même
„ étendue que le poſſede aujourd'hui la
„ Maiſon de Lorraine. Et ledit ſéréniſſime
„ Beau-pere , jouira tant de l'un que de
„ l'autre Duché, ſa vie durant; mais im-
„ médiatement après ſa mort, ils feront
„ réunis en pleine ſouveraineté, & à
„ toujours, à la couronne de France :
„ bien entendu que quant à ce qui releve
„ de l'Empire, l'Empereur, comme ſon
„ chef, conſent à ladite réunion dès-à-
„ préſent ; & de plus promet d'employer
„ de bonne foi ſes offices , pour n'en
„ obtenir pas moins ſon conſentement.

„ Sa Majeſté Très-Chrétienne renon-
„ cera, tant en ſon nom, qn'au nom du
„ Roi ſon beau-pere, à l'uſage de la voix
„ & ſéance à la diéte de l'Empire.

„ Le Roi Auguſte ſera reconnu Roi
„ de Pologne & Grand-Duc de Lithuanie,
„ par toutes les puiſſances qui prendront
„ part à la pacification. „

En cette conſidération , nous Miniſtre
plénipotentiaire ſouſſigné, en vertu du
plein-pouvoir donné à cette fin par Sa
même Sacrée Majeſté Impériale de toute
la Ruſſie, notre très-clémente Dame , &
exhibé par nous, déclarons par le préſent acte, en la forme la plus valable
qu'il ſoit poſſible, que ſa ſuſdite Sacrée

H

Majesté Impériale, non seulement adopte pleinement tous & chacun des points qui sont contenus au sujet des affaires de Pologne, dans l'article inséré ci-dessus, sans aucune exception ni restriction, & quelle y donne son consentement en tant que partie principale contractante ; mais aussi qu'elle s'oblige en la maniere la plus forte, & la meilleure qu'il soit possible, tant d'accomplir de sa part, & faire accomplir le plus parfaitement par les siens, tous & chacun de ces points, dans le terme de six semaines, à compter du jour de la signature de la présente déclaration, spécialement de reconnoitre le sérénissime Stanislas Roi de Pologne, & de lui donner & conserver à perpétuité les titres & honneurs de Roi de Pologne & de Grand-duc de Lithuanie, que de prendre soin de faire restituer ses biens & ceux de la sérénissime Reine son épouse : & si quelques villes & provinces ne jouissoient pas encore pleinement de leurs droits, libertés, priviléges, honneurs, dignités & immunités, de leur faire rendre l'usage entier de ces droits, libertés, priviléges, honneurs, dignités & immunités ; les faire maintenir à l'avenir dans ce même usage, & prendre garde qu'aucune personne ne soit molestée, ou inquietée en quelque maniere que ce puisse être, sous le prétexte des choses arrivées durant les troubles de Pologne ; comme aussi que les libertés de la nation Polonoise, fondées sur les conſtitutions de ce royaume, ſoient conſervées ſans atteinte & inviolablement, & ſur toutes choſes, le libre droit d'élection: enfin de pourvoir à ce que chacune de ces choſes ſoit regulierement obſervée par les ſiens, & qu'il n'y ſoit contrevenu en aucune choſe; & de plus, de prendre ſur elle la garantie de tous ces mêmes points, ainſi qu'elle le fait par la préſente déclaration, & même de les confirmer par les actes ſolemnels uſités pour les traités de paix.

En foi & validité de quoi, nous avons ſigné de notre propre main cette déclaration & acte d'aſſurance, & l'avons munie de l'appoſition de notre cachet. A Vienne en Autriche, le quinze Mai mil ſept-cents trente-ſix.

(L. S.) Louis Lanczinsky.

Comme certains articles préliminaires contenant des conditions de paix, ont été communiqués à Sa Sacrée Majeſté Royale de Pologne, au nom de Sa Sacrée Majeſté Impériale & Royale Catholique, auxquels tant ſadite Sacrée Majeſté Impériale, que Sa Sacrée Majeſté Royale Très-Chrétienne, ont déclaré qu'elles acquieſçoient entièrement, & qu'en même temps, Sa ſuſdite Sacrée Majeſté Royale de Pologne, a été invitée très-amiablement, à ce que devant être tenue pour partie principale contractante, Acte ſigné à Vienne, au nom du Roi de Pologne, Auguſte III. le 15 Mai 1736 ſur ce qui dans les articles préliminaires,

H 2

concernoit les affaires de Pologne. dans les points concernant les affaires de Pologne, non feulement elle voulut donner fon confentement à tous les points qui s'y trouvent redigés, pour mettre fin aux troubles de Pologne, & les adopter pleinement; mais même s'obliger par un acte fpécial, à les accomplir & mettre à exécution ponctuellement, en tant qu'ils concernent Sa Sacrée Majefté: cette difpofition déja fignée & ratifiée du mutuel confentement des Princes fufdits, étant concue dans les termes fuivans:

ARTICLE I.

" Le Roi beau-pere de Sa Majefté Très-
„ Chrétienne, qui abdiquera, fera re-
„ connu & confervera les titres & hon-
„ neurs de Roi de Pologne & de Grand-
„ duc de Lithuanie.

„ On lui reftituera fes biens & ceux
„ de la Reine fon époufe, dont ils au-
„ ront la libre jouiffance & difpofition.
„ Il y aura une amniftie de tout le paffé;
„ & en conféquence, reftitution des
„ biens d'un chacun. On ftipulera le
„ rétabliffement & la maintenue des pro-
„ vinces & villes de la Pologne, dans
„ leurs droits, libertés, priviléges, hon-
„ neurs & dignités; comme auffi la ga-
„ rantie pour toujours, des libertés &

„ priviléges, des conftitutions des Polo-
„ nois, & particuliérement de la libre
„ élection de leurs Rois. L'Empereur
„ confent que le Roi beau-pere de Sa
„ Majefté Très-Chrétienne, fera mis en
„ poffeffion paifible du Duché de Bar &
„ de fes dépendances, dans la même
„ étendue que le poffede aujourd'hui la
„ Maifon de Lorraine.

„ De plus, il confent, que dès que
„ le Grand-Duché de Tofcane fera echù
„ à la Maifon de Lorraine, conforme-
„ ment à l'article fuivant, le Roi beau-
„ pere de Sa Majefté Très-Chrétienne,
„ foit encore mis en poffeffion paifible
„ du Duché de Lorraine & de fes de-
„ pendances, pareillement dans la mê-
„ me étendue que le poffede aujourd'hui
„ la Maifon de Lorraine. Et ledit Sé-
„ réniffime beau-pere jouira, tant de l'un
„ que de l'autre Duché, fa vie durant;
„ mais immédiatement après fa mort, ils
„ feront réunis en pleine fouveraineté,
„ & à toujours, à la couronne de Fran-
„ ce: bien entendu que quant à ce qui
„ releve de l'Empire, l'Empereur, com-
„ me fon chef, confent à ladite réu-
„ nion dès-à-préfent; & de plus, pro-
„ met d'employer de bonne foi fes offi-
„ ces; pour n'en obtenir pas moins fon
„ confentement. Sa Majefté Très-Chré-
„ tienne renoncera, tant en fon nom,
„ qu'au nom du Roi fon beau-pere, à

H 3

„ l'ufage de la voix & féance à la diéte
„ de l'Empire.

„ Le Roi Augufte fera reconnu Roi de
„ Pologne, & Grand-Duc de Lithuanie,
„ par toutes les puiffances qui prendront
„ part à la pacification. „

En cette confidération, Nous, Miniftre plénipotentiaire fouffigné, en vertu
du plein-pouvoir donné à cette fin, par
Sa Sacrée Majefté Royale de Pologne,
notre très-clément Seigneur, & exhibé,
déclarons par le préfent acte, & en la
forme la plus valable qu'il foit poffible,
que Sa fufdite Majefté, non feulement
adopte pleinement tous & chacun des
points qui font contenus au fujet des
affaires de Pologne, dans l'article inféré
ci-deffus, fans aucune exception ou ré-
ftriction, & qu'elle y donne fon confentement en tant que partie principale
contractante; mais auffi qu'elle s'oblige en
la maniere la plus forte & la meilleure
qu'il foit poffible, tant d'accomplir de
fa part, & faire accomplir le plus parfaitement par les fiens, tous & chacun
de ces points, dans le terme de fix femaines, à compter du jour de la fignature de la préfente déclaration, & fpécialement de reconnoître le féréniffime
Stanislas Roi de Pologne, & de lui donner & conferver à perpetuité, les titres
& honneurs de Roi Pologne, & de Grand-
Duc de Lithuanie, que de prendre foin

de faire reftituer les biens & ceux de la féréniſſime Reine ſon épouſe : & ſi quelques villes & provinces ne jouiſſoient pas encore pleinement de leurs droits, libertés, priviléges, honneurs, dignités & immunités, de leur rendre l'uſage entier de ces droits, libertés, priviléges honneurs, dignités & immunités ; les maintenir à l'avenir dans ce même uſage, & prendre garde qu'aucune perſonne ne ſoit moleſtée ou inquietée, en quelque maniere que ce puiſſe être, ſous le prétexte des choſes arrivées durant les troubles de Pologne ; comme auſſi de conſerver, ſans atteinte & inviolablement, les libertés de la nation Polonoiſe, fondées ſur les conſtitutions de ce royaume, & ſur toutes choſes, le libre droit d'élection : enfin, de pourvoir à ce que chacune des choſes ſuſdites ſoit religieuſement obſervée par les ſiens, & qu'il n'y ſoit contrevenu en aucune choſe, & même de les confirmer par les actes ſolemnels uſités pour les traités de paix.

En foi & validité de quoi, Nous avons donné la préſente déclaration ſignée de notre main, & munie de notre cachet A Vienne en Autriche, le quinzieme jour du mois de Mai mil ſept cents trente-ſix.

(L. S.) LOUIS-ADOLHPHE

L. B. DE ZECH.

Acte figné à Vienne, de la part du Roi. le 23. Novembre 1736 pour la reconnoiſſance du Roi de Pologne Auguſte III.

Ayant été convenu par les actes ſignés entre Sa Majeſté Très-Chrétienne & Sa Majeſté Impériale, qu'il ſeroit fait reconnoiſſance réciproque du ſéréniſſime Roi Stanislas I. & du ſéréniſſime Roi Auguſte III. & le Miniſtre plénipotentiare de Sa Majeſté de toutes les Ruſſies du ſéréniſſime Roi Auguſte ⎱ remettant en conféquence de ſa déclaration du 15. Mai dernier, un acte de reconnoiſſance actuelle du ſéréniſſime Roi.Stanislas I. en qualité de Roi de Pologne, & Grand-Duc de Lithuanie: Nous ſouſſigné, Miniſtre plénipotentiaire de Sa Majeſté Très-Chrétienne, déclarons auſſi que, tant ſadite Majeſté, que le ſéréniſſime Roi ſon beau-pere, reconnoiſſent actuellement, & depuis le terme fixé par les actes réciproques, le ſéréniſſime Roi Auguſte III. en qualité de Roi de Pologne, & Grand-Duc de Lithuanie; & qu'ils lui donneront déformais & toujours, les titres & honneurs appartenans à ladite qualité de Roi de Pologne, & de Grand Duc de Lithuanie.

En foi de quoi, Nous avons ſigné la préſente déclaration, & l'avons munie du cachet de nos armes. Fait à Vienne en Autriche, le vingt-trois Novembre mil ſept cents trente-ſix.

(L. S.) LA PORTE DU THEIL.

Acte figné à Vienne,

D'autant que l'eſprit de la déclaration folemnelle donné le 15. Mai de la présente année , conformément au premier article préliminaire, par l'ordre spécial de sa sacrée Majesté Impériale de toute la Russie, par son Ministre plénipotentiaire soussigné , à été de reconnoître dans le terme de six semaines, le séréniffime Stanislas premier, Roi de Pologne , & de lui donner à perpétuité , les titres & honneurs de Roi de Pologne , & de Grand-Duc de Lithuanie, qu'il doit conserver ; de sorte que depuis ce terme écoulé, cette reconnoissance & promesse de donner les titres & honneurs royaux, doit être censée pour pleinement faite & accomplie : A ces causes, Nous, le même Ministre plénipotentiaire de sa susdite sacrée Majesté Impériale de toute la Russie, en vertu du plein-pouvoir déja exhibé précédemment, n'avons pas hésité de confirmer de nouveau par cette déclaration ultérieure , & d'assûrer spécialement par cet acte public, que, comme Sa sacrée Majesté Impériale de toute la Russie, à déja reconnu depuis l'échéance du terme fixé , le séréniffime Stanislas premier, Roi de Pologne, & Grand-Duc de Lithuanie, aussi elle ne manquera jamais de le reconnoître à l'avenir en cette qualité , & de lui donner à perpétuité les titres & honneurs de Roi de Pologne , & de Grand-Duc de Lithuanie. En foi & validité de quoi, Nous avons signé de notre main , & muni de l'apposition de notre cachet, cet acte en forme de dé-

de la part de la Czarine, le 23. Novembr. 1736 pour la roconnoiffance du Roi de Pologne Stanislas I.

claration. A Vienne en Autriche, le vingt-troisieme jour de Novembre mil sept-cents trente-six.

(L. S.) Louis Lanczinsky.

Acte signé à Vienne, de la part du Roi de Pologne Augufte III. le 23. Novemb. 1736 pour la reconnoiffance du Roi de Pologne Staniflas I.

D'autant que l'efprit de la déclaration folemnelle, donné le 15. Maï de la préfente année, conformément au prémier article préliminaire, par l'ordre fpécial de fa facrée Majefté Royale de Pologne, par fon Miniftre plénipotentiaire, a été de reconnoître, dans le terme de fix femaines, le féréniffime Stanislas premier, Roi de Pologne, & de lui donner à perpétuité, les titres & honneurs de Roi de Pologne & de Grand-Duc de Lithuanie, qu'il doit conferver; de forte que depuis ce terme écoulé, cette reconnoiffance & promeffe de donner les titres & honneurs royaux, doit être cenfée pour pleinement faite & accomplie: A ces caufes, Nous, Miniftre plénipotentiaire de fa fufdite Majefté Royale de Pologne, fouffigné, en vertu du plein-pouvoir déja exhibé précédemment, n'avons pas héfité de confirmer de nouveau par cette déclaration ultérieure, & d'affurer fpécialement par cet acte public, que, comme Sa Majefté Royale de Pologne a déja reconnu, depuis l'échéance du terme fixé, le féréniffime Stanislas premier, Roi de Pologne & Grand-Duc de Lithuanie, auffi elle ne manquera jamais de le reconnoî-

tre à l'avenir en cette qualité , & de
lui donner les titres & honneurs de Roi
de Pologne & de Grand-Duc de Lithuanie.

En foi de quoi Nous avons muni de
l'appofition de notre cachet, le préfent
acte, figné de notre main , en forme
de déclaration. Donné à Vienne , le
vingt-troifieme jour de Novembre de l'année mil fept-cents trente-fix.

(L. S.) Louis Adolphe

L. B. de Zech.

Sa facrée Majefté Impériale , & Sa facrée Majefté Royale Très-Chrétienne ,
confirment donc de nouveau tout ce qui
eft contenu dans les actes inférés ci-deffus, & elles ne cefferont jamais d'avoir
un foin mutuel qu'il foit exactement
fatisfait à ce qui y eft reglé ; déclarent
expreffement , de concert, non-feulement qu'elles tiennent Sa facré Majefté
de toute la Ruffie, & Sa facrée Majefté
de Pologne le Roi Augufte III. pour parties principales contractantes dans les
chofes qui concernent les affaires de Pologne, mais auffi qu'elles fouhaitent qu'ils
veuillent en cette qualité , prendre part
au préfent Traité , & confirmer tout ce
qui a été fpécifié par ces actes ; & que
c'eft à quoi ces mêmes puiffances feront

Continua-
tion de
l'article
VI. du trai-
té de paix.

(ainſi qu'elles le font déja) très-amiablement invitées.

VII.

Afin que les conditions de paix exprimées dans les articles préliminaires, fuffent adoptées d'autant plus promptement
par ſa ſacrée Majeſté Royale catholique
il a été donné au nom de Sa ſacrée Majeſté Impériale , & de Sa ſacrée Majeſté
Royale Très-Chrétienne , le trentieme
Janvier de l'année mil ſept-cents trente-
ſix , deux actes en forme de déclarations,
dont teneur s'enſuit.

**Déclarati-
on ſignée
à Vienne,
de la part
de l'Em-
pereur, le
30 Janvier
1736. ſur
ſa paix
avec le
Roi d'Eſ-
pagne, &
avec le Roi
des deux
Siciles.**

L'Empereur déclare qu'il regarde la
paix comme faite avec le Roi d'Eſpagne, au moyen des conditions portées
par les articles préliminaires : s'engageant
d'envoyer ſes ordres à ſes Généraux,
pour concerter avec ceux de Sa Majeſté
catholique , l'entiere effectuation de ces
articles , que Sa Majeſté Impériale déclare vouloir obſerver & exécuter fidélement , notamment en ce qui regarde
le Roi des deux Siciles: bien entendu
que de la part de ce Prince , auſſi-bien
que de celle de Sa Majeſté catholique ,
la paix ſera pareillement regardée comme faite avec l'Empereur , au moyen des
conditions portées par les articles préliminaires , & qu'ils ſeront obſervés &
exécutés fidélement en tous leurs points.

En foi de quoi , Nous , Miniſtre plénipotentiaire de l'Empereur, muni du pouvoir néceſſaire à cet effet, avons ſigné la préſente déclaration, & l'avons munie du cachet de nos armes. Fait à Vienne, le trente Janvier de l'an mil-ſept-cents trente-ſix.

(L. S.) PHILLIPPE-LOUIS Comte

DE SINZENDORFF.

L E Roi Très-Chrétien dans la vûë de fournir au Roi d'Eſpagne toute la ſûreté qu'il peut deſirer, que la paix eſt regardée par l'Empereur comme faite entre Sa Majeſté Impériale & Sa Majeſté catholique, & de faire ceſſer par-là tous les motifs que ſadite Majeſté catholique pourroit avoir de différer de procéder à la plus prompte effectuation des articles préliminaires, a fait propoſer à l'Empereur de donner un acte à cet effet: & Sa Majeſté Impériale ayant donné une déclaration ſignée aujourd'hui en ſon nom par ſon Miniſtre, muni du pouvoir néceſſaire, portant qu'elle regarde la paix comme faite de ſa part avec le Roi d'Eſpagne, au moyen des conditions portées par les articles préliminaires; Sa Majeſté Très-Chrétienne de ſon côté, déclare qu'elle ſe rend dès-à-préſent, garante envers l'Empereur de l'entiere & de la plus prompte effectuation poſſible, des articles préliminaires, de la part de l'Eſpagne.

Déclaration ſignée à Vienne, le 30. Janvier 1736. ſur la paix de l'Empereur avec le Roi d'Eſpagne & avec le Roi des deux Siciles.

En foi de quoi, Nous, Miniftre du Roi Très-Chrétien auprès de l'Empereur, muni du pouvoir néceffaire à cet effet, avons figné la préfente déclaration, & l'avons munie du cachet de nos armes. Fait à Vienne en Autriche, le trente Janvier de l'an mil fept-cents trente-fix.

(L. S.) LA PORTE DU THEIL.

Continuation de l'article VII. du traité de paix.

Et Sa facrée Majefté Royale catholique, & Sa facrée Majefté Royale des deux Siciles, n'ont pas moins montré enfuite leur inclination pour la paix, par des actes conformes, fignés partie le quinzieme Avril, & partie le premier jour de Mai de la même année mil fept-cents trente-fix, & pareillement inferés ici.

Déclaration fignée à Aranjuez le 15. Avril 1736. de la part du Roi d'Efpagne, fur fa paix avec l'Empereur.

D'autant que Mr. le Comte de Sinzendorff, au nom & avec pouvoir fuffifant de l'Empereur, a figné la déclaration de la teneur fuivante :

,, L'Empereur déclare qu'il regarde la
,, paix comme faite avec le Roi d'Ef-
,, pagne, au moyen des conditions por-
,, tées par les articles préliminaires ;
,, s'engageant d'envoyer fes ordres à fes
,, Généraux, pour concerter avec ceux
,, de Sa Majefté catholique, l'entiere ef-
,, fectuation de ces articles, que Sa Ma-
,, jefté Impériale déclare vouloir obfer-
,, ver & exécuter fidélement, notamment

» en ce qui regarde le Roi des deux
» Siciles : bien entendu que de la part
» de ce Prince , auffi-bien que de cel-
» le de Sa Majefté catholique , la paix
» fera pareillement regardée comme fai-
» te avec l'Empereur , au moyen des
» conditions portées par les articles pré-
» liminaires , & qu'ils feront obfervés
» & exécutés fidelément en tous leurs
» points En foi de quoi , Nous , Mi-
» niftre plénipotentiaire de l'Empereur
» muni du pouvoir néceffaire à cet ef-
» fet , avons figné la préfente déclara-
» tion , & l'avons munie du cachet de
» nos armes. Fait à Vienne en Autri-
» che le trente Janvier de l'an mil fept-
» cents trente-fix. »

(L. S.) Philippe-Louis Comte
      de Sinzendorff.

Ainfi Sa Majefté le Roi catholique déclare que Sa Majefté Impériale , obfervant , comme elle offre d'obferver , fidélement les articles mentionnés , il tient
pour faite la paix avec Sa Majefté Impériale , offrant d'obferver & exécuter de
fa part , littéralement , les articles fufdits en tous leurs points.

Et en foi de ce , Nous , Miniftre plénipotentiaire de Sa Majefté catholique ,
autorifé du plein-pouvoir néceffaire à cet
effet , avons figné la préfente déclaration , & y avons fait oppofer le cachet

de nos armes. A Aranjuez, le quinze Avril mil fept - cents trente-fix.

(L. S.) D. JOSEPH PATINNO.

Déclaration fignée à Naples le 1. Mai 1736. de la part du Roi des deux Siciles, fur fa paix avec l'Empereur.

D'autant que Mr. le Comte de Sin-zendorff, au nom & avec pouvoir fuffifant de l'Empereur, à figné, au nom de Sa Majefté Impériale, la déclaration de la teneur fuivante.

"L'Empereur déclare qu'il regarde la paix comme faite avec le Roi d'Ef-pagne, au moyen des conditions por-tées par les articles préliminaires; s'en-gageant d'envoyer fes ordres à fes Gé-néraux, pour concerter avec ceux de Sa Majefté Catholique, l'entiere ef-fectuation de ces articles, que Sa Ma-jefté Impériale déclare vouloir obferver & exécuter fidélement, notamment en ce qui regarde le Roi des deux Siciles: bien entendu que de la part de ce Prince, auffi - bien que de celle de Sa Majefté Catholique, la paix fera pareil-lement regardée comme faite avec l'Em-pereur au moyen des conditions por-tées par les articles préliminaires, & qu'ils feront obfervés & exécutés fidé-lement en tous leurs points. En foi de quoi, nous, Miniftre pélnipoten-tiaire de l'Empereur, muni du pouvoir néceffaire a cet effet, avons figné la préfente déclaration, & l'avons munie du cachet de nos armes. Fait à Vienne

en

„ en Autriche, le trentieme Janvier de
„ l'an mil fept-çents trente-fix.

(L. S.) PHILIPPE - LOUIS Comte
    DE SINZENDORFF.

    Ainfi Sa Majefté le Roi des deux Siciles, déclare que l'Empereur obfervant,
comme il offre d'obferver, fidellement les
articles mentionnés, il tient pour faite la
paix avec Sa Majefté Impériale, offrant
d'obferver & exécuter de fa part litéralement les articles fusdits en toutes
leurs parties. En foi de quoi, nous fouffigné, Miniftre plénipotentiaire du Roi
das deux Siciles, autorifé d'un pouvoir
fuffifant à cet effet, avons figné la préfente déclaration, & l'avons munie du
cachet de nos armes. Donné à Naples,
le premier Mai mil fept-cents trente-fix.

    (L. S.) JOSEPH - JOACHIM
    DE MONTEALEGRE.

Et l'on a enfin fait à Pontremoli, le
5. du mois de Janvier 1737 l'échange
mutuel des Diplômes des ceffions & renonciations, de la teneur fuivante :

Continuation de
l'article
VII. du
traité de
paix.

Nous Charles VI. par la clémence di
   vine élu Empereur des Romains toujours augufte, Roi de Germanie, des Efpagnes, des deux Siciles, de Hongrie,
de Bohéme, de Dalmatie, de Croatie &
d'Efclavonie, &c. Archiduc d'Autriche,
Duc de Bourgogne, de Braband, de Milan, de Mantoue, de Stirie, de Carin

Diplôme
de l'Empereur, du
11. Décembre
1736 pour
la ceffion

desRoiaumes des deux Siciles, & des ports de la côte de Toscane, au Roi des deux Siciles.

thie, de Carniole, de Limbourg, de Luxembourg, de Gueldres, de Wirtemberg, de la haute & basse Silésie; de Calabre, Prince de Suabe, Marggrave du Saint Empire Romain, de Burgau, de Moravie, de la haute & basse Lusace, Comte de Hapsbourg, de Flandres, du Tirol, de Ferrette, de Kibourg, de Gorice & de Namur, seigneur de la Marche Esclavone, de Port - Mahon & de Salins, &c.

Savoir faisons en vertu des présentes. Comme pour finir la guerre très-funeste, sur-tout à l'Italie, il a été convenu entre nous & le sérénissime & très-puissant Prince Louis XV. Roi Très-Chrétien de France, de certains articles préliminaires, contenant des conditions de paix, dont les deux contractans ont déclaré être pleinement contens; & comme ces mêmes articles préliminaires ont été ensuite ratifiés, la teneur du troisieme de ces articles étant conçue dans les termes suivans:

,, Les Royaumes de Naples & de Sicile ,, appartiendront au Prince qui en est en ,, possession, & qui en sera reconnu Roi ,, par toutes les puissances qui prendront ,, part à la pacification.

,, Il aura les places de la côte de Tos- ,, cane, que l'Empereur a possedé, ,, Portolongone, & ce que du temps de ,, la quadruple alliance, le Roi d'Espagne ,, possedoit dans l'isle d'Elbe.

„ Il y aura une amniftie pleine &
„ générale, & par conféquent réftitution
„ des biens, bénéfices & penfions ecclé-
„ fiaftiques d'un chacun, qui, pendant
„ la préfente guerre, auront fuivi l'un
„ ou l'autre parti. „

Et comme il nous a depuis été fait
rapport, que la teneur des fufdits articles préliminaires étoit pleinement adoptée, tant par le féréniffime & très-puiffant Prince Philippe V. Roi Catholique des Efpagnes, que par le fufdit
féréniffime & très-puiffant Prince qui eft
en poffeffion des Royaumes des deux Siciles; en conféquence, eu égard à la
fûreté qui nous a été donnée par le Roi
Très-Chrétien, de leur très-prompte &
entiere exécution de la part des Princes
mentionnés ci-deffus, il a été fait en
notre nom & par notre ordre, le trentieme jour du mois de Janvier dernier,
une déclaration de la teneur fuivante:

„ L'Empereur déclare qu'il regarde la
„ paix comme faite avec le Roi d'Efpagne,
„ au moyen des conditions portées par les
„ articles préliminaires; s'engageant d'en-
„ voyer fes ordres à fes Généraux, pour
„ concerter avec ceux de Sa Majefté
„ Catholique, l'entiere effectuation de
„ ces articles, que Sa Majefté Imperiale
„ déclare vouloir obferver & exécuter
„ fidellement, notamment en ce qui re-
„ garde le Roi des deux Siciles: bien

„ entendu que de la part de ce Prince,
„ auffi-bien que de celle de Sa Majefté
„ Catholique, la paix fera pareillement
„ regardée comme faite avec l'Empereur,
„ au moyen des conditions portées par
„ les articles préliminaires, & qu'ils fe-
„ ront obfervés & exécutés fidellement
„ en tous leurs points. En foi de quoi,
„ nous, Miniftre plénipotentiaire de
„ l'Empereur, muni du pouvoir néceffai-
„ re à cet effet, avons figné la préfen-
„ te déclaration, & l'avons munie du
„ cachet de nos armes. Fait à Vienne
„ en Autriche, le trentieme Janvier de
„ l'an mil fept cens trente-fix. (L: S.)
„ Philippe-Louis Comte de Sinzendorff.„

Par ces confidérations, voulant fatisfaire aux chofes auxquelles nous fommes obligés, tant en vertu des articles
préliminaires, que par l'acte en forme dè
déclaration, rapportée ci-deffus; & nous
fondant fur l'efpérance certaine que, tant
de la part du Roi Catholique des Efpagnes, que de la part de tous ceux auxquels auroit appartenu le droit de fuccéder au Grand-Duché de Tofcane, &
à ceux de Parme & de Plaifance, felon
l'ordre rapporté ci-deffous, la teneur des
fufdits articles préliminaires fera, avec
une pareille bonne foi, accomplie parfaitement; & que de même il fera donné au nom de tous, à nous & au féréniffime Duc de Lorraine & de Bar, en
la forme duë & la meilleure, des actes

de ceſſions & renonciations de tous droits,
actions & prétentions, ſoit ſur les Duchés de Parme & de Plaiſance, ſoit ſur
la ſucceſſion éventuelle du Grand-Duché
de Toſcane, à quelque titre & pour
quelque cauſe qu'ils puiſſent leur appartenir : nous faiſons pour nous & nos ſucceſſeurs, la ceſſion & renonciation à
tous droits, actions & prétentions qui
nous appartiennent, à quelque titre &
& pour quelque choſe que ce ſoit, ſur
les Royaumes des deux Siciles, & ſur
les places de la côte de Toſcane, poſſe-
dées ci-devant par nous ; & nous transferons ces mêmes droits, actions &
prétentions, au ſéréniſſime & très-puiſſant
Prince Charles, Infant d'Eſpagne, & à
ſes deſcendans mâles & femelles, nés
de légitime mariage, & à leur défaut,
au ſecond ou autres fils puiſnés ou à
naître de la préſente Reine d'Eſpagne,
pareillement aves leurs deſcendans des
deux ſexes, nés de légitime mariage : &
nous prenons ſur nous, en notre nom
& en celui de nos ſucceſſeurs, en la
forme la meilleure & la plus ſolemnelle
qu'il ſoit poſſible, la garantie deſdits
droits, actions & prétentions, en faveur
du ſéréniſſime & très-puiſſant Prince
Charles, Infant d'Eſpagne, & de ſes
deſcendans des deux ſexes, nés de légitime mariage, & à leur défaut, en faveur du ſecond & autres fils puiſnés
ou à naître de la préſente Reine d'Eſpagne, pareillement avec leurs deſcendans

de l'un & l'autre fexe, à naître de légitime mariage. Nous tenons, en conféquence, & reconnoiffons ledit férénif-fime & très-puiffant Prince Charles, & fes héritiers & fucceffeurs, en la maniere & dans l'ordre fufdit, pour vrai & légitime Roi des deux Siciles, & poffef-feur des Places de la côte de Tofcane, poffédées ci-devant par nous : abfolvant tous les habitans des fufdits Royaumes & places, de l'obéiffance qu'ils nous ont prêté, lefdits habitans étant tenus de le prêter à l'avenir à ceux, auxquels nous avons cedé nos droits. Et comme, pour procurer l'évacuation, tant du pays qui eft vulgairement appellé la Lunegia-ne, que du Grand-Duché de Tofcane, il a été fait, le quatrieme jour du mois d'Août dernier, par notre Miniftre réfi-dant à la cour du Roi Très-Chrétien, une certaine déclaration de la teneur fuivante :

Déclara-tionfignée à Compie-gne,de la part de l'Empe-reur, le 4. Août 1736. fur quelques détails

Sa Majefté Impériale, fincérement difpofée à entretenir une amitié ftable & folide avec Sa Majefté Catholique, & d'entrer dans des voies propres à y con-duire, déclare premierement, qu'elle eft contente de ce que la Cour d'Efpagne a déclaré fur le fens des mots *por fa par-te*, compris dans la contre-déclaration offerte par le Comte de Fuenclara, qui fera remife au Prince Pio ; au moyen de quoi la déclaration de Sa Majefté Impé-riale, du 30. Janvier de la préfente année, aura toute sa force & vigueur à concernant la paix entre S. M. I. d'une part, & les Rois d'Espagne & des deux Siciles, d'autre part à l'égard de l'Espagne & du Roi des deux Siciles. Secondement, que Sa Majesté Impériale est prête à se concerter amiablement sur l'artillerie de Parme & Plaisance, & les allodiaux qui se trouvent dans ces deux Duchés, & dans le Grand-Duché de Toscane. Troisiememement, que les ordres seront envoyés au Prince Pio, & de remettre au Comte de Fuenclara les passeports qui lui sont necessaires pour se rendre à Vienne, dès que la Lunegiane & la Toscane seront évacuées par les troupes espagnoles. Quatriemement, que Sa Majesté Impériale consent que dans les actes de cession qui regardent l'Espagne & le Roi des deux Siciles, l'article VI. des préliminaires n'y soit pas inféré. En foi de quoi j'ai signé la présente déclaration, au nom de sadite Majesté Impériale. FAIT à Compiegne, le quatrieme Août mil sept-cents trente-six. *Signé* DE SCHMERLING.

Afin qu'il ne puisse naître aucun doute, que dans les actes de cession à délivrer mutuellement, & dont il a été convenu, moyennant l'interposition amiable du susdit Roi Très-Chrétien, entre les parties intéressées, il ait été aucunement dérogé à cette déclaration; Nous déclarons de plus, en la meilleure forme qu'il soit possible, que cela est bien éloigné de notre intention; & que s'il y avoit quelques choses contraires à la teneur de la déclaration inférée ci-deſſus, elles feront nulles & de nul effet ou valeur.

Et en foi & validité de toutes ces choſes, nous avons figné de notre propre main, le préſent acte de notre ceſſion, & l'avons fait munir de notre ſcel Impérial, Royal & Archiducal, pendant. Donné en notre ville de Vienne, le onzieme jour de Décembre mil ſept cents trente-ſix, & de nos regnes des Romains, le vingt-ſixieme, des Eſpagnes le trente-quatrieme, & de Hongrie & de Boheme le vingt-ſixieme.

C H A R L E S.

(L. S.) PHILIPPE-LOUIS Comte DE SINZENDORFF.

Par ordre de Sa Sacrée Majeſté Impériale & Royale Catholique,

JEAN - CHRISTOPHE BARTÉNSTEIN.

Diplôme du Roi d'Eſpagne du 2. Novembre 1736. pour la ceſſion des Duchés de Parme &

D. Philippe, par la grace de Dieu, Roi de Caſtille, de Léon, d'Arragon, des deux Siciles, de Jeruſalem, de Navarre, de Grénade, de Tolede, de Valence, de Galice, de Majorque, de Séville, de Sardaigne, de Cordoue, de Corſe, de Murcie, de Jaën, des Algarves, d'Algéſire, de Gibraltar, des Isles Canaries, des Indes orientales & occidentales, Isles & terre-ferme de l'océan, Archiduc d'Autriche, Duc

de Bourgogne, de Brabant & Milan, Comte d'Hapsbourg, de Flandres, Tirol &
Barcelone, Seigneur de Bifcaye &
Molina, &c. Par la teneur des préfentes, favoir faifons & témoignons, que
pour mettre fin à la guerre d'Italie,
férénifime & très-puiffant Prince Charles
VI. Empereur des Romains, & le féréniffime & très-puiffant Prince Louis XV.
Roi Très-Chrétien de France, étant
convenus de certains articles préliminaires, qui nous ont été préfentés par fimple
copie, datés (ainfi qu'on le dit) le
troifieme jour d'Octobre 1735. & qui
contiennent des conditions de paix, defquelles les deux parties témoignent de
demeurer contentes : & nous ayant été
de même fait rapport, que ledit féréniffime & très-puiffant Prince Charles VI.
Empereur des Romains, par un acte donné en fon nom & par fon ordre, &
figné le trentieme de Janvier de la préfente année a déclaré qu'il tiendroit la
paix pour conclue avec nous, moyennant les conditions établies dans lefdits
articles préliminaires ; & que lefdites conditions qui regardent nous & le féréniffime & très-puiffant Prince D Charles
Roi des deux Siciles, notre fils, auroient leur entier accompliffement: Nous
avons auffi adheré à ces articles préliminaires, en confidération de la fureté
que le Roi Très-Chrétien nous a promife,
que de la part du fufdit Prince, il feroit donné un prompt accompliffement

Com- de Plai-
& fance à
& de l'Empe-.
reur ; &
que de la fuc-
le ceffion
éventuel-
le du
Grand-
étant Duché de
Tofcane,
à la Mai-
le fon de
& qui Lorraine.

aux articles exprimés ci-deſſus : & avons fait expédier la déclaration de la teneur ſuivante :

D'autant que M. le Comte de Sinzen-dorff, au nom & avec pouvoir ſuffiſant de l'Empereur, a ſigné la déclaration de la teneur ſuivante :

"L'empereur déclare qu'il regarde la ,, paix comme faite avec le Roi d'E-,, ſpagne, au moyen des conditions por-,, tées par les articles préliminaires ; s'en-,, gageant d'envoyer ſes ordres à ſes Gé-,, néraux, pour concerter avec ceux de ,, Sa Majeſté Catholique, l'entiere ef-,, fectuation de ces articles, que Sa Maje-,, ſté Impériale déclare vouloir obſerver ,, & exécuter fidellement, notamment ,, en ce qui regarde le Roi des deux ,, Siciles : bien entendu que de la part ,, de ce Prince, auſſi-bien que de celle ,, de Sa Majeſté Catholique, la paix ſera ,, pareillement regardée comme faite avec ,, l'Empereur, au moyen des conditions ,, portées par les articles préliminaires, ,, & qu'ils feront obſervés & executés ,, fidellement en tous leurs points. En ,, foi de quoi, nous, Miniſtre plénipo-,, tentiaire de l'Empereur, muni du pou-,, voir néceſſaire à cet effet, avons ſigné ,, la préſente déclaration, & l'avons mu-,, nie du cachet de nos armes. Fait à ,, Vienne en Autriche, le trentieme Jan-

,, vier de l'an mil fept cents trente - fix.
,, (L. S.) PHILIPPE-LOUIS Comte DE
,, SINZENDORFF. ·

Ainfi , Sa Majefté le Roi Catholique
déclare que Sa Majefté Impériale obfervant, comme elle offre d'obferver, fidellement les articles mentionnés, il tient
pour faite la paix avec Sa Majefté Impériale , offrant d'obferver & exécuter de
fa part litteralement les articles fufdits en tous leurs points. Et en foi de
ce, nous , Miniftre plénipotentiare de Sa
Majefté Catholique , authorifé du plein-
pouvoir néceffaire à cet effet, avons
figné la préfente déclaration, & y avons
fait appofer le cachet de nos armes. A
Aranjuez, le quinze Avril mil fept cents
trente-fix. (L. S.) D. Jofeph Patinno.

Et-fe trouvant dans les fufdits articles
préliminaires, les difpofitions fuivantes :

" Le Grand-Duché de Tofcane, après
,, la mort du préfent poffeffeur, appar-
,, tiendra à la Maifon de Lorraine, pour
,, l'indemnifer des Duchés qu'elle poffe-
,, de aujourd'hui. Toutes les puiffan-
,, ces qui prendront part à la pacifica-
,, tion, lui en garantiront la fuccefion
,, éventuelle. Les troupes efpagnoles
,, feront retirées des places fortes de ce
,, Grand-Duché, & en leur place intro-
,, duit un pareil nombre de troupes Im-
,, périales, uniquement pour la fureté de
,, la fucceffion éventuelle fufdite, & de

„ la même maniere qu'il a été stipulé à
„ l'égard des garnisons neutres, par la
„ quadruple alliance.

„ Livourne demeurera port franc com-
„ me il est.

„ Seront rendus sans exception à Sa
„ Majesté Impériale tous les autres états
„ qu'elle possédoit en Italie avant la pré-
„ sente guerre. En outre lui seront cé-
„ dés en pleine propriété, les Duchés
„ de Parme & de Plaisance. „

De-là vient que, pour satisfaire à l'obligation que nous avons contracté, en
vertu de l'acceptation des susdits articles,
& de notre déclaration mentionnée, ci-
dessus, nous confiant en l'espérance certaine, qu'en bonne correspondance, la
teneur des susdits articles préliminaires
sera entierement accomplie avec la même bonne foi par l'Empereur des Romains; & que pareillement il remettra en
la meilleure & duë forme, pour soi, &
ses héritiers & successeurs, l'acte de cession & de renonciation de tous les droits,
actions & prétentions qui peuvent lui
compéter, à quelque titre ou cause que
ce puisse être, tant sur les Royaumes des
deux Siciles, que sur les places de la
côte de Toscane, qu'il possédoit ci-devant: Nous cédons pour nous, & pour
nos héritiers & successeurs; & spécialement au nom des sérénissimes Infans
d'Espagne D. Philippe & D. Louis, & des

autres fils que nous pourrions avoir de
la férénissime & très - puissante Princesse
la présente Reine des Espagnes, notre
très - chere épouse, & par conséquent,
au nom de tous ·& chacun de ceux qui,
nés ou à naitre, auroient ou pourroient
avoir des droits à la succession du Grand-
Duché de Toscane, & des Duchés de
Parme & de Plaisance ; & renonçons à
tous droits, actions & prétentions qui
appartiennent à nous ou auxdits descendans, par quelque cause ou titre que ce
puisse être, tant pour ce qui regarde
les Duchés de Parme & de Plaisance,
que pour ce qui regarde la succession
éventuelle du Grand-Duché de Toscane :
& en tant que ces droits, actions & prétentions concernent les Duchés de Parme
& de Plaisance, nous les transferons,
avec le plein droit de propriété, au férénissime & très-puissant Prince Charles
VI. Empereur des Romains, & à ses héritiers & successeurs des deux sexes, selon l'ordre de succession qui a été déclaré dans la Pragmatique - Sanction de
l'année 1713. & nous prenons fur nous,
en notre nom, & en celui de nos successeurs, en la forme la meilleure & la
plus solemnelle que faire se peut, la garantie desdits droits, actions & prétentions, en faveur de la férénissime Maifon d'Autriche. Mais pour ce qui regarde la succession éventuelle au Grand-
Duché de Toscane, nous transferons les
mêmes droits, actions & prétentions, au

férénissime Duc de Lorraine & de Bar François III. & à ses héritiers & successeurs, savoir, à tous ceux ou toutes celles à qui auroit appartenu le droit à la succession des Duchés de Lorraine & de Bar, avant leur cession. Enfin, Nous, en notre nom, & en celui de nos successeurs, prenons sur nous, en la forme la meilleure & la plus solemnelle que faire se peut, la garantie desdits droits, actions & prétentions, en faveur de la férénissime Maison de Lorraine : bien entendu que tout ce qui, dans cet acte de cession, pourroit être contraire aux points compris dans la déclaration que le Baron de Schmerling, Ministre plénipotentiaire du férénissime & très-puissant Prince Charles VI. Empereur des Romains à la cour de France, à signée à Compiegne, le quatrieme jour d'Août de la présente année, sera nul, & de nulle valeur ni effet. En foi de quoi j'ai fait expédier le présent acte signé de ma main, scellé du scel secret de mes armes, & contresigné par mon premier Secrétaire d'état & des dépêches, soussigné. A Saint - Laurent - le Royal, le vingt - un Novembre mil sept cents trente-six.

(L. S.) MOI LE ROI.

SEBASTIEN DE LA QUADRA.

Diplôme du Roi Nous D. Charles, par la grace de Dieu, Roi des deux Siciles & de

Jerufalem, &c. Infant d'Efpagne, Duc
de Parme, de Plaifance & de Caftro,
&c. & Grand-Prince héréditaire de Tofcane, &c. Par la teneur des préfentes,
favoir faifons & témoignons, que pour
mettre fin à la guerre d'Italie, le féréniffime & très-puiffant Prince Charles
VI. Empereur des Romains, & le féréniffime & très-puiffant Prince Louis XV.
Roi Très-Chrétien de France, étant convenus de certains articles préliminaires,
qui nous ont été préfentés par fimple copie, datés (ainfi qu'on le dit) le troifieme jour d'Octobre 1735. & qui contiennent des conditions de paix, defquelles les deux parties témoignent de
demeurer contentes : & nous ayant été
de même fait rapport, que ledit féréniffime & très-puiffant Prince Charles VI.
Empereur des Romains, par un acte
donné en fon nom & par fon ordre, &
figné le trentieme de Janvier de la préfente année, a déclaré qu'il tiendroit la
paix pour conclue avec nous, moyennant les conditions établies dans lefdits
articles préliminaires; & que lefdités conditions qui regardent nous & le féréniffime & très-puiffant Prince Philippe V.
Roi Catholique des Efpagnes, notre très-
honoré pere, auroient leur entier accompliffement: Nous avons auffi adhé-
ré à ces articles préliminaires, en confidération de la fureté que le Roi Très-
Chrétien nous a promife, que de la part
du fufdit Prince, il feroit donné un

des deux
Siciles du
1. Mai
1736.
pour la
ceffion
des Du-
chés de
Parme &
dePlaifan-
ce à l'Em-
pereur; &
de la fuf-
ceffion
éventuel-
le du
grand-
Duché de
Tofcane,
à la Mai-
fon de
Lorraine.

prompt accomplissement aux articles exprimés ci-dessus : & avons fait expédier
la déclaration de la teneur suivante :

D'autant que M. le Comte de Sinzendorff, au nom & avec pouvoir suf-
fisant de l'Empereur, a signé au nom de
Sa Majesté Impériale la déclaration de
la teneur suivante :

" L'Empereur déclare qu'il regarde la
» paix comme faite avec le Roi
» d'Espagne, au moyen des conditions
» portées par les articles préliminaires ;
» s'engageant d'envoyer ses ordres à ses
» Généraux, pour concerter avec ceux
» de Sa Majesté Catholique, l'entiere
» effectuation de ces articles, que Sa
» Majesté Impériale déclare vouloir ob-
» server & exécuter fidellement, notam-
» ment en ce qui regarde le Roi des deux
» Siciles : bien entendu que de la part
» de ce Prince, aussi-bien que de celle
» de Sa Majesté Catholique, la paix sera
» pareillement regardée comme faite avec
» l'Empereur, au moyen des conditions
» portées par les articles préliminaires,
» & qu'ils seront observés & exécutés
» fidellement en tous leurs points. En
» foi de quoi, nous, Ministre plénipo-
» tentiaire de l'Empereur, muni du pou-
» voir nécessaire à cet effet, avons signé
» la présente déclaration, & l'avons mu-
» nie du cachet de nos armes. Fait à
Vienne

„ Vienne en Autriche, le trentieme Jan-
„ vier de l'an mil fept cents trente-fix.
„ (L. S.) Philippe-Louis Comte de Sin-
„ zendorff. „

C'eft pourquoi, Sa Majefté le Roi
des deux Siciles, déclare que l'Empereur obfervant, comme il offre d'obferver
fidellement, les articles mentionnés, elle
tient pour faite la paix avec Sa Majefté Impériale, offrant d'obferver & exécuter de
fa part littéralement les articles fufdits
en toutes leurs parties. En foi de quoi
nous fouffigné, Miniftre plénipotentiaire
du Roi des deux Siciles, authorifé du
pouvoir fuffifant à cet effet, avons figné
la préfente déclaration, & l'avons munie
du cachet de nos armes. Donné à
Naples, le premier Mai mil fept cents
trente-fix.

(L. S.) JOSEPH - JOACHIM
DE MONTEALEGRE.

Et fe trouvant dans les fufdits articles préliminaires, les difpofitions fuivantes :

" Le Grand-Duché de Tofcane, après
„ la mort du préfent poffeffeur, appar-
„ tiendra à la Maifon de Lorraine, pour
„ l'indemnifer des Duchés qu'elle poffe-
„ de aujourd'hui. Toutes les puiffances
„ qui prendront part à la pacification,
„ lui en garantiront la fucceffion éven-

Tome VI. K

„ tuelle. Les troupes efpagnoles feront
„ retirées des places fortes de ce Grand.
„ Duché, & en leur place introduit un
„ pareil nombre des troupes impériales,
„ uniquement pour la fureté de la fuc-
„ ceffion éventuelle fufdite, & de la
„ même maniere qu'il a été ftipulé à
„ l'égard des garnifons neutres, par la
„ quadruple alliance.

„ Livourne demeurera port franc com-
„ me il eft.

„ Seront rendus à Sa Majefté Impé-
„ riale, tous les autres états fans ex-
„ ception, qu'il poffédoit en Italie avant
„ la préfente guerre. En outre, lui fe-
„ ront cédés en pleine propriété, les
„ Duchés de Parme & de Plaifance. „

De-là vient que, pour fatisfaire à
l'obligation que nous avons contracté,
en vertu de l'acception des fufdits articles, & de notre déclaration mentionnée ci-deffus, nous confiant en l'efpérance certaine, qu'en bonne correfpon-
dance, la teneur des fufdits articles préliminaires fera entiérement accomplie
avec la même bonne foi par l'Empereur
des Romains; & que pareillement il remettra en la meilleure & duë forme,
tant en fon nom, qu'en celui de fes héritiers & fucceffeurs; l'acte de ceffion &
renonciation de tous les droits, actions
& prétentions qui peuvent lui compéter,

à quelque titre ou caufe que ce puiffe
être, tant fur les Royaumes des deux
Siciles, que fur les places de la côte
de Tofcane, qu'il poffédoit ci-devant:
Nous cédons pour nous & pour nos héritiers & fucceffeurs, & renonçons à tous
droits, actions & prétentions, appartenans; pour quelque titre ou caufe que
ce puiffe; à nous, & à nos héritiers &
fucceffeurs, tant pour ce qui regarde les
Duchés de Parme & Plaifance, que pour
ce qui regarde la fucceffion éventuelle
du Grand-Duché de Tofcane: & en tant
que ces droits, actions & prétentions
concernent les Duchés de Parme & Plaifance, nous les transferons avec plein
droit de propriété, au féréniffime &
très-puiffant Prince Charles VI. Empereur
des Romains, & fes héritiers & fucceff-
feurs des deux fexes, felon l'ordre de
fucceffion qui a été déclaré dans la Pragmatique Sanction de l'année 1713. &
nous prenons fur nous, en notre nom,
& en celui de nos fucceffeurs, en la
forme la meilleure & la plus folemnelle
que faire fe peut, la garantie defdits
droits, actions & prétentions, en faveur
de la féréniffime Maifon d'Autriche. Mais
pour ce qui regarde la fucceffion éventuelle au Grand-Duché de Tofcane, nous
transferons les mêmes droits, actions &
prétentions au féréniffime Duc de Lorraine & de Bar, François III. & à fes
héritiers & fucceffeurs, favoir à tous ceux
ou toutes celles à qui auroit appartenu

le droit à la fucceffion des Duchés de Lorraine & de Bar, avant leur ceffion. Enfin, nous, en notre nom, & en celui de nos fucceffeurs, prenons fur nous, en la meilleure forme, & la plus folemnelle que faire fe peut, la garantie defdits droits, actions & prétentions, en faveur de la féréniffime Maifon de Lorraine; & abfolvons tous les fujets defdits états, du ferment tant actuel qu'éventuel, qu'ils nous ont prêté, lequel ils devront à l'avenir prêter à ceux à qui nous cédons nos droits : bien entendu que tout ce qui, dans cet acte de ceffion, pourroit être contraire aux points compris dans la déclaration que le Baron de Schmerling, Miniftre plénipotentiaire du féréniffime & très-puiffant Prince Charles VI. Empereur des Romains, à la Cour de France, a fignée à Compiegne le quatrieme jour d'Août de la préfente année, fera nul, & de nulle valeur & effet.

En foi de quoi, j'ai fait expédier le préfent acte, figné de ma main, fcellé du fcel fécret de mes armes, & contrefigné de mon Confeiller & Sécretaire d'état, fouffigné. A Naples, le onziéme Décembre mil fept cents trente-fix.

(L. S.) MOI LE ROI.

JOSEPH - JOACHIM DE MONTEALEGRE.

Comme donc par la bonté de l'Etre
fuprême. la tranquillité de l'Europe, &
particuliérement de l'Italie, a été affurée
auffi de cette part, les deux contractans,
fuivant la même voie, ne cefferont jamais d'employer de concert leurs foins
pour la rendre durable & la maintenir;
& ils donneront particuliérement leur
application commune, à ce que, s'il
refte quelques chofes à difcuter, ou à
expliquer, elles foient au plutôt terminées amiablement, en conformité des
actes & conventions, fans que, fous ce
prétexte, ou fous quelqu'autre que ce
foit, la tranquillité heureufement rétablie,
puiffe en aucune maniere recevoir la
moindre atteinte.

Continua-
tion de
l'article
VII. du
Traité de
paix.

VIII.

Au refte, ce même foin & cette même prévoyance des contractans, fe font
auffi étendus aux chofes qui regardent
le féréniffime & très - puiffant Roi de
Sardaigne. Pour cette fin, eu égard à
l'acte de ceffion des diftricts du Novarois & du Tortonois, & au mandement
aux vaffaux poffeffeurs des fiefs impériaux, compris fous le nom de Langhes,
le fufdit Roi à déclaré par un acte folemnel, fon acceffion aux articles préliminaires de la paix; & qu'ainfi la paix
étoit tenue de fa part pour conclue comme il paroît plus amplement par la teneur des documens qui fuivent:

K 3

Diplôme de l'Empereur, du 6. Juin 1736 pour la cession du Novarois & du Tortonois, &c. au Roi de Sardaigne

Nous Charles VI. par la clémence divine élu Empereur des Romains, toujours auguste, Roi de Germanie, des Espagnes, des deux Siciles, de Hongrie, de Boheme, de Dalmatie, de Croatie & d'Esclavonie, &c. Archiduc d'Autriche, Duc de Bourgogne, de Brabant, de Milan, de Mantoue, de Stirie, de Carinthie, de Carniole, de Limbourg, de Luxembourg, de Gueldres, de Wirtemberg, de la haute & basse Silésie, de Calabre, Prince de Suabe, Marggrave du Saint-Empire Romain, de Burgau, de Moravie, de la haute & basse Lusace, Comte de Hapsbourg, de Flandres, du Tirol, de Ferrette, de Kibourg, de Gorice & de Namur, Seigneur de la Marche Esclavonne, de Port-Mahon & de Salins, &c. &c.

Savoir faisons & témoignons en vertu des présentes. Comme, pour finir la guerre très-funeste, principalement à l'Italie, il a été convenu entre nous & le sérénissime & très-puissant Prince Louis XV. Roi Très-Chrétien de France, de certains articles préliminaires, contenant des conditions de paix, dont les deux contractans ont déclaré être pleinement contens; & qu'ensuite il est arrivé, que le ciel bénissant ces sentimens pacifiques, la teneur de ces articles préliminaires n'a pas été moins pleinement adoptée par le sérénissime & très-puissant Prince Charles Emanuel Roi de Sardaigne: Nous, par

une suite de l'attention particuliere que
nous avons toujours eu à accomplir religieufement les chofes une fois promifes,
nous fommes également déterminés à
fatisfaire ponctuellement aux difpofitions
qui fe trouvent dans l'article quatrieme
des fufdits préliminaires, en faveur du
fufdit Roi. Et à cette fin, comme il a
a été ftipulé entre autre chofes, que ce
Prince auroit l'option entre les diftricts,
foit du Novarois & du Vigevanafque, foit
du Vigevanafque & du Tortonois, foit
enfin du Novarois & du Tortonois, de
telle forte, que les deux diftricts choifis par lui, entre les trois dont l'énu-
meration fe trouve ci-deffus, feroient féparés du refte du Duché de Milan, en
retenant cependant la qualité & la nature de fief impérial, pour être unis aux
autres états dudit Roi, & que les quatre terres de S. Fedele, Torre di forti,
Gravedo, & Campo - Maggiore, lui appar-
tiendroient auffi.

Nous confiant dans l'efpérance certaine, que la teneur des articles préliminaires, fera pareillement accomplie ponctuellement par le fufdit féréniffime &
très-puiffant Prince Charles Emanuel Roi
de Sardaigne, nous cédons pour nous
& nos fucceffeurs, les deux diftricts choifis par lui, favoir, le Novarois & le
Tortonois, tels qu'ils ont été poffédés,
tant par nos prédéceffeurs Rois d'Efpagne
& Ducs de Milan, que par nous-mêmes,

& auffi lefdites quatre terres de S. Fedele, Torre di forti, Gravedo, & Campo-Maggiore pour être unis à ceux de fes autres états qui relevent de nous comme Empereur, & de l'Empire.

Nous renonçons en conféquence, à tous droits, actions & prétentions qui nous appartiennent, pour quelque caufe que ce foit, fur les fufdits deux diftricts du Navarois & de Tortonois, & fur les quatre dites terres de S. Fedele, Torre di forti, Gravedo & Campo-Maggiore; & nous transferons ces mêmes droits, actions & prétentions, au même féréniffime & très-puiffant Prince Charles-Emanuel Roi de Sardaigne, & à fes defcendans mâles, à l'infini, & à leur défaut, aux Princes mâles venant des Princes mâles collatéraux de la féréniffime Maifon de Savoye, & à leurs defcendans mâles, fuivant l'ordre de primogéniture établi dans cette Maifon: abfolvant pour cette fin, tous les habitans des fufdits deux diftricts, & defdites quatre terres, de l'obéiffance & ferment qu'ils nous ont prêtés, lefquels habitans feront tenus de le prêter à l'avenir à ceux à qui nous avons cédé nos droits. En foi de toutes ces chofes, nous avons figné de notre propre main le préfent acte de notre ceffion, & l'avons fait munir de notre fcel Impérial, Royal & Archiducal, pendant. Donné dans notre Château de Laxembourg, le fixiéme

Juin de l'année du Seigneur mil sept cents trente-six, & de nos regnes, de l'Empire Romain le vingt-cinquieme, des Espagnes le trente-troisieme, & de Hongrie & de Boheme aussi le vingt-cinquieme.

CHARLES.

(L. S.) PHILLIPPE-LOUIS Comte DE SINZENDORFF.

Par l'ordre de Sa Sacrée Majesté Impériale & Royale Catholique.

JEAN-CHRISTOPHE BARTENSTEIN.

CHarles VI. par la clémence divine élu Empereur des Romains toujours auguste, Roi de Germanie, des Espagnes, de Hongrie, de Boheme, de Dalmatie, Croatie, d'Esclavonie, &c. Archiduc d'Autriche, Duc de Bourgogne, de Stirie, de Carinthie, de Carniole & de Wirtemberg, Comte du Tirol, &c. A tous & chacun nos fideles & bien-aimés vassaux & sujets, & du Saint-Empire Romain, de quelque état, grade, ordre & condition qu'ils soient, des fiefs des Langhes, savoir faisons, & témoignons par la teneur des présentes. Comme pour finir la guerre très-funeste, principalement à l'Italie, il a été convenu entre nous & le sérénissime & très-puissant Prince Louis XV. Roi Très-Chrétien de

Mandement de l'Empereur, du 7. Juillet 1736. aux vassaux & sujets des fiefs des Langhes.

France, de certains articles préliminaires, contenant des conditions de paix,
dont les deux contractans ont déclaré
être pleinement contens ; & qu'enfuite il
eft arrivé que, le ciel béniffant ces fentimens pacifiques, la teneur de ces articles préliminaires n'a pas été moins
pleinement adoptée par le féréniffime &
très-puiffant Prince Charles Emanuel Roi
de Sardaigne : Nous, par une fuite de
l'attention particuliere que nous avons
toujours eu à accomplir religieufement
les chofes une fois promifes, nous fommes également déterminés à fatisfaire
ponctuellement aux difpofitions qui fe
trouvent reglées par l'article IV. des fufdits préliminaires, en faveur du fufdit
Roi. Ainfi, comme entre autres, il y
a été ftipulé que le fufdit Roi auroit la
fupériorité territoriale des terres appellées vulgairement les Langhes, felon
leur défignation exhibée par fon Miniftre
en 1732. & annexée auxdits articles préliminaires ; & qu'à cette fin, non feulement nous renouvellerions la teneur du
diplôme émané le 8. Février de l'année
1690. du feu Empereur Léopolde notre
très-honoré pere ; mais auffi que nous
étendrions la conceffion y portée à toutes les terres marquées dans la fufdite
défignation ; en forte que ces terres,
comme arrieres-fiefs, foient fujettes à la
domination immédiate, & que le fufdit
Roi foit tenu de reconnoître que ces terres dépendent de nous & de l'Empire,

& de les recevoir en fief : le confentement de tout l'Empire ayant depuis été donné à ce point des articles préliminaires, & par nous ratifié folemnellement, & la défignation de ces fiefs impériaux annexée à la fin des préliminaires, étant, au refte, en la maniere fuivante :

Note des Terres Impériales des Langhes.

1. Rocchetta del Tanaro.
2. Rocca d'Arazzo.
3. Mombercelli.
4. Vincio.
5. Caftel nuovo di Calea
6. Bozzolafco.
7. Albaretto.
8. Serravalle.
9. Feifolio.
10. La Niella.
11. S. Benedetto.
12. Monte Chiaro.
13. Mioglia.
14. Prunetto.
15. Levico.
16. Scaletta.
17. Menufilio.
18. Brovia.
19. Carretto.
20. Cencio.
21. Rocchetta del Cencio.
22. Rocca Grimalda.
23. Taiolo.
24. Spinola.
25. Capriata.
26. Francavilla.
27. Biffio.
28. Montalda.
29. S. Criftoforo.
30. Carofio.
31. Bardinetto.
32. Baleftrino.
33. Nazino.
34. Caprauna.
35. Alto.
36. Arnafco.
37. Lovanio.
38. Rezzo.
39. Cefio.
40. Teftico.
41. Garlenda.
42. Paffavenna.
43. Roffi.
44. Duranti.
45. Stalanello.
46. S. Vincenzo.

Terres dont Sa Majefté poffséde une partie.

47.	Morra.	*La motié.*
48.	Belvedere.	*Un tiers.*
49.	Mornefe.	*La moitié.*
50.	Cairo.	
51.	Rocchetta.	*Les trois quarts.*
52.	Vignarollo.	
53.	Mellefimo.	
54.	Cofferia.	
55.	Plodio.	*La moitié.*
56.	Bieftro &.	
57.	Aquafredda.	

Il y a de plus la Terre de Taffarolo, laquelle on n'a pas encore pû favoir fi elle eft impériale, ou à qui elle appartient; & au cas qn'elle foit telle, il faudra auffi la comprendre dans la note.

L'on fait remarquer, qu'il y a quatre hameaux qui ne font que des dépendances des territoires du Cairo & de Mellefimo, & qui font compris dans cette lifte, comme des terres principales.

Continuation du Mandement de l'Empereur du 7. Juillet 1736.

En conféquence, Nous confiant dans l'efpérance certaine, que la teneur des articles préliminaires, fera pareillement accomplie ponctuellement par le fufdit féréniffime & très-puiffant Prince Charles Emanuel Roi de Sardaigne, & avec cette condition ajoûtée expréffement, que le fufdit Roi & fes légitimes defcendans mâles, & fes fucceffeurs au gouvernement de fes états, feront tenus d'en requérir & récevoir de nous & de nos fucceffeurs Empereurs & Rois des Romains, l'inveftiture actuelle, dans le temps accoûtumé, & toutes les fois que le cas échoit dans la fuite, ainfi qu'il eft d'ufage & de droit reçu, & de faire d'ailleurs les autres chofes à faire ; nous n'avons pas voulu qu'il manque rien de notre part, à l'accompliffement de la teneur dudit article IV. des préliminaires ; & nous avons pour cette fin, réfolu de munir de pleins-pouvoirs, en bonne & duë forme, notre Commiffaire impérial, & notre plénipotentiaire en Italie, l'illuftre & magnifique notre Confeiller fécret impérial, Commandant général de l'artillerie, & Comte du Saint-Empire, notre fidele & bien-aimé Charles de Stampa, Chevalier de l'Ordre de Saint Jean de Jérufalem, & gouverneur de notre Duché de Mantoue, ou celui ou ceux qu'il fubdéléguera à cette fonction, & de les authorifer par les mandemens néceffaires, afin que, par lui ou par eux, le fufdit Roi, ou celui qui aura nommé pour prendre poffeffion, foit mis, en poffeffion des fufdits fiefs impériaux : lefquels fiefs doivent déformais être fujets à fa domination immédiate, de telle forte, qu'il foit entiérement le maître d'y exercer les droits régaliens, qui conftituent la fupériorité territoriale ; prenant

fur nous la charge d'indemnifer les poffeffeurs & vaffaux de ces fiefs, de ce que
ces fiefs ne font plus foumis immédiatement à nous & à l'Empire. C'eft pourquoi de notre fuprême puiffance impériale, en conformité du fufdit article
préliminaire, auquel le confentement de
tout l'Empire a déja été donné, & ratifié folemnellement par nous, Nous
mandons très-expréffement à vous, tous
& chacun les poffeffeurs & vaffaux des
fufdits fiefs impériaux, & vous enjoignons de reconnoitre à l'avenir pour vos
feigneurs immédiats, vrais & légitimes,
le féréniffime & très-puiffant Prince
Charles Emanuel Roi de Sardaigne, & fes
defcendans mâles, à l'infini, & à leur
défaut, les Princes mâles venant en ligne
collatérale de la féréniffime Maifon de
Savoye, & leurs defcendans mâles, fuivant l'ordre de primogéniture établi dans
cette Maifon, de leur prêter & faire
l'hommage & ferment de fidélité, refpect
& obéiffance, & ainfi de faire tout ce
qu'il convient & qu'il faut que des vaffaux & fujets fideles & obéiffans, faffent
& prêtent à leurs légitimes Seigneurs &
Princes. Car telle eft notre intention &
volonté expreffe, dont ferviront de témoignage, ces lettres fignées de notre
main, & munies de l'appofition de notre fcel impérial: lefquelles ont été expédiées dans notre ville de Vienne le
feptieme jour de Juillet de l'année mil
fept cents trente-fix, de nos regnes,

de l'Empire Romain le vingt-cinquieme, des Espagnes le trente-troisieme, de Hongrie & de Boheme, aussi le vingt-cinquieme.

CHARLES.

Vt. Jo. Ad. Comte DE METSCH.

Par l'ordre exprès de Sa Sacrée Majesté Impériale.

M. H. DE LEY.

CHarles Emanuel, par la grace de Dieu, Roi de Sardaigne, &c. Duc de Savoye, Montferrat, &c. Prince de Piémont, &c. Marquis d'Italie, de Suluces, &c. Comte de Maurienne, de Geneve, &c. Baron de Vaud, du Faucigny, &c. Seigneur de Verceil, de Pignerol, &c. Prince & Vicaire perpétuel du Saint-Empire Romain en Italie : A tous ceux qui ces présentes verront, Salut Ayant toujours été animés d'un désir aussi vif que sincere, de contribuer de notre côté, autant qu'il nous seroit possible, au plus prompt rétablissement de la tranquillité publique en Europe, & à la conclusion de la paix ; & Sa Majesté Très-Chrétienne nous ayant, pour cela, fait communiquer les articles préliminaires signés à Vienne, le troisieme du mois d'Octobre de l'année derniere, entre Sa Majesté Impériale & sadite Majesté Très-Chrétienne, avec instance que nous vou-

Accession du Roi de Sardaigne aux préliminaires, datée le 6 Août 1736.

luffions y accéder, Nous avons, en vuë
de donner réellement à connoitre la fincérité de nos intentions, réfolu d'y
accéder, en choififfant pour les deux
diftricts d'entre les trois qui nous ont
été offerts, le Tortonois & le Novarois,
ainfi que par les préfentes, nous les
choififfons de nouveau, & accédons aux
fufdits préliminaires, que nous promettons fur la foi & parole de Roi, d'obferver ponctuellement; ayant même pour
cette fin, déja donné les ordres convenables pour la plus prompte évacuation
de tous les pays, lieux & places qui
doivent, fuivant ce qui a été arrêté par
lefdits préliminaires, être rendus à Sa
Majefté Impériale. En témoignage de quoi,
nous avons figné ces préfentes de notre
main, icelles fait contre-figner par le
Marquis d'Ormea fecrétaire de notre Ordre de l'Annonciade, & notre Miniftre
& premier Secrétaire d'état, & y fait
appofer le fceau de nos armes. Données à Turin ce feizieme Août, l'an de
grace mil fept cents trente-fix, & de
notre regne le feptieme.

C. EMANUEL.

(L. S.) D'ORMEA.

Continua- Et de plus, il a été enfuite convenu
tion de entre les Généraux qui commandoient en
l'article chef les troupes, tant impériales que
fran-

françoises, en Italie, & authorisés plei-VIII. du
nement à cet effet, & avec le consente-Traité de
ment du susdit Roi, de quelle maniere paix.
amiable il faut procéder par rapport
aux autres points concernant, soit le fort
de Serravalle, soit les limites des districts cédés, soit enfin quelques papiers
qui restent à délivrer. Afin donc qui'l
n'y ait point de retardement dans ces
choses qui, sans porter atteinte au repos
public, restent à discuter, ou à examiner,
& qu'elles soient au contraire terminées
au plutôt équitablement suivant les
regles du bon voisinage, Sa Sacrée Majesté Impériale & Sa Sacrée Majesté
Royale Très - Chrétienne, y donneront
aussi dans la suite leurs soins.

I X.

Comme la convention concluë le 28.
Août de l'année 1736. inferée dans le
précédent Article IV. & qui doit servir
& tenir lieu de regle fixe & permanente, tant dans les choses qui regardent
la sûreté & les avantages de la Maison
de Lorraine, que dans les autres points
y contenus, a été précédée du consentement du sérénissime Duc de Lorraine
& de Bar; ce même consentement a depuis été, par cette considération, étendu plus amplement, par un acte solemnel de cession, qui est de la teneur suivante:

Nous, François III. par la grace de Acte de
Dieu, Duc de Lorraine, Roi de cession du

Duc de Lorraine, des Duchés de Bar & de Lorraine, du 13 Decembre 1736.

Jerufalem, Marquis, Duc de Calabre, de Bar, de Gueldres, de Montferrat, de Tefchen en Siléfie, Prince fouverain d'Arches & Charleville, Marquis du Pont-à-Mouffon & Nomeny, Comte de Provence, Vaudemont, Blamont, Zutphen, Saarverden, Salm, Falckenftein : favoir faifons qu'ayant eu communication des articles préliminaires arrêtés & fignés le 3ᵉ. Octobre de l'année derniere 1735. entre Sa Majefté Impériale & Catholique, & Sa Majefté Très-Chrétienne, enfemble du traité d'exécution des préliminaires, du 11. Avril de la préfente année, notamment des articles féparés faifant partie de ce traité, en conféquence defquels il auroit été conclu entre Sa Majefté Impériale & Catholique, & Sa Majefté Très-Chrétienne, une convention le 28. Août de la préfente année, qui nous a été pareillement communiquée : déclarons que nonobftant la répugnance que nous avons d'abandonner l'ancien patrimoine de notre Maifon, & fur-tout des fujets qui nous ont donné, & aux Ducs nos prédéceffeurs, des preuves fi marquées de leur zéle & de leur affection ; le parfait attachement que nous avons pour Sa Majefté Impériale & Catholique, & pour Sa Majefté Très-Chrétienne, & le défir de voir rétablir la paix & l'union entre des Princes à qui nous appartenons par des liens qui nous font fi chers, & de procurer la paix à l'Europe, nous déterminent d'ac-

céder, non - feulement auxdits préliminaires, mais encore à la convention
concluë entre leursdites Majeſtés Impériale & Catholique, & Très-Chrétienne,
le 28. Août de la préſente année, en
adoptant pleinement toutes les clauſes
& conditions qui y font ſtipulées.

En conféquence, Nous avons cedé &
abandonné, cédons & abandonnons,
fous les clauſes & conditions portées,
tant par les articles préliminaires, que
par ladite convention mentionnée ci-deſ-
fus, pour nous & nos fuccefſeurs, dès-
à-préſent, par ces préſentes, au féréniſ-
fime Roi de Pologne, Grand-Duc de
Lithuanie, Stanislas premier, beau - pere
de Sa Majeſté Très - Chrétienne, notre
Duché de Bar, tant appellé Barrois mouvant, que non mouvant, appartenances
& dépendances, foit d'ancien patrimoine, acquiſitions, ou biens allodiaux,
& à quelque titre que ce puiſſe être, &
après fon décès, à Sa Majeſté Très-Chrétienne, & à fes fucceſſeurs Rois de
France, en tout droit de propriété &
fouveraineté, ainſi & de même que nous
en avons joui jufqu'à préſent : avons déclaré & déclarons par le préſent acte
tous nos fujets du Duché de Bar, abſous
du ferment de fidélité auquel ils étoient
liés envers nous & nos fucceſſeurs.

Déclarons en outre, que Nous céde-
rons & abandonnerons pareillement, fous

les mêmes claufes & conditions énoncées, tant par les articles préliminaires,
que par la convention fufdite pour le
temps y ftipulé, notre Duché de Lorraine,
les appartenances & dépendances, foit
d'ancien patrimoine, acquifitions ou biens
allodiaux, & à quelque titre que ce
puiffe être (à l'exception de ce qui nous
a été refervé par cette même convention) audit Seigneur Roi beau-père de
Sa Majefté Très-Chrétienne, & après
fon décès, à Sa Majefté Très-Chrétienne,
& à fes fucceffeurs Rois de France, en
tout droit de propriété & de fouveraineté,
ainfi que nous en avons joui jufqu'à préfent : réleverons & abfoudrons nos fujets dudit Duché de Lorraine, du ferment de fidélité auquel ils font liés envers nous & nos fucceffeurs.

En foi de quoi, nous avons aux préfentes, fignées de notre main, fait mettre & appofer notre fcel fécret. Fait à
Vienne, ce treizieme Decembre mil fept
cents trente - fix.

Signé FRANÇOIS.

(L. S.)

Contrefigné TOUSSAINT.

Continua- Et la remife actuelle des fufdits Duchés
tion de a été dans la fuite executée, Sa Sacrée
l'article Majefté Royale Très-Chrétienne n'ayant

confenti à ce qu'elle fût un peu différée, par rapport au Duché de Lorraine,
pour d'autre caufe, qu'afin que les folemnités des nôces de la féréniffime &
très-puiffante Réine de Sardaigne, puiffent être célébrées avec plus de dignité.

IX. du Traité de paix.

C'eft pourquoi, tout ce à quoi il dé-
voit être fatisfait de la part du féréniffime Duc de ce nom, ayant déja été
entierement accompli, on renouvelle en
la maniere la meilleure & la plus vali-
de que faire fe peut, les garanties dont
fe font chargées Sa Sacrée Majefté Impériale & Sa Sacré Majefté Royale Très-
Chrétienne, en faveur, tant de ce même Prince, que de fes héritiers & fucceffeurs, favoir, de tous ceux à qui,
fans cette ceffion, le droit de fuccéder
dans l'un & l'autre Duchés, nommés ci-
deffus, auroit appartenu; ces garanties
devant valoir à perpétuité, auffi bien
que celles qui ont été données réciproquement par Sa Sacrée Majefté Impériale, à Sa Sacrée Majefté Royale Très-
Chrétienne, au Roi fon beau-pere, &
à la couronne de France, en vertu de
la fufdite convention.

X.

C'eft pareillement par rapport aux chofes ftatuées ci-deffus, que Sa Sacrée
Majefté Royale Très-Chrétienne a pris,
en la meilleure maniere qu'il foit pof-

fible , par le fixieme des articles
préliminaires, par rapport aux états en
partie poffédés déja & alors, & en partie à poffeder en conformité des mêmes
articles préliminaires, par Sa Sacrée Majefté Impériale, l'engagement de la défenfe appellé vulgairement *garantie* de
l'ordre de fuccéder dans la Maifon d'Autriche , qui a été plus amplement expli-
qué par la Pragmatique Sanction publiée
le dix-neuvieme jour d'Avril de l'année
1713. Car ayant été exactement confi-
déré, que la tranquilité publique ne pouvoit durer & fubfifter long-temps , &
qu'on ne pouvoit imaginer d'autre moyen
fûr pour conferver un équilibre durable
en Europe, que le maintien du fufdit ordre de fucceffion, contre toutes
fortes d'entreprifes futures; Sa Sacrée
Majefté Royale Très - Chrétienne mûe,
tant par le défir ardent qu'elle a du maintien de la tranquillité publique, & de
la confervation de l'équilibre en Europe,
que par la confidération des conditions
de paix auxquelles Sa Sacré Majefté Impériale à confenti, principalement par
cette raifon, s'eft obligée, de la maniere la plus forte, à defendre le fufdit ordre de fucceffion : & afin qu'il ne
puiffe naître dans la fuite aucun doute
fur l'effet de cette fûreté ou garantie, Sa
fufdite Sacrée Majefté Royale Très Chrétienne s'engage en vertu du préfent article, de mettre en exécution cette même
fûreté : appellée vulgairement *garantie*,

toutes & quantes fois qu'il en sera besoin ; promettant pour soi, ses héritiers
& successeurs, de la maniere la meilleure & la plus stable que faire se peut,
qu'elle défendra de toutes ses forces,
maintiendra, & , comme l'on dit, garantira contre qui ce soit, toutes les fois
qu'il en sera besoin, cet ordre de succession, que Sa Majesté Impériale a déclaré & établi en forme de fideicommis
perpétuel, indivisible & inséparable, en
faveur de la primogéniture, pour tous
les héritiers de Sa Majesté, de l'un &
l'autre sexe, par l'acte solemnel publié
le dix-neuvieme jour d'Avril de l'année
1713. & ajoûté à la fin du présent traité ; lequel acte a été porté dans les
monumens publics, pour avoir force
de loi, & de Pragmatique Sanction, va-
lide à perpétuité, & dont le Saint-Empire Romain a promis la deffense, ou,
vulgairement, la *garantie*, en vertu du
Conclusum émané le 11. Janvier 1732.
Et comme, selon cette regle & ordre
du succéder, dans le cas où, par les
effets de la bonté divine, il y aura des
enfans mâles descendans de Sa Sacrée
Majesté Impériale, l'ainé de ses fils, ou,
celui-ci étant mort, le premier né de
cet ainé, &, n'y ayant aucune lignée
masculine de Sa Sacrée Majesté Impériale, l'ainée de ses filles les sérénissimes
Archiduchesses d'Autriche, l'ordre & droit
de primogéniture indivisible étant à jamais observé, doit lui succéder dans

L 4

tous les Royaumes, Provinces & états
que Sa Majesté Impériale posséde actuellement, sans qu'il y ait jamais lieu à
aucune division ou séparation, soit en
faveur de ceux ou celles qui sont de la
seconde, troisieme ou derniere ligne ou
dégré, ou autrement, pour quelque cause enfin que ce puisse être ; ce même
ordre & droit de primogéniture indivisible devant pareillement subsister dans
tous les autres cas, & à perpétuité dans
tous les temps & tous les âges, également, ou dans la ligne masculine de Sa
Sacrée Majesté Impériale, si Dieu lui
accordoit le bonheur d'avoir une postérité masculine, ou, la ligne masculine
étant éteinte, dans la ligne feminine, ou
enfin toutes & quantes fois qu'il pourroit être question de la succession aux
Royaumes, Provinces & états héréditaires
possédés actuellement par Sa Sacrée Majesté Impériale : c'est pourquoi Sa Sacrée
Majesté Royale Très-Chrétienne promet
& s'oblige de défendre celui ou celle
qui, suivant l'ordre qui vient d'être rapporté, doit succéder aux Royaumes,
Provinces & états que Sa Sacrée Majesté Impériale posséde actuellement, & de
les y maintenir à perpétuité, contre tous
ceux quelconques qui tenteroient de troubler en aucune maniere cette possession.

X I.

Si pour le temps que la guerre à duré, il reste quelque chose à payer par

les états ou sujets de l'Empire, à quelque titre que ce soit, d'impositions ou
levées militaires, il y sera satisfait en
conformité de la convention signée à
Strasbourg le 13. Novembre de l'année
1736. & ajoûtée à la fin du présent traité; sans que sous quelque prétexte que
ce soit, il puisse être exigé rien de plus:
Et dans ce qui concerne le reste des
dettes de l'état de Milan, la transaction
faite sur ce sujet, le seizieme jour d'Août
de la même année, entre ceux qui commandoient les troupes, tant impériales,
que françoises, en Italie, & qui est pareillement ajoûtée à la fin du présent
traité, servira de regle fixe.

XII.

Les Forts bâtis depuis le commencement de la guerre, sur l'une ou l'autre
rive du Rhin, contre la teneur des précédens traités de paix, & particuliérement des articles XXII. XXIII. & XXIV.
de la paix de Ryswick, & les ponts
construits sur ce fleuve, de la même
maniere qu'on vient de dire, (s'il en
restoit quelque chose à détruire.) seront
détruits de fond en comble, des deux
côtes, dans une entiere réciprocité;
sans que l'un ou l'autre des contractans
puisse former aucune prétention de différence, soit dans la maniere de les
détruire, ou autrement.

XIII.

Le bénéfice de la réſtitution ſtipulée par le treizieme article de la paix de Ryſwick, & par le douzieme de la paix de Bade, en faveur de la Maiſon de Wirtemberg, aura lieu de la même maniere préciſement qui y eſt préſcrite, à l'égard du préſent Seigneur Duc, & de ſes héritiers & ſucceſſeurs ; d'autant que la regle générale exprimée ci-deſſus dans l'article troiſieme, demeure en ſon entier, ſavoir, que dans toutes les choſes qui n'ont pas été changées par des conventions poſtérieures, faites du conſentement des deux contractans, les traités cités dans ce même article, ſervant de baſe & de fondement à la préſente paix, doivent ſubſiſter en leur entier. D'où réſulte naturellement, que ſi quelque choſe n'avoit pas encore été reſtitué aux états, vaſſaux & ſujets du Saint-Empire Romain, en conformité de ces mêmes traités, ou n'avoit pas encore été mis de part ou d'autre pleinement à exécution, le tout doit être réſtitué & mis en exécution ſans délai, comme ſi la teneur de ces traités étoit répétée ici de mot à mot.

XIV.

Comme par le ſeptieme article des préliminaires il a été ſtipulé qu'il ſeroit nommé des Commiſſaires de la part de

Sa Sacrée Majesté Impériale, & de Sa
Sacrée Majesté Royale Très-Chrétienne,
lesquels feroient chargés de la difcuffion particuliere de ce qui concerne les
limites d'Alface & des Pays-Bas, & de
fixer ces limites, en conformité des précédens traités, & principalement de celui de Bade; en conféquence, il a été
convenu qu'au plus tard dans le terme
de fix mois, à compter du jour de l'é-
change des ratifications du préfent traité
de paix, ou plutôt fi faire fe peut, les
fufdits Commiffaires doivent s'affembler
fur les confins, favoir, à Fribourg, pour
ce qui regarde l'Alface, & à Lille, ainfi
qu'il eft déja arrivé, pour ce qui regarde les Pays-Bas; & travailler fans relâche, à ce qu'après avoir ôté toute occafion de conteftations, comme le demandent l'amitié conftante fubfiftant
déja entre Sa Sacrée Majefté Impériale
& Sa Sacrée Majefté Royale Très-Chrétienne, le lien de l'étroite union, & la
raifon du bon voifinage, toutes chofes
foient reglées felon qu'il foit trouvé bon
& équitable, en conformité des précédens
traités, & que le tout foit auffi-tôt exécuté de bonne foi, fans qu'il puiffe jamais
y être fait de changement à l'avenir,
de quelque part que ce foit.

XV.

Comme par divers accidens la diftribution des dettes dont la chambre d'En-

fisheim avoit été chargée, & dont il a été fait mention dans l'article LXXXIV. de la paix de Weftphalie, à été différée jufqu'à préfent; il a été, en cette confidération, convenu entre les parties contractantes, qu'il ne fera permis à aucune des deux parties, tant que cette diftribution ne fera pas faite d'un mutuel confentement, en conformité du fufdit article, de molefter ou laiffer molefter par les fiens, les vaffaux & fujets de l'autre, par des Arrêts, ni d'aucune autre maniere quelconque.

X V I.

Afin qu'il ne puiffe refter aucune inquiétude à ceux des états de l'Empire, ou de fa nobleffe immédiate, dont les territoires font mêlés avec quelques parties du Duché de Lorraine: Les Commiffaires déja nommés par Sa Sacrée Majefté Impériale & par Sa Sacrée Majefté Royale Très-Chrétienne, conformement au troifieme article de la convention fignée le 28. Août de l'année 1736. pour perfectionner cet ouvrage, fe font déja affemblés à Nanci, y travaillant avec une application fans relâche, & y devant travailler à ce que, felon les principes déja préalablement établis, du confentement des deux contractans, tout fujet de conteftations & de querelles pour l'avenir, foit ôté par la voie la plus courte, en établiffant des limites certaines.

XVII.

Le commerce qui, depuis la paix conclue & ratifiée, a déja repris son cours entre les sujets de Sa Sacrée Majesté Impériale & de l'Empire, & ceux de Sa Sacrée Majesté Royale Très-Chrétienne, & du Royaume de France, demeurera dans cette liberté; & s'il n'y étoit pas encore, sera rétabli dans la même qui a été stipulée par les traités de paix de Ryswick & de Bade; & tous & chacun de part & d'autre, nommément les citoyens & habitans des villes impériales & hanséatiques, jouiront par mer & par terre, de la plus entiere sûreté, & des anciens droits, immunités, priviléges & avantages obtenus par des traités solemnels, ou par coûtume ancienne: l'ultérieure convention à faire sur ce sujet, étant remise, après que le présent traité de paix aura été ratifié.

XVIII.

L'article quatorzieme de la convention signée à Vienne le 28. jour d'Août, & rapportée ci-dessus dans l'article quatrieme du présent traité, aura pareillement lieu dans les choses qui regardent les biens de l'Ordre Teutonique, situés dans les Duchés de Lorraine & de Bar, cet article devant être observé aussi religieusement, par rapport à ces biens.

X I X.

Comme le préfent traité de paix eft conclu par les Miniftres munis à cet effet par Sa Sacrée Majefté Impériale, de pleins-pouvoirs, non feulement en fon nom, mais auffi en celui du Saint-Empire Romain, felon la faculté entiere qui (comme il a été dit ci-deffus) en a été déférée à fa fufdite Sacrée Majefté Impériale, par la diéte duëment affem-blée; dans ce même traité doivent être compris tous & chacun les Electeurs, Princes, états & membres du Saint-Em-pire Romain, & entr'eux fpécialement, l'Evêque & l'évêché de Bâle, avec tous leurs domaines, prérogatives & droits. Et comme les deux contractans fouhai-tent par des vœux finceres, que les au-tres puiffances, au plus grand nombre qu'il fe pourra, veuillent prendre part à ce même traité de paix, pour affûrer de plus en plus le repos du monde chrétien; ils conviendront au plutôt en-tr'eux, d'un commun confentement, qui feront celles qui devront y être compri-fes, ou être invitées amiablement à y prendre part.

X X.

La paix ainfi concluë, fera ratafiée au nom de Sa Sacrée Majefté Impériale & du Saint-Empire Romain, & de Sa Sacrée Majefté Royale Très-Chrétienne,

dans le terme de fix femaines, à compter
d'aujourd'hui, on plutôt fi faire fe peut;
& les lettres de ratification en feront
échangées de part & d'autre à Vienne.

Et comme les Electeurs, Princès &
Etats de l'Empire, en vertu du Conclufum du dix-huitieme jour de Mai de
l'année 1736. ont transferé à Sa Sacrée
Majefté Impériale la faculté entiere de
faire auffi, au nom de l'Empire, tout
ce qui paroîtra néceffaire pour porter
l'ouvrage de la paix à fa perfection:
Nous, Miniftres plénipotentiaires de Sa
Sacrée Majefté Impériale, & de Sa Sacrée Majefté Royale Très-Chrétienne,
avons en leurs noms (comme il eft dit
ci-deffus) figné de nos propres mains
le préfent traité de paix, en foi, & pour
la plus grande fûreté de tous & chacuns
les points qui y font contenus, & l'a-
vons muni de nos cachets. Fait à Vienne le dix-huitieme Novembre mil fept
cents trente-huit.

PHILIPPE-LOUIS C. DE SINZENDORFF.
   (L. S.)
GASTON DE LEVIS MIREPOIX.
   (L. S.)
GUNDACRE C. DE STARHENBERG.
   (L. S.)
LOUIS Comte D'HARRACH.
   (L. S.)
JEAN ADOLPHE Comte DE METSCH.
   (L. S.)

Article féparé.

Comme quelques-uns des titres employés à l'occasion du traité figné cejourd'hui, ne font point reconnus de part & d'autre ; il a été, en cette confidération, convenu par le préfent article féparé, que les titres, foit employés, foit omis par l'une ou l'autre partie, feront cenfés ne pouvoir donner aucun préjudice à l'une ou à l'autre des parties contractantes.

Et cet article aura la même force, que s'il étoit inféré de mot à mot dans ce traité de paix. Fait à Vienne, le dix-huitieme jour de Novembre de l'année mil fept cents trente-huit.

PHILIPPE-LOUIS C. DE SINZENDORFF.
  (L. S.)

CASTON DE LEVIS MIREPOIX.
  (L. S.)

GUNDACRE Comte DE STARHENBERG.
  (L. S.)

LOUIS Comte D'HARRACH.
  (L. S.)

JEAN-ADOLPHE Comte DE METSCH.
  (L. S.)

Nous, ayant agréables les fufdits traité de paix & article féparé, en tous & chacun les points & articles qui y font contenus & déclarés, avons iceux,

tant

tant pour Nous que pour nos héritiers, fucceffeurs, Royaumes, pays, terres, feigneuries & fujets, accepté, approuvé, ratifié & confirmé, & par ces préfentes
fignées de notre main, acceptons, approuvons, ratifions & confirmons ; & le
tout promettons en foi & parole de Roi,
fous l'obligation & hypotheque de tous
& un chacun de nos biens, préfens & à
venir, garder & obferver inviolablement,
fans jamais aller ni venir contre,
directement ou indirectement, en quelque forte & maniere que ce foit. En
témoin de quoi, Nous avons fait mettre
notre fcel à ces préfentes. Donné à
Verfailles, le feptieme jour de Janvier,
l'an de grace mil fept cents trente-neuf,
& de notre regne le vingt-quatrieme.

Signé L O U I S.

Et plus bas, Par le Roi,

AMELOT.

*Scellé du grand fceau de cire jaune,
fur lacs de foie bleue, treffés d'or, le
fceau enfermé dans une boîte d'argent,
fur le deffus de laquelle font empreintes
& gravées les armes de France & de
Navarre, fous un pavillon Royal, fou-
tenu par deux anges.*

Ce traité fut ratifié par l'Empereur
Charles VI. le 31. Décembre 1738. le
Roi de Sardaigne y accéda le 29. No-

Tome VI. M

vembre 1739. fous la déclaration faite de la part de Sa Majesté Très-Chrétienne, acceptée & ratifiée de Sa Majesté Impériale, I°. que la prétenduë convention, dont l'art. VIII. fait mention, est fauffe, & que Sa Majesté Impériale fera en droit de réclamer le dit Serravalle, quand elle aura pû éclaircir & prouver, qu'il ne fait point partie du Tortonois, puifque le Roi de Sardaigne ne l'a par aucun autre titre, que par la ceffion qui lui a été faite du Tortonois. II°. que les écritures, dont il est parlé dans le dit article, concernent les états cédés à Sa Majesté le Roi de Sardaigne par la préfente paix, & que Sa Majesté Impériale, & Sa Majesté Très Chrétienne employeront tous leurs foins, pour que tout ce qui refte à exécuter à ces differens égards, tant pour la remife des dites écritures, que pour le reglement des limites, foit terminé à l'amiable dans le terme de fix mois.

Le Roi d'Efpagne, ainfi que le Roi des deux Siciles y accéderent de même, & leur acceffion fut agréée par Sa Majesté Impériale, & par Sa Majesté Très-Chrétienne

Traduction de la Progmatique Sanction, dont il est parlé à l'article X. du du traité, & par laquelle l'ordre de succeffion établi dans la féréniffime

Maison d'Autriche, a été déclaré par Sa Majesté Impériale, le 19. Avril 1713.

Sa Majesté Impériale fit avertir tous ses Conseillers d'Etat privés, qui étoient à Vienne, de se trouver au lieu accoûtumé, le 19. Avril 1713. à dix heures du matin. Comme ils furent arrivés à l'heure marquée, l'Empereur se rendit dans la chambre du Conseil d'état, sous le dais, & se plaça vis-à-vis la table ordinaire : ensuite il fit appeller ses Conseillers & Ministres d'état, lesquels entrerent à leur rang, & se tinrent debout, chacun à leur place; savoir, le Prince Eugene de Savoye, le Prince de Trautsohn, le Prince de Schwartzenberg, le Comte de Traun Maréchal du pays, le Comte de Thurn Grand-Maître de la Maison de l'Impératrice Eléonore, le Comte de Dietrichstein Grand-Ecuyer, le Comte de Seilern Chancelier de la cour, le Comte de Starhenberg Président de la chambre des finances, le Comte de Martinitz le cadet, le Comte de Herberstein Vice-Président du Conseil de guerre, le Comte de Schlickh Grand-Chancelier de Boheme, le Comte de Schönborn Vice-Chancelier de l'Empire, l'Archevêque de Valence, le Comte de Sinzendorff Grand-Chambellan, le Comte de Paar Grand-Maître de la Maison de l'Impératrice Amélie, le Comte de Sinzendorff Vice-Président du Conseil Impé-

rial Aulique, le Comte Nicolas Palfi Grand-
Juge de la cour du Royaume de Hongrie, le Comte Illieshafi Chancelier de
Hongrie, le Comte de Kevenhuller Stat-
halter de la baffe Autriche, le Comte
Gallas, le Comte de Salm Grand-Ecuyer
de l'Impératrice Amélie, le Marquis Ro-
meo fécrétaire d'état Royal Efpagnol
intime, ayant le département des états
d'Italie démembrés de la couronne d'Efpagne, le Comte Kornis Vice-Chancelier
de Tranfylvanie, le fieur de Schlick Re-
férendaire.

Quand tous lefdits Confeillers & Miniftres d'état furent ainfi affemblés, Sa
Majefté Impériale leur déclara que le motif pour lequel il les avoit fait appeller,
étoit de leur apprendre qu'il avoit été
établi entre le feu Empereur Léopold
fon pere, le feu Empereur Jofeph fon
frere, alors Roi des Romains, & lui
Empereur, alors comme déclaré Roi en
Efpagne, certaines difpofitions, reglemens & pactes de fucceffion, lefquels
avoient été confirmés pas ferment, de
toutes les parties, en préfence de différens Confeillers & Miniftres d'état de
l'Empereur: mais que, comme defdits
Confeillers & Miniftres, il n'en reftoit aujourd'hui que peu en vie, Sa Majefté
Impériale avoit cru néceffaire, non feulement de leur faire ladite déclaration,
mais encore de leur donner connoiffance defdits loi & pactes mêmes, & de
les leur faire lire.

A l'inftant, Sa Majefté Impériale or-
donna au Comte de Seilern fon Chancelier de cour, de faire ladite lecture.

Et le Comte lût à haute & intelligible
voix, le commencement de l'acte Efpagnol d'acception, qu'il avoit ès mains
en orginal, figné par l'Empereur, alors
comme Roi d'Efpagne, & muni de fon
fceau.

Enfuite il lût tout l'acte de fucceffion,
figné par l'Empereur Léopold & le Roi
des Romains, muni de leurs fceaux refpectifs, depuis le commencement jufqu'à la fin, avec de le certificat du Notaire y joint.

Enfin il lût le refte de l'acte Efpagnol
jufqu'à la fin, cencernant l'acceptation
& engagement de l'Empereur, pareillement avec le certificat du Notaire y joint,
lefquels actes font datés de Vienne, du
12. Septembre 1703.

Cette lecture achevée, Sa Majefté
Impériale dit en outre auxdits Confeillers & Miniftres, que les actes qui venoient d'être lûs, leur donnoient à connoitre, qu'il y avoit une difpofition & pacte de fucceffion mutuelle, érigés à perpetuité, & confirmés par ferment, entre
les deux lignes Jofephine & Caroline ;
& qu'en conféquence, avec les Royaumes & provinces hereditaires d'Efpagne,
qui lui étoient cédés par l'Empereur Jo-

seph, d'heureuse mémoire, la mort dudit Empereur son frere, arrivée sans qu'il
eût laissé d'héritiers mâles le mettoit
en possession de tous ses autres Royaumes & pays héréditaires, lesquels devoient
demeurer en entier sans division quelconque, selon le droit de primogéniture, à ses héritiers mâles, issus de légitime mariage, tant qu'il y en auroit en
vie ; mais qu'au défaut de postérité
masculine de sa part (dont Dieu voulût
le préserver) il reviendront de la même
maniere à ses filles nées de légitime
mariage, toujours selon l'ordre & droit
de primogéniture.

Qu'en outre, au défaut de tous descendans légitimes, tant mâles que femelles, de la part de Sa Majesté Impériale, le dit droit de succession indivisible à tous lesdits Royaumes & pays
héréditaires, passeroit, de la façon ci-
dessus, toujours en gardant l'ordre de
primogéniture, aux filles de l'Empereur
Joseph, & à leurs descendans légitimes ;
& que pareillement, lesdites Dames Archiduchesses jouiroient de tous les autres
priviléges & prérogatives, selon ledit
droit & ordre de succession.

Le tout, bien entendu qu'après la
branche Caroline aujourd'hui regnante,
& après la branche Josephine des filles
que l'Empereur Joseph a laissé après
lui, lesdits droits de succession, avec tout

ce qui en dépend, appartiendront, demeureront & feront refervés, de toute façon, aux fœurs de Sa Majefté Impériale, & à toutes les autres lignes de la Maifon Archiducale, felon le droit de primogéniture, dans le rang & ordre qui en réfultera.

Que comme cette loi, ces reglemens & pactes de fucceffion établis à perpétuité, & confirmés par ferment des Empereurs pere & frere de Sa Majefté Impériale, & de fadite Majefté Impériale ellemême, n'avoient d'autre objet que la gloire de Dieu, & la confervation de tous les pays héréditaires enfemble, Sa Majefté Impériale fe tenoit fermement à tout ce que deffus, ce qu'elle fe promettoit pareillement de fefdits Confeillers & Miniftres : qu'elle les exhortoit & leur ordonnoit de ne pas apporter moins d'attention & de foins de leur côté, à obferver lefdits pactes & reglemens dans leur entier, à les faire obferver, & à les maintenir; & qu'à cette fin, Sa Majefté Impériale relevoit lefdits Confeillers & Miniftres, dans ce cas, de l'engagement du fécret. Après quoi Sa Majefté Impériale, puis MM. les Confeillers & Miniftres d'état, fe font retirés.

Je certifie que le tout s'eft paffé comme deffus, en foi de quoi j'ai figné le préfent acte, & à icelui appofé mon cachet. A Vienne, le dix-neuf Avril fept cents treize.

M 4

(L. S.) *Signé* GEORG FRIDERIC DE SCHILICK, Conseiller de Sa Majesté Impériale, sécretaire intime de la basse Autriche & Referendaire, créé Notaire public pour le présent acte, par l'autorité de l'Empereur & Archiduc d'Autriche.

NB. Je n'ai point jugé essentiel de charger cet ouvrage de la convention peu importante, entre S. A. S. M. le Duc de Wirtembesg & M. le Maréchal Comte du Bourg sur le payement de ce qui restoit dû par les terres d'Empire situées le long du Rhin, faite à Strasbourg le 13. Novembre 1736. ni celle, du 16. Août de la même année, passée entre le Comte Kevenhuller & le Maréchal de Noailles, Généraux des armées de Sa Majesté Impériale & de Sa Majesté Très-Chrétienne, en Italie, pour le réglement de ce qui restoit dû par le Milanez. Ces deux conventions ont été inférées dans le présent traité de Vienne.

Traité Préliminaire de la paix entre Sa Majesté la Reine de Hongrie & de Boheme, & Sa Majesté le Roi de Prusse, conclu le 11. de 1742.

Traité prélimire de Breslau.

Une funeste guerre s'étant élevée entre Sa Majesté le Roi de Prusse, & Sa Majesté la Reine de Hongrie & de Boheme, on a songé de part & d'autre à la terminer par l'entremise des bons

Offices de Sa Majefté Britannique, pour lequel effet, Sa Majefté le Roi de Pruffe a muni de fon plein-pouvoir le Sr. Henri, Comte de Podewils, fon miniftre d'Etat & de cabinet, chevalier de fon Ordre Royal de l'aigle noir, & Sa Majefté la Reine de Hongrie & de Boheme du fien, le Sr. Jean, Comte de Hyndford, Vicomte de Inglesbury & de Nemphler, Lord Carmichaell de Carmichaell, Pair de la Grande-Bretagne, Miniftre plénipotentiaire de fadite Majefté Brittanique, auprès de Sa Majefté le Roi de Pruffe ; lefquels après l'échange defdits plein-pouvoirs, & plufieurs conférences, font convenus des articles préliminaires fuivans, à Breslau ce onzieme de Juin, N. S. de l'année 1742.

ARTICLE I.

Il y aura déformais, & à perpétuité, une paix inviolable, de même qu'une fincere union & parfaite amitié entre Sa Majefté le Roi de Pruffe d'une part, & Sa Majefté la Reine de Hongrie & de Boheme d'autre part, leurs héritiers & fucceffeurs, & tous leurs états, deforte qu'à l'avenir les deux parties contractantes ne commettront ni permettront qu'il fe commetre aucune hoftilité fécretement ou publiquement, directement ou indirectement.

I I.

Les deux hautes parties contractantes

ne donneront aucun fecours aux ennemis de l'un & de l'autre ; & ne feront
avec eux aucune alliance qui puiffe être
contraire à ces préliminaires de paix,
dérogeant mêmes à celles qui pourroient
être faites par le paffé en tant qu'elles
feroient oppofées aux préfens engagemens, & tâcheront de détourner autant
qu'il fera poffible (la feule voie des armes exceptée) les dommages dont l'une
& l'autre des deux parties, ou eft, ou
pouroit être menacée par quelqu'autre
puiffance.

I I I.

Il y aura de part & d'autre une amniftie générale de tout le paffé, & les
fujets des deux puiffances contractantes,
qui ont été avant la guerre dans le fervice de l'une des deux parties, ou qui
y font entrés pendant qu'elle dure, jouiront de tous les effets d'une pleine &
entiere amniftie, ne pouvant à caufe
des avocatoires publiés de part & d'autre,
ou fous quelconque autre prétexte imaginable, être inquiétés dans leurs perfonnes ou biens, & devant au contraire
y être rétablis, s'ils en avoient été dépoffédés pendant la guerre.

I V.

Toutes les hoftilités cefferont de part
& d'autre dès le jour de la fignature
des préfens préliminaires, & les ordres

en feront d'abord données aux armées &
troupes des deux hautes parties contractantes.

Sa Majefté le Roi de Pruffe retirera,
feize jours après la fignature des préfens préliminaires, fes troupes dans les
pays de fa domination, & au cas que par
ignorance de ces préliminaires de paix
conclue on commette quelque hoftilité,
cela ne portera aucun préjudice à la
conclufion de ces préliminaires, mais on
fe reftituera les hommes & effets qui
pourroient être pris & enlevés à l'avenir.

Comme auffi il fera libre à tous ceux
qui voudront vendre leurs biens fitués
dans les pays cédés à Sa Majefté le Roi
de Pruffe, ou de transférer leur domicile ailleurs, de pouvoir le faire pendant
l'efpace de cinq ans fans payer aucuns
droits.

V.

Pour obvier à toutes les difputes fur
les confins, & abolir toutes les prétentions, de quelque nature qu'elles puiffent
être, Sa Majefté la Reine de Hongrie &
de Boheme céde par les préfens préliminaires, tant pour elle-même que pour
fes héritiers & fucceffeurs à perpétuité
& avec toute la fouveraineté & indépen-
dance de la couronne de Boheme, à Sa
Majefté le Roi de Pruffe, fes fucceffeurs
& héritiers de l'un & de l'autre fexe
à perpétuité tant la baffe que la haute

Siléfie, à l'exception de la principauté de Tefchen, de la ville de Troppau., & de ce qui eft au delà de la rivière d'Op-pau & des hautes montagnes ailleurs dans la haute Siléfie, auffi bien que de la Seigneurie de Hennersdorff, & des au-tres diftricts qui font partie de la Mora-vie, quoiqu'enclavés dans la haute Siléfie.

Pareillement, Sa Majefté la Reine de Hongrie & de Boheme, tant pour elle que pour fes fuccefleurs & héritiers, cède à Sa Majefté le Roi de Pruffe, fes fuc-cefleurs, & héritiers de l'un & de l'autre fexe, à perpétuité, la ville & château de Glatz, & toute la Comté de ce nom, avec toute la fouvéraineté & indépen-dance du Royaume de Boheme.

En échange Sa Majefté le Roi de Pruffe renonce dans la meilleure forme, tant en fon nom qu'en celui de fes fuccefleurs & héritiers de l'un & de l'autre fexe, à perpétuité, à toutes les prétentions, telles qu'elles puiffent être, ou qu'elle pourroit avoir euës & avoir contre Sa Majefté la Reine de Hongrie & de Boheme.

V I.

Sa Majefté le Roi de Pruffe conferve-ra la Religion Catholique en Siléfie *in ftatu quo*, ainfi qu'un chacun des habi-tans de ce pays là dans les poffeffions, libertés & priviléges qui lui appartien-

nent légitimement, ainſi qu'elle a déclaré à ſon entrée dans la Siléſie, ſans déroger toutes fois à la liberté entiere de
conſcience de la religion Proteſtante &
aux droits de ſouverain.

VII.

Sa Majeſté le Roi de Pruſſe ſe charge
du ſeul payement de la ſomme hypo-
thequée ſur la Siléſie aux marchands An-
glois, ſelon le contract ſigné à Londres
le 10. Janvier 1734-35.

VIII.

Tous les priſonniers de part & d'autre feront élargis ſans payer aucune rançon, immédiatement après la ſignature
des préſens préliminaires, & toutes les
contributions ceſſeront en même temps,
& tout ce qui pourroit avoir été exigé
après la ſignature de ces préliminaires,
fera rendu.

IX.

Tout ce qui regarde le commerce entre les états ſujets réciproques ſera réglé dans le futur traité de paix, ou par
une commiſſion à établir de part & d'autre, les choſes reſtant ſur le pied où elles étoient avant la préſente guerre juſqu'à ce qu'on en ſoit convenu autrement.

X.

On dreſſera & ſignera ſur le pied de

ceś préliminaires, en trois ou quatre fe,
maines au plûtard, un traité de paix formel entre Sa Majefté le Roi de Pruffe &
Sa Majefté la Reine de Hongrie & de
Boheme, dans lequel on conviendra de
tout ce qui n'a pû être réglé par les préfens préliminaires qui auront, en attendant, la même force & le même effet,
que fi un traité formel de paix avoit été
conclu & figné d'abord.

X I.

Les deux hautes parties contractantes
font convenues de comprendre dans ces
préfens préliminaires de paix Sa Majefté
le Roi de la Grande-Bretagne, tant en
cette qualité, qu'en qualité d'Electeur de
Hanover, Sa Majefté de Toutes-les-Ruf-
fies, Sa Majefté le Roi de Danemarc,
les Etats-Généraux des provinces-unies
des pays-bas, la féréniffime Maifon de
Wolffenbüttel, & Sa Majefté le Roi de
Pologne, en qualité d'Electeur de Saxe,
à condition que, dans l'efpace de feize
jours, après que la fignature de ces préliminaires de paix lui fera annoncée en
dûë forme, il retire fes troupes de l'armée françoife & de la Boheme, & des
autres pays appartenans à Sa Majefté la
Reine de Hongrie & de Boheme.

X I I.

L'échange des ratifications des préfens
articles préliminaires fe fera à Breslau,

dans huit ou dix jours à compter du jour de la fignature de ces préliminaires.

En foi de quoi Nous fouffignés Miniftres de Sa Majefté le Roi de Pruffe & de Sa Majefté la Reine de Hongrie & de Boheme, en vertu de nos plein-pouvoirs qui ont été échangés de part & d'autre, avons fignés les préfens articles préliminaires, & y avons fait appofer les cachets de nos armes. A Breslau ce onzieme jour du mois de Juin N. S. de l'année mille fept cents quarante deux.

(L. S.) HENRI Comte DE PODEWILS.
(L. S.) HYNDFORD.

Traité dénitif de Breslau, entre la Reine de Hongrie & le Roi de Pruffe, du 28. Juillet 1742.

Au nom de la Très fainte Trinité, du Pere, & du Fils, & du Saint-Efprit. Ainfi foit-il.

La guerre, qui s'étoit élevée entre Sa Majefté la Reine de Hongrie & de Boheme, & Sa Majefté le Roi de Pruffe, ayant été heureufement terminée par la médiation de Sa Majefté Britannique, par les articles préliminaires fignés à Breslau le 11. Juin de la préfente année par les Miniftres munis pour cet effet des pleins-pouvoirs néceffaires, à favoir de la part de Sa Majefté la Reine de Hongrie, & de Boheme, &c. par Jean Comte de Hyndford, Vicomte d'Inglesbury & de Nemphler, Lord Carmichael de Carmichael, Pair de la Grande Bretagne, Lieutenannt du Roi de la Grande-Bretagne dans le Comté de Lanerk, & Chevalier du très ancien & illuftre Ordre de la Jarretiere, Miniftre plénipotentiaire de fadite Majefté Britannique auprès de Sa Majefté le Roi de Pruffe; & de la part de fadite Majefté le Roi de Pruffe par Henri Comte de Podewils, fon Miniftre d'état & de cabinet, Chevalier de fon Ordre Royal de l'aigle noir; & les articles préliminaires ayant été ratifiés par les deux hautes parties contractantes, lefdits Miniftres en vertu des mêmes pleins-pouvoirs, & en conféquence de l'article dixieme defdits préliminaires, après quelques pourparlers & conférences font convenus des articles fuivants:

ARTICLE I.

Il y aura déformais & à perpétuité une paix inviolable de même qu'une fincere union & parfaite amitié entre Sa Majefté la Reine de Hongrie & de Boheme, fes héritiers & fucceffeurs, Royaumes & pays héréditaires d'une part, & Sa Majefté le Roi de Pruffe, fes héritiers & fucceffeurs & tous fes états d'autre part;

de

deforte qu'à l'avenir les deux hautes parties contractantes ne commettront, ni permettront qu'il fe commette aucune hoftilité fécretement ou publiquement, directement ou indirectement, foit par les leurs ou par d'autres. Elles ne donneront non plus ancun fecours aux ennemis d'une des deux parties contractantes fous quelque prétexte que ce foit, & ne feront avec eux aucune alliance, qui foit contraire à cette paix, dérogeant même à celles, qui de part & d'autre pourroient avoir été faites par le pafle, en tant qu'elles feroient oppofées aux préfens engagemens; & elles entretiendront toujours entre elles une amitié indiffoluble, & tacheront de maintenir l'honneur, l'avantage & la fûreté mutuelle, comme auffi de détourner autant qu'il leur fera poffible (la feule voie des armes exceptée,) les dommages, dont l'une & l'autre des deux parties eft ou pourroit être menacée par quelque autre puiffance.

I I.

Il y aura de part & d'autre une amniftie générale de toutes les hoftilités commifes pendant la guerre, deforte qu'on ne s'en refouviendra, ni s'en vengera jamais, & tant les fujets qui ont été avant la guerre dans le fervice de l'une des deux parties, ou qui y font entrés pendant qu'elle a durée, & qui

Tome VI.　　　　　N

par cette démarche fe font rendus ennemis de l'autre partie, auront à jouir de
tous les effets d'une pleine & entiere
amniftie, ne pouvant à caufe des avo-
catoirs publiés de part & d'autre ou fous
quelconque autre prétexte imaginable être
inquiétés dans leur perfonne ou biens,
& devant au contraire y être rétablis,
s'ils en avoient été dépoffédés pendant
la guerre, pourvu qu'un mois après la
publication de la préfente paix, ils rendent la foumiffion, qui eft duë à chacune des hautes parties contractantes,
pour ce qu'ils poffédent fous leurs domination en perfonne ou par leurs fub-
ftituts.

III.

Convenu qu'il fera libre à tous ceux,
qui voudront vendre leurs biens fituées
dans les pays cédés à S. M. le Roi de
Pruffe, ou transférer leur domicile ailleurs, de pouvoir le faire pendant l'efpace de cinq ans, fans payer aucun droit
pour cette vente ou translocation. Et
il ne doit pas être moins libre à ceux
qui font fujets, ou qui poffédent des
biens dans la domination des deux hautes parties contractantes, c'eft-à-dire, de
l'une ou de l'autre, de refter ou d'entrer dans le fervice de l'une ou de l'autre d'entre elles, felon leur bon plaifir.

IV.

La préfente paix fera publiée d'abord,

& on eft convenu déjà par le traité des
préliminaires fignés à Breslau le 11. du
mois de Juin N. S. de cette année entre
les deux hautes parties contractantes,
que toutes les hoftilités ont dû ceffer de
part & d'autre dès le jour de la fignature du fufdit traité des préliminaires, &
S. M. le Roi de Pruffe, en vertu de
ces préliminaires, s'eft engagée à retirer
fes troupes feize jours après leur fignature dans les pays de fa domination, &
qu'au cas que par ignorance des préliminaires de la paix, on commette ci-
après quelques hoftilités, que cela ne
portera aucun préjudice à l'exécution des
fufdits préliminaires & au préfent traité,
mais on fera obligé de reftituer les hommes & les effets, qui pourroient être
pris ou enlevés à l'avenir.

V.

Pour obvier à toutes les difputes, qui
pourroient naître à l'avenir fur les confins,
& abolir de part & d'autre toutes les
prétentions, de quelque nature qu'elles
puiffent être, Sa Majefté la Reine de
Hongrie & de Boheme, tant pour elle que
pour fes héritiers & fucceffeurs de l'un
& de l'autre fexe, céde par le préfent
traité, à perpétuité & avec toute la fouveraineté & indépendence de la couronne de Boheme à Sa Majefté le Roi de
Pruffe, fes héritiers & fucceffeurs de l'un
& de l'autre fexe, contre une rénon-

ciation en bonne & duë forme à toutes
les prétentions , telles qu'elles puiſſent
être , auſſi bien en ſon nom , qu'au
nom de tous ſes héritiers & ſucceſſeurs,
tant la baſſe que la Haute-Siléſie , avec
le diſtrict de Katſcher appartenant autrefois à la Moravie, contenant les ſeigneuries & terres ſuivantes, Katſcher ville &
fief , Stolzmuths, Kniſpel , Gros Petro-
witz , Ehrenberg , Krotphul , Neuſorg,
Langenau , Kösling & Paczedluck: Bien
entendu que Sa Majeſté la Reine excepte
la principauté de Teſchen , la ville de
Troppau & ce qui eſt au de-là de la
rivière d'Oppa, & les hautes montagnes
ailleurs dans la Haute-Siléſie, auſſi bien
que la ſeigneurie de Kennersdorff, & les
autres diſtricts , qui font partie de la
Moravie, quoiqu'enclavés dans la Haute-
Siléſie, à ſavoir, comme la principauté
de Teſchen avec les ſeigneuries y appartenantes & incorporées, Bicliz , Frey-
ſtadt , Roi, Peterwitz, Reichewaldau
& Friedeck, avec Teutſch-Leuthen &
Oderberg juſqu'à l'embouchure de la rivière d'Olſa à l'Oder, reſtent à S. M.
la Reine de Hongrie & de Bohème.
Les limites commenceront des frontières
du côté de la Pologne, deſorte que les
conſins de ladite principauté de Teſchen
avec ceux des ſeigneuries de Bicliz, Frey-
ſtadt, Roi, Peterwitz & Reichewaldau
avec la ſeigneurie de Teutſch-Leuthen &
d'Oberberg juſqu'à la rivière d'Olſa, où
elle tombe dans l'Oder, formeront les

limites & la frontière de S. M. la Reine
au de-là de l'Oder. De-là en montant
la rivière d'Oder le long des confins de
Tefchen & de Moravie, j'ufqu'à l'endroit, où la rivière d'Oppa tombe dans
l'Oder. Et de-là en montant la rivière
d'Oppa jufqu'à Jägerndorff, la ville y
comprife, & de Jägerndorff fuivant le
cours de la rivière d'Oppa jufqu'aux frontières de la feigneurie d'Olbersdorff
& de l'enclavure de la Moravie, où eft
fitué Hennersdorff & autres terres y appartenantes, & tout le long de cette enclavure jufqu'à Bifchoffs - Koppe, & de-
là à Zuckmantel; plus outre le long
d'un petit ruiffeau, qui coule là jufqu'à
Niclasdorff, & de-là jufqu'au grand chemin près de Goldsdorff; enfuite le long
de ce chemin jufqu'à Weidenau, Bars-
dorff, & Johannesberg, de plus fuivant
le chemin par Javernick, Hanberg, Weis-
bach, Uberfcharr jufqu'à Weiswaffer;
enfin jufqu'aux montagnes de Munfter-
berg exclufivement; bien entendu que
tous les endroits ci-deffus nommés doivent appartenir à la Reine.

Item toutes les autres appartenances
& enclavures de la Moravie fituées en
deçà de l'Oppa (excepté le diftrict de
Katfcher cédé par le préfent traité à Sa
Majefté le Roi de Pruffe) reftent en leur
entier & limites modernes à Sa Majefté
la Reine de Hongrie & de Boheme, en
conformité des préliminaires fufmentionnés.

Pareillement Sa Majesté la Reine de Hongrie & de Boheme, tant pour elle que pour ses héritiers & successeurs de l'un & de l'autre sexe, céde à S. M. le Roi de Prusse, ses héritiers, & successeurs de l'un & de l'autre sexe, à perpétuité la ville & château de Glatz & tout le Comté de ce nom avec toute la souveraineté & indépendence du Royaume de Boheme.

En échange Sa Majesté le Roi de Prusse renonce dans la meilleure forme, tant en son nom qu'en celui de ses héritiers & successeurs de l'un & de l'autre sexe, à confirmer par tous ceux, qui sont aujourd'hui en vie, à perpétuité, à toutes les prétentions telles qu'elles puissent être, ou qu'elle pourroit avoir eües & avoir contre S. M. la Reine de Hongrie & de Boheme.

V I.

S. M. le Roi de Prusse conservera la Religion Catholique en Silésie, *in statu quo*, ainsi qu'un chacun des habitans de ce pays-là dans les possessions, libertés & priviléges, qui lui appartiennent légitimement, ainsi qu'elle l'a déclaré à son entrée dans la Silésie, sans déroger toutes fois à la liberté entiere de conscience de la Réligion Proteftante en Silésie & aux droits du Souverain, desorte pourtant que S. M. le Roi de Prusse ne

fe fervira des droits du Souverain au préjudice du *Status quo* de Réligion Catholique en Siléfie.

VII.

Tous les prifonniers de part & d'autre
feront immédiatement élargis fans payer
aucune rançon, tant Officiers, Prélats,
Religieux, Officiers d'Oeconomie, que
fimples foldats & autres fujets de S. M.
la Reine de Hongrie & de Boheme, fous
quel nom, ou de quelle condition qu'ils
puiffent étre; & toutes les contributions
cefferont en même temps, & les plaintes, qu'on pourroit faire de part & d'autre fur ce qui pourroit avoir été exigé
des deux côtes à l'infu des hautes parties contractantes depuis la fignature des
préliminaires font entièrement mifes en
oubli, & il n'en fera plus fait mention
à l'avenir.

VIII.

Pour mieux confolider l'amitié entre
les deux hautes parties contractantes on
nommera inceffamment des Commiffaires
de part & d'autre pour regler le commerce entre les états & fujets réciproques, les chofes reftant fur le pied, où
elles étoient avant la préfente guerre jufqu'à ce qu'on foit convenu autrement &
les anciens accords au fujet du commerce & tout ce qui y a du rapport, fe-

ront religieusement observés & exécutés
de part & d'autre.

I X.

Sa Majesté le Roi de Prusse se charge
du payement des sommes hypothéquées
sur la Silésie aux sujets d'Angleterre &
de Hollande, sauf, toutefois à Sa dite Majesté d'entrer, quant aux derniers, en liquidation & compensation de ces dettes
sur ce qui lui est dû par la République
de Hollande.

Pareillement Sa Majesté la Reine de
Hongrie & de Boheme se charge des
sommes hypothéquées sur ledit pays de
Silésie aux Brabançons.

X.

Sa Majesté la Reine de Hongrie & de
Boheme fera restituer, & remettre fidellement à Sa Majesté le Roi de Prusse
tous les Archives, Papiers, Documens,
Chartes & autres, publics & particuliers,
de quelque nature, qu'ils puissent être,
& où ils pourroient se trouver, qui regardent les états & provinces cédées par
la présente paix, à Sadite Majesté; qui
de son côté fera également restituer &
remettre fidellement à Sa Majesté la Reine de Hongrie & de Boheme tous les
Archives, Papiers, Documens, Chartes
& autres, publics & particuliers, de quelque nature, qu'ils puissent être, & où

ils pourroient fe trouver, qui regardent
les états, qui reftent à Sa Majefté la
Reine de Hongrie & de Boheme.

X I.

Sa Majefté la Reine de Hongrie & de
Boheme renonce tant pour elle que pour
fes héritiers & fucceffeurs, à perpétuité,
& fera renoncer, après la pacification,
les états du Royaume de Boheme à tout
droit de relief, que la Couronne de Boheme a exercé jufqu'à préfent fur plufieurs états, villes & diftricts appartenans anciennement à la Maifon Electorale de Brandebourg, de quelque nom,
condition ou nature, qu'ils puiffent être,
deforte qu'ils ne feront jamais plus regardés à l'avenir comme fiefs de la Couronne de Boheme, mais cenfés & déclarés libres de cette mouvance.

X I I.

Sa Majefté la Reine de Hongrie & de
Boheme s'engage & promet d'obliger les
états de Boheme, après la pacification,
de donner un acte de renonciation à
tous les états dépendans autrefois de la
Couronne de Boheme, cédés par la préfente paix à Sa Majefté le Roi de Pruffe
avec toute la fouveraineté & indépen-
dance de la fufdite Couronne.

X I I I.

Sa Majefté la Reine de Hongrie & de

Boheme & ſes héritiers & ſucceſſeurs donneront dès à préſent pour toujours à Sa Majeſté le Roi de Pruſſe & ſes héritiers & ſucceſſeurs, à perpétuité, le titre de Duc Souverain de Siléſie & de Comte Souverain de Glatz ; bien entendu que le même titre de Duc Souverain de Siléſie ſera pareillement donné à Sa Majeſté la Reine de Hongrie & de Boheme, & à ſes héritiers & ſucceſſeurs à perpétuité.

XIV.

Les deux hautes parties contractantes ſont déjà convenuës par le traité des préliminaires ſignés à Breslau le 11. du mois de Juin, ainſi qu'elles conviennent encore par le préſent traité de paix, d'y comprendre Sa Majeſté le Roi de la Grande-Bretagne, tant en cette qualité qu'en celle d'Electeur d'Hanovre, Sa Majeſté de toutes les Ruſſies, Sa Majeſté le Roi de Danemarc, Sa Majeſté le Roi de Pologne, en qualité d'Electeur de Saxe, ſous la condition ſtipulée dans le XI. article du traité des préliminaires, les Etats - Généraux des Provinces-Unies des Pays-Bas, & la ſéréniſſime Maiſon de Wolffenbuttel.

XV.

On eſt convenu de nommer immédiatement, après l'échange des ratifications du préſent traité de paix, des Com-

miſſaires de part & d'autre pour le réglement des limites dâns la Haute Siléſie,
ſur le pied, où cela a été ſtipulé dans le
V. article du préſent traité.

X V I.

L'échange des ratifications du préſent
traité de paix ſe fera à Berlin dans l'E-
ſpace de quinze jours à compter du jour
de la ſignature, ou plutôt s'il eſt poſſible.   En foi de quoi Nous Miniſtres
plénipotentiaires avons ſigné les ſeize articles du préſent traité, & y avons ap-
poſé le cachet de nos armes; à Berlin
ce 28. Juillet de l'an 1742.

Signé HYNDFORD.

Signé PODEWILS.

Article ſéparé.

SA Majeſté le Roi de Pruſſe s'engage
au payement des ſommes d'argent
prétées par des particuliers Siléſiens au
Steuer-Amt, à la bancalité & ſur les
domaines de Siléſie; Et les deux hautes parties contractantes conviendront
réciproquement dans un temps convenable par rapport au payement des dettes duës aux ſujets de Sa Majeſté la
Reine, & aux particuliers étrangers, qui
ſont hypotéquées ſur le Steuer-Amt, la
bancalité & les domaines de Siléſie:
Comme auſſi des dettes duës par la bancalité & la banqne de Vienne aux par-

ticuliers fujets de Sa Majefté le Roi de Pruffe.

Cet article féparé aura la même force, comme s'il étoit inféré mot à mot dans le traité définitif de paix de la préfente date. En foi de quoi Nous Miniftres plénipotentiaires l'avons figné & y avons appofé le cachet de nos armes ; à Berlin ce 28. de Juillet de l'an 1742.

Signé HYNDFORD.

Signé PODEWILS.

Acceſſion de l'Impératrice de Ruſſie au traité de Breslau du . . . Nov.
1742.

Comme il a été conclu & figné à Breslau le 11. Juin 1742. un traité préliminaire par les foins infatigables du Roi de la Grande-Bretagne, & qu'enfuite au moyen d'un traité définitif conclu à Berlin le 28. Juillet de la même année, la paix heureufement rétablie entre la Reine de Hongrie & de Boheme & le Roi de Pruffe : Et comme Sa Majefté Britannique, du confentement des deux hautes parties contractantes, a nommément compris dans l'un & l'autre traité, l'Impératrice de Ruffie, tant en confidération du cas qu'elles font de l'amitié de Sa Majefté Impériale, que par un défir fincére de refferrer plus étroitement les liens de l'union qui fubfifte

fi heureusement entre leurs dites Majestés & Sa Majesté Impériale de Russie;
le Roi de la Grande-Bretagne, conjointement avec la Reine de Hongrie & de
Boheme & le Roi de Prusse, pour mieux
confirmer cette union, harmonie & bonne intelligence entre eux tous, ont jugé qu'il seroit convenable au bien général de l'Europe & au maintien & à
l'avancement de leurs intérêts en particulier, d'inviter l'Impératrice de Russie
à accéder au traité définitif conclu &
signé à Berlin le 28. Juillet 1742.

En conformité Sa Majesté Impériale de
Toutes les Russies, pour parvenir à un
but si salutaire, & afin de répondre à
une invitation si amiable, comme aussi
pour donner à ces trois Puissances des
marques de sa haute estime & du désir
qu'elle a de vivre avec elles dans la
meilleure intelligence, a bien voulu accéder au susdit traité, avec les formalités requises & de la maniere la plus
forte, en tant que cette accession pourra
servir à parvenir au but proposé, savoir,
de confirmer & d'affermir la bonne union,
l'harmonie & l'amitié entre les dites
Cours respectives; le Roi de la Grande-
Bretagne, la Reine de Hongrie & de Boheme & le Roi de Prusse, déclarant de
leur côté qu'ils acceptent cette accession
comme d'une amie & alliée, ainsi qu'ils
le font par le présent acte, qui sera approuvé par les Puissances respectives dans

l'espace de six semaines, ou plutôt s'il se peut, & les ratifications seront échangées à Petersbourg par les soussignés Ministres.

***

Récès (a) *de leurs Majesté Impériale, & des Etats en général, fait & établi à la Diète de Ratisbonne l'an de Jésu-Christ mille six-cents cinquante-quatre.*

Dernier Récès de l'Empire.

Nous Ferdinand III. par la grace de Dieu, élu Empereur Romain, toujours Auguste, Roi de Germanie, de Hongrie, de Boheme, de Dalmatie, de Croatie, & d'Esclavonie &c. Archi-Duc d'Autriche, Duc de Bourgogne, de Brabant, de Styrie, de Corinthie, de Carniole, de Luxembourg, de Wirtemberg, de la haute & basse Silésie, Prince de Suabe, Marggrave du St. Empire Romain en Burgau, en Moravie, dans la haute & basse Lusace, Comte - Princier de Habsbourg, du Tirol, de Ferette, Kibourg & de Görtz &c. Landgrave d'Alsace, Seigneur de la Marche des Venetes, du Port Mahon & de Salins &c. Certifions & savoir faisons à tous & à un chacun qu'il appartiendra.

(a) Ce Récès s'appelle le dernier, parcequ'il n'en a plus été fait depuis.

Comme, depuis que par la grace de Dieu, ainfi que par l'élection unanime de nos amés Electeurs du St. Empire, Nous avons commencé notre regne Impérial, & guidé par un amour & une affection paternelle, que Nous portons au St. Empire, ainfi qu'à notre chere patrie, Nous avons toujours employé des foins & follicitudes particulieres avec une ferveur & un zele extrême fans épargner aucune depenfe, & fans craindre aucun danger, afin de découvrir les moyens de lui procurer enfin, après des guerres auffi multipliées que ruineufes, & après une fi grande effufion de fang, une paix folide & permanante felon les defirs d'un chacun. De même après que par les fecours du Très-haut & les foins des Electeurs, Princes & Etats elle a été conclue & publiée à Osnabruck & à Munfter, le vingt-quatre Octobre mille fix-cents quarante-huit, Nous n'avons pas moins fidélement employé nos foins & nos reflexions pour favoir comment la dite paix pourra être maintenue & rendue folide, toute defiance ôtée & calmée, fa teneur ainfi que celle du Récés d'Exécution, adreffé depuis peu en fa faveur à Nuremberg, de même tout ce qui en vertu d'icelle peut être dû aux uns ou aux autres, incontinent accompli & exécuté, afin qu'un chacun foit remis dans un état de paix & de tranquillité parfaite, & dans icelui perpétuellement conferve. A cette fin auffi, &

puifque non feulement la convention fur
la ratification de la paix, mais encore
fur le licenciement & le ramenement des
troupes, des parties belligérantes, ainfi
que fur le délogement de garnifons des
troupes, a confumé beaucoup de temps,
& que pour raifon de ce ramenement &
délogement il a fallu tenir une nouvelle
affemblée, & faire un nouveau traité
dans notre ville Impériale de Nuremberg,
& qu'en outre il s'eft préfenté plufieurs
autres difficultés, qui Nous ont empêché d'ordonner & de commencer une
Diète dans l'efpace de fix mois comme
il a été trouvé bon par l'art. 8. §. 3.
du dit traité de paix. Nous avons néanmoins immédiatement après la conclufion & les ratifications furvenues du dit
traité, donné & envoyé Nos Edits &
Mandemens d'exécution à tous & chacun, qui en vertu d'icelui font tenus
de reftituer ou faire de certaines chofes,
afin d'y fatisfaire fans retard, Et avons
mandé tant au Princes Directeurs des
Cercles, qu'aux autres Electeurs & Princes, de prêter fecours & mainforte aux
parties grévées & léfées à leur requifition, de la maniere & dans la forme
propofée par les Electeurs & Etats, *fub
arctiori exequendi modo;* & l'avons fait
publier dans tout l'Empire. Avons auffi
gracieufement accordé Nos particulieres
Commiffions Impériales adreffées aux
plus proches Electeurs & Etats de l'Empire

pire des deux Religions, à ceux qui
conformément audit traité de paix Nous
en avoient fupplié. Et avons felon notre devoir Impérial employé tous nos
foins poffibles, afin de faire obtenir à
un chacun ce qui en vertu de cette
paix fe trouve lui être dû.

§. 1. Avec les mêmes foins, & par
une également fidéle & paternelle follicitude, ainfi que par des travaux non
moins zélés, Nous avons enfin pouffé
les chofes au point, que non feulement
Nous avons effectué la ceffion du Fort
de Frankenthal, delivré notre ville Impériale de Heilbronn de fa garnifon, &
ainfi déchargé les Etats du fardeau des
contributions à eux à cet égard impofées, mais encore ôté & détruit les mésintelligences & difficultés, qui depuis
le Récès de Nuremberg naiffoient de l'inveftiture Electorale Palatine, rénonciation
& ratification, & pas moins pour raifon
de Weid, Parckenftein & Bleyftein; & par-
là nous avons levé bien des obftacles,
qui auroient pu arrêter & empêcher les
délibérations & négociations des affaires
publiques à la Diète, & même donner
fujet à de nouvelles défiances & difcor-
des. Et en conféquence, vu que les
temps & les efprits font devenus plus
calmes & plus paifibles, & qu'en outre
d'autres obftacles ont été levés & anéan-
tis, Nous ne retardions plus la convocation de la préfente Diète générale,

mais pour donner une plus grande preuve de notre follicitude pour le bien commun de notre chere patrie, Nous, de l'avis & de l'agrément de tous les Electeurs, l'avons fait publier & annoncer, défignant, pour fon entrée à Ratisbonne ville Impériale, le dernier du mois d'Octobre (nouveau ftyle) de l'an 1652. & Nous en avons gracieufement & particulierement averti les Electeurs & Etats, les follicitant de vouloir bien pour notre honneur & plaifir particulier, ainfi que pour le bien du public, de même que Nous, y affifter en perfonnes, & fe tenir prêts fur la négociation & entiere décifion des points & affaires remifes à cette Diète, pour & afin que la paix conclue & établie feroit non feulement rendue ftable entre le Chef & les Membres, ainfi qu'entre eux-mêmes & les puiffances étrangeres, mais auffi afin que tout ce qui en vertu d'icelle auroit dû être exécuté, de même les affaires renvoyées à une plus ample délibération & accord à faire entre le Chef & les Membres à la prochaine Diète y fuffent reflechies, avifées & pleinement décidées.

§. 2. Et comme en poftpofant toutes nos plus importantes affaires & caufes, qui auroient pu nous arrêter dans nos Royaumes héréditaires, Nous Nous étions rendu à l'aide du Ciel, perfonnellement & au temps préfix avec no.

tre Cour Impériale en notre dite ville
impériale de Ratisbonne, de même que
les Electeurs & Etats du St. Empire,
les uns en perfonnes, les autres par
leurs Confeillers, Ambaffadeurs ou Envoyés plénipotentiaires en affez grand
nombre : Rien ne nous auroit été plus
agréable, que, fi tout à l'ouverture de
la Diète Nous euffions pû faire la propofition des fujets à traiter, & en conféquence faire paffer les Etats tout auffi-
tôt aux confultations comme d'obfervance.

§. 3. Mais puifqu'il s'eft préfenté tout
au commencement de cette Diète générale & même avant, de certains différens & mesintelligences connues, pour
raifon des quelles Nous & les Electeurs
& Etats préfents, conjointement avec
les Confeillers, Ambaffadeurs & Envoyés
des abfens, ayant, après de mûres reflexions, reconnu, que la fûreté & le
repos général de l'Empire dependoient
de la lévée & décifion préalable des
dits différens, Nous avons mieux aimé
de furfeoir pendant quelque temps avec
l'agrément des Electeurs & Etats la dite
ouverture de Propofition, que de donner
occafion dans la fuite, foit lors du
Congrès & de l'affemblée des Etats, foit
tout en entrant à la Diète, à des difcuf-
fions des démêlés étrangers, qui met-
troient obftacle aux affaires principales.
Cependant Nous Nous fommes propofé

O 2

de négocier dans cet intervalle, pour ne point perdre de temps, de certaines matieres essentielles pour parvenir à une parfaite tranquillité dans l'Empire, ainsi que pour conserver en icelui & entre ses Etats l'égalité de droit, la paix & l'harmonie (telles font les matieres concernant la justice, les défis, & les affaires de la Lorraine) de les faire traiter par des Députations & conférences particulieres & préparatoires, afin d'en faciliter par-là les délibérations subséquentes : sauf cependant & sans préjudice à l'observance. Et en conséquence passer le 16. Juin de l'année derniere 1653. à l'ouverture de notre Proposition, ainsi qu'au rappel des trois points mentionnés dans la convocation impériale, & les faire mettre en délibération & consultation par les Electeurs & Etats présens, ainsi que par les Conseillers, Ambassadeurs & Envoyés des absens.

§. 4. Et même tout de suite au premier point & à sa division; comment on pourroit affermir la paix établie avec tant de peines & tant de frais? I°. entre le Chef & les Membres; II°. entre les Membres entre eux; III°. entre les puissances étrangeres; & munir l'ancien droit, ainsi que la confiance rétablie par la paix, & par-là préserver à l'avenir notre chere & commune patrie de toutes dissensions & mesintelligences, d'autant que par l'art. 17. du traité de paix

conclu à Munfter & à Osnabrück entre
Nous, les Electeurs & Etats du
St. Empire, & les deux Couronnes étrangeres, publié & ratifié du confentement
de tous les traitans, il a été pourvu,
que pour l'affermiffement & affurance de
tous les pactes & conventions y contenus, il feroit loi & une fanction
pragmatique à jamais durable, & comme telle obligatoire à l'inftar des autres
loix & conftitutions fondamentales du
St. Empire, & qu'à cette fin il feroit
inféré au premier Récès d'Empire.

§. 5. Ainfi pour donner plus de poids
à la préfente, Nous y avons fait inférer de mot à mot le dit traité avec les
inftruments, qu'on en a dreffé à Munfter & à Osnabrück, enfemble *l'arctior
exequendi modus*, & le Récès d'exécution de Nuremberg: ainfi qu'il fuit.

Obf. Ici fe trouvent inférés les deux
inftrumens de paix d'Osnabrück & de
Munfter, le principal Récès d'exécution,
l'arctior exequendi modus, enfuite le Récès continue ainfi.

§. 6. Statuons en conféquence, ordonnons, voulons & mandons, à tous &
chacun, grands & petits, eccléfiaftiques
& laïques, immédiats & médiats, qu'ils
foient Etats de l'Empire ou non, & par-
là auffi bien à Nos Confeillers & Offi-

ciers, qu'à ceux des Etats, ainſi qu'à tous nos tribunaux tant ſupérieurs qu'inférieurs, juges & aſſeſſeurs des deux religions, demême auſſi à tous ceux des Etats de l'Empire ſans excepter perſonne, ſérieuſement & ſous les peines mentionnées dans la ſus-dite paix, que tout ce qu'elle, ainſi que tous ſes points & articles contiennent, de même tout ce qui par après, & dans la préſente & dans les futures Diètes générales, a été & ſera encore arrêté & trouvé bon pour ſon plus grand maintien, exécution & affermiſſement, ſoit toujours fermément & ſans interruption gardé & obſervé comme une loi fondamentale de l'Empire & une regle à jamais durable pour les juges: que l'on y conforme ſa vie, que perſonne, de quel état, dignité ou condition qu'il ſoit, n'y contrevienne de fait ou de conſeil, ouvertement ni ſous main; & que perſonne s'aviſe là deſſus de troubler quelqu'un de ſa propre & privée autorité, de le dépouiller de ſes droits & défenſes, de le défier ou de l'attaquer; défendons auſſi de pourſuivre ſes droits par la violence & la voie d'armes, de s'oppoſer à la reſtitution à faire en vertu du dit traité de paix, ou d'inquiéter & moleſter derechef & hors de jugement celui, qui par les voies ordinaires de juſtice auroit obtenu ce qui ſelon la teneur d'icelle lui étoit dû, le tout ſous les peines & punitions inférées audit traité.

§. 7. Enfuite & lors de la délibération fur le premier point de notre Propofition impériale au premier & fecond membre, pour l'affermiffement & le maintien du dit traité entre le chef & les membres entre eux, ainfi que pour la tranquillité du St. Empire, on a jugé bon & utile, de lever les caufes & raifons, pour les quelles l'un ou l'autre des Etats ne pouroient jufqu'à préfent, & encore à cette heure, jouir réellement & parfaitement de cette paix générale, & de délivrer en même temps & pour toujours le St. Empire de tous troubles & mouvemens tant préfens qu'à venir, de le préferver & décharger particulierement de toute violence interne & externe, des garnifons étrangeres, invafions, marches, paffages, logemens & contributions; & de l'en garantir dans la fuite. Mais puifqu'il Nous eft furvenu toutes fortes de pleintes & de griefs à caufe des parties belligérantes, qui font encore fous les armes, & particulierement à caufe des troupes de la Lorraine & autres y jointes, ainfi que des Cercles du haut & du bas Rhin & de Weftphalie, & de tous leurs Etats, à caufe de l'évacuation des lieux & places, terres & feigneuries encore occupées, enfemble le ramenement & la fortie des troupes étrangeres hors du St. Empire, ou elles font encore campées : & pas moins la reftitution des places données en garantie, ainfi que la reprife des gar-

nifons, & auffi en général pour le re-
tabliffement & la réforme de la juftice,
qui pendant ces longues guerres a été
prefqu'entierement négligée en notre
Chambre Impériale à Spire. Et d'autant
que depuis notre pénible regne impérial Nous avions toujours fortement à
cœur, & que Nos foins vifoient conftamment à faire remettre immédiatement
après avoir obtenu une paix générale,
la juftice, fans la quelle aucun Etat ne
peut être tranquille ni paifible ; & comment, outre l'entretien & le retabliffe-
ment de la Chambre impériale, la voie
falutaire & impartiale de la juftice pourroit être rendue libre, exacte & expé-
ditive, & les fentences exécutées fans
délai ; & qu'en même temps Nous Nous
fommes refouvenus de l'avis à Nous
envoyé en 1644. par la Députation ordinaire tenue à Frankfort fur le Mein,
enfemble des doutes & remontrances reçues en même temps de la part de notre
dite Chambre impériale, mais principalement de ce que dans les traités de
paix générale de Weftphalie à Munfter
& à Osnabrück, & dans les inftruments
dreffés là-deffus, a été négocié & conclu
touchant la réforme & exécution de la
juftice.

§ 8. Nous avons avec d'autant plus
de raifons fait délibérer & confulter fur
le point de la juftice à caufe de fa néceffité & importance, ainfi qu'à caufe

du péril dans la demeure, avant toutes chofes, (fans cependant traîner ni préjudicier aux fus-dites affaires de la Lorraine & de Vacht) & premierement fur l'entretien de la dite Chambre impériale ; fecondement fur fa réintégration & conftitution ; troifiemement fur la réformation & exécution de la juftice, & quatriemement, fur le lieu & translation d'icelle. Et en conféquence Nous fommes convenus, avec les Electeurs & Etats préfens, & avec les Confeillers, Ambaffadeurs & Envoyés des abfens, & eux réciproquement avec Nous à cet égard, comme il fuit, & l'avons inféré dans ce Récès, afin qu'à l'avenir il foit fermément gardé & obfervé.

§. 9. Quant à l'entretien de la Chambre impériale, il faut encore retenir & obferver l'ancienne maniere d'y contribuer felon la teneur de la Matricule de la Chambre, de façon cependant, que chaque Etat envoye fa côte à la caiffe du Cercle ou à la ville de dépôt, au moins quatre femaines avant l'échéance des quartiers affignés fur les foires de Frankfort felon l'augmentation ci convenue, & felon la Matricule de la Chambre, dirigée là-deffus, afin que les deniers foient d'autant plus commodément raffemblés avant l'échéance du quartier, & enfuite immanquablement envoyés au Tréforier de la Chambre à Frankfort.

§. 10. Mais au cas que l'on ne s'y conforme point, & qu'un quartier non payé se joigne au suivant sans que les deniers ayent été livrés à la caisse ou à la ville de dépôt. Le négligeant, après une admonition & avertissement extra-judiciaire, sera tenu toutes & quantes fois que cela arrive, de payer un Marc d'or, ou même, si sa cote monte plus haut, d'en payer le double en peine & punition, & sera procédé à l'éxécution de la maniere que porte le §. *Quant à l'éxécution.*

§. 11. & Comme déja à la Diète précédente tenue à Augsbourg en 1641. il a été jugé nécessaire pour des raisons pondérantes, d'augmenter les appointemens annuels des Assesseurs & autres officiers de la Chambre, & que la Députation ordinaire pour lors remise à Frankfort a été autorisée d'en fixer la quantité, & qu'en conséquence la dite Députation a monté les appointemens des Assesseurs à mille écus d'Empire, & ainsi ceux des Présidens & autres officiers à proportion, Nous l'avons gracieusement ratifié & approuvé, & voulons conjointement avec les Electeurs & Etats présens, & les Conseillers, Ambassadeurs & Envoyés des absens, que cette augmentation soit stable, de façon qu'à l'avenir à commencer de la date du présent Récès il soit donné & délivré tous les ans à chaque Assesseur mille écus d'Em-

pire, & ainfi aux Préfidens & autres-
officiers de la Chambre en proportion de
ce qui pourra leur être dû, en fuivant
pour regle l'augmentation des Affeffeurs :
favoir, au Juge de la Chambre quatre
mille quatre cents écus d'Empire, à chacun des quatre Préfidens, mille trois-
cents feptante & un, & à chacun des
cinquante Affeffeurs, mille, de même
au Fifcal mille, à l'Avocat du fifc cinq-
cents feptante un & demi, au Méde-
cin, deux-cents quatre-vingts cinq, au
Directeur de la Chancellerie comme député des fergents, cent-cinquante deux
& demi, au Tréforier, trois-cents quarante quatre, au Lecteurs pour le contrô-
le, quarante cinq, à chacun des deux
Bédaux quatre-vingts dix, & à chacun
des douze fergents à cheval trente deux.

§. 12. Et puisque pendant le cours
de ces guerres, & même depuis la
conclufion de la paix il reftoient duës
de grandes fommes aux officiers de la
Chambre, ainfi qu'à leurs veuves, pupil-
les & héritiers refpectifs, on payera,
pour couper toutes les difficultés & pour
éviter toute confufion, aux Affeffeurs
pour chaque année écoulée non foldée
la même augmentation ci-deffus, cependant contre abolition & caffation de toutes les prétentions à former fur les appointemens négligés auffi-bien par des
perfonnes encore vivantes que décédées,
ou qui auront réfigné, y compris notre

Fifcal impérial, ainfi que l'Avocat du fifc Sera cependant cette difpofition feulement entendue du temps, auquel les uns & les autres fe font réellement trouvés dans le lieu de notre Chambre Impériale à Spire, & y ont effectivement exercé leurs charges, & offices.

§. 13. Le reliquat des deniers, qui après le payement des falaires ainfi exigibles, reviendra encore des quartiers ordinaires échûs, ainfi que les appointemens négligés par les prédécédés & refignants Affefeurs, feront mis dans la caiffe commune pour y être à la difpofition des Etats, & pour fervir d'une plus grande affurance des falaires des Affeffeurs. Mais les appointemens négligés par ceux qui font encore en vie, de même les appointemens des abfens feront diftribués dorénavant entre les préfens exercans leurs fonctions.

§. 14. Quant aux moyens, & d'où l'augmentation tant des appointemens que du nombre des Affeffeurs doit être tiré? Sur quoi il faudra auffi dreffer un pied d'entretien ferme & affuré. Seront d'abord les Princes & Comtes, qui pendant cette Diète ont été reçus Etats d'Empire, obligés de payer leur cote ainfi que les autres. Mais puifque ce moyen n'eft point fuffifant, & qu'il n'en exifte pas d'autres, pour l'affurance des appointemens des officieres de la

Chambre, que celui dont il a été fait mention ci-deſſus §. *Et quant à l'entretien*; ainſi l'on a rehauſſé la ſomme des deniers de l'entretien de la Chambre ſur l'ancien pied, autant qu'il le falloit eu égard à l'augment des appointemens & du nombre des Aſſeſſeurs, & en conſéquence arrangé & réglé la Matricule de la Chambre, & changé les florins de la Chambre en écus d'Empire; comme le procès-verbal dreſſé là-deſſus le démontre plus amplement; ſur quoi (ſauf cependant toutes erreurs de calcul & future modération) les Cercles, & ſur leurs rémontrances & avis, les Députés de viſitation ordonneront & ſtatueront à la prochaine viſitation extraordinaire, de façon cependant que les ſalaires des officiers de la Chambre ſoient délivrés, & que les Electeurs & Etats n'en ſoient point injuſtement grevés, & l'on ſera obligé de s'en tenir & de s'y conformer juſqu'à ce qu'on découvre un autre moyen approuvé & ordonné de Nous & des Etats en général, ou que l'on introduiſe & mette en exercice actuel un autre pied de contribution & de répartition. Et ſera loiſible aux Etats d'y faire contribuer leurs Etats provinciaux, bourgeois & ſujets, & Nous aurons égard aux remontrances des Etats, ainſi qu'à leurs demandes touchant la réviſion & modération de la Matricule, comme il en ſera fait mention plus ample à la fin du préſent Récès.

§. 15. Quant à la maniere de l'exécution contre les négligens: puifque l'ancienne eft trop lente & aucunement fuffifante : Nous, conjointement avec les Electeurs & Etats préfents, & les Confeillers & Envoyés des abfens, fommes convenus de la fuivante, favoir, que les Princes Directeurs, autant de fois qu'un Electeur ou autre Etat ne paye point fa cote, & particulierement fi avec mépris de l'admonition extrajudiciaire préalable, le quartier échu fe joint à un autre préfentement exigible, doivent entreprendre, fur la réquifition de notre Chambre Impériale, l'exécution, aux frais du négligent, fans diftinction des grands & des petits, & fans attendre l'Arrêt de profcription ; de façon cependant, que quant la peine d'un marc d'or ou du double (comme le porte le §. 10.) on foit obligé d'admettre l'exception de l'impoffibilité d'y fatisfaire, & ne point exécuter les Etats non à leur aife, & qui ne retiennent point le payement à deffin, quant à la dite peine, mais feulement touchant la fimple cote des quartiers échus. Et en cas que l'un ou l'autre contre toute attente s'oppoferoit par des voies de fait à la difpofition du préfent Récès & à l'Ordonnance d'exécution, celui aura auffitôt encouru la profcription, & fera à la requête judiciaire de notre Impérial Procureur-Fifcal, & en conféquence d'une préalable & fommaire audience à lui accordée, &

d'une connoissance de cause, par le juge déclaré banni & proscript, sans avoir égard à la personne, ni aux empêchemens qui pourroient être allégués pour d'autres dispositions quelconques. Et à cette fin le dit rebelle & opposant sera par le Directeur de son Cercle aussitôt dénoncé à notre Fiscal à Spire, & aura néanmoins le dit Directeur, s'il ne se sent pas assez fort pour en faire l'exécution convenablement & commodément, le pouvoir de se faire joindre à deux ou trois autres Cercles voisins, afin de l'exécuter selon la forme & teneur de l'Ordonnance d'exécution; aura de même notre Fiscal impérial le pouvoir de demander Arrêt & saisie les biens meubles & immeubles, rentes, revenus, hypothéques, contre les dits négligens, & seront tenus les Etats de lui prêter main-forte à sa requisition & priere, sera aussi procédé contre celui qui aura denié ses secours, à l'arbitrage du juge.

§. 16. Il fut donc arrêté en conséquence, que conformément au réglement de l'an 1576, la cote matriculaire ou les deniers d'entretien de la Chambre, doivent être demandés & exécutés au manoir principal ou sur son possesseur: à moins que la Maison où la famille n'ait partagé entre ses branches les seigneuries & la cote matriculaire, & l'ait fait savoir à la Chambre; dans ces cas on en fera la demande & exécution sur

chaque poffeffeur pour fa cote-part feulement.

§. 17. Si l'un ou l'autre Prince Dire-
Cteur étoit en délai d'exécution, alors
la Chambre impériale fera tenue de lui
envoyer fes ordres exécutoirs, ou d'en
charger un autre État du Cercle outre
les adjoints d'i-celui ou à leur refus un
Prince Directeur d'un des Cercles voifins, & feront par celui exécutés les dits
ordres fans oppofition quelconque.

§. 18. De même fi les Princes Directeurs
étoient en demeure de payer leur cote,
les Directeurs des Cercles voifins feront
tenus (comme il a été dit au §. 16.)
de procéder à l'exécution, ou à la peine de profcription contre eux, & feront
les dits négligens exécutés felon la teneur des Conftitutions de l'Empire, de
celle de l'exécution & de la préfente.

§. 19. Touchant les quartiers non aquittés, ainfi que les reliquats à payer par
les Electeurs & Etats, Nous ftatuons,
ordonnons & voulons, que chaque Ele-
Cteur ou Etat rembourfe du reliquat,
foit grand foit petit, les deux tiers de
douze quartiers dans le courant de douze
foires de Frankfort, & aquitte de cette
forte le tout dans l'intervalle de fix ans,
& fera le dit rembourfement auffi-bien
que le payement des quartiers & cotes
matricu-

matriculaires nouvellement augmentées,
commencé à la prochaine foire de Frankfort, & ainſi continué ſans interruption,
& l'exécution faite contre & aux frais
des négligens à la réquiſition de notre
Chambre impériale par les Princes Directeurs, & au cas de rebellion & op-
poſition, contre eux procédé à la proſcription & autres peines, comme il a
été ſtatué ci-deſſus à l'égard des nouvelles & futures cotes matriculaires. Mais
l'autre tiers reſtant, qui ſe trouvera à la
prochaine réviſion de comptes du tréſorier, ſera laiſſé à la diſpoſition ultérieure de Nous & des Etats, à la réſerve
cependant de ce qui ſe trouve à la fin
du §. ſuivant.

§. 20. Et ſeront les anciens Aſſeſſeurs
& autres officiers de la Chambre, enſemble les veuves & héritiers des prédécédés,
chacun à proportion de ce qui lui reſte
dû, payés par le tréſorier ſur ce qui
rentrera du reliquat dans les ſuſdits douze termes ou quartiers: mais les nouveaux Aſſeſſeurs préſens & à venir, comme faiſans les mêmes fonctions, ſeront
payés ſur les cotes nouvelles & actuellement courantes; on obſervera cependant
à l'avenir, à l'égard des payemens
& diſtributions, l'ancienne uſage, ſavoir, que le vieux terme ſera toujours
ſoldé avant le nouveau, & jamais le
ſuivant avant le précédent, ſur quoi le
tréſorier ſe réglera ſans faute. Mais au

Tome VI. P

cas que contre toutes attentes, les deux tiers ne fuffiroient point pour acquitter ce qui refte dû aux officiers de la Chambre, on y joindra de l'autre tiers ce qui fera néceffaire pour compléter l'entier payement, & en conféquence les deniers en feront portés dans la caiffe les deux premieres années, ou pendant les quatre premiers termes fuivans.

§. 21. Et quant à ce premier point, Nous Nous fommes réfervé conjointement avec les Electeurs & Etats préfens, & les Confeillers, Ambaffadeurs & Envoyés des abfens, de délibérer & réflechir avec le temps fur les voies & moyens d'entretenir & fuftenter la Chambre fans grever les Etats à ce fujet.

§. 22. Touchant le rétabliffement & récompofition du Corps de notre Chambre Impériale, Nous Nous reffouvenons ainfi que les Electeurs & Etats préfens de même les Confeillers, Ambaffadeurs & Envoyés des abfens, très-bien & très-gracieufement, de ce que l'Ordonnance de la Chambre p. 1. tit. 4. porte à cet égard, & pour quelles raifons même déja en ce temps-là l'on ne pouvoit s'y prêter, & qu'en conféquence il falloit laiffer vuides plufieurs places d'Affeffeurs: Ordonnons pour cela & voulons, que la maniere y préfcrite foit dorénavant rigoureufement obfervée, & que les Affeffeurs, comme leurs devoirs les y obli-

ge déja fans cela, s'y conforment fidellement & conftamment, & que s'ap-
perçavant d'une négligence dans la nomination & préfentation, après fix mois
écoulés, ils foient tenus de remplir fans
faute la place vacante, chaque fois dans
la quinzaine, ou tout au plus tard dans
un mois après le dit délai, felon la teneur de la ci-mentionnée Ordonnance
de la Chambre, & de ne la point laiffer
vaquer plus long-temps avec le tort &
au préjudice des Etats & des Affeffeurs
eux mêmes.

§. 23. Ce faifant, ils obferveront cependant ainfi que les Electeurs & Etats,
ce qui a été ordonné par le traité de
paix au fujet de la préfentation de certaines perfonnes des deux Religions (y
comprife la réformée) de forte que l'on
recevra chaque fois une perfonne de la
Religion que doit être le Candidat.

§. 24. Mais puifque le rétabliffement
du nombre convenu par le traité de
paix, pourroit être difficile pour le
préfent, le terme de la préfentation
s'étendra pour cette premiere fois feulement à un an, à compter du jour du
dit traité.

§. 25. Sera cependant l'Electeur ou Etat,
qui dans moins d'un an trouvera des
perfonnes capables de remplir les places
vacantes, obligé de les préfenter plu-

tôt, & aura chaque Affeffeur fes app°in-
temens à compter du jour de fes fonctions.

§. 26. Et au cas, qu'un Electeur ou
autre Etat, qui devroit préfenter, feroit
négligent de ce faire, cela ne portera
aucun préjudice aux autres Etats ayant
droit de concurrence avec lui, mais il
leur fera loifible, non obftant ce retard,
de faire la préfentation.

§. 27. Toutes fois & puifque quant
à ce point, vu les circonftances préfentes, les Electeurs & Etats par rapport à ces longues guerres, auroient de
la peine de trouver le nombre des perfonnes douées des qualités, que l'ordonnance ainfi que le dernier traité de
paix exigent lors de la préfentation, ils
ne feront pas toujours tenus à l'avenir
de préfenter chaque fois deux ou trois
perfonnes duëment qualifiées, mais le
Corps de la Chambre fera obligé de recevoir celui qui aura été feul préfenté,
pourvû que d'ailleurs il ait les qualités
requifes.

§. 28. Et vu qu'il a auffi été fort
fouvent pratiqué à la Chambre jufqu'à préfent, que, fi de deux ou trois perfonnes
préfentées, l'on en avoit trouvé une feule
duëment qualifiée, alors on ait écrit
pour lui faire joindre deux autres perfonnes capables, & que celle trouvée

düement qualifiée n'étoit point admise,
fous ce feul prétexte, que par-là on
préjudicieroit au droit d'élection, qu'un
long ufage avoit donné à la Chambre.
Or, d'autant que cette manière d'a-
gir ne fert qu'à faire traîner les affaires
de juftice : Nous voulons & ordonnons,
que la perfonne qui dans ce cas aura
été trouvée düement qualifiée, foit, non
obftant & malgré cette manière ufitée
d'élir, reçue, fans demander aucucue
ultérieure adjonction, & qu'en outre on ait
plutôt égard aux qualités, favoir & expérience des perfonnes, qu'à une étude de
cinq ans en droit fur des Univerfités d'Allemagne.

§. 29. Quant au nombre d'Affeffeurs
des deux religions, Nous acquiefçons à
l'inftrument de paix & voulons conför-
mément à y-celui, que le nombre des
cinquante Affeffeurs foit tiré dans un an
de la date du préfent Récès, tant des
Nobles que des favans, & les appointemens à eux fournis felon qu'il a été
dit ci-deffus; avons auffi déja fait dreffer là-deffus un catalogue des Etats préfentans, ainfi qu'il fuit.

§. 30. NB. Puifqu'avant le préfent
Récès l'on n'a pû tomber d'accord fur
le dit catalogue des Etats préfentans à
caufe des Etats particuliers préfentans
dans chaque Cercle, il a fallu le furfeoir pour cette fois, fans préjudice ce-

pendant aux chofes & affaires capitales
& effentielles du traité de paix, ainfi que
du préfent Récès.

§. 31. Et comme dans le Cercle de
Weftphalie, depuis & à caufe des diffé-
rans concernant des terres de Juliers,
les places d'Affeffeurs devenues vacantes n'ont point été remplies, & qu'en
conféquence les cotes matriculaires de-
ftinées pour l'entretien de la Chambre
n'ont pas été fournies; les dites terres
& les feigneurs intéreffés & confors du
différent, touchant les charges & fonctions
du Prince Directeur, (fuppofé un plus long
retard de notre impériale décifion, ou de
la compofition à l'amiable fuggérée par
le traité de paix,) feront tenus de convenir entre eux; fi non, ceux des Etats
du même Cercle, qui ont le droit de
préfenter conjointement avec eux, procéderont à la préfentation, fauf d'ailleurs
les droits d'un chacun.

§. 32. Et ne feront pas moins tenus
les poffeffeurs des dites terres de fupporter & fournir leurs cotes pour l'entretien de la Chambre tant pour le paffé
que pour l'avenir, & à faute par eux
d'y fatisfaire, on les exécutera de la maniere fus-dite.

§. 33. Les Princes & Etats du haut
Rhin, qui ont exercé le droit de préfentation jufqu'à préfent, nommément

Worms, Spire, Strasbourg, le Palatin de Simmeren, des Deux-Ponts, & de Hesse, continueront de le faire de même à l'avenir, sans préjudice cependant à la poursuite des prétentions des autres Etats de ce Cercle, qui croyent devoir participer au même droit; de même aussi sans faire tort aux autres Cercles par ce passage de la présente, ni par la raison sus-alléguée : par contre les villes impériales du dit Cercle ne veulent point se laisser exclure d'un tel droit, se fondant sur des oppositions précédentes.

§. 34. Immédiatement après sur le troisieme point capital, savoir, *comment on pourroit abréger les procès pendans à notre Chambre impériale* ; l'on a vu, combien de temps l'on employoit inutilement en dressant des explois de demandes & de défenses, des articles & des réponses, des exceptions & des repliques, ainsi que par les différentes tergiversations, répétitions, ruses, tours & détours aucunement nécessaires, & que par-là les affaires traînoient plusieurs années, les actes se multiplioient, & les procès s'éternisoient au plus grand tort & préjudice des parties litigantes, ainsi qu'au mépris du tribunal impérial de justice : En conséquence il fut jugé indispensable, d'abolir, de toutes manieres possibles, de pareils vices & défauts, & de couper toutes les voies & moyens, dont se servent les parties hargneuses, les

Avocats & les Procureurs pour traîner les affaires en longueur: mais puisqu'il est impossible de prévoir à la fois, & quant à présent, toutes & chacune des circonstances des procès & affaires litigieuses, & que conséquemment il faut abandonner la correction des défauts, qui paroîtront à l'avenir à cet égard, à l'arbitrage du juge selon la disposition de l'Ordonnance de la Chambre p. 2. tit. 36 & du Récès de Spire de 1557. §. **ferner nach dem hierbey**: Ainsi Nous sommes convenus avec les Electeurs & Etats présens, & les Conseillers, Ambassadeurs & Envoyés des absens de la maniere qui suit. Savoir & en premier lieu, que la maniere de dresser les articles & réponses, dont on a beaucoup abusé jusqu'à présent, ensemble tous les délais & dépendances d'iceux, ainsi que les discussions & tergiversations inutiles & affectées, qui s'en suivoient (à l'exception seulement des preuves. dont les parties voudront & devront se servir, ainsi que des réponses à icelles y feront dorénavant cassées & abolis, & par contre en choses d'une simple demande, chaque demandeur paroitra prêt devant le juge, & à son tour il produira non par articles, mais sommairement sa demande ou exploit, qui contiendra une brieve, claire & nerveuse exposition du fait, & même s'il le veut, ou si l'étendue & les circonstances de l'affaire l'exigent, une narration détaillée

d'un point à l'autre, y joint ses conclusions & supplique, aux fins de faire
non seulement assigner la partie adverse,
mais aussi de la faire condamner ; ou
bien il présentera sa requête en assignation, séparément & extrajudiciairement,
(de même que cela se pratique en jugement) & après l'assignation obtenue,
il en fera tirer par les Lecteurs & Protonotaires de la Chambre autant de copies
collationnées, qu'il y a de parties adver-
ses à assigner, & les fera signifier à toutes, conjointement avec la requête en
assignation par le Huissier de la Chambre, comme il est d'usage & d'observance, afin que la partie assignée puisse
se reconnoître, & mûrement réflechir &
délibérer, si elle veut céder, ou se défendre en justice, avec juste menace &
addition, que si le demandeur n'y joint
par ses pieces, on ne lui accordera point
d'audience, ou s'il ne les aura pas fait
signifier ensemble, la partie adverse ne
sera point tenu de comparoître ni de répondre, bien moins pourra-t-elle être
condamnée par défaut.

§. 35. En outre il sera libre à tout
demandeur, & il dépendra de lui de
produire ses preuves pour le bien & l'a-
vancement de ses affaires, immédiatement
après la Commission obtenue & au premier jour d'Audience, sur tout, si les
dites preuves consistent en pieces, & in-
strumens par écrit, ou pourra se tenir

prêt à faire preuve d'une autre maniere, il lui fera même loifible de remettre le tout, au fecond jour d'audience, ou au temps que la patrie adverfe aura fourni fes réponfes; de façon cependant, que tout ce qui aura été ainfi produit extrajudiciairement (après la Commiffion obtenue) enfemble les explois d'affignation & de la requête, fera homoloqué & authentiqué, & préalablement notifié & fignifié au défendeur; & fi là-deffus le demandeur déclare, qu'il produira judiciairement, duëment & briévement au premier jour d'audience l'affignation légitimement fignifiée, enfemble le décret de Commiffion & la requête (le tout cependant conformément à l'Ordonnance de la Chambre p. 3. tit. 13. & le Récès de Députation de 1600. §. fo feynd auch 2c.) de même auffi au cas, ainfi qu'il eft porté ci-deffus, qu'après la Commiffion relevée, il auroit produit fes inftrumens & documens par écrit, par les quels il prétendoit juftifier les points de fa demande, ou s'il vouloit les reproduire dans cette premiere audience, & les répéter en guife de preuves, & demander la révifion des Documens, fauf à lui, n'ayant pas fourni de preuves, de reproduire l'affignation & d'intenter fa demande felon la maniere fusdite.

§. 36. Si là-deffus la partie affignée, à la quelle on accordera toujours au

moins un délai de foixante jours, ou
un plus long à l'arbitrage du juge, eû
égard à la fituation des affaires, ainfi
qu'à la diftance du lieu de fon domicile, ne comparoit dans le délai fixé, &
qu'anifi le demandeur foit forcé de procéder par défaut, on s'en tiendra à
l'Ordonnance ainfi qu'à l'ufage de la
Chambre, & fera le demandeur, fix
jours après que le défaut lui aura été
adiugé, admis à continuer l'affaire principale jufqu'à définition de caufe, de la
maniere préfcrite par l'Ordonnance p. 3.
tit. 43. contre le défaillant reftant en
défaut; foient cependant à l'avenir les
deux moyens ufités en ce cas, favoir,
de demander & conclure à la peine de
profcription, ou à la faifie des biens
par premier & fecond décret, levés &
abolis.

§. 37. Et feront dorénavant dans les
affaires, ou l'on aura accufé la contumace; les actes ou copies d'y-ceux auffi-
tôt livrés à la Chancellerie, y protoco-
lés & mis au bureau, & feront expédiés tous les jours outre les pieces y
appartenantes. Le demandeur ayant ainfi
fatisfait de fon côté dans le délai de réproduction à tout ce que deffus, le défendeur affigné fera de même obligé de
comparoir dans le dit délai, & puifqu'après l'affignation & la fignification
de la requête, le délai de comparition
lui fuffifoit pour faire fes réflexions fur

sa défense & pour inftruire son procureur, il fera tenu de fournir dans le dit
délai ses réponses à la demande, & de
montrer & juftifier brievement, nerveu-
fement & clairement, si le fait a été
mal expofé par le demandeur, & en
quoi, & comment il devoit l'être, en
le détaillant & répondant fur chaque
point & circonftance, allégant en même
temps toutes fes exceptions dilatoires,
ou péremptoires, le tout enfemble, fous
peine de forclufion, avec abolition des
voies & moyens péremptoriaux, d'option,
d'additions & d'autres articles fous nom
quelconque; fera également tenu le dit
défendeur, au cas que les preuves lui
auront été fignifiées avec les pieces fufdites, d'y fournir & appofer en même
temps fes défenfes, & cela en vertu
du Récès de Spire de 1570. §. Dem=
nach follen die gewöhnliche 2c. non
obftant ce qui en a été changé par le
fubféquent Récès de 1594. §. Wiewohl
nun folche 2c. hormis cependant les exceptions déclinatoires, comme la fuite, au
§. Et fera tenu le défendeur &c. le fera
voir.

§. 38. Si cependant, vu l'importance, l'étendue & la complication de
l'affaire, il eût été impoffible au défendeur de fe tenir prêt & de fatisfaire
à tout ce que deffus, il lui fera permis
de s'en excufer & d'en juftifier pardevant des Commiffaires en demandant
prorogation du délai, le tout fans frau=

de ; par contre il fera obligé, après que
la prorogation lui aura été adjugée, d'en
affirmer les caufes par ferment ; mais
ne fera cependant pas moins chaque défendeur, auffi bien en ce cas qu'en général, s'il avoit des exceptions dilatoires & autres femblables à propofer,
obligé de les produire dans ce délai
toutes enfemble, par écrit ou verbalement, le tout conformément à l'Ordonnance ; & fi quelqu'un en omettoit une
ou plufieurs, ou s'il n'en oppofoit aucune dans le dit délai, toutes voies de
les propofer enfuite lui feroient fermées,
& l'on procéderoit en conféquence,
comme le porte l'Ordonnance, p. 3. tit.
24. & le Récès de 1594. §. Jn Uppel-
lations-Sachen 2c. verf. doch mit die-
fer vermehrten Erklärung 2c.

§. 39. Ainfi fi le demandeur pour l'accélération de fes affaires auroit, tout
au commencement de la Commiffion
obtenue, produit fes documens, preuves,
titres, & inftrumens, conventions, te-
ftamens & autres pieces juftificatives,
de façon qu'on puiffe les faire fignifier
en copies collationnées avec la requête ;
le défendeur fera obligé d'y fournir fes
réponfes dans ce premier délai, qui cependant, comme dit eft ci-devant, fera
fixé à l'arbitrage du juge eû égard à la
fituation des affaires & à la diftance du
lieu de fon domicile : mais au cas contraire, & fi le demandeur les produifoit
feulement au premier jour d'audience,

il feroit pour lors loifible au défendeur
d'en demander copies & un délai pour
délibérer ; toutefois ne feroit-il pas moins
tenu de répondre, comme a été dit, à
la requête, & de contefter la caufe à
la réquifition du demandeur en affirmant
ou niant, le tout à fes rifques & périls
& fous les peines de droit contre fon
Procureur.

§. 40. Et fera tenu le défendeur,
quoiqu'il auroit propofé des exceptions
dilatoires, à l'arbitrage du juge, & non
obftant y-celles (fauf ce qui a été dit
ci-deffus des déclinatoires) de répondre
au fond de la caufe principale, ce qui
cependant, fi fes exceptions feront trouvées admiffibles, ne doit pas lui préjudicier. Mais s'il intervient des exceptions déclinatoires, elles feront vuidées
préalablement. Et dans ce cas le défendeur ne fera point tenu de répondre au
fond, jufqu'à ce que le point de la compétence ait été jugée : au contraire fi les
exceptions dilatoires feroient trouvées
non valables & malicieufement alléguées
dans la feule vuë de faire trainer la caufe
principale, fera le défendeur condamné
à quelques marcs d'or ou d'argent, felon
l'importance de l'objet du procès, & la
fituation des parties litigantes, à l'arbitrage du juge, & enfuite la caufe principale pourfuivie.

§. 41. Mais puifque l'accélération des

preuves depend auſſi des articles, &
des réponſes, que l'on y donne ſous
ferment préalable, ainſi l'on à retenu
& réſervé à la réquiſition des parties,
l'uſage des articles & des réponſes, non
cependant indifféremment de tous, comme juſqu'à préſent, mais ſeulement de
ceux, qui auront été tirés de la requête comme articles probatoires, ſur les
quels le fond de la cauſe ſe repoſe,
ſans cependant accorder à ce ſujet de
nouveaux délais, & avec abolition des
articles péremptoires, d'option & addition, & avec défenſe de tous débats
ſur les réponſes. Nous laiſſons auſſi à
l'arbitrage du juge de faire répondre les
parties ſur faits & articles en quelle
partie du jugement qu'il le jugera néceſſaire.

§. 42. Seront au reſte les Procureurs
des deux parties tenus de ſe légitimer
dans le dit premier délai, ou de donner caution, le tout à leurs riſques
& périls conformément à l'Ordonnance
& au Récès de Députation de 1610. §.
Weniger nicht.

§. 43. En outre Nous ordonnons &
voulons, que chaque partie, ainſi que
leurs Procureurs & Avocats, (à l'exception cependant des Conſeillers, des
Electeurs & Etats, actuellement en charges & fonctions, en tant que leurs affaires regardent leurs ſeigneurs) prétent en

perſonne, ou par leurs Procureurs fondés.
de procuration ſpéciale, à la réquiſition
de la partie adverſe, adjugée par le
juge, ou, lorſque le juge le requiert,
d'office, en quelle partie du jugement
que ce ſoit, *le ſerment de Calomnie*,
en jurant, qu'elle croit ſa cauſe bonne,
& qu'elle ne produira aucun moyen, ni
ne demandera choſe quelconque par
fraude ou mauvais deſſin, ni pour gagner
du temps, mais uniquement par néceſſité, & pour ſa defenſe, qu'elle dira la
vérité, & qu'elle répondra ſur les moyens
& expoſitions du fait, & des affaires dé-
taillées par la partie adverſe ſans fraude,
& qu'elle ſe déſiſtera de ſa cauſe, auſſitôt que par les preuves de la partie
adverſe elle la reconnoîtra fauſſe & non
ſoutenable, & afin que chacun, ſoit
partie, ſoit Avocat, étrangers; ſache ſur
quoi il doit prêter ſerment, & que par-
là il puiſſe d'autant mieux éviter le parjure & ſes peines, Nous avons faits
dreſſer une formule de procuration ſpéciale, & l'avons faits inſérerer dans la
teneur du dit ſerment, afin que dans
la ſuite elle ſoit ſignée des propres mains
des parties & Avocats beaucoup éloignés
de la Chambre, ou à la réquiſition de
celui, qui ne ſauroit écrire, en ſa pré-
ſence, en ſon nom & en faiſant mention de ſa réquiſition, du Magiſtrat ou
du Baillif de l'endroit, ou d'une autre
perſonne publique, & à leur défaut de
deux

deux autres hommes honnêtes, & qu'ainfi fignée elle foit produite dans le premier délai, & enfuite le ferment de calomnie prêté fur toute la caufe en général.

§. 44. Si pour raifon de non-comparution du défendeur, l'on a demandé acte de défaut, quoique dans la fuite & & après ce délai ait comparu pardevant des Députés (comme il a été pratiqué frauduleufement jufqu'à préfent) un Procureur en fon nom, par le quel ils s'eft foumis de répondre & de produire à la premiere Ordonnance du juge ; ce non obftant, fera adjugé à l'égard de la publication du défaut *in puncto proclamationis* ce que de droit ; de même auffi, fi le demandeur ne comparoit point dans le délai de l'affignation, ou que dans la fuite il feroit en défaut ou défobéiffance, fera le défendeur en droit de fe fervir contre lui des voies & moyens préfcrits par l'Ordonnance, p. 3. tit. 32. contre le défaut du demandeur.

§. 45. Après que le défendeur aura de la maniere fufdite fourni fes exceptions & réponfes fur la requête, fera le dit demandeur tenu de produire dans le délai en fuivant fes repliques & falvations, & fe tiendra prêt à prouver autant que befoin & fans fuperflu, ce que le défendeur lui aura nié ou contefté, de façon, que fi la preuve doit fe faire

Tome VI. Q

par des documens écrits, il ait à les
produire dans ce fecond délai (fi cela
n'a pas été fait préalablement) & en demander connoiffance, fi & autant que
befoin, & produire en outre toutes les
pieces & déductions qui puiffent juftifier &
éclaircir fa caufe, fur tout quoi le défendeur fera tenu de fournir fes dupliques & oppofitions dans le délai fuivant.

§. 46. Mais en cas, qu'eû égard à
l'importance & à l'étendue de l'affaire
on eut accordé au défendeur une prorogation de délai pour fournir fes réponfes & demandes incidentes, alors fes réponfes & demandes réciproques tombent dans
ce délai prorogé, & fera dans icelui le défendeur tenu de répondre aux productions
du demandeur, & de fournir fes contre-
défenfes & demandes incidentes & réciproques, s'il croit en avoir de bonnes
& juftes, de même auffi fes documens,
pieces & titres avec tout ce qui pourroit lui fervir de preuves; & de cette
maniere fera tenu le demandeur (s'il ne
veut ou ne peut y contredire tout de
fuite) de fournir & produire dans le
troifieme délai en fuivant aux réponfes
en dupliques de fa partie adverfe, fes
tripliques, contredits & falvations.

§. 47. Partant & fi ce que le demandeur aura avancé, fera eftimé utile
& néceffaire pour prouver fes fins &
conclufions, & s'il peut & s'offre de fai-

re preuve par témoins vivans & exiftans de tout ce que le défendeur n'aura pas avoué ou nié dans fes exceptions & réponfes au fond, alors fera tenu le demandeur dans le délai en fuivant, ou en cas de prorogation obtenu, dans le troifieme délai, de nommer des Commiffaires & de préfenter fa requête en Commiffion, dans la quelle les deux parties procéderont conformément à l'Ordonnance.

§. 48. De même fi ce que le défendeur aura avancé dans fes exceptions & réponfes au fond, & ce qui lui importe de prouver pour foutenir fes intentions, n'a pas été avoué, ou a été nié par la réplique du demandeur, & que le défendeur eft prêt à le prouver par témoins vivans & exiftans, fera également tenu le défendeur de faire & obferver dans le troifieme ou refpectivement quatrieme délai, ce qui vient d'être ftatué à l'égard de la preuve par témoins à faire par le demandeur.

§. 49. A cette fin pourra chaque partie, le défendeur auffi bien que le demandeur (fi la néceffité ainfi que la qualité de l'affaire demandoit une réponfe claire au contraire) extraire des exploits de la demande & de l'exception refpectifs quelques articles probatoires fuccinctement & fans aucune fuperfluité, les produire & même en demander ré-

Q 2

ponfe de la partie adverfe avant la nomination des Commiffaires, mais cependant fans autre délai particulier, comme a été dit ci-deffus, & même avec
défenfe de tous débats fur icelles réponfes; & feront pour lors celui ou ces articles reconnus comme judiciairement &
contradictoirement avoués & confeffés,
& les réponfes regardées comme pures
& fimples, en forte que la partie ne
fera plus tenue d'en faire preuve, à
moins qu'il n'ait fallu donner une réponfe particuliere fur chaque article, par
ces paroles (*vrai ou non vrai*) quant à
fes propres faits; & par ces autres,
(*je crois vrai ou non vrai*) quant aux
faits d'autrui, fans autre addition quelconque, purement & fimplement, clairement & nettement.

§. 50. Quant aux preuves, on n'admettra, & les parties n'entreprendront
point les impertinentes, inutiles, ou qui
roulent fur des faits non conteftés. A
l'égard des délais des preuves (dont les
parties auront refpectivement befoin)
puifque conformément à l'Ordonnance
p. 3. tit. 16. §. **Was aber 2c.** ils feront modérés felon la fituation & les circonftances des affaires, & que l'on ne
doit pas accorder aux Procureurs un fecond ou troifieme nouveau délai fans
connoiffance de caufe, & fans qu'il
confte des diligences faites & des empêchemens furvenus; & que par le Récès

de Députation de 1600. §. 𝕺𝖇𝖜𝖔𝖍𝖑 𝖎𝖈.
& par l'Ordonnance de notre Chambre
Impériale, les prorogations de délais ont
été tout-à-fait abrogées, & que touchant
le quatrieme délai il a été ordonné de
fuivre le droit commun ; on doit s'en
tenir à l'avenir à ces difpofitions, hormis
que dorénavant le premier terme ou délai de preuves étant échú, on n'en doit
accorder un fecond qu'avec connoiffance
de caufe comme fufdit eft, mais à l'é-
gard du troifieme, on doit obferver les
mêmes formalités & folemnités de droit,
que l'on avoit coutume d'obferver jufqu'à préfent au fujet du quatrieme délai.

§. 51. S'il s'agiffoit de bornes, de pâ-
turage, de droit de chaffe, ou d'autre pareils droits & fervitudes, & que pour
cela une defcente fur les lieux eut été
jugée néceffaire, alors chaque partie fera
tenue de produire un plan exact pour
une plus grande inftruction du juge.

§. 52. Du refte, on s'en tiendra au
titre 16. de la dite Ordonnance, & à
ce qui en été particulierement ftatué au
§. pénultieme. Que fi les parties ont
été admifes à une pareille preuve, avant
l'achevement & production d'icelle, il
ne leur foit pas permis de produire des
écritures ultérieures, à moins que pour
des raifons convaincantes cette permiffion ne leur eut été donnée par un décret du juge & des Affeffeurs de la Cham-

bre. En outre, & au cas que le demandeur ne se soit pas offert à faire preuve,
ou que le juge & les Assesseurs de la
Chambre, vu l'instruction du procès, &
le rapport, ne la jugent point nécessaire, alors le demandeur sera dans le même délai sur les susdites productions du
défendeur ses conclusions brievement &
succinctement ; mais autrement & dans
le cas contraire, les Commissaires ordonnés, après avoir entendu les témoins
sur tous les faits & articles, chacun à son
tour, feront dresser chaque fois leurs rapports sur les dires & réponses d'iceux témoins à l'aide de l'adjoint ou Notaire,
de façon qu'à chaque article probatoire
les dires de tous & chaque témoins selon leur rang, avec les mêmes paroles,
dont chacun s'est servi, se trouvent régulierement & immédiatement joints &
annexés, & après que les dires de tous
& chacun des témoins auront été ainsi
ajoutés au premier article probatoire, ils
mettront de même le second article probatoire à la tête, & immédiatement
après tous les dires & dépositions de tous
& chacun des témoins, de mot à mot
& dans leur ordre, & continueront ainsi
à l'égard de tous les articles, & sera
observé la même chose ou sujet des interrogatoires, afin que le juge ait toujours sous ses yeux les dires de tous
les témoins sur chaque article, & qu'ainsi
il soit déchargé de la multitude des
soins & recherches.

§. 53. Défense soit faite de faire des interrogatoires criminatoires, & qui contiennent la turpitude du répondant, sous des peines à l'arbitrage du juge, bien moins les témoins pourront-ils être interrogés là-dessus.

§. 54. Le temps de faire preuve étant échu, sera tenu, dans le quatrieme délai, le demandeur & respectivement le défendeur, s'il a fait preuve du contraire, aussi-tôt que le tour de leur procureur viendra, de demander publication & ouverture des dires & dépositions des témoins, qu'il aura fait ouir, de produire ses autres titres & documents, & d'en faire signifier copie à sa partie adverse, la quelle pourra, si bon lui semble, dans le prochain délai y opposer ses exceptions & contre-dits, cependant si elle vouloit les débattre d'abord & de bouche seulement, sans vouloir y répondre par écrit, elle pourra le faire dans le même délai, ou dans le délai prochain, & quant à ce, l'on s'en tiendra à l'Ordonnance.

§. 55. Comme aussi, au cas que l'on n'a pas ordonné au demandeur de faire preuve, ou qu'on n'en a pas besoin, il sera permis au défendeur de produire & fournir dans le même délai des conclusions par écrit, & seront ensuite tenues les deux parties de conclure verbalement, si non dans le même délai, au moins dans le délai prochain.

§. 56 Et d'autant que la plus part du temps il dépend de l'arbitrage du juge, quelle foi il faut ajouter aux dires & dépofitions des témoins, & qu'à ce fujet l'on produit fouvent bien des écrits réciproquement inutiles, & contraires au Récés de Députation de 1600. §. Nach dem jeden 2c. uniquement pour temporifer : Ainfi Nous voulons & ordonnons par celle cy férieufement, que les parties immédiatemeut après la publication des dépofitions foient tenues de faire leurs foumiffions & conclufions en deux écrits, ainfi qu'un chacun eft tenu de le faire dans un écrit particulier, favoir, fi la preuve a été produite en juftice, le défendeur fera tenu de fournir fes réponfes, contre dits, exceptions, copies & extraits, & de produire généralement tout ce qui pourra fervir à fa défenfe, & cela pendant le cinquieme délai, que l'on étendra felon la grandeur du procès-verbal de dépofitions, ou felon la fituation des affaires, à compter du jour, qu'à fa requifition on lui aura fourni copie de la production des preuves de la Chancellerie de la Chambre.

§. 57. De même fera tenu le demandeur de produire dans le fixieme délai à lui accordé, fes repliques falvations & contredits fur les exceptions & autres pieces

par écrit du défendeur, & de fournir en
même temps fes conclufions écrites fous
peine de forclufion, ainfi feront les
deux parties obligées de faire leurs conclufions par écrit & verbalement ; avec réferve cependant de l'arbitrage du juge,
& de fon décret, pour favoir & décider felon l'état & les circonftances des
affaires, qui, du demandeur ou du défendeur, doit avoir droit de faire la derniere propofition & production.

§. 58. En affaires d'Appel Nous Nous
en tenons à l'Ordonnance, p. 3. tit. 31.
& aux corrections faites par les fubfé-
quens Récès d'Empire & de Députation,
de façon que dans le premier terme &
délai l'appellant foit tenu de reproduire
en peu de mots & par fon Procureur
ayant plein-pouvoir, la Commiffion &
relief d'appel, & de juftifier auffi-tôt
les formalités, en produifant l'acte d'appel & la requête en icelui, & en cas
qu'on auroit appellé d'une fentence interlocutoire, qui n'auroit point force de
fentence définitive, non feulement répéter verbalement ou par écrit, fous
peine du préjudice ordinaire, l'inftrument
ou acte d'appel au lieu de la requête
en icelui, mais encore dans ce cas prendre & faire fignifier autant de copies
collationnées de cet acte & autres pieces d'appel, qu'il y a d'intimés, afin
que les dits intimés puiffent comparoir
& fournir leurs défenfes dans le délai

préfcrit ; & l'on procédera en outre en faits de compulfoires, inhibitions & attentats, quant à la peine & autrement, comme de droit.

§. 59. Et fi l'on avoit agi contre les inhibitions faites, & que cela feroit notoire ou pourroit être prouvé incontinent, on accordera à l'avenir à la réquifition de l'appellant même hors du jugement, toutes fortes de Mandemens en révocation de pareils attentats, & fera ce point préalablement exécuté, & ne fera pas le fuppliant avec fa demande d'abord renvoyé à la juftice.

§. 60. De même feront tenus les Procureurs fous peine de fupporter les frais du retard, & les parties fous peine de défertion de caufe, de demander les compulfoires tout de fuite avec l'affignation, & de ne point remettre cette demande au premier délai, les quelles feront auffi conjointement avec les autres pieces fignifiées & en icelles inférées, pour que le juge, dont eft appel, puiffe envoyer à la Chambre les raifons & motifs de fon jugement, cachetés, enfemble les actes de la premiere inftance, fous peine de deux marcs d'or pur.

§. 61. Et cela, quand même il auroit obtenu la fentence par une Univerfité, ou par un Corps de Juris-Confultes : feront en conféquence tenus de

pareils Colleges ou Corps de Juris-Consul-
tes d'ajouter brievement à la minute
de la fentence, leurs raifons de décider,
& de les envoyer au juge, dont eft
appel, s'il le requiert, & feront icelles
gardées dans une caffette à deux clefs,
dont l'une reftera au College, & l'autre
aux Lecteurs, jufqu'à ce que le rapporteur en aura befoin. Pas moins fera
tenu l'appellant, fous peine de défertion,
tout de fuite à la publication de l'appel, & à l'échance des trente jours depuis l'interjection d'icelui, de requerir
du juge inférieur les actes de la premiere inftance, & étant expédiés de les
retirer en payant les droits, ou de produire au moins un certificat avifé de fa
réquifition, promettant de produire les
dits actes dans le premier délai, & en
conféquence fera tenu le juge, dont eft
appel, de faire procéder auffi-tôt, &
fans attendre des compulfoires, à l'expédition des dits actes moyennant une
promeffe affurée du payement d'icelle,
& fera tenu de les fournir auffi-tôt poffible, & en cas de demeure faite à def-
fein de fa part, on procédera contre
lui conformément à l'Ordonnance. p. 2.
tit. 31. §. Dann auf ꝛc. en le condam-
nant à une peine de vingt marcs d'or
pur.

§. 62. En conféquence feront dorénavant les actes de la premiere Inftance
liés enfemble par le juge en préfence

des parties ou de leurs Procureurs, & ne feront plus à l'avenir produits ouverts, mais fermés & cachetés. Et en cas de contravention fera le juge, dont eſt appel, qui les aura rendu ouverts & non cachetés, auſſi bien que la partie, qui les aura ainſi produit, punis à l'arbitrage du juge d'appel.

§. 63. Et ne feront pas moins tenus pour cela les appellans de réquerir ces actes de rechef & dans le délai à eux préſcrit par le juge de la premiere Inſtance & de produire là-deſſus un nouvel écrit, le tout fous peine de condamnation.

§. 64. Pour accélérer les procès, & couper court à toutes les longueurs inutiles, fera pareillement abolie pour l'avenir la prolixe maniere d'exploiter par articles, & fera tenu chaque appellant de produire fes griefs d'appel faits fommairement & de point en point, enfemble avec la requête *pro proceſſibus*; dans les quels, conformément à la teneur du Décret de 1575. confirmé par le Décret général de viſitation de 1595. non obſtant le Récès de Députation de 1600. §. 114. **Es feyno** ꝛc. il déduira. Iº. En quoi il fe croit grévé; IIº. ce qu'il prétend mieux prouver; IIIº. ou produire de nouveau, & fera tenu de faire ſignifier *tels* fes griefs ou cauſes d'appel par autant de copies collationnées qu'il y a d'inti-

més comme ci-deſſus, & feront les dits
griefs défignés dans l'exploit d'affignation
par de certaines lettres ou numeros.

§. 65. Au cas qu'il ne voudroit produire (comme cela lui eſt libre) aucuns
griefs d'appel, mais provoquer ſimple-
ment aux actes de la premiere Inſtance,
& faire ſes concluſions, il ſera ténu
d'en faire mention dans ſa requête en
Commiſſion, afin que cela ſoit inféré
dans les pieces de procédures, & que
l'intimé puiſſe en avoir connoiſſance, &
dans l'un ou l'autre cas ſe tenir prêt, &
qu'il ſache, comment il doit ſe comporter dans le premier délai: Sera auſſi
tenue chaque partie ou leurs Avocats &
Procureurs de garder ſoigneuſement les
copiés des actes judiciairement produits
en premiere Inſtance, afin de pouvoir
en cas de beſoin en faire uſage pour
leurs défenſes, vu que les actes fournis
par le iuge, dont eſt appel, doivent
particulierement ſervir à l'inſtruction du
juge d'appel: Cela ne doit cependant
point regarder ni préjudicier aux parties,
qui actuellement & déja avant la publication de la préſente, étoient en conteſ-
ſtation pardevant le juge inférieur, & qui
n'auroient point conſervé les copies des
actes, ni ne pourroient les avoir commodément du juge; ſi pour des griefs
ils ſe trouveront néceſſités d'interjetter
appel de ſa ſentence: Mais on ſaura
en ces cas faire une juſte diſtinction,

& l'on permettra aux parties ainfi qu'à leurs Procureurs, de fe reconnoître après l'éxamen des actes de la premiere Inftance, & de voir s'ils ont été produits en entier ou en partie, bien ou fauffement, & pourront, felon les circonftances, demander de nouveaux compulfoires.

§. 66. Mais fi les affaires étoient bien importantes & fort étendues, ou fi les parties étoient tellement pauvres, qu'elles n'auroient point les moyens de faire copier tous les actes intervenus, ou que pour raifon de décès de leurs Avocats, ou d'autres légitimes, empêchemens elles n'auroient pû produire à temps les griefs d'appel, & qu'elles le juftifieroient, il dépendra de l'arbitrage du juge de leur accorder un plus long délai.

§. 67. Ainfi l'appellant diligentera la production & la fignification des pieces de procédure fous peine de défertion, de façon, que la fignification en foit faite au moins avant l'échéance des premiers quatre mois depuis l'appel interjetté, & qu'ainfi depuis leur fignification il refte encore au moins deux mois jufqu'à l'échéance du terme fatal de réproduction, afin que l'intimé puiffe fe reconnoître, faire fes réflexions, & préparer fa défenfe. Le quel dit terme fatal ne fera plus prorogé à l'avenir, fi

ce n'eſt ès cas de néceſſité, & même
dans ces cas jamais au delà de deux
ou trois mois.

§. 68. À ces fins, Nous avertiſſons
& exhortons férieuſement le juge, les
Préſidens & Aſſeſſeurs de la Chambre
Impériale, de vouloir bien décreter &
expédier ſans délai les commiſſions &
reliefs d'appel, & d'exhorter le Directeur de Chancellerie & Maître des Huiſ-
ſiers ſous les peines dûes, & les Huiſ-
ſiers ſous peine de perdre leur emploi,
de partir auſſi-tôt qu'ils auront trois,
deux ou même une ſeule Commiſſion
ſur une route pour en faire la ſignifi-
cation, & qu'ils n'attendent plus, comme cela s'eſt ſouvent fait juſqu'à préſent, qu'ils ayent pluſieurs commiſſions
ou autres affaires, ſelon leur commodité & au péril & préjudice des parties.

§. 69. Si l'intimé prétendoit combat-
tre les formalités de l'appel, ou s'il avoit
à oppoſer des exceptions d'appel non
dévolu, ou de déſertion, il ſera tenu
de les propoſer toutes enſemble dans
ce premier délai verbalement ou par
écrit, mais brievement & de la maniere requiſe par l'Ordonnance tit. 32. au
commencement & au §. 1. ainſi que par
le Récès de Députation 1600. §. Wir
ſeŋen, ordnen und wollen auch ꝛc.
ſans manquer & ſous la peine portée
par le Récès de 1594. §. In Appella-

tions-Sachen aber : & sera en outre
procédé comme de droit, & selon qu'il
a été ordonné ci - dessus au sujet des
exceptions dilatoires.

§. 70. Et si lors du relief d'appel on
avoit ajouté des plaintes & griefs d'appel, seront les dits griefs, communiqués à l'intimé par des copies authentiques lors de la signification de l'appel
(comme il a été statué ci - dessus au
sujet des causes d'une simple demande)
& sera tenu le dit intimé, de produire
dans le même premier délai, au cas
qu'il ne veuille point attaquer les formalités, ou la dévolution d'appel, ni
opposer des exceptions dilatoires, &
même s'il en avoit à produire, de le
faire ensemble & conjointement, en dé-
duisant en même temps ses exceptions
contre tels griefs, & produisant ses défenses & réponses au fond avec tout
ce que de droit conformément à la teneur du dit Récès de 1570. §. Sonsten in anderen 2c, y joint le § suivant, & l'on s'en tiendra ensuite à ce
que porte le Récès de 1594. §. In
Appellations-Sachen 2c. Mais au cas
qu'on auroit interjetté appel d'une sentence interlocutoire, qui n'auroit point
force de sentence définitive, sera tenu
l'intimé, s'il veut opposer ses exceptions
contre les formalités ou l'interjection
d'appel, ou d'autres exceptions dilatoires

rés , de les joindre à ses défenses &
réponses au fond, & de les produire
en même temps.

§. 71. Et dans les cas ou l'appellant
ne produira rien de nouveau, & ne fera
que répéter & reproduire les actes de la
premiere instance au lieu & en place
de griefs, sera tenu l'intimé, s'il n'a
également rien de nouveau à déduire,
de conclure sur les dits actes dans ce
premier délai.

§. 72. Quant au second, troisieme &
autres délais suivans, Nous Nous en tenons à l'Ordonnance tit. 32. & 33. p.
3. & à ce qui, au sujet des causes d'u-
ne simple demande, a été dit ci-dessus.

§. 73. De même Nous aquiesçons derechef à ce que porte à cet égard le Récès de Députation de 1600. §. Es seye
in dem 2c. & l'Ordonnance y alléguée
p. 3. tit. 32. §. Im Fall aber 2c.
en sorte qu'en causes d'appel on pourra
non seulement & conformément au droit
commun, de nouveau produire & prouver ce qui ne l'a pas été en premiere
Instance, mais encore prouver plus
amplement & mieux alléguer, ce qui ne
l'a point été suffisemment lors d'icelle,
de maniere cependant & avec cette pré-
caution, que l'appellant dès l'introduction du procès, dont il a été fait
mention plus haut, s'offrira à prêter ser-

Tome VI. R

ment, & fera tenu de le prêter avant toutes chofes ; comme quoi dans la premiere Inftance il n'avoit pas eu la connoiffance, ou que pour lors il n'avoit point pû ou n'avoit point eftimé utile ou néceffaire de produire, ce que maintenant il fait, juge & croit être néceffaire de faire & produire pour la défenfe & confervation de fes droits, la même chofe fera obfervé par l'intimé au cas qu'en caufe d'appel il voudroit faire de nouvelles productions.

§. 74. Et feront tenues les parties de faire difcuter & vuider leurs différens par le juge inférieur, de façon, qu'étant enfuite traduites par la voie d'appel par devant notre Chambre Impériale, elles ayent feulement befoin, pour abréger la procédure, de produire les actes de la premiere Inftance, & qu'en conféquence elles puiffent tout de fuite faire leurs conclufions & foumiffions.

§. 75. Quant au *Mandata fine claufula &c.* n'auront plus dorénavant les défendeurs où leurs Procureurs le droit d'en exciper dans le premier délai, mais feront apparoir leur actuelle obéïffance, ou s'ils croient avoir des exceptions fondées, ils les produiront fans délai, & fi les rapporteurs les auront jugé infuffifantes & frivoles, & conféquemment non admiffibles, alors on n'accordera aucun délai ultérieur pour fournir des

oppofitions, mais fera le défendeur par
arrêt contraint d'y obéir & fatisfaire, &
fera le délai modéré par le juge félon
la fituation du lieu, fi ce n'eft, qu'au
fujet de l'exécution il lui faudroit affigner
un nouveau délai; dans ce cas, en vertu du Récès de Députation de 1600.
on joindra dans la Chancellerie tout de
fuite à l'ordre de l'exécution, non feulement la déclaration éventuelle de la
peine, mais encore des ordres plus fé-
veres au cas de la parition & obéiffance non certifiée; le tout fans ultérieure
requête.

§. 76. Mais au cas contraire, & fi
les fufdites exceptions & oppofitions auront été jugées pertinentes & admiffibles,
on accordera à l'intimé par fentence
interlocutoire à fa réquifition un fecond
délai pour repliquer, & fera tenu le juge, au cas que l'intimé n'en ait point
demandé, de lui en accorder un d'office
felon les Récès de vifitation & de Députation dans les points de fub-&-ob-
reption, pour pouvoir en faire preuve;
fera cependant ce fecond délai de replique auffi court que poffible, & ne
fera point permis de produire des écrits
contre ces repliques, fauf cependant l'arbitrage du juge.

§. 77. En outre fera tenu le défendeur de produire dans le premier délai
tous fes moyens de défenfes conjointe-

R 2

ment avec fes exceptions, fous les peine & prejudice ordinaires, & quoique
tout au commencement du fecond il
voudroit apporter fa duplique, ou produire de nouvelles défenfes, on n'y
auroit point égard, fi ce n'eft que dans
la replique on auroit produit quelques
nouveautés, qui auroient donné occafion de dupliquer, ou que le défendeur
n'auroit pas eu plutôt connoiffance des
nouveaux moyens, & qu'il l'auroit obtenu fous ferment, ès quels cas le demandeur fera auffi de toutes façons entendu fur fes défenfes.

§. 78. Tous les fupplians font tenus
de juftifier en quelques manieres ce qu'ils
alléguent, afin que le rapporteur en re-
paffant les pieces ne foit point malicieufement trompé & furpris, de même les
Mandata fine claufula ne feront décrétés & reconnus que dans les quatre
cas, dans les caufes de gage forcé, &
d'élargiffement des prifonniers, & autres
contenus dans l'Ordonnance de la Chambre & dans les conftitutions de l'Empire, & ne feront permis hors ces cas,
mais on y examinera & obfervera chaque fois & avec foin les circonftances
& autres chofes requifes.

§. 79. Quant à la queftion, favoir, fi
le demandeur doit prouver fes allégations
tout au commencement, ou fi le défendeur eft obligé de juftifier fes ex-

ceptions de fub-&-obreption ? Nous en
laiffons la décifion à l'arbitrage du juge,
qui, voyant les circonftances & la fituation des chofes, doit connoître, fi la preuve doit être enjointe au demandeur ou
au defendeur.

§. 80. Dans les *Mandata cum claufula*, fera également tenu le défendeur
de produire derechef (au lieu de l'article
final accoutumé jufqu'à préfent) une
brieve, nerveufe & fommaire déduction
de fon droit, & cela dans le premier
délai en vertu du Récès de 1594. §.
Dieweil auch, *circa Mandata cum claufula &c.* & judiciairement, fous peine
du préjudice ordinaire, & afin qu'il puiffe d'autant mieux & d'autant plus facilement fe retrouver, fera tenu le demandeur de lui faire fignifier chaque fois
copie de la requête. Lorfque le défendeur aura produit dans le premier délai
conformément au dit Récès de 1594. §.
Dieweil auch, *circa Mandata cum claufula &c.* fes exceptions & raifons, pour
les quelles il ne fe croit pas obligé d'y
fatisfaire, fera tenu le demandeur d'y
oppofer fes contredits & falvations, ou
bien en général & dans le même délai
(s'il croit les exceptions non pertinentes) ou, s'il les eftime admiffibles, de
produire fes repliques dans le délai
fuivant, aux quelles le défendeur pourra,
s'il le juge à propos, oppofer la duplique
dans le troifieme délai, de façon cepen-

dant que dans ce délai il faudra conclure, & que fur la duplique on n'admettra point la triplique, à moins que le juge ne le jugera néceffaire.

§. 81. Que s'il fera néceffaire de faire procéder à une enquête, ou à un autre moyen de preuves, on obfervera la procédure & les délais judiciaires, comme il a été dit ci-deffus en affaire de fimple demande, fauf cependant toute-fois l'arbitrage du juge, & felon l'exiftence des circonftances, importance & befoin des affaires.

§. 82. Auront auffi le juge, les Préfidens & Affeffeurs de la Chambre Impériale, grand foin, que l'on n'abufe du moyen de la loi *diffamari*, mais qu'à cet égard on obferve auffi bien la difpofition du droit commun, que des Conftitutionis de l'Empire, & que l'on ne décréte aucune requête d'affignation de la loi *diffamari*, à moins que les diffamans ne fuffent nommément exprimés, & la diffamation juftifiée & prouvée avant l'affignation, par écrit, ou autres preuves authentiques. Après l'obtention de la Commiffion fera la diffamation avant toutes chofes & pleinement démontrée, & fur fa preuve la caufe principale renvoyée pardevant le juge competent eu égard à la qualité & aux circonftances de l'affaire.

§. 83. Les trop longs délais jufqu'à préfent demandés & adjugés, feront dorénavant, autant que poffible, abrégés, & on n'en accordera plus facilement au delà de quatre mois.

§. 84. S'abftiendront les Avocats & Procureurs fous leurs ferments & obligations, en quel délai que ce foit, de toutes exceptions frivoles, & de toutes demandes en prorogation fondées fur des raifons feintes & non admiffibles, ainfi que de toutes répétitions inutiles, par les quelles ils ne vifent qu'à traîner l'affaire en longueur & les contrevenans furpris feront non feulement condamnés aux frais du retard du jugement, mais encore à une amende ou peine felon l'arbitrage du juge, ce que doit également être entendu des parties, qui en feroient la caufe, ou en fourniroient l'occafion, & prêteront le juge & les Affeffeurs de la Chambre toute leur attention fur le demandeur, pour favoir, fi fa caufe ainfi que fes moyens étoient juftes & légitimes ou non, & puniront celui, qui fans un droit fondé aura intenté procès, de la peine des plaideurs téméraires, la quelle, felon la fituation & circonftances des affaires, fera auffi-tôt fixée & déterminée.

§. 85. Et toutes & quantes fois que le juge aura condamné quelqu'un à une peine, il fixera en même temps au condamné un délui fous peine du double, & avec menace de faifie & d'exécution, d'y fatisfaire & de payer la fomme fans attendre un nouvel ordre ou fommation de la part du Procureur Fifcal Impérial de la Chambre, & en cas que le payement ne foit pas aquitté dans le délai fixé, on adjugera à une fimple réquifition la faifie & exécution avec déclaration de la peine du double, & on chargera de fon accompliffement le Magiftrat du lieu, ou fi cela touche un quelqu'un qui foit immédiatement foumis à l'Empire, le Prince Directeur du Cercle de fon domicile, les quels feront tenus conformément à l'Ordonnance d'exécution, de s'y prêter & de l'exécuter fans refus.

§. 86. Soit auffi tenu chaque Magiftrat, fous la jurisdiction du quel le condamné fe trouve domicilié, de prêter de prompts fecours à la réquifition de notre Fifcal Impérial de la Chambre, pour lui faciliter le recouvrement des amendes.

§. 87. La diftinction des tours de Rôle, ordinaires & extraordinaires, eft en conféquence tout à fait abolie, & en fera fait un feul, cependant pour ne point confondre l'un avec l'autre, & particulierement pour que les caufes privilégiées ne trouvent point d'obftacle, on tiendra féance trois jours par femaine, le matin depuis fept jufqu'à dix heures, & tous les après-midi depuis une heure jusqu'à cinq, hormis en hiver, ou la féance durera feulement deux heures, pour entendre les parties ou leurs Procureurs fur les formalités des procès ; en fecond lieu dans les féries caniculaires & autres, excepté celles des fêtes & dimanches, au moins le matin, quand les Affeffeurs ont coûtume d'entrer à la Chambre; & en troifieme lieu les Affeffeurs prefcriront aux Procureurs un certain temps & une certaine maniere de produire les actes & écrits, de façon cependant, que fi dans la fuite & par l'avancement des affaires il apparoîtroit, qu'on n'auroit plus befoin de tant d'audiences, mais que l'on pourroit fe paffer de quelques unes le matin pendant la femaine, & que néanmoins le tour viendroit, fi non tous les jours, au moins une fois par femaine à chaque procureur, alors le juge, les Préfidens & les Affeffeurs de la Chambre en feront mention lors des vifites, & arrangeront conjointement avec les vifiteurs les chofes de façon, que l'on ne foit point fans néceffité, chargé de tant d'audiences, & par là empêché de fes autres affaires. Mais auffi, qu'au contraire le tour de rôle n'en fouffre pas, & puifque la continuation de ces audiences tant journalieres que celles des après-midi auffi longues que multipliées pourroient trop gêner les Affeffeurs, & même les empêcher d'arranger, ainfi que de faire leurs rapports, puif-

que de cette façon le tour d'un chacun viendroit trop fouvent, & les éloi-
gneroit de leurs autres affaires. Ainſi
à l'avenir pour faire d'autant plus eſti-
mer & reſpecter notre Chambre, il pré-
ſidera aux audiences du matin un
ſeul des quatre Préſidens (au cas
qu'à la premiere viſite on ne trouve à
propos d'y faire un changement, ſans ſe
joindre aucun Aſſeſſeur : & aux audiences d'après-midi un Préſident y joint un
ou deux Aſſeſſeurs.

§. 88. Quoique Nous ſoyons pleinement perſuadés, que ſi ces audiences
ſe tiennent ainſi tous les jours régulierement, & que les Procureurs ſoient
aſtreints à une certaine maniere de faire
les propoſitions, alors les délais pris de
ſon chef ou fixés par le juge ne ſeront
plus, comme juſqu'à préſent éludés,
mais que les pieces & autres affaires judiciaires feront produites & rapportées
dans le temps.

§. 89. Cependant, puiſque tout cela
ne Nous donne point d'aſſûrence, & qu'il
peut très-bien arriver que, ſi le tour
d'un Procureur coure, & que le délai
pris ou adjugé eſt prêt à échoir, quoique, comme il eſt à préſumer, la partie lui ait fourni les moyens & défenſes néceſſaires avant l'échéance de ſon
tour, le Procureur les retienne, afin
d'obtenir par-là un avantage, ou pour

traîner l'affaire par d'autres raiſons, &
que par conſéquent les Procureurs puiſ-
fent facilement uſer de toutes ſortes de
rufes & de fraudes pour gagner du
temps, ainſi & pour y obvier, ſera tenu ſous ſerment chaque Procureur, dont
les affaires ſont prêtes, de les produire
pendant ſon tour, quoique le délai pour
ce faire, ne ſoit pas encore expiré, &
celui qui ſera convaincu de l'avoir né-
gligé, ſera condamné à payer les frais
de ſa propre proche en peine & punition du procès retardé.

§. 90. De même auſſi, quand le délai de produire, eſt échu à l'égard d'un
Procureur, & que dans l'intervalle,
avant que ſon tour vienne, celui du
Procureur de la partie adverſe arrive,
il ſera tenu de produire ſes défenſes
ſous les mêmes peines, & ne pourra plus
les retenir à l'avenir pour éluder par-là
les délais judiciaires.

§. 91. Et puiſque les procès concernant le fiſc ſont tellement privilégiés,
qu'on tâche toujours de les expédier au
plutôt poſſible, & que pour cette fin
il eſt permis à notre Procureur Fiſcal en
vertu de l'Ordonnance de la Chambre,
p. 1. tit. 17. §. **Jn den ordentlichen
Audientien ꝛc.** de produire & de plaider les affaires judiciaires avant tous
les autres Procureurs, & toutes & quantes fois il lui plait, ainſi ſera tenu le

Procureur de la partie adverse (que notre Procureur demande acte de défaut
ou non) de produire son affaire, si elle
est prête, même avant l'échéance du
délai, & sans attendre que son tour
vienne.

§. 92. Soient tenus, le juge, les Présidens & les Assesseurs de la Chambre
de faire à l'avenir & dès à présent à
notre dit Procureur Fiscal la jonction
négligée depuis quelque temps, de deux
Députés de la maniere que le porte
l'Ordonnance p. 1. tit. 16. dont l'un sera de la Religion Catholique & l'autre
de la Confession d'Augsbourg: Faisons
en outre *ressouvenir & enjoignons aux
juge, Présidens, & Assesseurs, ainsi qu'à
notre Procureur Fiscal & Avocat d'observer fidellement & sans relâche tout ce
qui a été ordonné & statué par l'Ordonnance de la Chambre & autres Constitutions de l'Empire à l'égard de notre
fisc, & particulierement par le titre 16.
susmentionné, de même que par le Récès de Députation de 1557. §. Nach=
dem ⁊c. & sera particulierement tenu
notre Procureur Fiscal de demander audience, & de poursuivre aux frais du
fisc les affaires d'exécution, qu'il en soit
requis ou non.

§. 93. Mais si contre notre attente,
par toutes ces dispositions tendantes à
cette fin, & en particulier par les di-

tes audiences avant & après-midi l'ordre judiciaire des Procureurs ne peut
obtenir un cours aifé & expéditif, il eft
enjoint par ces préfentes & très rigoureufement ordonné aux Juge, Préfidens,
& Affefleurs de faire & de convenir
entre eux d'une certaine maniere de
produire les actes & pieces de procédures
par écrit dans le terme marqué, judiciairement & à une certaine heure, ou fi par-
là l'ordre judiciaire feroit trop arrêté,
de le faire devant des Députés, ou auffi
hors du jugement, mais cependant en
préfence d'un Protonotoire, d'un Notaire & d'un lecteur, comme auffi de façon,
que toute collufion & confufion foit
évitée, de l'achever & de la publier en
forme d'un réglement général, de l'introduire & de la faire obferver jufqu'à
fon changement ou ratification faite par
les vifiteurs, & enfuite par une affemblée générale de l'Empire.

§. 94. Et fi dans la fuite les pieces
& actes de procédures doivent être produites extrajudiciairement, on aura d'autant moins befoin des audiences du matin, ni de celles que l'on tient dans les
Canicules & autres féries, En conféquence on pourra les modérer, abréger ou
abolir.

§. 95. Pour l'actuelle & totale abolition & correction des fautes & défordres provenans des Procureurs, des Avo-

cats & des parties, ainſi que des ruſes, chicanes & ſurpriſes malicieuſes pour conſerver à leurs parties la poſſeſſion des biens conteſtés durant le procès, Nous ſtatuons, ordonnons & voulons, que pour éviter & couper court à tout cela, les Procureurs & Avocats, conformément à ce qui a été ordonné ci-deſſus au ſujet de la requête & de la réponſe, faſſent à l'avenir un ſimple expoſé du fait, & qu'ils ne le farcent point de diſputes & allégations de loix, qui la plus part du temps ne ſervent que pour embrouiller & obſcurcir les affaires, mais qu'ils les omettent ſous peine arbitraire; leur ſera cependant permis de mettre à la marge quelques textes de droit, ou d'alléguer des auteurs avérés, qui traitent *ex profeſſo* les affaires en litige, de même des avis & conſultations, avec ne expoſition préalable du fait y joint les raiſons de douter par maniere de rapport; on n'aura cependant aucun égard à ces avis lors du rapport, ou des opinions, pas même quant au fait.

§. 96. Et puiſqu'en ſecond lieu on a fait peu d'attention juſqu'à préſent au délai judiciaire péremptoire & préjudiciel avec le plus grand tort des parties, & un retardement prémédité des procès; feront tenus à l'avenir pour prévenir tout ceci, les Avocats & Procureurs, ainſi que le juge d'obſerver en ce point plus fidellement l'Ordonnance, & de

prêter une attention férieufe, à ce que,
fi le temps du délai courant n'a point
été obfervé par les parties, ni fauvé
avant la fentence privatoire & préjudi-
cielle accoutumée, fera pour lors la dite fentence auffi-tôt mife en exécution,
& tournera au defavantage de celui,
qui n'a point veuillé fur foi. Mais fi
avant l'échéance du délai préjudiciel la
partie alléguoit & juftifioit un empêchement, ou fi elle avoit déja de fait, &
non feulement de bouche, exécuté en
partie l'ordre ou le *Mandatum* du juge,
fur tout celui d'un payement à faire, &
que pour le refte elle demandoit une
prorogation de délais, alors on aura
égard à fa demande en lui accordant un
nouveau délai, qui pourra contenir la
moitié du temps du premier.

§. 97. De même auffi, & puifque
troifiemement les audiences ont été
beaucoup allongées par les longues &
amples propofitions des Procureurs, contre la teneur des Récès d'Empire, ainfi
que des Mémoires de vifitations & des
Arrêts rendus, & que l'ordre & le Rôle actuel des Procureurs eft beaucoup
embarraffé, ou que les petites peines
ftatuées ne faifoient pas affez d'impreffion
fur eux, & que bien des fois les Bédeaux
ne les exigent point, ou que les Procureurs les redemandent aux parties:
Ainfi Nous voulons & ordonnons, que
dorénavant on impofe aux Procureurs

défaillans pour la premiere fois la peine
d'un marc d'argent, pour la seconde,
troisieme, quatrieme, cinquieme & sixie-
me fois à l'arbitrage du juge le double
ou d'avantage, outre que toutes ces peines ne feront plus sursises jusqu'à la publication des sentences, mais feront de
pareilles longueurs aussi-tôt marquées par
les Notaires & Protonotaires dans les
audiences, & le protocole tous les jours
communiqué à la Chambre, & la peine
méritée & encourue toutes les semaines
annoncée au contrevenant par des décrets extrajudiciaires, & par les Bédeaux,
particulierement affermentés à ce sujet,
exigée sans retard. Si pour lors & dans
la suite le même Procureur y contre-
viendroit plus souvent, sans faire beaucoup d'attention à sa punition, on procédera contre lui comme désobéissant, en
le dégradant avec interdiction à temps
ou à perpétuité, & en le dépouillant
entierement de sa charge, & feront aussi
ces dernieres peines imposées & exécutées irremissiblement contre celui, qui
redemande la peine pécunaire de son
principal, & ne l'auroit point payé de
sa bourse, outre la restitution de ce
qu'il auroit ainsi répété de mauvaise foi.

§. 98. Et afin que quatriemement, si
avant la décision de la cause, l'une ou
l'autre partie litigante venoit à décéder,
les héritiers & leurs Procureurs, qui ne
cher-

cherchent point à fe légitimer, fans une préalable affignation en réprife, ne fe fervent de rufe pour temporifer & faire traîner le procès, on fera dorénavant tenu de donner les procurations pour foi & pour fes héritiers, & conféquemment, lors du décès de l'une des parties, il ne fera point néceffaire de faire affigner fes héritiers en reprife, mais, fi d'ailleurs la procuration a déja été judiciairement produite avant cette mort, fera tenu le Procureur de pourfuivre l'affaire jufqu'à fa décifion, & fera le jugement définitif, au cas que les héritiers du défunt n'ayent point été découverts jufqu'à ce moment, prononcé au nom & perfonne du Procureur, le quel fera tenu d'annoncer & indiquer en trois mois de temps, ou auffi-tôt qu'il en aura connoiffance, la mort de fon principal, ainfi que les noms de fes héritiers délaiffes, afin que l'Arrêt définitif foit d'autant mieux fait en forme.

§ 99. En outre & cinquiemement, fi le Procureur lui même étoit décédé, ou s'il avoit changé d'etat & d'emploi, comme il arrive quelques fois, dans ce cas les parties, ne fe fiant pas trop à leurs caufes, négligoient pendant plufieurs années de reconftituer Procureur, & même attendoient jufqu'à ce qu'elles fuffent forcées d'en conftituer par affignation en reprife. Pour y obvier, feront tenues à l'avenir les parties tout au commencement de l'Inftance, de conftituer un fubftitut Procureur (cependant fans falaire & feulement pour & au cas de décès) qui, au cas de la mort du Procureur principal avant l'iffue du procès, ou d'un changement d'état arrivé de fon côté, aura pouvoir & fera tenu de continuer le procès auffi-tôt & fans autre délai, fauf cependant à la partie de le garder ou d'en commettre un autre, mais dans le temps & tout au plus tard dans l'efpace de deux mois après que la mort du défunt fera venue à fa connoiffance, pourra cependant dans cet intervalle le fubftitut continuer le procès, & le juge prononcer, & fera la partie dans ce cas néanmoins obligée d'y acquiefcer felon la fituation de l'affaire. Mais fi le fubftitut meurt avant le Procureur, & que les parties en auront été averties à temps, comme elles doivent l'être, alors feront les dites parties tenues de commettre auffi-tôt un autre en fa place.

§. 100. Enfuite & fixiemement, puifque pour temporifer & faire traîner la caufe, les parties donnent fouvent des pouvoirs & procurations fpéciales, & même la plus part du temps feulement pour des chofes qui regardent le demandeur, mais non pas le défendeur, & que par-là les ci-mentionnés Procureurs, en vertu de ces procurations fpéciales, fe déchargent de toutes qua-

lités pour autres chofes quelconques, &
que conféquemment la partie adverfe fe
trouve néceffitée de demander de nouveaux un décret d'affignation en reprife,
ce qui retarde toujours la caufe : ainfi
il leur fera défendu de donner à l'avenir de pareilles procurations fpéciales,
mais fera tenue la partie de légitimer
fon Procurer pour toutes chofes par une
procuration générale, & fera la formule
du dit pouvoir général, dreffée à cette
Diète & inférée dans la future Ordonnance de la Chambre, & feront les
transgreffeurs d'autant plus rigoureufement contraints de payer la peine méritée. Sera cependant loifible à la partie
de paffer à fon fubftitut Procureur une
procuration fpéciale & expreffe pour une
certaine affaire, ou pour celles qui de
droit demandent un pouvoir fpécial, &
ne font point contenues fous la claufe
du pouvoir général, pourra auffi la partie pour une plus prompte expédition
du procès, donner outre le pouvoir général encore un pouvoir fpécial, &
fera en ce cas le Procureur tenu de fe
légitimer & produire fes pouvoirs à
temps fans aucun refus à fes rifques &
périls.

§. 101. Pas moins & feptiemement
feront tenus les Procureurs pour l'avancement des audiences & fous la peine
indiquée ci-devant au troifieme point,
lorfqu'il s'agira de produire les moyens

& autres pieces par écrit, de ne faire mention dans l'inventaire de productions, que des titres & des conclusions selon leur teneur, sera cependant le tout communiqué au Procureur de la partie adverse, ou à son substitut, afin de pouvoir s'en instruire & se pourvoir de défenses, ou bien ils produiront tout au commencement de leur tour de pareils inventaires par écrit, pour que la partie adverse puisse aussi-tôt comparoir avec ces productions par écrit & y fournir ses réponses.

§. 102. Huitiemement, on ne permettra plus la demande en prorogation des délais, à moins que l'on ne puisse vérifier & certifier un empêchement légitime, & afin que les séances & audiences ordinaires ne soient plus rétardées à ce sujet, l'on demandera les prorogations par des Députés.

§. 103. Ensuite, pour ce qui regarde les défauts & désordres de la Chancellerie & Notariat de la Chambre Impériale, ainsi que les moyens d'y remédier & faire en sorte que les Etats ne soient point chargés de taxes & d'épices outrées; comme notre cher & Amé l'Electeur de Mayence en qualité d'Archichancellier est tenu en vertu des Constitutions & observances de l'Empire, il se donnera toutes les peines & emploira tous ses soins pour qu'à présent & à l'avenir la

dite Chancellerie foit non feulement
pourvue de perfonnes ayant toutes les
qualités requifes, mais qu'en outre tous
fes autres défauts, particulierement touchant les actes, protocoles, & auffi les
complétés plus diligens, foient, moyennant des vifites reglées, dorénavant ôtés,
puis qu'à ce faire il s'eft foumis & offert.

§. 104. En outre le juge, les Préfidens
& les Affeffeurs auront l'ors de l'adminiftration de la juftice toujours devant
les yeux les ftatuts & coûtumes auffi
bien que les Récès de l'Empire & le
droit commun & les obferveront ftrictement, fe tiendront auffi dans les bornes
de l'Ordonnance de la Chambre & ne
s'en écarteront point, obferveront de
même la premiere Inftance & les Auftrégues, aboliront & cafferont ce qui a
été fait contre, & puniront arbitraire-
ment ceux qui fciemment auront paffé
le juge de la premiere Inftance : & n'ad-
mettront pas facilement les procès des
fujets & bourgeois contre leurs feigneurs
& Magiftrats, mais fe feront d'abord
inftruire, & en demanderont préalablement avis. Obferveront auffi fidellement
ce que porte le Récès de Députation
de 1600. à l'égard des parties pauvres,
ainfi que de tous les autres fujets.

§. 105. Comme cela doit être proprement entendu des caufes & affaires de
Mandata ou de fimple requête où les

S 3

bourgeois & fujets fe plaignent directement contre leurs Magiftrats, on l'obfervera en outre & de même lorfque des affaires concernant les loix & ordonnances faites par un Etat au fujet de la police & de maîtriffe, viennent par appel à notre Chambre Impériale, & aura le juge grand foin de bien pefer, avant de prendre connoiffance de caufe, l'interêt du Magiftrat de chaque lieu, ainfi que celui de l'Etat, ou du public y annéxé avec toutes fes circonftances, & fe gardera particulierement d'accorder aucune inhibition en pareils cas, mais fi une telle affaire fe trouve contraire à l'ufage raifonnable & non oppofé aux Conftitutions de l'Empire, ou fi elle eft contre les ftatuts & réglemens de police ou de maîtrife d'un tel endroit, il faudra, pour couper court aux voies de fait fi févérement défendues par les Conftitutions de l'Empire, ainfi que pour obvier aux invectives réciproques des Maîtres & garçons, & aux autres inconvenients, renvoyer les parties pardevant le Magiftrat du lieu, qui déja d'ailleurs a le pouvoir de revoquer ou de changer de pareils ftatuts felon les circonftances des temps.

§. 106. Comme auffi dans les villes de commerce il arrive en affaires de change, au temps de foires & autres, des cas, ou non feulement felon l'ufage entre marchands, mais encore conformé

ment aux fentiments de tous les juris-
prudens, l'exécution parée doit trouver
place, & és qu'elles on a coûtume de
la faire dans les vingt-quatre heures, ou
en peu de jours; Nous y acquiefçons:
& pour que les créanciers ne foient pas,
fouvent par une fimple oppofition de la
part du demandeur, non feulement déchus & privés de leur créance, mais
encore de tout crédit, honneur & fubfiftance, Nous laiffons fubfifter la chofe
de façon, qu'en pareils cas de change
le juge de la première Inftance puiffe,
fans être empêché par la voie d'appel
ou provocation quelconque, felon la fituation de l'affaire & qu'il le jugera à
propos, fans ou avec caution de la
part des créanciers, procéder & ordonner l'exécution, & contraindre les débiteurs au payement.

§. 107. Et comme il faut empêcher
que les appels à la Chambre Impériale
ne foient pas trop multipliés: Nous avons
conjointement avec les Electeurs & Etats,
préfens & lesConfeillers &Envoyés des ab-
fents mûrement examiné les propofitions
& Mémoires à Nous envoyés en 1643.
par les Affeffeurs, & avons bien reflé-
chi fur toutes les circonftances, afin de
connoître de quelle manière on pourroit moyennant certaines Conftitutions
empêcher les parties de courir aux appels frivoles & inutiles, & afin de ne
pas laiffer le chemin, fi non de l'oppref-

fion, au moins de la temporifation &
autres avantages des uns & des autres
efprits proceffifs, trop ouvert. En conféquence voulons & ordonnons, & faifons férieufement refouvenir & favoir
par la préfente que les Electeurs & Etats
doivent pourvoir leurs tribunaux de
gens dûement qualifiés, afin que perfonne ne puiffe s'en plaindre, ni alléguer,
que les tribunaux font de côté & d'autre fi mal compofés, que dans des affaires judiciaires & importantes l'on ne
puiffe point efperer une juftice équitable
& impartiale, & que pour cette raifon
on tombe toujours dans la difpendieufe
néceffité de recourir par appel à la Chambre Impériale.

§. 108. Et fi par les appels à notre
Chambre Impériale ou par d'autres preuves & juftifications il appert & confte
de quelques défauts foit dans l'établiffement des tribunaux, foit dans l'adminiftration de la juftice, ou que d'ailleurs
l'on puiffe certifier par des faits, que par
incapacité, impéritie, négligence, cor-
ruption ou malice du juge on ait prononcé ou jugé, au tort & préjudice d'u-
ne partie, ou audience dénié, ou retardé les procès, on procédera à la peine
& punition des juges & Magiftrats fupé-
rieurs auffi bien qu'inférieurs, & fera
tenu notre Fifcal Impérial d'en faire
l'exécution.

§. 109. En second lieu sera tenu le juge de la première Instance d'engager les parties, dont les causes sont douteuses, non seulement au commencement de l'Instance & avant la contestation en cause, mais en quelle partie de l'Instance que ce soit, par voies & remontrances convenables, à faire un accommodement à l'amiable, afin d'éviter par-là les frais inutiles d'une longue & couteuse procédure, fera cependant le juge, avant d'inviter les parties à une pareille composition, un examen férieux de l'affaire; & portera en de femblables compositions à l'amiable une attention particuliere, à ce que la partie ayant une caufe notoirement ou clairement injuste n'y foit point admise, & au contraire celle, qui a le bon droit par devers elle, n'en foit pas grêvée, ni auffi la juftice malgré la partie adverfe retardée.

§. 110. Troifiemement on obfervera dans la fuite dans toute la rigueur les priviléges de· *non appellando* accordés aux Etats, & à cette fin on renouvellera dans la falle d'audience le tableau, ou les priviléges des Electeurs·& autres Etats de *non appellando* font inférés, tant les priviléges illimités, que ceux qui font bornés à une certaine fomme avec les formalités à obferver, & fera le dit tableau, pour une plus grande & plus commode inftruction & obfervance du juge, Préfidens & Affeffeurs, publiquement fufpendu dans la dite falle.

§. 111. Quatriemement fera la fomme appellable de 300. florins, montée juf. qu'à celle de 400. écus d'Empire en capital, de même auffi les procès intentés en vertu du Récès de 1600. pour des droits, arrerages & jouiffances, & la fomme de 12. florins ftatuée pour ces caufes, montée à celle de feize écus d'Empire, fauf cependant les droits, priviléges & exemptions de chaque Etat.

§. 112. Avec cette claufe & addition cependant, qu'au cas que la fomme n'eft point appellable, & ne peut être devolue à la Chambre Impériale, le juge ordinaire des parties & à leur réquifition légitime, fera tenu de faire repaffer & examiner derechef par des jurisconfultes impartiaux toutes les pieces & actes de la procédure conformément au Récès de Députation de 1600. avec enregiftrement préalable d'iceux actes & pieces, en préfence des parties ou de leurs Procureurs (fans aucune recommandation) ou de les envoyer à une Univerfité impartiale, ou à un Corps juridique, & d'en demander leurs avis: Sera toutefois cette Ordonnance de rechef entendue, faufs les droits, priviléges, & exemptions des Etats, & fans préjudice aux loix provinciales &

ſtatuts d'iceux , mais reſteront tous &
chacun dans toute leur vigueur.

§. 113. Et afin que perſonne pour
raiſon de ſa petite fortune, ſoit léſé en
droit, ou laiſſé ſans ſecours, Nous ordonnons & voulons, que, ſi un appellant, au défaut d'une ſuffiſante information de la part du Magiſtrat ou juge inférieur du lieu de ſon domicile, de même
auſſi s'il n'y a point de parjure à craindre, peut certifier & juſtifier par ſerment, que ſes facultés ne montent point
au delà de deux mille florins ; ſi par la
ſentence il ſeroit grévé de trois cents
florins, ſon appel ſera admis, & ordonné en ſon affaire par Arrêt définitif ce
que de droit.

§. 114. Joint à cela & cinquiemement
il dependra & pourront les Electeurs,
Princes & Etats du St. Empire, tous &
chacun, à l'égard de leurs priviléges de
non appellando bornés à une certaine
ſomme, en demander une plus grande
étendue auprès de Nous comme Empereur des Romains, de qui de tels priviléges ainſi que d'autres graces décou-
lent, & attendront là-deſſus nos ordres
& réſolutions ſelon la ſituation des affaires & circonſtances.

§. 115. Comme auſſi une bonne partie des priviléges des Etats ont été
fixés à un certain nombre de florins,

ainſi l'on aura ſoin lors de la premiere
viſite, ſur une préalable communication & délibération avec les Aſſeſſeurs,
ſelon qu'il a été obſervé juſqu'à préſent,
de les rédiger & réduire à une certaine
ſomme d'écus d'Empire. En outre ſur
la réquiſition & remontrance des Etats,
Nous examinerons à l'avenir & peſe-
rons paternellement les beſoins & la néceſſité, lorſqu'il s'agira d'accorder des
priviléges de *non appellando* ou *Electionis fori* & autres ſemblables, qui pourroient ſervir à l'excluſion ou reſtriction
de la Juriſdiction du St. Empire, ou
préjudicier aux anciens priviléges des
Etats, ou aux droits d'une tierce perſonne, & Nous ne ſerons pas faciles
d'accorder à l'avenir les priviléges de
premiere Inſtance ou d'Auſtrêgues à ceux
qui n'en ont point joui juſqu'à préſent,

§. 116. Et ſixiemement, dans les cas,
ou de tels priviléges exigeront la pre-
ſtation du ferment de calomnie, ce ferment ſera toujours prêté devant le tribunal inférieur par l'appellant en perſonne, ou ſi ce ſont des Comtes ou Barons, par leurs Procureurs ſous peine de
perdre la cauſe, & feront les parties
préalablement inſtruites de l'effet du ferment; & ne ſera plus un tel ferment
déféré ſeulement, lorſque l'appel ſera
déja pendant à la Chambre. Sera tenu
le juge, dont eſt appel, d'admettre la
la partie à ce ferment, & de lui ac-

corder un petit délai pour en faire la
preftation actuelle d'icelui, de même
fera donnée caution, fi la teneur du
privilége l'exige, devant le juge de la
premiere Inftance, dans le temps y marqué, le tout fous peine de perdre la
caufe.

§. 117. Mais feptiemement, puifque
de tout temps le ferment de calomnie
de *non frivole appellando*, fi le privilége n'en contient pas d'autres, a été
prêté lors de la réproduction du procès
pardevant le juge d'appel, dans le premier délai avec juftification d'un pouvoir fpécial, tant de l'Avocat, qui occupe & écrit en caufe d'appel, que du
principal même, & cela fous peine de
défertion de caufe, & qu'en outre on a
inféré dans le ferment de l'un & de
l'autre (de l'Avocat & du principal)
cette claufe d'affurance, de la quelle on
fera fouvenir l'appellant, comme quoi
en premier Inftance il n'avoit aucune
connoiffance, ou qu'il n'avoit pas pu,
ou qu'il n'avoit point jugé utile & néceffaire de produire les moyens, qui fe
préfenterent lors de la preftation du ferment, ou qu'il pourroit produire durant
la caufe d'appel; mais qu'à préfent il
eftime, que la production d'iceux lui
eft néceffaire pour parvenir à fes droits,
& au cas que l'Avocat Principal venoit
à decéder, ou a être changé, fera tenu
fon fubftitut, après une fuffifante &

préalable inftruction prife des actes, de
répéter le fufdit ferment d'appel, & fera
obfervée la même chofe avec les fucceffeurs des parties prédécédées.

§. 118. Si cependant huitiememenť,
après la Commiffion & relief d'appel, ou
au moment de la réproduction d'icelui,
il fe trouvòit que les caufes d'appel ne feroient point fondées en droit, dans ce
cas fera l'affaire non dévolue, non feulement renvoyée pardevant le juge de la
premiere Inftance avec reftitution de dépens, mais fera en outre le fol appellant condamné à l'amende du fol appel,
que le juge augmentera felon les circonftances.

§. 119. Et après tout cela, neuvieme-
ment, puifque l'éfprit proceffif à tellement gagné les cœurs jufqu'à préfent,
que les juges inférieurs ne prononcent
prefque plus de fentences, dont on
n'interjette appel, il faut auffi contre
cette manie, & contre les parties temé-
rairement appellantes augmenter la peine
fixée & les condamner à l'arbitrage du
juge felon l'exigence des cas & les circonftances des affaires, à une peine de
deux, trois jufqu'à vingt marcs d'or
même à une peine corporelle & afflicti-
ve, & ne feront dorénavant reçus les
appels à notre Chambre Impériale, que
fur la production d'un certificat affidé,
que le juge inférieur fera tenu d'accor-

der à la réquifition de la partie, comme quoi tout a été fait & obfervé felon l'exigence des droits & priviléges de chaque endroit, ou que le juge inférieur y a mis obftacle, & ne feront point reçues les caufes d'appel fur une fimple requéte fupplicatoire ; fera pareillement l'Avocat téméraire mis à une amende proportionnée à fon forfait & témérité, & toujours puni plus févérement que les parties, qui peuvent ignorer le droit, ou qui n'ont fouvent pas affez de connoif- fance des affaires.

§. 120. Et puisqu'en outre, & dixiemement, l'on fe difpute déja depuis plu- fieurs années inutilement & avec une grande perte de temps pour favoir, *fi la fentence eft nulle de droit, ou feu- lement injufte* & cela uniquement, par- ce qu'on peut pourfuivre la nullité d'une fentence pendant trente ans, & qu'on a feulement dix jours pour ap- peller d'une fentence injufte ; ainfi pour éviter de pareilles difputes frivoles, on fera obligé d'obferver le délai fatal de dix jours, tant pour appeller d'une fen- tence nulle, que pour interjetter appel d'une fentence injufte, & s'en tiendra à l'avenir conftamment notre Chambre Impériale.

§. 121. Mais à l'égard des nullités, qui réfultent d'un défaut incorrigible dans la perfonne des juges, ou des parties, ou dans les chofes effentielles du procès, il faut s'en tenir à la difpofition du droit commun.

§. 122. Enfin & onziemement, Nous ordonnons par la préfente férieufement aux Affeffeurs de notre Chambre Impériale, d'examiner mûrement les priviléges des Etats, d'y être fort attentifs, & de s'en rapporter fermément, afin de ne pas recevoir légérement des appels, qui feroient contraires à de pareils priviléges, & aux fommes y determinées; à ce conformément ne pourront le juge de la Chambre, les Préfidens & les Affeffeurs, s'ils doutent, fi la fomme eft appellable, ou fi peut-être elle n'eft point conforme au privilége, adjuger les inhibitions demandées, mais feront tenus de les refufer, ou au moins de demander préalablement avis du juge, dont eft appel.

§. 123. Après avoir délibéré fur le point de l'appel, Nous avec les Electeurs & Etats préfens, & les Confeillers & Envoyés des abfens, pour abréger les révifions, & expédier l'exécution des Arrêts rendus, en réflechiffant mûrement, comment on pourroit prévenir ou empêcher la multiplication des révifions, fommes convenus, ftatuons ordonnons & voulons auffi, que quoique l'effet fufpenfif, que l'on cherchoit par les

révifions

révifions des Arrêts rendus par la Chambre, foit à l'avenir levé, & que le feul effet devolutif fubfifte, à cette condition cependant, que la partie, en faveur de la quelle la fentence a été prononcée, & qui en demande l'exécution, foit tenue de donner caution de faire reftitution, au cas que par le jugement de révifion elle perde la caufe, & fera le cautionnement pour lors fignifié & communiqué à la partie adverfe pour lui fervir d'avis & d'éclairciffement ultérieur; fi la partie trouvoit la caution non fuffifante, & par-là excipoit contre, le juge interpofera fon office & portera fa fentence; fi cependant le juge n'avoit pas affez de connoiffances des facultés de la partie victorieufe, ou de la fuffifance & bonté de la caution offerte, alors il fera tenu, fans admettre des écrits réciproques & fans délai, de s'informer foit auprès des Directeurs des Cercles du Magiftrat, ou par le moyen d'une commiffion, felon qu'il le jugera bon & néceffaire pour une plus prompte expédition des procès, de la vraie fituation des facultés de la partie & de la caution & prononcera alors. Que fi le juge eftimoit encore néceffaire, qu'outre l'information fus-dite, les parties lui donnaffent encore un éclairciffement par écrit, fera ce faire leur permis, mais toute autre production par écrit prohibée, auffi n'accordera le juge jamais au delà de deux mois pour délai de pro-

duction par écrit, & pour que la procédure ne foit pas trop allongée, & les
audiences par-là empêchées, fera le dit
point de caution terminé & achevé pardevant des députés. Mais comment &
de quelle façon les Electeurs & Etats
auroient à fournir caution en ces cas,
quoique jufqu'à préfent on fe foit conten-
té de leur caution par écrit, cependant
pour différentes raifons & réflexions, on
en laiffera la difpofition, de même auffi
quand un pauvre ne feroit point tenu de
donner caution, à l'arbitrage du juge: En
outre on entendra la préfente caffation
de l'effet fufpenfif des révifions, de celles à venir, & on ne l'étendra point
fur celles, qui déja avant la préfente
ont été demandées à la Chambre, de
même auffi dans les futures révifions,
qui feront demandées en affaires eccléfiaftiques ou de Religion, on l'aiffera
fubfifter l'effet fufpenfif auffi long-temps,
& jufqu'à ce qu'à la prochaine & prorogée Diète, ou dans une autre affemblée
on fera là-deffus convenu d'autres chofes; feront cependant de telles révifions
concernant les affaires eccléfiaftiques ou
religieufes toujours expédiées & terminées
avant & préalablement aux autres, &
auront les vifites extraordinaires ordon-
nées par la préfente Diète pour accélérer & terminer les anciennes Révifions,
auffi long-temps cours & lieu, jufqu'à
ce qu'elles foient toutes vuidées. Quant
aux Révifions nouvelles, & pour qu'el-

les foient auffi-tôt poffible entreprifes
& expédiées, on prendra, felon le befoin, le quart des fufdits vifiteurs extraordinaires, comme il en eft plus amplement pourvu par la fuite.

§. 124. Dans les cas ou les appels
conformément au droit commun ne font
point admiffibles, n'auront pareillement
pas lieu les Révifions, & fera tenu un
chacun, qui cherche à obtenir Révifion
d'en former la demande dans les quatre
premiers mois, à compter du jour de
l'Arrêt prononcé, fous peine de defer-
tion, auprès de Notre Neveu l'Electeur
de Mayence, ou fi lui eft intéreffé dans
l'affaire, auprès de l'Electeur de Trêves,
& de la faire fignifier à la Chambre avec
les griefs de Révifion, s'il en veut produire, le tout fommairement, brievement & diftinctement, ou en cas d'en
avoir été légitimement empêché, moyennant un certificat d'empêchement, en
demander en autre délai, & feront tenus en même temps la partie auffi bien
que l'Avocat, ou en perfonne ou par
Procureur & Mandataire, de prêter ferment de Révifion, & fi l'un ou l'autre
avoit été omis dans le dit délai fixé
de quatre mois, & à iceux non obéis,
fera la Révifion putative regardée comme nulle & non demandée, & les Arréts préalablement rendus, comme ayant
paffé en force de chofe jugée, donnés à
exécution. Mais fera le ferment de Ré-

T 2

vision, selon la situation des affaires, & comme il étoit d'usage jusqu'à présent, prêté à notre Chambre Impériale, tant à l'égard des Mandataires, que des Principaux & Procureurs pour raison du serment corporel.

§. 125. Pour & afin que les parties soient aussi d'autant plus retenues des frivoles Révisions, feront les actes dont on prétend se servir en Révision, non seulement taxés par les Réviseurs selon l'état & situation des affaires, & les épices par celui qui demande intervenir en Révision, aussi-tôt réellement déposées dans l'Archive avec perte d'icelles, si la sentence est confirmée par les Réviseurs, ou s'il se désiste ou renonce à la Révision (à moins que les parties n'eussent fait un accommodement à l'amiable, avant que la Révision ne fût commencée, mais feront encore, si la témérité & la folie paroissent trop grandes, les parties & les Avocats condamnés en outre à une considérable amende, & dans le cas d'impossibilité d'y satisfaire à une peine corporelle à l'arbitrage du juge, & feront les peines pécuniaires employées aux besoins de notre Chambre Impériale, & les épices à l'entretien des Réviseurs. Mais quant à la taxation des anciennes affaires de Révisions accumulées depuis plusieurs années, sera pour cette premiere fois; si la partie sur la publication de cet Edit

Impérial se déclare en poursuite de la
chose, la Révision entamée par les Assesseurs à l'arbitrage des Réviseurs, en
sera donné avis à la partie, la quelle
ne mettra les actes de Révision dans
l'Archive, que lorsque l'on commencera
le procès en Révision.

§. 126. Pour diminuer la multitude
des Révisions, de même qu'il y a une
certaine somme appellable, il y aura
aussi une certaine somme Révisible, &
sera cette somme de deux mille écus
d'Empire en Capital, sans y comprendre les rentes & arrerages, aussi dans
les cas & affaires, ès quelles on ne
pourra appeller du juge inférieur à notre
Chambre Impériale, on ne pourra non
plus en demander Révision, si par maniere d'une simple requéte elles auront
été traduites pardevant la dite Chambre.

§. 127. Comme il faudra maintenant
vuider les Révisions accumulées, & tâ-
cher de remettre les visites & les Révisions sur l'ancien pied, quoique pour
cet effet l'on ait prescrit une certaine
maniere par l'Ordonnance de la Chambre & les Récès de l'Empire, & que
les obstacles, qui ont arrété jusqu'à présent les visites & les Révisions, ayent
été lévés, & que même il ait été pourvu par l'Ordonnance de la Chambre,
que chaque fois deux du College des
Princes, & un de chaque banc, & qu'un

T 3

de ces deux Princes alternativement,
feroit tenu d'affifter aux vifites ordinaires en perfonne, ou de mettre un autre
Prince en fa place, mais puifqu'en ces
affaires, celui, dont le tour de paroître
en perfonne étoit venu, malgré la peine
de cinq mille florins d'or ftatuée au cas
de non - comparition, s'eft fouvent ex-
cufé, & que les vifites ou plutôt les
Révifions ont été par-là beaucoup arrêtées, fera dorénavant loifible & permis
au Prince, dont le tour, en vertu
des Conftitutions de l'Empire, d'affifter
perfonnellement aux vifites, eft arrivé,
d'y paroître lui même & en perfonne,
ou d'y envoyer un de fes Confeillers
diftingués, qui pour un plus grand refpect
fera au moins un de fes premiers Miniftres, comme la même chofe eft permi-
fe aux autres Etats y envoyés.

§. 128. Secondement, ne feront plus,
fur la non - comparition de l'un des Révifeurs, les actes, comme ci-devant &
en vertu de l'Ordonnance, abandonnés
& laiffés fans révifion, & rejettés pour
l'année prochaine, mais au lieu & place
de l'Etat abfent, la Chambre convoque-
ra auffi - tôt celui, qui dans l'ordre
lui fuccede pour le remplacer & completer le nombre, & fera néanmoins
celui, qui ne comparoit point, obligé
de payer les frais & dépens faits pour
raifon de fa négligence, & de fubir la
peine ftatuée par le Récès de l'Empire

contre les défobéiffans, fi ce n'eft, qu'un
tel Etat convoqué, puiffe engager fon
fuivant de même qualité à prendre pour
cette fois fa place, & l'envoyer à temps
pour affifter au jour indiqué aux vifites
& Révifions, au quel cas le dit Etat
empêché fera tenu d'affifter & de vaquer
à la prochaine vifite.

§. 129. Et auffi troifiemement, pour
que les anciennes affaires en Révifions,
qui font en très-grand nombre, foient
à préfent au plus vite revues & expédiées, l'on a ordonné une Députation
extraordinaire des Etats, qui fe trouvent
le mieux pourvûs de fujets diftingués &
expérimentés dans les affaires Camerales,
en tel nombre, qu'ils puiffent être divifés en quatre Chambres favoir, de vingt
quatre Etats, qui pour le premier Novembre de l'année courante 1654. font
tenus de fe trouver dans notre ville
Impériale de Spire, y vaquer à la vifite, & faire exécuter particulierement
ce qui vient d'être décidé en fait de juftice, & n'a peut être pas encore eu
fon effet, & d'entreprendre les affaires
de Révifion, de les pourfuivre en toute diligence, & d'en expédier autant
que poffible, & de continuer ainfi pendant toute l'année jufqu'au premier Novembre de l'année fuivante 1655. & fera pour lors la dite Députation relevée
par une autre en même nombre, qui
fiégera jufqu'au premier Mai 1656. &

T 4

fera enfuite relevée par une femblable, &
fera ce changement alternatif continué
& répété fans interruption . & en toute
diligence, jufqu'à ce que les anciennes
affaires de Révifion foient entierement
vuidées, & feront à icelles chaque fois
députés les Etats, qui n'auront pas été
précédemment employés à des Députations extraordinaires, auffi long-temps,
& jufqu'à ce que le tour d'un chacun
fut paffé, conformément à la lifte &
état dreffé à cet effet, & feront les dits
députés, felon l'ordre établi par le dit
état, convoqués par notre Neveu l'Electeur de Mayence, chaque fois à temps,
& même la premiere claffe pour le premier de Novembre prochain, la feconde de même pour le premier de Novembre de l'an 1655. la troifieme pour
le premier de Mai de l'an 1656. & ainfi
toutes les cinq claffes de fuite de fix mois
en fix mois, & auront les Confeillers ordinaires des Députés, ou au moins pour
& à cet acte fpécialement autorifés &
engagés, une grande connoiffance du
droit & des procès, mais n'auront point
préalablement occupé ni prononcé dans
les affaires de Révifion, & n'y auront aucun interêt. Et particulierement ne feront pas données deux différentes procurations, ni accordées deux voix à
une feule & même perfonne, cependant
afin que les nouvelles Révifions ne
s'enflent & ne s'accumulent point de
rechef dans la fuite, & quelles foient

vuidées outre & avec les anciennes, on commettra chaque fois & fpécialement une des quatre Chambres de Révifion, pour l'expédition des nouvelles affaires en Révifion, & feront icelles par elle vuidées; après la vuidange des quelles on mettra auffi entre fes mains toutes les autres affaires de Révifion, fera auffi tenu notre amé Electeur de Mayence de donner avis aux Etats, qui font députés à la Révifion, & leur fera connoître les parties, qui fe déclarent & s'annoncent dans le terme & délai fixé par notre dit Edit publié depuis peu dans l'Empire & fes Cercles, & en donnera auffi avis à la Chambre, afin qu'elle en puiffe faire chercher les actes & les taxer pour cette premiere fois fur la ratification des Révifions, & l'annoncer aux parties.

§. 130. Seront auffi tenus les députés Révifeurs avant leur départ après le temps de leur féjour écoulé, d'expédier & vuider les affaires par eux commencées, & ne s'en iront pas auparavant.

§. 131. Après qu'ainfi les vieilles affaires de Révifion auront été expédiées & mifes de côté, on rétablira les vifites ordinaires, & feront conformément à l'Ordonnance de la Chambre continuées tous les ans, & puifque depuis l'an 1582. (c'eft-à-dire depuis feptante ans) on n'a fait aucune vifite, ni Révifion ordinaire, Nos Commiſſaires Impériaux, & les députés des Electeurs & Etats conviendront enſemble, lors de la prochaine viſite extraordinaire de la Chambre, d'un certain ordre & état, que l'on gardera dans la Chancellerie de notre amé Neveu l'Electeur de Mayence, & que l'on obſervera en convoquant les Etats à une telle annuelle & ordinaire viſite.

§. 132. Pas moins feront tenus les Réviſeurs d'engager les parties qui ſe préſenteront à cet effet, cependant ſans retard & empêchement d'autres affaires, avant toutes choſes, à une compoſition amiable ſur tout dans des affaires importantes, & ils entreprendront & expédieront de préférence les cauſes & actes, ou l'on auroit la voie d'armes à craindre, mais ils ne déféreront aucunement à une frivole demande en Réviſion.

§. 133. Les viſiteurs conjointement avec les Aſſeſſeurs & quelques expérimentés Procureurs & Avocats délibéreront & repaſſeront à la prochaine viſite le plan de la nouvelle Ordonnance de la Chambre, conçue en 1613. & produite à la Diète tenue pour lors, mais qui n'a pas été depuis par Nous & les Etats de l'Empire miſe dans ſa perfection, ils y ajouteront tout ce qui aura été entre eux ordonné & convenu à cet égard, & le tout ſera préparé & aviſé de

façon, que l'on puiſſe entierement vuider cet objet à la prochaine Diète.

§. 134. A l'égard des doutes de la
Chambre (auſſi bien concernant les
procédures que les droits) feront tenus
les Aſſeſſeurs dans cet intervalle, d'en
faire un enſemble, d'y ajouter leurs réflexions & concluſions, & d'envoyer le
tout à la Chancellerie de Mayence,
afin que par icelle il en ſoit donné communication à temps aux Viſiteurs & Réviſeurs, pour qu'ils en puiſſent prendre
connoiſſance autant que beſoin, & lors
de la viſite d'autant mieux examiner les
défauts y trouvés, & les abolir.

§. 135. Mais quant aux contrarietés
d'Arrêts de la Chambre, que les Aſſeſ-
feurs ont fait parvenir par leur Memoi-
re de 1643. aux Députés de Frankfort,
& que l'on peut attribuer en partie &
à juſte titre aux Avocats & Mandataires, feront tenus les Aſſeſſeurs d'éviter
de toutes façons de pareils Arrêts,
& en cas qu'il s'en préſente à l'avenir,
d'en faire un ſeul & même Arrêt.

§. 136. Pourvoiront auſſi les Electeurs
& Etats de l'Empire & feront en ſorte
auprès de leurs tribunaux inférieurs, que
l'on y obſerve autant que poſſible le ſti-
le de procéder de la Chambre Impériale :
Soit cependant maintenue & conſervée
toute autre maniere, qui y auroit été

introduite & conftamment ufitée jufqu'à préfent, en y obfervant cependant ce qui a été ftatué ci-deffus touchant l'abolition de l'étendue des moyens de production.

§. 137. Puifque divers Etats fe font auffi plaints, que la Conftitution des gages & hypothéques, extorquée par violence à la Chambre Impériale, lors de la commiffion obtenue, & après les exceptions formées fur l'injonction de parition, étoit tellement étendue, que par là celui, qui eft en tranquille poffeffion, en eft dépouillé fans préalable connoiffance de caufe, fous prétexte, qu'elle eft en litige, & ainfi adjugée par une voie indirecte à la partie, qui n'auroit pas ofé la demander directement, & cela particulierement à l'aide & en vertu du Récès de Députation de 1600. §. Wann zwifchen zweyen Partheyen ꝛc. ainfi après avoir demandé les avis des Affeffeurs fur cette affaire, on la difcutera foigneufement avec eux dans la prochaine vifite, en convenant prépératoirement d'une chofe certaine, que l'on propofera à la prochaine Diéte prorogée, pour y être par Nous conjointement avec les Electeurs & Etats pleinement achevée.

§. 138. Et afin qu'auffi les procès en affaires de gages & hypothéques, & fur tout en fait d'affignation, foient autant abrégés que poffible, on fera tenu dans

la fuite de produire auffi & en même
temps, outre & avec les exceptions de
fub & obrepion, les caufes de gages &
hypothéques, enfemble l'affaire principale,
comme cela a été déclaré ci-devant, &
fera procédé conjointement & de pas
égal fur ces deux points, de façon cependant, qu'à l'égard de la décifion de
l'un ou de l'autre ils ne s'empêchent
point mutuellement, mais fi les affaires
font affez inftruites, quant au point de
la parition, on prononcera l'Arrêt, fans
attendre que l'on fe foit foumis à l'affignation. De même & pas moins feront
les caufes des *Mandata* fur la conftitution des gages & hypothéques forcées,
& fur les faifies, fi pour raifon d'un
nouveau fait il furvient des difputes entre les mêmes parties, fur le même
droit, toujours commifes au fénat, qui
y aura précédemment prononcé, & fi
après les exceptions rejettées on aura
donné un Arrêt de parition, l'impétrant
ne fera pas obligé de comparoir ou de
répondre, avant l'exécution actuelle de
ce qui aura été ordonné ; feront au refte le juge & les Préfidens attentifs à
ce que l'on ne donne aucune affaire à
expédier au Rapporteur, fur le rapport
duquel l'affignation a été donnée.

§. 139. Auffi fi l'un ou l'autre des
Affeffeurs étoit intentionné de quitter la
Chambre, il feroit tenu avant toutes cho-
fes, en cas qu'il fe trouve engagé dans

les Chambres de Re - & Co-relation, ou
qu'il feroit intéreffé à donner fa voix &
fon avis, de s'aquitter préalablement de
fa Re - & Co-relation ainfi que de fon
fuffrage, de même s'il étoit prêt à faire
un rapport, il en fera préalablement
mention au juge de la Chambre, qui le
fera ouir.

§. 140. Mais au contraire, & afin
que des gens qualifiés s'attachent à notre Chambre Impériale, & ne la quittent
point fi légerement, mais qu'ils aient
d'autant plus de raifons d'y refter conftamment. Nous ordonnons, ftatuons &
voulons auffi par ces préfentes avoir
férieufement répété, ce qui a été ftatué
par l'Ordonnance p. 1. tit. 49. au commencement, que le juge de la Chambre, les Préfidens, Affeffeurs, Avocats,
Procureurs, Protonotaires, Notaires, lecteurs, écrivains, fergens, huifiers, &
toutes autres perfonnes y attachées,
même auffi les veuves & enfans des pré-
cécédés, tant qu'ils refteront domicilés
à la Chambre, fans changer d'état, fans
fe marier dans la bourgoirfie de l'endroit, ou fe mettre fous d'autres jurisdictions, enfemble leurs domeftiques &
ménages, auffi long-temps qu'ils refteront dans les bornes de leurs fonctions
camerales, feront exempts par tout, de
toutes fortes d'impôts fur leurs biens
meubles, des droits de péage, & autres
femblables, ainfi que de toute autre

jurisdiction, & ne feront aucunement troublés, mais pleinement maintenus dans la poffeffion & jouiffance de ces priviléges. De plus on s'en tiendra à la convention faite entre l'Electorat Palatin & la Chambre en 1579. on l'obfervera des deux côtés, & on éclaircira les doutes, qui pourroient naître au fujet de fon interprétation par des conférences amiables, ou par d'autres voies bienféantes : en outre ne pourront les perfonnes employées, & attachées à cette Chambre être ni caparetiers ni marchands.

§. 141. Mais au fujet des enfans des employés de la Chambre décédés, qui établiffent une économie féparée, on s'en tiendra, fauf le droit de chaque partie tant au petitoire qu'au poffeffeffoire, à ce que la Commiffion ordonnée entre la Chambre & la ville de Spire aura décidé à cet égard.

§. 142. Quant à la maniere de rapporter, il eft connu, que celle ufitée jufqu'à préfent eft fort lente, & que fort fouvent une affaire de rapport, vu que les fuffrages auffi bien que les actes font dictés à la plume, a duré deux, trois ou plufieurs années ; ainfi pour qu'en cette affaire on faffe auffi un ordre & les changemens néceffaires, fera dorénavant la dictée prohibée, par contre feront les rapports feulement lûs, comme il eft d'ufage dans d'autres tribunaux,

mais lentement, afin que les autres affeffeurs en puiffent comprendre la fub-
ftance, & autant que poffible en prendre note, & avant de paffer au rapport,
fera connoître le rapporteur en peu de
mots les fins & conclufions, & à peu
près les moyens du fond en omettant
un plus grand détail, & rapportera auffi-
tôt avec toute la briéveté & bienféan-
ce convenable, ce qu'il aura protocollé
des actes comme effentiel & fervant à
l'affaire, & s'abftiendra en rapportant
de toute étendue fuperflue, en fe gardant particulierement de ne plus inférer dans fon rapport les points qui par
des Décrets formels auront déja été
décidés.

§. 143. Et fi fecondement, l'un ou
l'autre Affeffeur n'avoit peut être pas
bien compris, ce qui a été rapporté &
lû ou s'il l'avoit perdu de mémoire, &
que pour cette raifon il voudroit lire
lui même le rapport fait des actes, fera
le dit rapport mis ou bureau du fénat,
& loifible à chaque Affeffeur de s'en
inftruire plus amplement. Mais après
la lecture & information prife, le rapport (qu'on ne doit pas long-temps retenir) remettré au bureau, afin que
d'autres puiffent également s'en inftruire,
& pour cet effet le mettre dans un certain endroit, du quel fera fait mention
ci-après; ce qui fera obfervé en toutes
affaires, qu'elles aient été définitivement

ment, ou en matieres importantes inter-
locutoirement décidées & conclues, de
même dans les rapports de femaines,
qui fe font les famedis, & ne fera écouté aucun, qui au contraire s'aviferoit de
faire fon rapport des actes mêmes, &
non pas de fon protocole ou extrait,
mais fera debouté; fera cependant permis aux Affeffeurs du même fénat que
le rapporteur, de prendre les actes chez
eux, afin d'en prendre une fuffifante
connoiffance.

§. 144. A cela joint, & afin que troifiémement, les affaires aient un cours
d'autant plus expéditif, fera le rapporteur avec fon rapport des actes & avis,
avant qu'un autre rapporteur, qui felon
l'ordre le précéde, commence à faire
fon rapport, prêt, afin que le co-rapporteur puiffe dans cet intérvalle de temps
fe faifir des actes en originaux, & s'en
informer de même, & que, fi le rapporteur feroit par hafard trompé dans
le fait, il puiffe l'en faire fouvenir.

§. 145. Seront en toutes manieres,
quatriémement, les rapports commencés
continués, & par les co-rapporteurs,
auffi-tôt que les rapporteurs auront donné leurs voix, co-rapportés, & les voix
données felon l'ordre fans interruption,
& fans mélange ni intervention d'affaires
quelconques, & ne fera aucune nouvelle
affaire commencée avant la décifion, ni

Tome VI. U

les requêtes ou suppliques, qu'on étoit peut être empêché de décreter le jour précédent, expédiées pendant la séance du sénat, & en conséquence seront les abus, qui s'y sont glissés jusqu'à présent abolis, vû que ci-devant, après le rapport des actes, le suffrage étoit suspendu, ou les autres n'y donnoient pas leurs voix, ainsi le temps se perdoit; bien des fois même quelques Assesseurs mouroient dans l'intervalle, & les actes en grande partie restoient au croc.

§. 146. Ne sera cinquiémement, nullement permis au rapporteur, de faire un long raisonnement sur son suffrage pour raison du fait, ou du droit, ou sur ce qui est déduit dans le rapport des actes, encore bien moins pourra-t-il, comme a été dit ci-devant, donner sa voix par écrit à sa dictée avec perte de temps.

§. 147. Si donc, sixiémement, le co-rapporteur ou le suivant votant, conviendra & fera de concert avec le rapporteur, ils se déclareront purement & simplement par ce mot, *Placet*, ou si l'un ou l'autre votant, pour affermir d'avantage l'opinion du rapporteur ou co-rapporteur, auroit besoin de proposer ou dire chose quelconque, il pourra le faire en toute liberté.

§. 148. Lorfque, feptiémement, la conclufion aura une fois été donnée, l'Arrêt couché par écrit & agréé par le fénat, fera le dit Arrêt auffi-tôt dicté au Notaire, figné par le ra- & co-rapporteur, & enfuite dûement publié.

§. 149. Sera, huitiémement, le rapporteur préalablement tenu de figner de fa main le rapport & fa voix, & au cas que fes conclufions aient été unanimement adoptées, & reçues à la pluralité des voix, il les fera paffer cachetées au juge de la Chambre, ou à fon Lieutenant, tous les quels, rapport des actes, voix & conclufions cachetées il fera tenu de mettre dans une caiffe au caveau, pour le quel on fera faire deux clefs, dont l'une fera donnée au juge de la Chambre, & l'autre au premier Affeffeur d'icelle, & ne feront les dites clefs confiées, qu'aux Révifeurs, ou fi d'ailleurs dans une affaire d'exécution ou de liquidation, il étoit néceffaire de les donner à d'autres on ne le fera que contre *Récepiffé*.

§. 150. Neuviémement, la féance commencera en Eté au quart pour huit heures du matin, & continuera fans immixtion d'affaires étrangeres jufqu'à neuf heures dans les jugemens définitifs, & enfuite un quart après neuf heures jufqu'à dix dans les affaires & jugemens interlocutoires.

§. 151. Et puisque dixiémement, souvent un rapport, qui a été commencé, mais pour être imparfait n'a pas été achevé, reste en arriere, uniquement par ce que personne n'en sollicite plus la continuation, & qu'en conféquence le temps se perd, feront tenues toutes les parties, qui aimeroient voir leurs actes expédiés, tout de suite à l'issue de cette Diète, au moins dans l'espace d'un an, se faire annoncer à la Chambre par leurs Procureurs & dans la suite dans un, deux ou trois mois à différentes reprises répéter leurs demandes, & seront pour lors tenus les Assesseurs d'expédier de tels actes préférablement à tous autres, & d'aider les parties à parvenir le plutôt possible à leurs fins.

§. 152. Comme aussi l'expérience nous apprend, que les Assesseurs ont quelque fois reçu des actes défectueux, ou dans les quels les conclusions n'étoient point tout-à-fait prises & arrêtées, à être rapportées, & qu'après y avoir employé beaucoup de temps, on s'est seulement apperçu, que pour cette raison l'on n'y pouvoit gueres avancer, outre que les Mémoires des visites exigent, qu'un rapporteur examine préalablement bien l'affaire, & qu'il ne produise aucun acte imparfait à être rapporté, afin de ne pas donner occasion par-là, que l'on ne prononce point sur les soumissions & conclusions faites, on

prendra dorénavant contre les Procureurs, Avocats & folliciteurs, qui y
donnent occafion, & qui avant d'avoir fait
leurs foumiffions & conclufions, demandent Arrêt, toutes les précautions
convenables.

§. 153. De même douziémement, fi
à la table des Décrets l'on a commencé à lire les actes ou à taxer les dépens, mais que dans la même heure on
ne pouvoit achever le tout, on ne s'en
défaifira, ni ne les mettra pas pour cela de côté, mais on les achevera &
expédiera le lendemain.

§. 154. Comme auffi treiziémement,
après la démiffion ou décès de l'un ou
de l'autre des Affeffeurs, les actes, qu'i-
ceux avoient laiffé derriere eux, ont
coutume d'être retenus dans le Chancellerie ou au bureau jufqu'à ce qu'il
foit remplacé, & que fon fucceffeur
fe trouve perfonnellement au tribunal,
& que par-là il eft arrivé, que de tels
actes y reftoient fouvent long-temps
avant d'être diftribués : pour y obvier,
Nous ordonnons & voulons, que de
pareils actes ne feront plus dorénavant
après la démiffion ou le décès de l'un
ou de l'autre des Affeffeurs, mis de
côté jufqu'à l'arrivée du fucceffeur, mais
feront auffi-tôt partagés entre les Affeffeurs, & particulierement entre ceux,

U 3

qui auparavant fe font trouvés dans le
fénat du démis ou prédécédé.

§. 155. Ce que l'on obfervera pareillement & quatorziémement lors de la
mort du rapporteur, & en ce cas le co-
rapporteur deviendra rapporteur & fera
de cette façon le rapport des affaires
commencé, pas moins continué.

§. 156. Il eft en outre par celle & en
vertu de la préfente ordonné aux Affeffeurs de notre Chambre Impériale, de
porter conftamment des jugemens impartiaux, & pour cette raifon, de ne
jamais favorifer l'une des Religions, faifant tort à l'autre, & au cas que les
opinions foient partagées, de ne point
accéder à l'une plutôt qu'à l'autre partie,
mais comme il convient à des prêtres
& Préfidens à la fainte & falutaire juftice, (de fuivre le chemin droit, & de
remplir exactement fes devoirs, & qu'ainfi
un chacun faffe fans refpect & acception de perfonnes quelconques, & fans
aucune vue étrangere, ce que le droit,
les Conftitutions de l'Empire, la Paix
de Religion, la Paix profane, & la
paix de Weftphalie exigent; & porduï-
ra pour cela par écrit les raifons, caufes & motifs de fa voix (afin que l'on
en puiffe juger, s'ils font conformes auf-
dits droits & Conftitutions Impériales)
& s'il appert que l'un ou l'autre n'aura
point jugé fuivant le droit & la juftice,

mais par affection, il fera pris en fait
& caufe, & foumis à la peine du fyn-
dicat.

§. 157. Quoique auffi, Nous conjointement avec les Électeurs & Etats euffions trouvé bon, que pour empêcher
& éviter les différentes confufions, défordres & mésintelligences fur tout ès
lieux, où fe trouve l'exercice des deux
Religions, où il faudroit, pour l'avancement de la juftice & du commerce,
faire un accord & une convention générale dans l'Empire touchant le Calen-
drier; cependant par de certaines raifons l'on ne pouvoit pour cette fois
convenir d'autres chofes, fi non que
l'on déliberera à la prochaine vifite extraordinaire pour favoir, fi & de quelle
façon il faut introduire à ce fujet une
égalité entré la Chambre & la ville de
Spire, & que l'on y prendra auffi l'affaire de la dite convention Impériale,
pour enfuite en être ftatué quelque chofe
de certain à la prochaine Diète prorogée.

§. 158. Et afin qu'auffi les Arrêts
prononcés foient exécutés fans retard,
& la procédure ufitée en fait d'exécution, le mieux poffible, abrégée, on
pofera & fixera chaque fois & tout de
fuite dans l'Arrêt définitif (comme on
a coutume de faire dans le procès des
Mandata) & en toutes affaires, où l'exécution eft d'ufage & néceffaire, à la

partie condamnée au lieu des Exécutoires, felon la diftance du domicile
des parties, un certain délai d'obéiffance & d'exécution, & pour en juftifier,
fous la peine ordinaire des Mandemens
d'exécution, ou à l'arbitrage du juge,
& avec menace de faifie & exécution
réelle.

§. 159. Dans le quel délai fera tenue
la partie condamnée faire voir & juftifier fon obéiffance à l'Arrêt, & ne lui
fera point accordé un plus long délai
à ce fujet, & à faute de ce faire, elle
fera, à la réquifition de la partie victorieufe, déclarée avoir encouru la peine
y énoncée avec tous dépens, dommages & intérêts, & fera l'exécution tant
à l'égard de la peine, que du fond,
commife par des Mandemens exécutoires, felon la teneur de l'Ordonnance
de notre Chambre, à fon Magiftrat, ou
au Prince Directeur du Cercle de fon
domicile & de fes biens fitués ou s'ils
font intéreffés dans l'affaire, & auffi
s'il y a d'autres raifons importantes, à
l'arbitrage du juge, aux Princes Directeurs
de l'un ou de plufieurs Cercles voifins,
tous les quels, conféquemment aux Ordres de la Chambre, & à la jufte demande de la partie victorieufe, feront
tenus de lui prêter fecours & faire
exécuter l'Arrêt.

§. 160. Et fi quelqu'un, de quelque

dignité, état ou condition qu'il foit,
s'oppofoit en quelque façon par des
voies de fait à l'exécution ordonnée par
la Chambre, celui aura encouru la peine
de profcription, & l'on procédera contre
lui fans refpect ni égard à toute autre difpofition que l'on pourroit alléguer contre, felon la teneur des Ordonnances de la Chambre, de l'exécution,
& du préfent Récès §. 15.

§. 161. Mais dans les cas & affaires,
qui, parceque les Arréts ordonnent feulement *de ne point faire*, *ou de s'ab-
ftenir*, ne demandent pas d'autre exécution, fi non que la partie condamnée
s'abftienne d'un certain fait, on déterminera également une certaine peine, au
cas de contravention, & fi elle s'avi-
foit de contrévenir à l'Arrêt prononcé,
l'on ne fe contentera point de procéder
contre elle avec déclaration de la peine
encourue, mais on lui pofera un brief
délai pour donner caution de ne plus
troubler, empêcher, excéder, attenter,
& offenfer dorénavant, & fera en même
temps l'exécution pour la peine méritée,
de la maniere fufdite, moyennant des
Mandemens exécutoires, actuellement
commife à fon Magiftrat ou aux Princes Directeurs, & s'il s'y oppofoit, ou
ne fournifloit point de caution dans
le temps prêfcrit, & qu'ainfi il tomboit
dans la peine de la profcription, on procédera en outre contre lui conformé-

ment aux Constitutions de l'Empire, &
aux Ordonnances de la Chambre, de
l'exécution, & à cette présente, n'en-
treprendra cependant notre dite Chambre Impériale, à l'égard de la proscrip-
tion, pas plus que les Récès d'Empire
& l'Ordonnance de la Chambre lui permettent, & sera dans la prochaine
Diète prorogée, conformément au traité
de paix de Westphalie, délibéré & ordonné, de quelle maniere & par quel
ordre un Etat pourra être déclaré
proscrit.

§. 162. Comme il s'est aussi présenté
des plaintes, que pardevant les tribunaux des Electeurs & Etats, ou autres
tribunaux inférieurs l'on rendoit peu de
justice aux parties, & sur tout aux étrangers & gens beaucoup éloignés, même en
affaires importantes, & cela sous prétexte de l'impossibilité de satisfaire, ou
de la pauverté de la part du défendeur,
& puisque les constitutions de l'Empire
de 1566. & de 1600. §. Ob auch,
promotoriales &c. y ont déja pourvu, on
les gardera & observera de toutes manieres, & seront tenus nos, Juges, Présidens & Assesseurs de la Chambre de s'y
conformer fidellement, & auront les
Electeurs & Etats grand soin de faire
administrer & rendre une justice prompte
& égale.

§. 163. Comme aussi les Etats se sont

beaucoup plaints des abus glissés dans
les Chapitres de Cologne, de Liege, de
Munster , & en d'autres endroits de
l'Empire , provenant des appels , que
l'on interjette de leurs officiaux respectifs au Pape ou aux Nonces , de pres-
que toutes sortes de jugemens indifféremment, même en matieres civiles & pro-
fanes, & que par-là les jurisdictions
sont confondues, les affaires civiles traduites hors de l'Empire pardevant des
tribunaux étrangers, & les parties avec
une grande perte de temps & à grands
frais trainées de côté & d'autres ; de
de tout quoi il arrive, que, non seulement il en naisse plusieurs procès de
Mandemens en cassation, mais que les
Nonces par des Mandemens en cassation
au contraire, ordonnent aux parties,
sous de grandes peines pécuniaires ou
de censure ecclésiastique de lever les
Mandemens de la Chambre qui pour
cette raison, & afin d'abolir de pareils
abus & procédures désordonnées, &
préjudiciables, qui ne tendent qu'à diminuer la supériorité territoriale, & à
confondre les jurisdictions, intervient
auprès de Nous, ainsi qu'auprès
des Electeurs & Etats ; en conséquence & en Nous souvenant des différentes
Lettres Patentes & Mandemens de *non
évocando*, jadis émanés de Charles-
quint notre Amé prédécesseur dans l'Empire, & envoyés aux Etats d'icelui,
Nous emploirons à ce sujet tous nos soins

auprès du St. Siege, afin qu'il défende
aux Nonces de pareils procédés à l'é-
gard de l'Empire, de ses membres &
sujets, qu'il ne les souffre plus dorénavant, & sera tout ce qui se fera au
contraire, cassé & annullé; aussi en général ne seront plus permises les évoca-
tions des causes pardevant & aux tribunaux étrangers hors de l'Empire,
comme elles sont déja regardées par
notre Conseil Aulique comme nulles &
sans effet. Du reste on ne fera plus d'attention à l'avenir à l'absolution des ser-
mens faite par les Nonces, & n'auront
de pareils dégagemens aucun effet, à
moins qu'ils ne soient faits par le juge
ordinaire à l'effet de pouvoir intenter
ses actions.

§. 164. Et afin que notre Chambre
Impériale qui Nous représente, ainsi que
les Electeurs & Etats de l'Empire, &
qui vient d'être si dignement & si magni-
fiquement rétablie, conformément aux
précédens Récès & Constitutions de l'Empire, soit convenablement maintenue
dans son autorité, jurisdiction & pouvoir, & que les causes y pendantes
aient un cours libre, ferme & sans obstacle : Nous voulons, statuons, Mandons & Ordonnons, qu'un chacun, de
quelle dignité, état ou condition qu'il
soit, soit tenu de laisser jouir la dite
Chambre de toutes ses dignités & honneurs, & de recevoir ses ordres & inhibi-

tions avec tout le respect convenable,
dé lui prêter toute obéissance à elle dûe,
& de se servir, particulierement lors de
l'insinuation des procès de la Chambre,
& ailleurs, soit par écrit, soit verbalement, de toute prudence & retenue
possible, & au contraire de s'abstenir
tant au dedans, qu'au dehors du jugement, de toute entreprise témeraire &
malhonnête, des voies de fait, de même de toute parole indécente contre le
respect dû à la dite Chambre, de ne point
la dénigrer, ni de médire d'elle, ni de
son juge, & en cas que quelqu'un se
croit grêvé par ses Décrets & Arrêts,
de ne s'en plaindre, que là ou il convient
selon la teneur des loix & Constitutions
de l'Empire : Sera aussi celui, quicon-
que il puisse être, autant de fois, qu'il
y contreviendra, tenu de payer au Fiscal Impérial une amende pécuniaire à
l'arbitrage du juge selon la situation de
la personne & du fait; avec une répétition réitérée & confirmée par ce qui a
été statué par l'Ordonnance de la Chambre p. 2. tit. 35. savoir, qu'on laissera
à la justice & aux procès pendans à la
Chambre un cours libre, droit & sans
empêchement quelconque, en y compré-
nant particulierement ces choses, qui
déja avant le traité de paix étoient pendantes à la Chambre, & qui conformément à son Ordonnance art. III. §.
*Mais comme telles & semblables consti-
tutions*, ont déja été restituées, ou sont

encore à reftituer, ainfi que d'autres affaires à y expédier dans la fuite.

§. 165. De même dans les caufes &
procès pendans à notre Chambre Impériale, ou dans celles, qui pourroient y
être attachées dans la fuite, perfonne
ne demandera ni n'obtiendra aucun ordre, défenfe, mandement, inhibition,
réftitution, évocation, fufpenfion & délais, qui pourroient empêcher le cours
& l'expédition des affaires, hormis les
moyens de droit accordés & permis par
les Conftitutions Impériales & par la
préfente, & fera la partie contervenante
condamnée à payer une peine confidérable de dix marcs d'or, applicable moitié à notre fifc, & moitié à la partie
grêvée, & fera néanmoins, ce qui aura
été ainfi obtenu, ou ce que l'on obtiendra à l'avenir de Nous & de notre
Confeil Aulique par des procédés ou
procédures importunes & controuvées,
en tant qu'il fera contraire à la préfente,
nul & de nulle valeur, & ce non obftant, continué en droit, comme il
convient, & jugé, & ce qui aura été
ainfi prononcé, mis en exécution.

§. 166. Comme auffi lors & dans les
traités de paix générale il a été fait mention de la translation de la Chambre,
& que ce point a été remis à la prochaine Diète, Nous trouvons ainfi que
les Electeurs & Etats, après une mûre

délibération & un férieux examen des
affaires, que la dite translation n'eft point
faifable quant à préfent, Nous aurons
cependant grand foin de mettre les perfonnes du dit notre fouverain tribunal
en fûreté, & de les prendre conformément à l'Ordonnance tit. 49. p. 1, que
Nous répétons felon toute fa teneur dans
le préfent Récès, fous notre garde, aide & protection, & celle du St. Empire,
& les y mettons par la préfente tous &
un chacun, invitons auffi & ordonnons
aux Electeurs & Etats, fur-tout aux plus
voifins de l'endroit, ou la Chambre fera affife, de maintenir & de conferver
les perfonnes fufmentionnées dans notre
dite garde, aide & protection en toutes occafions, & par les moyens indiqués par l'Ordonnance Impériale d'exécution. Et fi, contre toute attente, il
s'élevoit à l'avenir (Dieu nous en pré-
ferve) de nouveaux troubles, guerres,
ou défis dans le St. Empire, Nous Nous
intéreflerons à temps & paternellement
pour eux & pour leur fûreté, & en re-
commanderons auffi-tôt les mêmes foins
aux Electeurs & Etats voifins, exhortons auffi particulierement par la préfente le Bourguemaître & le Sénat de notre ville Impériale de Spire & voulons,
que dans les cas d'affaires & négociations
importantes, des quelles fa fécurité,
ainfi que celle de notre Chambre paroif-
fent dépendre, elle fe lie étroitement
& en toute confiance avec le Corps Ca-

méral, ce qui d'ailleurs ne portera aucun
préjudice à ses droits & immédiateté,
& puisque la couronne de France a été
autorisée par le traité de Munster de
mettre garnison dans la forteresse de
Philippsbourg, cependant à ses frais &
uniquement pour sa défense, & que l'entretien de la dite garnison n'ayant point
été fourni par cette couronne selon &
conformément à la teneur du dit traité,
le Chapitre de Spire contre le susdit traité a été obligé d'y contribuer, & en
a beaucoup souffert, & qu'aussi dans ces
circonstances la ville de Spire & ses habitans, y compris notre Chambre Impériale & toutes les personnes y attachées,
se trouvent dans un danger perpétuel,
ainsi que dans une grande inquiétude
& cherté, outre mille autres incommodités, distractions & empêchemens de
vaquer à leurs fonctions : Nous tâcherons de diriger & de négocier ces affaires auprès de l'Amé Roi de France, de
façon qu'à cet égard, ainsi qu'au sujet
des plaintes de la part de plusieurs
Etats, & particulierement pour nos dix
villes Impériales d'Alsace, on satisfasse
audit traité de paix, & que l'on abolisse
à l'avenir tous griefs à ce contraires :
Nous aurons soin en outre de faire décider & terminer les différens entre les
personnes de la Chambre & de la ville de
Spire par une commission après la nomi-
niation de personnes affidées des deux
côtés.   §. 167.

§. 167. Et puisque les Electeurs & Etats présens, & les Conseillers, Ambassadeurs & Envoyés des absens, Nous ont sollicité & prié, de faire en sorte, qu'à l'avenir on n'observât pas moins dans notre Conseil Aulique qu'à la Chambre Impériale, la jurisdiction des juges de premiere Instance, & des Austrègues, Nous avons depuis le commencement de notre regne Impérial toujours gracieusement observé & maintenu de tels priviléges, & avons aussi sérieusement ordonné à notre Conseil Aulique de faire de même.

§. 168. Comme il a aussi été pourvu par le traité de Westphalie, qu'outre les deux Assesseurs Catholiques de la Chambre à être présentés par Sa Majesté Impériale, les Electeurs & Etats Catholiques devoient convenir entre eux au sujet de la présentation des vingt-quatre Assesseurs, ainsi il a été convenu & conclu dans la présente assemblée Impériale, qu'iceux auroient à présenter selon & conformément à l'état qui suit, savoir :

Electeurs du St. Empire.	Mayence . .	2.
	Tréves . . .	2.
	Cologne . .	2.
	Baviere . .	2. *

* Aujourd'hui l'Electeur Palatin.

Cercles Catho-liques.	d'Autriche	. . 2,
	de Bourgogne	. 2,
	de Baviere	. . 2,

Etats Catholi-ques dans les Cercles mixtes.	de Franconie	. 2.
	de Suabe	. . 2.
	du haut Rhin	. 2.
	de Weftphalie	2.

§. 69. Et auffi, après qu'il a été pour-vu & ordonné par le dit traité Art. VIII. §. *quant à la recherche*, qu'à cette pré-fente Diète on délibéreroit fur les voies & moyens, par les quels là pourfuite des actions contre les débiteurs *ruinés* par les calamités de la guerre, ou char-gés d'un trop grand amas d'intérêts, puiffe être terminée avec modération & de façon que des plaintes & procès ré-ciproques des débiteurs & créanciers il ne naîffe point entre eux de *nouveaux* troubles & diffentions préjudiciables à la tranquillité publique, & qu'en confé-quence Nous aurions demandé à notre Confeil Aulique, ainfi qu'à notre Cham-bre Impériale leurs avis & confeils à ce fujet, & les aurions gracieufement communiqué aux Electeurs & Etats pré-fens, & aux Confeillers & Envoyés des abfens pour en délibérer. Les fuf-dits Etats ayant dans leurs Corps & Col-leges refpectifs mûrement examiné ce point avec toutes fes circonftances, Nous en auroient fait de rechef la pro-pofition par un Mémoire Impérial, fur

lequel après une plus grande discution
de ces affaires, Nous Nous sommes enfin déterminés de statuer pour le bien
public, ainsi que pour une plus grande
sûreté des débiteurs & des créanciers,
& afin que des deux côtés l'on vive ensemble en paix, & dans une harmonie
& union parfaite.

§. 170. Statuons en conséquence, ordonnons & voulons que premiérement
la présente disposition ne comprenne
que les débiteurs arrierés & appauvris
par les maux de la guerre, ou qui sont
accablés d'arrérages & d'intéréts accu-
mulés, & au contraire ne seront ni ne
pourront y être compris ceux, qui ne
se trouvant point dans une telle situation, sont en état de satisfaire leurs
créanciers, ou qui malgré les obligations, qu'ils ont fait conjointement avec
d'autres pendant la guerre, ont resté
solvables, & sont conséquemment, en
vertu de leurs contrats & de droit, obligés de payer leurs créanciers. Secondement chacun sera également obligé
de se conformer à ce que les Electeurs
& Etats, chacun dans son territoire,
comment leurs sujets & bourgois doivent se comporter en affaires de crédit,
selon leur situation à eux le mieux
connue, & selon les dommages à eux
arrivés par la guerre, auront déja arrêté & ordonné, & à ce qu'ils pourront
encore régler & statuer à ce sujet dans

X 2

la fuite. Et troifiémement, que tous
les Créanciers & débiteurs foient par cette conftitution avertis & exhortés fous
leurs ames & conlciences, de faire réciproquement & avant toutes chofes,
tous leurs efforts, afin de parvenir entre
eux, autant que jufte & poffible, à
une amiable compofition, & au cas qu'elle n'ait pas lieu, aura le juge en dé-
cidant les affaires, grand foin de fuivre
conftamment la préfente, avec une exception particuliere cependant de la
Conftitution de Holftein, & de la Tranfaction de la Maifon Princiere d'Anhal-
te, paffées avec leurs provinces refpecti-
ves au fujet du crédit, & par Nous
confirmées.

§. 171. Quant aux capitaux, ils refteront premiérement à chaque créancier,
illéfés, entiers & fans diminution quelconque, & ne pourra être alléguée contre
aucune prefcription pour n'en avoir pas
formé la demande foit d'iceux, foit
des intérêts pendant la guerre. Ne
pourront cependant fecondement, les
créanciers dénoncer le remboursement
des capitaux préfentement dû & exigible, que dans trois ans à compter de
la date du préfent Récès: Et au cas
troifiémement, qu'un créancier dénon-
ceroit un capital après les dits trois ans,
il fera loifible au débiteur de rembour-
fer à fon créancier en argent comptant,
dans les fept années fuivantes la fomme

principale par parties, & dans un, deux,
trois, quatre, cinq, fix ou tout au plus
fept termes, à l'arbitrage du juge & à
proportion de la fomme dûe. Et au cas
quatriémement, que le débiteur dans
les délais affignés n'auroit & ne pourroit pas trouver de l'argent comptant,
il lui fera libre de donner des meubles
ou immeubles en payement (cependant
au choix du créancier conformément au
droit commun) avec une préalable efti-
mation à faire felon le prix commun d'i-
ceux eû égard aux temps paffé & préfent; & fera le créancier tenu d'accepter un tel payement. Si cependant cinquiémement, le débiteur par un mauvais ménage & par débauches fe trouvoit, ou tomboit dans un état d'infol-
vabilité, de façon, que raifonnablement
l'on ne pourroit efpérer de lui ni une
meilleure vie, ni une meilleure fortune,
il ne jouira point du dit privilége de
payer par parties & par termes, à moins
que dans cette circonftance, il ne puiffe d'ailleurs fournir une bonne & fuffifante caution au créancier. Et auffi fixiéme-
ment, fi le créancier manquoit de moyens
de fe fuftenter lui & les fiens, ne pourra la préfente Conftitution concernant
le capital, fauf cependant l'arbitrage du
juge, lui être d'aucun obftacle. Septiéme-
ment, quant aux obligations extorquées
violemment durant la guerre, on s'en
tiendra à ce qui en a été pourvu par
le dit traité de paix.

X 3

§. 172. A l'égard des arrérages & intérêts échus & non aquittés; fera premiérement, vû la propofition de divers moyens en général, & les circonftances des temps & du St. Empire, de même la fituation des créanciers & débiteurs, mûrement examinées, tout reliquat d'intérêts jufqu'à la date du préfent Récès d'Empire jufqu'au quart entiérement caffé & annullé, refervant cependant au débiteur, qui ne feroit pas même en état d'acquitter ce quart, de faire preuve légale de fon impuiffance. Secondement par les dites raifons, & afin que le débiteur ne foit aftreint à l'impoffible, & que l'on procure toute fûreté poffible au créancier, on a trouvé bon, que le dit quart reftant des intérêts fupprimés, après dix ans à commencer de la date du préfent Récès, foit payé de façon, que chaque année outre l'intérêt courant on foit obligé d'acquitter un dixieme du dit quart d'intérêts arriérés & reftans, & cela fans interruption, jufqu'à ce que le dit quart foit entiérement acquitté. Mais au cas, troifiémement, que de la maniere fufdite, le capital auroit été rembourfé avant l'échéance de ces dix années, fera tenu le débiteur d'acquitter le reliquat du dit quart d'intérêts dans les trois ou quatre années fuivantes, & ne pourra le créancier être contraint à fe défaifir & remettre l'acte d'obligation avant le parfait & entier acquittement de tous les intérêts.

§. 173. Quant aux arrérages & intérêts à venir, seront iceux à compter
de ce moment, qu'ils proviennent de
rentes rachetables, ou d'argent prêté,
cependant conformément aux Constitutions de l'Empire, & pas au delà de
cinq pour cent, toutes & chaque années, & aux termes stipulés sans faute,
payés & acquittés & au cas de négligence, sur une simple production d'o-
bligations on donnera exécution parée
contre le débiteur. Mais cependant,
pour qu'en considération des susdits
réglémens on ne passe les bornes de
l'équité, & qu'en affaires claires & liquides on évite toute confusion & longueur, on doit en excepter; Iᵒ. ce dont
on est convenu, & l'on s'en tiendra,
à moins que le débiteur ne puisse prouver, qu'il a été ruiné par la guerre po-
stérieurement à leur convention; IIᵒ.
les jugemens & Arréts mis en exécution; IIIᵒ. ce que l'on aura déja payé
& remboursé soit du capital soit des
intéréts, pour raison de quoi ni répétition ni diminution aura lieu; IVᵒ. ce
que l'on aura donné ou reçu pour rançon & contributions pour sauver son
corps, sa vie, & ses biens, ou pour le
payement des deniers d'indemnisation
& de satisfaction, & seront les oppositions à y faire décidées selon le droit
commun; Vᵒ. les deniers prêtés pour
achat & réparations des biens dévastés
actuellement encore existans, & dont

X 4

on a joüi dans cet intervalle; VI°. ce qu'une caution ou un promettant de payer pour un autre, aura été obligé de payer, ou ce qu'il fera obligé de payer dans la fuite hors de l'Empire, ou cette conftitution ne fait pas loi. Mais quant à l'intérêt de la fomme payée pour un autre; & qu'il croiroit pouvoir exiger, on s'en tiendra à ce qui en a été pourvu ci-deffus au fujet des intérêts; VII°. quant aux caufes pies & privilégiées, Nous les remettons à l'arbitrage du juge.

§. 174. L'on ohfervera la préfente en toutes manieres, & on la maintiendra fermement & rigoureufement fans s'arrêter aux lettres de repit antérieurement accordées; & Nous n'en donnerons plus dorénavant qui foient contraires à la préfente.

§. 175. Mais après que notre Amé Electeur Palatin Nous a fait préfenter très-humblement ainfi qu'aux Etats un Mémoire, par le quel il confte, que fa fituation eft toute particuliere, & pas femblable ni égale à celle des autres Electeurs & Etats, & qu'en conféquence il Nous a prié de vouloir bien à fon égard prefcrire & ordonner un remede & moyen particulier: Nous avons à ce fujet donné ordre à notre Confeil Impérial Aulique de réflechir & délibérer fur tous les moyens utiles & convenables pour fecourir dans la fuite le dit

Electeur Amé, & de prêter toute attention aux prieres & reſſouvenir des Etats
en faveur du dit notre Amé.

§. 176. Après que les Electeurs & Etats
ont auſſi entre eux, de même qu'avec les
Commiſſaires de Suede, tenu pluſieurs
conférences & délibérations à la préſente
Diète pour délivrer la fortereſſe de Vecht
de la garniſon ſuedoiſe, & qu'enfin
on a dreſſé nouvellement un Récès ſous
la date de Ratisbonne du (12.) 22.
Mars, & qu'on l'a dépoſé dans la Chancellerie de Mayence, Nous avons auſſi,
pour le bien commun, conjointement
avec les Electeurs & Etats conſenti, à
ce que l'Evêque de Munſter & autres
Etats grêvés & chargés de l'entretien
de cette garniſon, faſſent entrer par
les voies d'exécution les deniers de la
ſomme requiſe pour completer celle, que
le Cercle du haut Rhin, & les Etats
des ſix autres Cercles doivent encore
pour ſatisfaire aux frais des troupes de
Suede, & de fournir ſans délai d'autres
ſommes à intérêt convenu, les quelles
ſommes feront délivrées par les Etats
négligens avec tous dépens & dommages, ſans préjudice cependant de ceux,
qui auront livré leurs cotes à temps,
ou qui ſelon le Récès de Nuremberg ont
à les compenſer ; ne ſera cependant
par-là rien ôté à l'aſſurance donnée à
Nuremberg au dit Evêque de Munſter,
& lui permettons de nouveau de pro-

céder par la voie d'exécution contre les Etats négligens, sera auffi tout ce qui a été pourvu en faveur d'autres par le Récès d'Empire, à eux également réfervé, & l'on s'en tiendra en toutes manieres.

§. 177. Et après que les Electeurs & Etats ont trouvé néceffaire, que pour affermir la paix & le droit, on confultât & déliberât mûrement, de quelle façon le St. Empire Romain pourroit être en tous cas affuré contre les puiffances étrangeres, ainfi que contre tous troubles & revoltes, & par-là maintenu dans un état de paix perpétuelle; confidérant en outre que depuis plufieurs années, & même depuis les traités de paix d'Osnabrück & de Munfter, ainfi qu'auparavant les Etats en guerre avec d'autres ont tenté, entrepris & exécuté diverfes attaques & invafions contre les Electeurs & Etats de l'Empire, particulierement contre les Etats des Cercles Eccléfiaftiques, du haut Rhin & de Weftphalie, & qu'il eft de toute néceffité de prévenir & de s'oppofer dans la fuite avec une ferme & conftante vigueur à de pareils attentats & procédés auffi ruineux que honteux pour le St. Empire Romain : pour ces raifons & motifs & conformément à ces très-humbles avis & confeils, Nous fommes par ce préfent Récès convenus avec eux, & eux réciproquement avec Nous, fta-

tuons en conséquence & ordonnons, que
l'on observe en toute rigueur, l'Ordonnance d'Exécution falutairement établie
par le Récès de l'an 1555. & enfuite
dans les années 1559. 1564. 1566. 1570.
1576. 1582. 1594. utilement & avan-
tageufement augmentée, corrigée, & répétée contre les dites & toutes autres
voies de fait, troubles & revoltes exci-
tés quelque part, & qu'en tous cas
l'on fe prête mutuellement & felon fa
teneur, des fecours, aîdes & main-forte fans aucun délai, & que tous & un
chacun tiennent & regardent cette ordonnance en tous fes points comme
une regle infaillible, & que pour fa plus
grande affurance, tous les Cercles foient
tenus de faire au plus tard le premier
Septembre à compter de la date du préfent Récès, & tenir des affemblées pour
remplir & compléter les dignités, charges & offices de Directeurs, Capitaines
& Adjoints des Cercles, de façon que
dans tous les cas de befoin ils puiffent
conformément à la dite Ordonnance, &
aux premiers ordres du Directeur du
Cercle auffi-tôt s'affembler, & porter le
fecours ou befoin fera.

§. 178. Et fi le Directeur du Cercle
étoit en défaut de fatitfaire à fes devoirs, feront tenus les adjoints & fubordonnés d'y fuppléer, & aura le Directeur du Cercle, à la follicitation du
quel on enverra des fecours, le com-

mandement & la direction des troupes auxiliaires, il ne pourra cependant entreprendre aucune affaire capitale, fans l'avis, confeil & confentement des Directeurs, Adjoints & fubordonnés des Cercles fécourans.

§. 179. Et comme cette importante affaire tente au bien public, & à une paix & tranquillité perpétuelle de l'Empire, on n'en doit exempter aucun Electeur, Prince ou Etat, ni aucun dé leurs fujets, ainfi au cas, qu'un quelqu'un voudroit s'oppofer à la dite Ordonnance d'Exécution, ou intervenir auprès de notre Confeil Aulique, ou à la Chambre Impériale pour procéder contre elle, ne fera un tel aucunement écouté, mais auffi-tôt mis hors de cour & aftreint à fon obfervation, & en cas d'oppofition il fera permis de procéder contre lui felon la teneur d'icelle, & n'en fera excepté aucun, immédiat ou médiat, ni villes, Landfafs ou fujets, mais feront particulierement tenus les Landfafs, fujets & bourgeois des Electeurs & Etats de contribuer à l'entretien des forterefles, places & garnifons néceffaires de leurs Princes, Seigneurs & Magiftrats.

v. *Schmaufs. Corp. J. p. pag.* 1095.

§. 180. Quant à la quantité des troupes & préparatifs de guerre de chaque

Cercle, puifque dans les fufmentionnés Récés d'Empire & Ordonnance d'Exécution il en a été pourvu, Nous y aquiefçons & voulons pour cette fois conjointement avec les Electeurs & Etats, que l'on s'en tienne.

§. 181. Si cependant le Cercle, qui feroit le plus expofé au péril, fe muniffoit d'une plus grande quantité de troupes, que fa cote exige, il ne feroit point pour cela obligé de fournir a un autre Cercle au delà de fon contingent.

182. Dans les négociations & délibérations des Cercles fur les affaires concernant l'Ordonnance d'Exécution & les armemens & munitions néceffaires la pluralité des voiés doit toujours l'emporter, & fera la partie contraire obligée de s'y foumettre.

§. 183. Mais puifque plufieurs Etats, & particulierement les villes Impériales ne veulent fe foumettre à la cote indiquée, jufqu'à ce qu'on ait vuidé le point de la modération de la cote matriculaire, & afin que les préparatifs néceffaires ne foient pas par-là empéchés, on emploira toute diligence poffible, pour que cette affaire à l'égard des parties qui fe croient furchargees, foit encore avant le mois de Septembre entiérement décidée, en attendant feront tenues ces parties de fournir leurs cotes felon l'ancienne matricule.

§. 184. Et quoiqu'on ait délibéré à la préfente Diète, fi & comment on pourroit changer & corriger la dite Ordonnance d'Exécution felon l'état préfent du St. Empire, & la mettre dans fa perfection, de même comment l'on doit fe comporter dans les Cercles de Religion mixte avec des partifans de la confeffion d'Augsbourg pour raifon de la parité demandée en fait de défenfe : mais puifque le temps ne Nous permet gueres de finir cet objet, fera tenu chaque Cercle de la maniere fufdite, de s'affembler au plutôt poffible, & encore avant le premier mois de Septembre en fuivant, de bien examiner les befoins, & de tout ce qui par une conclufion générale aura été trouvé bon, en faire communication entre eux, & particulierement à Nous comme chef, & l'envoyer enfuite à la Chancellerie de notre Amé Neveu l'Electeur de Mayence, afin qu'à la premiere Diète de Députation, ou autre affemblée de l'Empire (de la quelle on fera mention par après) on l'examine plus mûrement, & après une conclufion générale on le porte dans le Récès d'icelle.

§. 185. Après qu'auffi les Electeurs & Etats fe font très-humblement abandonnés à Nous, quant aux levées de troupes, favoir, fi vû le manque d'hommes, il ne faudroit point défendre pour un certain temps aux étrangers de faire des recrues dans l'Empire, & fur-tout dans les Cercles les plus dépourvûs de monde : Nous Nous fommes fouvenus des ordres & Mandemens , que Nous avons fait publier pour quelque temps à ce fujet, les quels ainfi que les Récès d'Empire doivent être maintenus & obfervés dans la fuite.

§. 186. En outre & après qu'il s'eft levé un différent entre notre Amé Oncle, Electeur & Prince du St. Empire, le Comte Palatin Charles Louis , & le Comte Palatin Louis Philippe Nos Amés, pour raifon de leurs Principautés de Lauteren & de Simmeren, & les terres y appartenantes, le quel ayant été enfin entiérement vuidé, décidé & convenu en préfence de l'Electeur de Mayence par les Commiffaires de Nous départis & à ce ordonnés, favoir par nos Amés Neveux, Oncles, Electeurs & Princes d'Empire, les Electeurs de Mayence, de Saxe & de Brandenbourg . de même l'Evêque d'Aichftætt, & les Ducs de Wirtemberg & de Holftein Nos Amés, comme le porte plus amplement, la tranfaction fous la date de Ratisbonne du 22. Novembre (2 Décembre) 1653. dont la confirmation a été par Nous comme Empereur Romain agréée. Ainfi reftera la dite tranfaction dans tous fes points, claufes & toute fa teneur de même que fi elle étoit inférée de mot à mot dans ce préfent Récès, ferme & inébranlable.

§. 187. Après qu'auffi par l'article 15.
§. dernier de la paix d'Osnabrück &
de Munfter, conclue en 1648. avec
attention & pour une plus grande fûreté de l'Empire il a été par les Electeurs
& Etats unanimement conclu & arrêté,
que le droit de primogéniture établi
dans la Maifon de Heffe auffi bien à
l'égard de la branche de Heffe-Caffel,
qu'à l'égard de la branche de Heffe-Darm-
ftatt, par Nous ainfi que par nos prédéceffeurs agréé & confirmé, reftera ferme
& fera perpétuellement obfervé, & que
néanmoins après la publication de la
dite paix font furvenus des différens
dans les fufdites deux branches Princieres, & que même durant la préfente
Diète la branche de Heffe-Hombourg en
a excité & propofé, qui ont été par
Nous terminés, & que particuliérement
dans la branche de Heffe-Caffel entre
leurs Alteffes les Princes d'Empire,
Guillaume Fréderic & Ernfte, Parens &
Freres refpectifs, tous Landgraves de
Heffe, & Princes de Hirfchfeld, il s'eft
levé de grands différens & confufions
pour raifon du dit droit de primogéniture, & de la régence & adminiftration
des terres & Principautés à faire par un
feul, ainfi que pour d'autres prétentions,
& que, conféquemment à nos ordres,
pour éviter toutes les longueurs & fuites perilleufes, qui en pourroient réful-
ter, par la médiation de l'Amé Electeur

de

de Mayence & de Nos Conseillers intimes & Commiſſaires à ce Députés, en
la préſente Diète toutes ces diſputes &
mésintelligences ont été avec l'agrément
des deux parties amiablement compoſées
& décidées, & qu'en outre il a été conclu
& arrêté, que cette tranſaction faite
avec tant de peines, ſeroit avec toutes
ſes clauſes & articles par le préſent Récès confirmée & affermie, & en conſéquence entre les contractans & leurs
héritiers dorénavant conſidérée comme
ayant la forme d'une Pragmatique Sanction & d'une loi publique.

§. 188. En conſéquence la dite tranſaction, comme elle a été faite & parfaite le 1. (11.) Janvier de cette année 1654. eſt en vertu du préſent, ſelon toute ſa teneur & avec toutes ſes
clauſes de la ſuſdite & meilleure maniere confirmée & affermie, de façon, qu'i-
celle ſera dorénavant fermement obſervée, comme une Sanction - pragmatique,
une loi & un pacte de famille perpétuel, dans la Maiſon Princiere de Caſſel,
auſſi bien entre & par les parties-inté-
reſſées & leurs poſtérité, & héritiers mâles & féodaux, que par toutes leurs
terres, gens, vaſſaux & ſujets, ainſi que
& particulierement par les tribunaux de
l'Empire & autres de même que par les
Auſtrègues, & ne ſera ni dedans ni hors
de juſtice jamais choſe quelconque faite
ni entrepriſe au contraire, ſous peine de

Tome VI. Y

cinq cents marcs d'or pur, & d'encourir en outre notre difgrace, ainſi que celle de l'Empire.

§. 189. Sera auſſi à l'égard de ce point, la ſuſdite paix, pour une plus grande ſûreté de l'Empire, & afin d'entretenir à l'avenir une bonne harmonie dans les deux Maiſons Princieres, de Heſſe - Caſſel, & de Heſſe - Darmſtadt, fermement & perpétuellement, ſous la peine ſtatuée contre les transgreſſeurs, maintenue & obſervée.

§. 190. Quant au ſecond point de notre Propoſition Impériale, comprenant les cas de réſtitution du chef de l'amniſtie & des griefs, il Nous auroit été fort agréable, ſi les différens encore ſubſiſtans à cet égard, de même que pluſieurs autres, auroient pû, Nous préſens, être terminés & vuidés: mais puiſque la nature & la qualité d'iceux ne permettoient point qu'on le fît pour chaque cas en particulier, ſur tout pour ceux, où l'une & l'autre parties devoient être préalablement écoutées en leurs preuves & défenſes: Nous ſommes convenus avec les Electeurs & Etats de remettre toute cette affaire à une aſſemblée de Députation, qui doit ſe tenir en notre ville Impériale de Franckfort vers le premier du mois d'Octobre prochain, & en conſéquence remettons & renvoyons en vertu du préſent la dite

affaire, de façon & de maniere, que
dans le College Electoral entre les trois
Electeurs proteftans & de la Confeffion
d'Augsbourg un quatrieme fuffrage à
exercer entre eux alternativement pour
cette fois (vû que dans la Diète
prorogée on en parlera plus amplement)
foit admis dans cette affemblée de Députation, mais aucunement dans une
autre affemblée de l'Empire, Diète Electorale ou d'Election, & fera conféquemment la fous-Députation, par Nous propofée le 21. d'Avril dernier, fuprimée, &
aura la Députation ordinaire (à la quelle Nous enverrons particuliérement à nos
Commiffaires Impériaux, plein-pouvoir
de connoître & d'examiner la fufdite
affaire avec ordre, & même de prendre
alternativement les points litigeux &
controverfés entre les catholiques & les
proteftans, de les difcuter, décider &
d'en ordonner l'exécution; Nous Nous
offrons auffi de faire faire l'exécution,
fans aucun délai ni ultérieure connoiffance, de ce quelles auront conclu & prononcé, par ceux qui en vertu du traité
de paix, & l'Ordonnance d'exécution
font obligés à ce faire. Ne s'arrêteront
cependant point les Députés dans la
connoiffance des affaires liquides, mais
auront foin, qu'elles foient achevées &
exécutées fans demeure. Dans les chofes non liquides, obfcures & embrouil-
lées il fera loifible aux parties d'intervenir auprès de la Députation, foit per-

fonnellement, foit par leurs procureurs
& par des mémoires & inſtructions réciproques, feront d'ailleurs & préalablement prouvées les choſes & qualités
néceſſaires de la réſtitution, & que les
affaires propoſées conformément au traité de Paix & au Récès de Nüremberg
(ou dans les affaires qui n'ont point été
changées par le dit traité, conformément à la Paix de Religion) appartiennent à la matiere de réſtitution du chef
de l'amniſtie & des griefs. Mais quant
aux cas douteux, qui doivent encore
attendre leur interprétation du traité de
paix, on tentera d'abord toutes les
voies d'une amiable compoſition, & ſi
l'on ne peut réuſſir, elles feront remiſes à la premiere Diète, & fera tenu
le Directoire Electoral Impérial de
Mayence, de ſpécifier les affaires qui lui
àuront déja été préſentées ici ou à Nüremberg ou qui ſe préſenteront encore
à lui à l'avenir, & d'en faire communication à la Députation ordinaire, la quelle ſtatuera & déterminera quelque choſe de certain, & l'on s'en tiendra en
affaires civiles & politiques à la pluralité des voix, mais cependant feulement
autant que cela eſt conforme au dit
traité de paix, & ce qui aura été ainſi
conclu & trouvé bon, fera chaque fois,
comme d'obſervance, paſſé à Nos Commiſſaires pour en faire une concluſion
parfaite, & fera obſervée la même choſe & de même maniere dans les autres

affaires, qui par les conſtitutions de
défenſe, d'exécution & de police ont
été également remiſes & renvoyées à
cette aſſemblée de Députation, & qui y
doivent être traitées ſeulement prépara-
toirement en y ajoutant l'avis des Députés, pour enſuite être rapportées à la
Diète prorogée afin d'en être généralement agréées.

§. 191. Mais ſi à la dite Diète de
Députation ordinaire il ſe préſentoit ſur
les ſuſdites matieres de certaines choſes,
que l'on ne pourroient arrêter & conclure ſans une Conſtitution de notre part,
ainſi que de la part des Electeurs & Etats,
feront icelles avec toutes les autres, qui
pour cette fois à cauſe du peu de temps
n'ont pu être décidées, remiſes & renvoyées à la prochaine Diète de l'Empire, que Nous arrêtons dès à préſent
avec l'agrément des Etats, ſans cependant diminuer ni préjudicier par-là au
droit accoutumé des Electeurs, qui préalablement doivent en être requis & y
conſentir; & voulons qu'en repriſe &
continuation de la préſente, les Etats
ſe raſſemblent ici dans deux ans à compter de la date du préſent, le 17. de Mai
1650. & qu'ils examinent, diſcutent,
& déliberent ſur toutes les affaires préſentement rejettées & arriérées, ainſi
que ſur toutes celles qui ſe préſenteront
encore à l'avenir pour y être délibérées,
& que ſans attendre une ultérieure Pro-

pofition formelle, toutes & chacune
des matieres qui par le traité de paix
ont été rejetées à cette Diète, & qui
ont été inférées dans la Propofition Impériale concernant les trois fufdits points
particuliers, qu'on en faffe ici mention
ou non, ainfi que l'affaire de la Capitulation conformément au traité de paix
y foient entreprifes, & fur icelles dé-
liberé, confulté & ftatué dans les trois
Colleges de la dite Diète, & aura le
tout la même force que s'il avoit été
ordonné par la préfente; mais en cas
que dans l'intervalle il fe préfente de
certaines affaires fur les quelles il faudra
également délibérer & confulter à la
dite Diète prorogée, Nous en avertirons
à temps les Electeurs & Etats, afin
qu'ils en inftruifent auffi leurs Repré-
fentans en tant que befoin.

§. 192. Nous ftatuons & ordonnons
auffi qu'aucun Etat à l'encontre d'un
autre ou de fes terres & gens, ni auffi
contre fes propres fujets & bourgeois en
affaires de religion contre la paix conclue,
de force, par voies de fait & d'autorité privée, entreprenne ou attente la
moindre chofe, mais cherchera un chacun ce qu'il croit lui être dû par la
voie légitime de la juftice, & à ceux,
qui auront été moleftés & grèvés contre
la dite voie, il fera accordés & envoyés des Mandemens inhibitoires aux
endroits & contre ceux qu'il le faudra.

§. 193. Et puifque felon la teneur de la paix conclue entre tout le Collège Electoral & les anciens Députés ordinaires, favoir, Autriche, Bourgogne, Würtzbourg, Conftance, Munfter, Brunsvic, Pommeranie, Heffe, Weingarten, Fürftenberg, Cologne & Nuremberg, il faut commettre d'autres Princes & Etats de façon que le nombre des Députés des deux Religions foit égal de chaque côté : Ainfi Nous fommes convenus avec les Electeurs & Etats que dans la fuite, Saxe, Altenbourg, Brandebourg-Culmbach, Mecklenbourg, Wirtemberg, & un des Comtes de la Wéteravie conjointement avec les quatre villes préfentement de rechef agréées, favoir, Aix - la Chapelle, Uberlingue, Strasbourg & Ratisbonne, y feroient joints, & s'affembleront tous les dits Députés, fans attendre une convocation de la part de notre Amé Neveu l'Electeur de Mayence, au 1. du mois d'Octobre à Frankfort, & feront ce que deffus.

§. 194. Enfin qu'auffi les affaires arriérées & remifes à la prochaine affemblée Impériale, & particulierement celles, qui pour être vuidées, demandent une plus ample information auprès des Cercles, puiffent y être d'autant plus vite expediées, Nous enverrons en attendant, comme Nous fommes convenus avec les Electeurs & Etats à cet égard, des Lettres d'avertiffement à tous

Y 4

les Electeurs ou Princes-Directeurs des
Cercles, afin qu'en fait de modération
ou de diminution de la matricule, on
faffe dans chaque Cercle les informations
néceffaires, en fuivant le Récès d'Empire de 1582. & que pas moins on
tienne des affemblées pour y faire des
effais & preuves monétaires, & que le
rapport que chaque Cercle aura fait au
fujet de ces deux points, Nous foit à
temps & auffi-tôt poffible envoyé &
communiqué, de même à notre Amé
Neveu l'Electeur de Mayence; mais ce
que chaque Cercle jugera à propos d'ordonner à l'égard de la police, fera envoyé fans délai à la dite Députation ordinaire Impériale.

§. 195. Comme à la préfente Diète il
s'eft auffi levé quelques difputes & mésintelligences entre certains Etats de
l'Empire pour raifon de la voix & féance, touchant les quelles les dits Etats,
ou leurs Confeillers & Envoyés en leur
place, n'ont pas pû parvenir à une
compofition ou convention finale, ainfi
Nous voulons, que l'ordre de la féance
à la préfente Diète ou celui de la fignature faite à la fin de ce Récès, ne puiffent porter aucun préjudice aux droits,
coûtumes & obfervances des Princes,
Prélats, Comtes & Etats, & Nous offrons
gracieufement, felon que nous verrons
le bon droit d'un chacun, de les réunir & réconcilier dans leurs différens

par des voies de douceur, ou de décider leurs caufes felon l'équité & la nature des chofes.

§. 196. En outre les Etats, qui lors
de la dernière Diète avec l'agrément des
Electeurs & Etats, ont été reçus au
Collège des Princes, mais qui n'y ont
point été introduits ni inftallés pour n'a-
voir pas encore accompli les conditions
à eux impofées par le Directoire de l'E-
lecteur de Mayence, favoir les très - Illuftres, Eitel Fréderic de Hohenzollern,
Jean Antoine Duc de Crumen & Prince
d'Eggenberg; & Wenceslas Prince regnant de la Maifon de Lobkowitz,
pour eux & leurs héritiers après qu'ils
auront rempli les conditions fufdites, de
même les très - Illuftres Princes, Léopold
Philippe Charles Prince de Salm, Maximilien Prince de Dietrichftein, feu Jean
Louis, Prince de Naffau-Hadamar & fes
héritiers, Octave Prince de Piccolomini
Duc d'Amalphi, enfuite de la Maifon
de Naffau ceux, qui, après les dits
Princes, ont été par Nous & en vertu
de notre Réfolution du 26. du dernier
mois de Février paffé, faite & communiquée au Colleges des Electeurs & des
Princes, élevés dans l'Etat de Princes;
de même Jean Weickard, Prince d'A-
wersberg &c. &c. tous les quels Nous
avons au fu & avec le confentement
préalable des Electeurs & Etats préfens,
& des Confeillers, Ambaffadeurs & En-

voyés des abfens, admis & introduit à la préfente Diète avec voix & féance actuelle, de maniere cependant, que ceux, qui fans avoir eu préalablement acquitté les preftations duës, & rempli leur devoir fur tout à l'égard de l'acquifition de biens immédiats, vû leurs mérites pour cette fois, après une déclaration par iceux faite au Directoire Impérial de l'Electeur de Mayence, ont été admis & introduits, ne pourront jamais être cités pour exemple, & ne fera ce bénéfice de voix & de féance, étendu à leurs fucceffeurs, à moins qu'ils ne fe fuffent préalablement pourvûs de biens immédiats & Principautés d'Empire, & ne fera dorénavant perfonne, qui n'ait préalablement rempli toutes les conditions requifes, particulierement à l'égard de l'acquifition fufdite, & fans le fu & confentement des Electeurs & Etats, admis à la voix & féance au College des Princes. Nous Ferdinand III. Empereur promettons en foi de notre parole & de nos dignités Impériales, d'obferver & de remplir à jamais fermement & conftamment, & de vivre conformement à tout ce qui vient d'étre écrit fans fraude.

§. 197. En foi de quoi Nous avons fait mettre notre fcel à ce préfent Récès.

§. 198. Et Nous les Electeurs & Etats préfents, & les Confeillers, Ambaffa-

deurs & Envoyés des abſens, confeſ-
fons auſſi ouvertement par ce Récès,
que tous les points & articles ſus-mentionnés, ont été propoſés, négociés &
conclus de notre ſu, volonté & Conſeil ;
agréeons auſſi iceux tous & un chacun
par & en vertu de ces Lettres, promettons auſſi de bonne foi de les obſerver
perpétuellement, fermement & ſérieuſement en tout ce qui concerne un chacun, ou celui dont il eſt Député ou
Plénipotentiaire, de les accomplir, & de
Nous y conformer le mieux poſſible ſans
fraude.

§. 199. NB. Ce Paragraphe contient
feulement une liſte des Electeurs, Princes & Etats préſens à la Diète, ainſi
que des Conſeillers, Ambaſſadeurs &
Envoyés des Etats abſens. Ceux qui
font curieux de les connoître les trouvent dans la Collection des Récès de
l'Empire, publiée par le Baron de Sen-
ckenberg en 1747.

CAPITULATION

DE

L'EMPEREUR JOSEPH II.

INTRODUCTION.

Nous Jofeph II. par la grace de Dieu,
elu Roi des Romains, toujours Augufte, Roi de Germanie, de Hongrie,
de Bohéme, de Dalmatie, de Croatie, de Sclavonie &c. &c. Prince Royal
héréditaire, Archi - Duc d'Autriche,
Duc de Bourgogne, de Lorraine &
de Baar &c. &c. Grand-Duc de Tofcane &c. &c. &c.

Reconnoiffons publiquement par ces préfentes, que, lors que par la Providence du Tout-puiffant, & par l'Election
légitime & bien motivée des Très-dignes
& Révérendiffimes, Emmerich Jofeph de
Mayence, Jean Philippe de Trêves, &
Maximilien Fréderic de Cologne, Archevêques du S. Empire Romain, & Archi-
chanceliers - en Germanie, dans les Gaules & dans le Royaume d'Arles, & en Italie, nos chers Neveux, & Electeurs
Amés, Amés, Amés. Comme auffi au nom
& de la part des Illuftriffimes, féréniffimes,
& refpectivement très-puiffàns, MarieThé-
refe Impératrice Romaine, Reine Apoftolique de Hongrie & de Bohéme, en

qualité de Reine & Electeur de Bohême ; Maximilien Joseph Electeur de
Baviere ; Xavier Duc de Saxe comme
tuteur & administrateur de l'Electorat
de Saxe ; Fréderic Roi de Prusse, comme
Electeur de Brandebourg ; Charles Théo-
dore comme Electeur Palatin, & George
Roi de la Grand-Bretagne, comme Ele-
cteur de Brunswic-Lunebourg ; Archi-
Echanson, Archi-Maître d'hôtel ; Archi-
Maréchal, & Archi-Tréforier du S. E. R.
& refpectivement nos chers Neveux,
Mere, Freres, Oncles, Electeurs & refpectivement Majesté & Amés, Amés,
Amés &c. &c. & de leurs Ambassadeurs
Plénipotentiaires Nicolas Efterhazi de
Galanthe notre Amé Prince du St. Empire, Jean Joseph Comte de Baumgarten, Charles Augufte Comte de Rex,
Erich Chriftoph Gentilhomme de Plothow, Pierre Emanuel Baron de Zetwiz,
& Jean Clamer Augufte de Buche :
Nous aurions été élevés, éxaltés, & établis en la Dignité, & aux honneurs
des Nom & Puissances de Roi des Romains, dont nous nous ferions auffi
chargé pour la Gloire de Dieu, l'honneur du St. Empire, & le bien commun
de la Chrétienneté, & de la Nation Allemande; Nous de libre, paternelle, &
gracieuse volonté, fommes tombés d'Accord par forme de Pacte & Convention,
avec nos dits, Chers Neveux, Mere,
Freres, Oncles, & Electeurs, tant pour
eux que pour tous les Electeurs, Prin-

ces & Etats du S. E. R. des Articles
fuivans, les quels Nous avons accepté,
& y avons engagé notre Parole, de notre pleine fcience, le tout & en vertu
des préfentes.

ARTICLE I.

I. Pendant tout le temps de cetté Notre Royale dignité, office & Regne, Nous
devons & voulons tenir en Notre bonne & fidéle garde & Protection, la
Chrétienneté, le Siége de Rome, fa
fainteté le Pape & l'Eglife Chrétienne en
qualité d'Avocat d'icelle.

II. Nous voulons pareillement conferver de toute maniere en leur fupériorité, leurs Dignités Eccléfiaftiques & féculieres, Droits, pouvoir & Puiffancé la
Nation Allemande, le St. Empire Romain, les Electeurs comme fes premiers
Membres & fes Colonnes fondamentales,
particuliérement les Maifons Electorales
féculieres pour ce qui eft du droit de
primogéniture, à elles affuré par la Bulle d'Or, notamment par le titre 13. Sans
permettre qu'il y foit porté aucune re-
ftriction ; comme ainfi les autres Princes, Prélats, Comtes, Seigneurs & Etats,
(y compris la Nobleffe libre immédiate
de l'Empire) que nous laifferons tous
& un chacun dans leur Etat & Conftitutions.

III. Nous conferverons principalement à tous & à un chacun des Etats de l'Empire leur libre féance & voix aux Diètes de l'Empire , & fans le fu & le confentement préalable des Electeurs, Princes & Etats , Nous n'en priverons aucun Etat de l'Empire & nous ne l'en fufpendrons & ne l'en exclurons, ni provifionnellement ni d'aucune autre façon.

IV. Nous ne les démettrons point non plus ni par provifion, ni par contumace, ni en quelqu'autre maniere que ce puiffe étre de la Régence de leurs Pays.

V. Nous ne recevrons aucuns Princes, Comtes & Seigneurs aux Colleges des Princes & des Comtes ; à moins qu'ils ne foient fuffifamment qualifiés à cet égard par l'acquifition refpective d'une Principauté, Comté ou Seigneurie immédiate ; qu'ils ne fe foient moyennant une Cottifation convenable a un Etat de l'Empire (au fujet de la quelle il fera fait promptement dans les affemblées comitiales le réglement fur ce néceffaire) faits recevoir & aggréger par quelque Cercle , & qu'outre le confentement du College Electoral , ils aient encore obtenu dans les formes celui du College, ou du Banc, auquel ils doivent étre admis.

VI. Nous ne voulons point Nous at-

tribuer à Nous feul fans l'agrément du
College Electoral, & de celui des Princes, la liberté de proroger & d'étendre
le droit de féance & de fuffrage, dont
une ligne fe trouveroit déchue, fur une
autre ligne, dont les ancêtres n'auroient
point acquis ce droit.

VII. Nous ferons faire inceffamment
à la Diète générale de l'Empire une recherche exacte pour favoir, fi ceux des
Princes & Etats qui ont été admis en
1654. & poftérieurement, fe font qualifiés, felon les régles prefcrites.

VIII. Nous ne permettrons, que par
les Tribunaux de l'Empire, ou par qui
que ce puiffe être d'ailleurs, il foit contre
le traité de Paix, ou autres Pactes légitimes & obligatoires, ni fous quelque
prétexte que ce foit, porté aucune atteinte aux affaires de Religion, de po-
litique & de juftice des Rtats dans l'é-
tendue de leurs territoires.

XI. Nous devons & voulons confirmer dans une forme invariable, & lorfque nous en ferons dûment requis, fans
refus, ni délai aux Electeurs, Princes
& Etats (la Nobleffe libre immédiate
comprife) leurs droits régaliens, toutes
fortes de jurisdiction, libertés, priviléges, les unions ci-devant faites entre
eux conformément aux Conftitutions de
l'Empire,

l'Empire, principalement les pactes de
fucceffion mutuelle convenus entre les
Electeurs, Princes & Etats, les engagemens, droits, & biens du domaine de
l'Empire fur le pied qu'il y eft pourvû
dans le traité de Paix de Weftphalie;
enfin leurs droits, ufages & bonnes coutumes, telles qu'ils les ont jufqu'à préfent obfervé & pratiqué par terre
& par eau, en quoi tout, Nous, en
qualité de Roi des Romains, les maintiendrons & protégerons, fans accorder
aucuns priviléges, à ce contraires, &
au cas qu'avant & durant la guerre il
en eut été accordé, fans qu'ils euffent
été approuvés par ledit traité de paix,
Nous les cafferons & annullerons totalement, ainfi que dès à préfent Nous
les caffons & annullons.

X. Pour ce qui concerne dans le préfent article le Siége de Rome & Sa Sainteté le Pape, les Electeurs de la Confeffion d'Augsbourg pour eux ainfi que pour
les Princes & Etats, qui font de leur
Religion (y compris ceux de la Nobleffe libre & immédiate de l'Empire
qui font dévoués à la même Religion)
n'entendent pas que Nous y foyons engagés de leur part, & en cette conformité l'Avocatie, dont à été fait mention,
ne pourra auffi être alléguée ni exercée
au préjudice de la paix publique & de
Religion, ainfi que celle d'Osnabrück
& de Munfter, mais au contraire Nous

accordons femblable Protection auxdits
Electeurs & à tout ceux de l'Empire,
qui font de la même Religion qu'eux.

XI. Et s'il arrivoit, qu'ils fe cruffent être
grévés contre le traité de la Paix de Weftphalie, le Réfultat d'exécution fait au
Congrès de Nuremberg, *l'arctiorem mo-
dum exequendi* & autres Conftitutions de
l'Empire, Nous devons & voulons fans
aucune difficulté & conformément aux
fufdites Loix fondamentales de l'Empire,
prendre une réfolution fur les reprefen-
tations, que les Electeurs, Princes &
Etats de la Confeffion d'Augsbourg (la
Nobleffe de l'Empire y comprife) Nous
feront ou en corps ou féparément, de
la quelle réfolution Nous leur ferons
part fans perdre de temps & mettrons
icelle au plutôt à une réelle exécution.
Nous ne permettrons en aucune maniere que dans les affaires de Réligion
il foit procédé par les voies judiciaires,
mais Nous fuivrons en cela purement &
fimplement les fufdites Loix fondamentales de l'Empire & & donnerons nos
foins à ce que les griefs de Réligion,
touchant lefquels il a été jufqu'ici porté
des plaintes fans en venir à bout, foient
inceffamment terminés felon lefdites Loix
de l'Empire; ce que Nous promettons
ici auxdits Electeurs & à tous ceux,
qui fuivent la même Confeffion, Nous
l'obferverons auffi à l'égard de tous ceux
qui font de la Religion Catholique, &

Nous nous obligeons en cela également envers les uns & envers les autres.

ARTICLE II.

I. Nous devons & voulons auſſi protéger l'Empire & travailler à ſon accroiſſement autant qu'il eſt en notre pouvoir.

II. Et ne prétendrons ni n'entreprendrons ſoit directement ou indirectement, de Nous en ſaiſir à titre de ſucceſſion ou d'hérédité, ou de le faire paſſer à Nous, à Nos héritiers & ſucceſſeurs, ou à quelqu'autre.

III. Voulons obſerver conſtamment & inviolablement, la Bulle d'Or avec l'extenſion d'icelle, faite en faveur de l'Electorat de Brunſwic-Lunebourg, la paix pour les affaires de Religion & les ſéculieres, la paix publique, avec ce qui a été négocié pour ſon maintien & exécution (telle qu'elle a été faite, arrêtée & rectifiée en 1555. à la Diète tenue à Augsbourg & qu'elle a été répétée & confirmée par les Réſultats de l'Empire qui l'ont ſuivie) principalement auſſi les traités de Munſter & Osnabrück ſus-mentionnés & ſurtout ce qui y eſt contenu à l'article V. §. 2. & à l'art. VIII. touchant les droits des Etats, comme auſſi à l'art. VII. *unanimi quoque &c.* (ſelon la teneur du quel tout ce dont on eſt convenu, & qui a été réglé par

Cet Art. traite de la protection & augmentation de l'Empire, de ſes loix fondamentales, des affaires de Religion & de la ſucceſſion non héréditaire à l'Empire.

la préfente Capitulation en faveur des
Etats Catholiques & de ceux de la Confeffion d'Augsbourg, y compris ceux de la
Nobleffe libre & immédiate de l'Empire qui font de cette Religion de même
qu'en faveur des fujets des uns & des
autres, fera auffi accordé & attribué à
ceux d'entre eux qui font appellés re-
formés) enfemble le Réfultat pour l'exécution du traité d'Osnabrück, dit le
Récès d'exécution de Nuremberg, &
enfin particulierement tout ce qui a été
arrêté & conclu ci-devant aux Diètes
de l'Empire, qui n'a point été changé
par les Loix & Conftitutions poftérieures, & ce qu'on pourroit encore à l'a-
venir trouver bon de réfoudre & d'arrêter dans les Diètes de l'Empire, comme fi le tout fe trouvoit inféré mot à
mot dans la préfente Capitulation, fans
nous en départir, fous quelque prétexte que ce puiffe être, à moins d'a-
voir de ce préalablement obtenu le
confentement des Electeurs, Princes &
Etats affemblés ou dans une Diète générale ou de Députation ordinaire de l'Em-
re, promettons de garder & maintenir
le tout dùement, fans molefter d'une
maniere à ce contraire, ou faire mole-
lefter perfonne par autrui & de ne point
permettre que qui que ce puiffe être foit
violenté, grêvé ou troublé pour affaires
de Religion au mépris du traité de Paix,
du Réfultat pour fon exécution, dit le
Récès d'exécution de Nuremberg & des

Conventions particulieres qui fe trouvent
avoir été faites à cet égard, ni qu'il y
foit contrevenu directement ou indire-
dement en aucun point & article à l'é-
gard defquels le traité de Paix difpofe
tant en affaires Eccléfiaftiques que Politiques, fous quelque prétexte ou fini-
ftre interprêtation du traité que ce puiffe être, ni auffi à l'Ordonnance d'Exécution, inférée dans le Réfultat de
l'Empire de l'année 1555.

IV. Nous promettons auffi de renouveller les autre Ordonnances & Loix du
Saint Empire, en tant qu'elles ne font
point contraires à la Conftitution de
l'Empire, faite à Augsbourg en 1555.
& audit traité de Paix & de les perfectionner encore d'avantage du confentement des Electeurs, Princes & Etats;
toutes les fois que la fituation des affaires de l'Empire le requerra, fans néanmoins entreprendre d'y rien changer, fi
ce n'eft de l'agrément des Electeurs,
Princes & Etats de l'Empire affemblés
en Diète générale.

V. Bien moins encore de faire de
nouvelles Loix & Réglemens dans l'Empire, d'interprêter feul les Conftitutions
de l'Empire & les traités de Paix, ni
de permettre cette interprétation à Notre Confeil Aulique ou à la Chambre Impériale, mais au contraire de porter ces
matieres aux Diètes & de les vuider avec

le Confeil & l'accord des fentimens de tous les Etats, & de ne rien ordonner, ou faire émaner auparavant fur cela, & toute acte y contraire fera, ce cas arrivant, fans force & non obligatoire.

VI. Voulons auffi punir, comme il convient, ceux qui pourroient entreprendre d'écrire ou de publier des imprimés contre ledit traité de Paix & contre la Paix de Religion qui y eft confirmée (lefquels font les liens perpétuels entre le Chef & les membres & entre ceux-ci particulierement) Nous voulons de même caffer lefdits écrits & imprimés, dont ne peuvent naître que des féditions, diffenfions, défiances & quérelles dans l'Empire, & procéder, comme dit eft, à toute rigueur tant contre les auteurs d'iceux que contre les complices ; comme auffi rejetter & annuller, en conformité du traité de Paix, toutes proteftations & oppofitions faites contre ce même traité, de quelque nom qu'elles foient & de qui elles puiffent venir, étant il y a long-temps rejettées & annullées.

VII. Nous ne permettons ni au Confeil Aulique, ni au Commiffaire de la librairie conftitué à Frankfort fur le Mein, de favorifer une partie plus que l'autre, favoir quant au premier en décrétant des procès à la dénonciation du Procureur Fiſcal de l'Empire, ou à celle de quelqu'autre délateur, en leur pourſuite, jugement & dûe exécution, & quant à celui-ci par la cenſure & confiſcation des livres.

VIII. Nous permettrons encore moins à Notre dit Conſeil Aulique d'écouter le Fiſcal ou de décréter des procès contre les conſtitutions ſalutaires de l'Empire ſur les nouvelles éditions des livres ſimboliques, que ceux de la Confeſſion d'Augsbourg ont, avant ou après la Paix de Religion, reçus ou pourroient recevoir pour tels ; les Catholiques de leur côté jouiront du même droit, bien entendu toutefois que conformément aux Conſtitutions ſalutaires, les deux parties éviteront & s'abſtiendront de ſe ſervir dans les écrits ou livres qu'elles mettront à l'avenir au jour, d'accunes expreſſions piquantes & injurieuſes à l'une ou l'autre des deux Religions exercées dans l'Empire.

ARTICLE III.

I. Nous devons & voulons auſſi avoir en tout temps pour les Electeurs du Saint Empire, comme les membres plus intimes & les colonnes capitales d'icelui, une haute & particuliere conſidération.

II. Leur donner, comme nous avons

Cet Art. traite des Electeurs, capitales de l'élection du Roi des Romains,

des Vica-

riats, du fait actuellement dans le préambule de
rang des cette Notre Capitulation, ainsi de même
Comtes à l'avenir, le titre de Révérendissimes
d'Empire, & respectivement de Sérénissimes, ce que
des offices nous continuerons de faire.
héréditai-
res de III. Comme aussi Nous nous servi-
l'Empire, rons suivant la teneur de la Bulle d'Or,
& du Ma-mais toutefois sans préjudice au traité
réchal Im-de Paix, de leurs Conseils, avis &
périal Au-consultations dans les affaires importan-
lique. tes, qui concernent l'Empire, de même
que Nous n'y entreprendrons rien sans
eux.

IV. Nous les maintiendrons en leurs
dignités Electorales légitimement acqui-
ses & en leurs droits particuliers, gran-
deurs, prééminences & prérogatives,
particulierement comme elles se trouvent
exprimées par la Bulle d'Or.

V. Nous maintiendrons aussi & sou-
tiendrons l'Electorat de Brunswic-Lunebourg, introduit du consentement de
tous les Electeurs, Princes & Etats, &
au surplus nous porterons nos soins,
aussi-tôt après avoir pris les rênes du gouvernement Impérial, & Nous Nous emploierons à la Diète de l'Empire pour
pourvoir cet Electeur d'un Archi-office
convenable & qui soit à son gré.

VI. Nous approuvons & confirmons
aussi de notre part, l'alliance, ou l'u-

nion générale des Electeurs, & la particuliere, dite l'union du Rhin, d'autant
plus qu'elle a été louablement dreffée
avec le confentement & l'approbation
des Empereurs nos prédécefleurs: Approuvons & confirmons pareillement tout
ce dont Meffieurs les Electeurs en général pourroient entre eux convenir &
trouver bon de plus fur ce fujet.

VII. Ce que Nous entendons toutefois fans préjudice du traité de Paix,
des autres Conftitutions de l'Empire, des
droits, prééminences & priviléges acquis aux Princes & Etats, y compris
la Nobleffe immédiate de l'Empire.

VIII. Et comme il eft auffi de Notre obligation & que Nous promettons par ces
préfentes de recevoir inceffamment la
couronne royale des Romains, Nous devons & voulons y faire tout ce qui
doit être obfervé en cette occaffion.

IX. Confirmons pareillement & ren-
dons ftable pour jamais par ces préfentes ce qui a été terminé & arrêté à
l'amiable entre les Electeurs de Mayence & de Cologne à l'égard des différens
mûs entre eux au fujet du couronnement.

X. Nous devons & voulons auffi
conferver aux Electeurs, à leurs fucceffeurs & héritiers, leur droit de libre élection, felon la teneur de la Bulle d'Or.

XI. Et comme de la part des Electeurs & des Princes il a été traité à Ratisbonne, suivant la disposition de l'art. VIII. du traité de Paix, de l'élection d'un Roi des Romains du vivant d'un Empereur des Romains élu & regnant, & convenu entre eux que les Electeurs ne passeroient pas facilement (*vivente Imperatore*) à l'élection d'un Roi des Romains, si ce n'est au cas que l'Empereur des Romains élu & regnant, voulut se rendre hors de l'Empire & qu'il voulut demeurer absent le reste de ses jours, ou trop long-temps, ou bien qu'il ne fut plus en état de tenir les rênes du gouvernement à cause de son grand âge, ou d'une indisposition continuelle, ou que d'ailleurs une autre grande nécessité, dont dépendroit la conservation & le salut du Saint Empire Romain, requit d'élire un Roi des Romains encore du vivant de l'Empereur regnant, & que dans les uns comme dans les autres desdits cas, comme aussi lors de ladite nécessité, il dût être procédé à l'élection d'un Roi des Romains par les Electeurs (du consentement de l'Empereur des Romains regnant, ou sans son consentement; supposé que sans en avoir des raisons importantes il refusât de le donner quoique de ce prié) & y être par eux agi avec une entiere liberté & sans aucun empêchement, conformément à la Bulle d'Or, & suivant que l'office qu'ils tiennent du Saint

Empire le demande & que leur devoir
l'exige; ainfi Nous voulons & devons
agréer ce Réfultat, que les Electeurs &
les Princes ont arrêté entre eux, comme Nous l'agréons par ces préfentes, promettant de Nous y conformer & régler.

XII. Nous confentons auffi que conformément à la Bulle d'or, ainfi qu'à l'u-
nion des Electeurs fondée fur cette
Bulle, les Electeurs tiennent & dans
l'occafion & fuivant l'état & la fituation
des affaires du Saint Empire, des affemblées pour leurs néceffités & l'orfqu'ils
auront quelque affaire qui les touche,
afin d'y délibérer & confulter entre eux,
ce que nous ne voulons empêcher, ni
les y troubler, ni leur en témoigner
aucune indignation, ou mécontente-
ment, ni envers tous en général, ni envers un chacun en particulier.

XIII. Nous n'exigerons pas non plus
que ces fortes de délibérations particulieres fe faffent à notre fu ou fous notre autorité, ni que Nos Ambaffadeurs
y foient abfolument admis, mais voulons & devons, quant à ce & à d'autres points nous conformer de bonne
grace & fans la moindre difficulté aux
difpofitions de la Bulle d'or.

XIV. Nous voulons auffi, comme dit
eft ci-deffus, laiffer en tout temps tran-
quillement & n'inquiéter en aucune

façon les dits Electeurs en leur Droit de libre élection ainſi qu'il leur eſt acquis d'ancienneté & conformément à la Bulle d'or, les anciens droits & à d'autres loix ou libertés; Nous les laiſſerons de même continuer leur Conſeil ſéparé en affaires concernant le Saint Empire Romain; mais s'il arrivoit que que quelqu'un cherchât ou entreprît quelque choſe de contraire, ou que les Electeurs ſouffriſſent la moindre contrainte à cet égard, (ce qui cependant ne doit être en aucune façon) le tout ſera nul.

XV. Voulons pareillement conſerver, ſans y porter la moindre atteinte, les Vicaires de l'Empire en leurs anciens droits, fondés ſur la Bulle d'or & ſur l'uſage conſtant, où ils ſont d'exercer l'adminiſtration du gouvernement de l'Empire, non ſeulement après le décès d'un Empereur ou d'un Roi des Romains, mais encore pendant ſon abſence hors de l'Empire dans le cas qu'elle fut pour long-temps, ou bien quand par d'autres circonſtances il eſt empêché de tenir lui même les rênes du gouvernement; Nous ne permettrons pas non plus que leurs Vicariats, & les droits y compris, avec tout ce qui en dépend, ſoient conteſtés, combattus & reſtraints par qui que ce ſoit.

XVI. Et comme ſelon la teneur de

la Bulle d'or les Vicaires de l'Empire
ont le pouvoir d'exercer la jurisdiction
suprême dans l'Empire, ainsi ce droit
doit non seulement ne point être re-
straint, à des cas nouveaux, ou aux
affaires qui souffriroient par le retardement, ou même à celles où il s'agiroit
de détourner des troubles & la voie de
fait, mais il doit encore s'étendre à
continuer devant le tribunal de l'un ou
de l'autre Vicariat les procès & affaires
de justice, qui pendoient auparavant au
Conseil Aulique Impérial, à l'effet de
quoi les actes originaux concernant les
affaires précédemment agitées par devant le dit Conseil Aulique & qui se
trouveront dans la Chancellerie de l'Empire, seront remis sans refus aux frais
des parties à celui desdits tribunaux de
Vicariats, qui en fera la réquisition,
sur les ordres que l'Electeur de Mayence y doit donner en qualité d'Archi-
Chancelier de l'Empire, & cela contre
un récepissé avec promesse de restituer ces mêmes actes aux archives
de l'Empire, aussi-tôt que l'interregne
aura cessé.

XVII. Les Vicariats de l'Empire seront par contre tenus & ne doivent
nullement négliger aussi-tôt après l'interregne fini, ou au plus tard dans l'e-
space de six mois, d'envoyer chaque
fois à l'Empereur nouvellement élu les
actes des affaires traitées devant eux

pour être iceux düement remis à la Chancellerie de l'Empire par l'Electeur de Mayence, en qualité d'Archi-Chancelier, ou à sa place par le Vice-Chancelier Aulique de l'Empire, afin que par ce moyen les archives de l'Empire soient, comme il est nécessaire rendues complettes.

XVIII. Après que Sa Majesté Impériale, ainsi que les Electeurs, Princes & Etats d'Empire ont considéré l'accommodement passé en 1745. entre les deux Maisons Electorales de Baviere & Palatine au sujet du Vicariat, & de l'alternative à observer à cet égard, comme avantageux pour faire cesser entierement toutes les anciennes contestations, qui avoient regné ci-devant entre elles, & comme profitable pour l'administration salutaire de la justice durant l'interregne, & icelui par un Résultat de l'Empire approuvé & confirmé : Nous devons & voulons être attentifs à ce que les susdits accommodement, & Résultat soient observés selon toute leur teneur, & que personne de quel Etat & dignité qu'elle puisse être n'y contrevienne à l'avenir.

XIX. Le College Electoral ayant également considéré le Recès conclu en 1750. entre les Maisons Electorales de Baviere, de Saxe, & du Palatinat, concernant les bornes & limites des Vicariats du Rhin & de Saxe, comme pro-

pre à faire ceffer entierement toutes les
anciennes conteftations, qui regnoient
entre elles, & comme profitable pour
l'adminiftration falutaire de la juftice durant l'interregne. Nous devons & voulons être attentifs, à ce que le fufdit Récès ou accommodement, foit communiqué au Corps de l'Empire, incontinent après que Nous aurons pris les
rênes de notre Régence Impériale (fi
cela ne fut fait préalablement) & que
fa ratihabition foit négociée avec fuccès.

XX. Etant auffi arrivé depuis quelque
temps, que les Ambaffadeurs des Puiffances, Princes & Républiques étrangéres (& en particulier ceux de ces dernieres fous le prétexte, que les Républiques doivent être réputées pour des
têtes couronnées & par conféquent leurs
égales en dignité) prétendoient la préféance fur les Ambaffadeurs des Electeurs
aux Cours & Chapelles Impériales &
Royales, Nous ne voulons ni ne devons plus le permettre à l'avenir; mais
fi avec les Ambaffadeurs des Electeurs
fe trouvoient enfemble les Ambaffadeurs
des Rois étrangers effectivement titrés
& couronnés, ou ceux des Reines
douairiéres, ou des Mineurs royaux (à
qui appartient de gouverner l'Etat auffi-
tôt qu'ils auront atteint l'âge requis, &
qui en attendant font fous tutéle & cu-
ratéle) alors ils pourront & devront
précéder les Ambaffadeurs des Electeurs,

mais ceux - ci précéderont indifféremment tous les autres Ambaſſadeurs des
Républiques étrangéres, même les Princes qui s'y trouveront en perſonne, &
il ne ſera plus fait de diſtinction en notre Cour Impériale & par-tout ailleurs,
dedans l'Empire & hors d'icelui, entre
eux, c'eſt-à-dire entre les Ambaſſadeurs
du premier ordre des Electeurs quand
même il y en auroit plus d'un, mais il
ſera fait à tous & à un chacun ſemblable honneur en tout, comme aux Ambaſſadeurs des Rois.

XXI. Nous devons & voulons au reſte pourvoir auſſi à ce que les Electeurs
eux mêmes ſoient maintenus en général dans leurs dignités & dans les prérogatives qui leur compétent d'ancienneté & que rien de préjudiciel à ces
prérogatives ou rien qui y ſoit contraire
ne ſoit entrepris, toléré ou accordé en
Notre Cour Impériale & Royale, ou
quelqu'autre part que ce puiſſe être par
les Ambaſſadeurs des Puiſſances & Républiques étrangéres ou par d'autres.
Nous voulons & promettons particulierement, que Nous n'introduirons nulle-
part, ni ne ſouffrirons que l'on introduiſe une diſtinction dans le cérémonial
à l'égard des Electeurs entre eux.

XXII. Pareillement lors des couronne-
mens des Empereurs & des Rois des
Romains

Romains & autres folemnités de l'Empire, la préféance & ce qui en dépend
fera laiffée aux Comtes & Seigneurs immédiats de l'Empire, qui y ont féance
& voix, fur tous les autres Comtes &
Seigneurs foit étrangers, ou qu'ils ne le
foient pas; comme auffi fur les Confeillers & Chambellans de l'Empereur, &
ce immédiatement après les Princes devant tout autre, étant jufte; puis qu'ils
font en poffeffion légitime d'avoir voix
& féance dans le Confeil des Princes
à la Diète de l'Empire, que la préféance leur foit auffi laiffée hors de ces
actes folemnels, tout comme ils remplif-
fent leurs places, l'orfqu'il eft queftion
de délibération, cottifations & autres
charges publiques ; ce qui fera obfervé
de la même maniere, hors de ces fortes de folemnités de l'Empire, à la Cour
Impériale & par tout ailleurs.

XXIII. Nous promettons auffi de donner nos Ordres, afin que les Vicaires
des Electeurs, lorfqu'ils font à Notre
Cour en fonction de leurs offices héréditaires , foient en tout temps dûement
refpectés, & principalement toutes &
quantes fois que Nous tiendrons Notre
Cour Impériale aux Diètes de l'Empire,
à celles d'élection, ou à d'autres pareilles affemblées, ou qu'il furviendra des
affaires, au fujet defquelles il faut fe
fervir des offices héréditaires, & ne permettrons point, que les officies de No-

tre Cour empiétent en aucune maniere
fur lefdits offices héréditaires ; & s'il
arrivoit qu'à caufe de leur abfence les
officiers de Notre Cour fuffent obligés
de remplir leurs places, les Vicaires &
officiers héréditaires des Electeurs ne
laifferont pas de jouir des fruits & émolumens de leurs charges, tout de même
que s'ils en avoient fait les fonctions,
fans que les officiers de la Coùr leur
puiffent faire la moindre difficulté là
deffus ou même s'en emparer ; & au
cas que cela fut réellement arrivé, Nous
voulons fur la dénonciation, qui nous
en fera décemment faite, redreffer la
chofe & procurer indemnité à ces officiers héréditaires.

XXIV. Et attendu que lorfqu'il eft
queftion de dreffer le réglement pour la
police & les taxes aux Dietes de l'Empire & à celles d'élection, il compéte
& appartient à l'office d'Archi-Maréchal
d'en avoir la direction & de publier ces
réglemens en notre nom, il ne lui fera point porté d'empêchement en la
dite fonction, ni auffi d'ailleurs en ce
qui eft attaché audit office de l'Empire,
par l'office de Notre Maréchal de la
Cour ou par d'autres, foit fous prétexte
d'une Commiffion impériale, foit autrement, & il ne fera rien concédé à fon
préjudice ; toutefois auffi le Maréchal
de Notre Cour ne fera point troublé
dans les fonctions de fa charge, dépen-

dantes de l'office d'Archi-Maréchal par les Confeils de Régence de Nos Etats héréditaires, ni par d'autres.

ARTICLE IV.

I. Nous devons & voulons en toutes délibérations fur des affaires de l'Empire & principalement fur celles, dont il eft nommément fait mention dans le traité de Paix & autres femblables, laiffer joüir les Electeurs, Princes & Etats de l'Empire de leur droit de fuffrage, déclarant ne vouloir rien faire, ni permettre qu'il foit fait aucune chofe, à l'égard de ces affaires, que de leur confentement libre donné en pleine Diète.

Cet Art. traite des matieres concernant la Diète, la guerre & la paix.

II. Nous devons & voulons auffi, pendant que durera Notre regne, Nous comporter paifiblement avec les Puiffances chrétiennes voifines, promettant de ne donner à aucune d'elles fujet de fe brouiller avec l'Empire, & à plus forte raifon de ne point impliquer l'Empire dans des guerres étrangeres, au contraire de Nous départir abfolument de toute affiftance, qui pourroit lui attirer du danger ou quelque dommage, de ne commencer de la part de l'Empire aucune quérelle, diffidation ou guerre au dedans de l'Empire ou au dehors, fous aucun prétexte que ce puiffe être, ni contracter alliance avec lefdites Puiffances, à moins que cela ne se fasse du consentement des Electeurs, Princes & Etats en pleine Diète, ou du moins du su, conseil & approbation de tous les Electeurs dans des conjonctures pressantes, Nous obligeant au surplus d'observer ensuite & au plutôt tout ce qui en pareil cas doit être observé à l'égard de tout l'Empire.

III. Ces sortes de guerres de l'Empire seront faites alors, selon la disposition des Constitutions de l'Empire, de l'Ordonnance d'exécution & du traité de Paix, & les Généraux, qui seront nommés par Nous & par l'Empire, des deux Religions, en nombre égal, de même que les Directeurs & Conseillers du Conseil de guerre, qui seront nommés pareillement en nombre égal des deux Religions, prêteront, aussi bien que toute l'armée, serment à Nous & à l'Empire, ainsi que le tout a été ordonné & réglé par les Résultats de l'Empire, arrêtés à l'occasion de pareilles guerres de l'Empire.

IV. Nous ne permettrons pas non plus à notre Conseil de guerre & aux Généraux dépendans de Nous seuls de régler de leur chef, contre les Constitutions de l'Empire & des Cercles, ce qui concerne l'affaire des marches & des quartiers, ni qu'ils exemptent personne de ces sortes de charges communes, ni

qu'ils s'arrogent la connoiſſance des diſ-
ſentions concernant la contrebande ou
autres affaires de commerce, ni qu'ils
diſpoſent des fortereſſes de l'Empire, ni
que ſeuls ils addreſſent des Ordres aux
Généraux de l'Empire touchant la conduite, que ceux-ci auront à tenir.

V. Mais au cas que Nous fuſſions attaqués au ſujet de l'Empire, Nous pour-
rons Nous aider de tout ſecours non
préjudiciable à l'Empire.

VI. Toutefois Nous ne devons ni ne
voulons faire conſtruire de nouvelles
forterefſes dans les pays & territoires
des Electeurs Princes & Etats pendant
qu'une ſemblable guerre de l'Empire durera, ni dans un autre temps, ni auſſi
faire relever les vieilles ou celles qui
ſont tombées en ruine, bien moins encore permettre ou ſouffrir que d'autres
le faſſent, attendu que ſelon les Conſtitutions de l'Empire les Seigneurs territoriaux ſeuls ſont en droit de ce faire en
leurs territoires.

VII. De même Nous ne devons & ne
voulons établir dans l'Empire aucune
levée de recrues ſans le ſuſdit conſentement des Electeurs, des Princes & des
Etats de l'Empire, ni introduire dans
l'Empire ou permettre qu'il y ſoit conduit
aucunes troupes; au contraire s'il arrivoit, que contre le traité de Paix de

Munſter & d'Osnabrück, des troupes étrangéres, à qui qu'elles puſſent appartenir, fuſſent, ſous quelque apparence ou prétexte que ce pût être, introduites de la part de quelqu'un ou de pluſieurs des Etats, ou duſſent paſſer par l'Empire, Nous voulons ſérieuſement nous y oppoſer, repouſſer la force, & prêter à l'offenſé le plus efficacement que faire ſe pourra tous les moyens tendans à ſon ſecours, défenſe & délivrance, & ce conformément à la teneur des Conſtitutions de l'Empire & de l'Ordonnance d'Exécution.

VIII. Nous ne permettrons pas non plus que ſans le ſu préalable, & conſentement des Electeurs, Princes & Etats de l'Empire, les troupes ſoient conduites hors de l'Empire, voulons au contraire ne les ſervir que pour la défenſe de l'Empire & le ſalut des Etats opprimés.

IX. Pareillement Nous ne voulons, ſans le conſentement préalable de tous les Electeurs, Princes & Etats, ordonner aucuns quartiers dans l'Empire, ni permettre qu'il en ſoit établi ; Outre ce Nous n'établirons point de notre chef ni en quelque temps que ce ſoit, des quartiers, places d'aſſemblées & paſſages, qui ſoient à la charge d'aucun des Etats de l'Empire, ni ne les chargerons contre les Conſtitutions de l'Empire d'autres ſemblables incommodités de la guerre, ni ne permettrons, qu'ils en foient chargés par aucun autre.

X. Nous devons & voulons particulierement exempter à l'avenir & pour toujours, de l'obligation de donner des quartiers effectifs, le lieu où la Chambre Impériale tient fes féances, néanmoins en dédommageant comme il convient ceux, à qui cette exécution pourroit faire du tort.

XI. De plus Nous ne voulons ni ne devons entamer, & à plus forte raifon ne voulons ni ne devons conclure, aucuns articles préliminaires qui pourroient être obligatoires, bien moins encore des traités de Paix définitifs fans l'acceffion & le confentement des Electeurs, Princes & Etats de l'Empire, fi ce n'étoit qu'une néceffité préffante & réelle ne permît pas de prendre toutes ces mefures, auquel cas & jufqu'à ce que l'affaire puiffe être portée à l'Empire en corps, Nous requerrons tout au moins, le confentement du College Electoral avant de Nous engager à quoi que ce puiffe être; Nous laifferons auffi joüir en fon entier lefdits Electeurs, Princes & Etats de l'Empire de leur droit de députation & de concurrence effective aux négociations de paix fans permettre qu'il y foit porté la moindre atteinte, tellement qu'entre Nos Ambaffadeurs & les Députés de l'Empire la maniere ufitée de traiter les affaires, aux Diètes de députation de l'Empire & autres, fera obfervée, & pour ce qui eft des Congrès, foit avec des alliés, foit avec d'autres puiffances étrangéres & particulierement avec les Ambaffadeurs ou Envoyés de celles des Puiffances, contre qui l'on étoit en guerre, les Députés de l'Empire y feront admis fans la moindre difficulté & il ne fera rien traité fans leur concurrence de même que Nos Miniftres y entreprendront encore moins de fe mettre en la place des Députés de l'Empire. Si cependant les Electeurs, Princes & Etats Nous donnoient plein pouvoir de négocier la paix, ainfi qu'il dépend d'eux de le faire, Nous ne donnerons point une plus grande étendue à ces fortes de pleins-pouvoirs, ni n'en ferons ufage en aucune autre maniere que comme il fera porté dans leur contenu au pied de la lettre.

XII. Nous devons & voulons auffi lors de la paix, qui s'enfuivra, Nous employer avec foin à faire, que ce que les ennemis auroient occupé dans l'Empire, ou ce qui auroit été changé dans les chofes tant Eccléfiaftiques que Civiles, foit pour la confolation des Etats opprimées & pour celle de leur fujets, reftitué dans l'ancien état, ou le tout doit être conformément aux loix fondamentales de l'Empire & aux traités de

Paix , dont néanmoins ceux de la Confeſſion d'Augsbourg exceptent le traité
de Ryswic , exception , que les Catholiques laiſſent en ſa valeur ou non valeur.

XIII. Nous obſerverons ſpécialement
& inviolablement tout ce qui a été traité & arrêté à Munſter & à Osnabrück
par nos prédéceſſeurs dans l'Empire ,
tous les Electeurs , Princes & Etats d'u-
ne part, & les Couronnes co-traitantes
de l'autre , ſans rien entreprendre par
nous mêmes on ſouffrir que d'autres en-
treprennent rien qui y ſoit contraire &
qui puiſſe altérer , troubler ou rompre
cette paix générale & perpétuelle & l'a-
mitié vraie & ſincere.

XIV. Et attendu que de temps à autre l'on veut bien donner la conceſſion
aux Puiſſances étrangeres de faire des
recrues dans l'Empire , & que par les
traités de Paix & les conſtitutions de
l'Empire, il a été ſuffiſamment réglé juſqu'à quel point il eſt permis à un Etat
ou à un habitant de l'Empire d'entrer
ou de s'engager au ſervice des étrangers ; Notre premier ſoin ſera en pareil
cas , que l'Empire ne ſe trouve point
dépeuplé par ces ſortes de levées , ſoit
qu'elles ſe faſſent par Nous ou par d'autres, dans l'Empire ou même dans leurs
propres terres pour le ſervice des Puiſſances étrangeres ; Nous veillerons auſſi
à ce que les Electeurs, Princes & Etats

de l'Empire, avec tous ceux qui en dépendent, ne foient point, pendant & à
l'occaſſion de ces levées, chargés de
rendez-vous, paſſages de troupes, logemens de gens de guerre, place d'aſſemblées, & autres charges ſemblables de
quelque maniere que ce puiſſe être contre
les Conſtitutions de l'Empire & le traité de Paix, ni qu'il ſoit rien fait au
contraire.

XV. En conféquence nos propres troupes, comme auſſi les troupes auxiliaires,
que nous pourrions avoir, ne prendront
point leur paſſage par le territoire des
Electeurs, Princes & Etats, qu'après
en avoir formé des réquiſitions préala-
bles, encore faut-il que ce ſoit ſans
cauſer aucun dommage & il ne ſera à
l'avenir exigé pour leſdites troupes aucune ſubſiſtance à raiſon d'étapes, mais
qu'elles ſoient ou propres ou auxiliaires,
elles payeront en marche & en campagne leurs vivres ſuivant le prix courant,
ou en feront pourvues par leur propre
commiſſariat, par conféquent il ſera
payé argent comptant tout ce dont elles
auront beſoin, & qui leur ſera fourni
par le pays.

XVI. Ainſi dans les quartiers & ſta-
tions dans les pays des Etats, elles ne
ſe feront donner aucunes ſubſiſtances,
mais toutefois le ſimple Logement, ce
qui doit être auſſi entendu de la géné-

ralité, de l'artillerie, & du Commiſſariat de la Chancellerie de campagne.

XVII. Et afin, que le cas arrivant, l'exécution de ce que deſſus ſoit d'autant plus aſſurée, il ſera, au ſujet des troupes, qui prendront ainſi leur paſſage, fourni au moyen de quelques banquiers & marchands aſſez renommés & domiciliés dans des villes de l'Empire des ſuretés ſuffiſantes & une caution acceptable, ainſi que cela eſt déja ordonné par les Conſtitutions de l'Empire, ou bien que le cas arrivant l'on s'accommodera ſur ce point avec les Etats, qui y auront intérêt.

XVIII. Comme pareillement il eſt arrivé, que quelques Principautés, Pays Eccléſiaſtiques, Comtés & Seigneuries immédiates de l'Empire ont contre tous les droits, & ſans aucune raiſon valable d'équité, beaucoup ſouffert du Logement & des autres incommodités de la guerre, cauſées par des troupes étrangeres, & que par conſéquent ils n'ont pu joüir du tout des fruits de la paix ſi cherement achetée, s'étant vue au contraire dans le danger d'être ſouſtraits à l'Empire & preſque réduits en états médiats, Nous promettons, non ſeulement de Nous employer avec ſoin pour faire ceſſer ces déſordres, mais encore de pourvoir, en vertu des Conſtitutions de l'Empire, chez les Etats des Cercles

les plus voifins , qu'à l'avenir il foit prêté une affiftance efficace à ces Principautés, Pays Eccléfiaftiques, Comtés & Seigneuries & qu'on les laiffe jouir de leur immédiateté compétante dans toute fon étendue.

XIX. En quoi Nous protégerons, foutiendrons & maintiendrons, autant qu'il eft en notre pouvoir, les Electeurs, Princes & Etats, la Nobleffe libre immédiate de l'Empire y comprife, avec tous leurs pays, gens & fujets, fans permettre qu'il foit rien fait au contraire.

ARTICLE V.

Cet Art. traite des impôts & de la Matricule.
I. Pareillement Nous ne devons ni ne voulons charger, ni molefter fans néceffité les Electeurs, ni les autres Etats du Saint Empire Romain, de Taxes de Chancellerie, de Voyages pour Nous fuivre , d'impôts & de collectes.

II. Promettant de n'impofer, foit en temps de guerre ou pendant la paix, les collectes & autres pareilles charges dans les cas permis, néceffaires & preffans, qu'au fu , & avec le Confeil & le confentement des Electeurs, Princes & Etats, même en pleine Diète & non autrement.

III. D'en faire recevoir la Livraifon aux Villes ordinaires défignées pour la recette par les Officiers, qui y feront députés de la part des Cercles, & de Nous employer à faire rentrer les arrérages des collectes de l'Empire ci-devant accordées.

IV. Comme aussi que les Receveurs-Généraux de l'Empire (fur lesquels on fe doit remettre alors fans empiéter fur eux,) les laissent toucher & recueillir en conformité des loix & constitutions de l'Empire, les fommes portées & payées dans les villes de recette, rendent chaque fois bon compte à l'Empire, ou à celui que l'Empire commettra en même temps qu'il accordera quelque collecte, pour l'audition de ces comptes, ce qui fe fera à la Diète préfente, ou au cas, qu'elle ne fut plus affemblée alors, à celle qui fuivra, excepté les impofitions accordées à l'Empereur pour en avoir la libre difpofition.

V. Nous n'emploierons pas non plus les deniers provenant des collectes, ainfi que les fecours, qui nous feront accordés par les Etats de l'Empire, à d'autre fin qu'à celle pour laquelle Nous les aurons obtenus.

VI. Nous ne Nous exempterons point Nous mêmes ni nos pays héréditaires du contingent que nous aurons à payer pour notre Cote-part des fubfides & collectes qui auront été ordonnés par l'Empire.

VII. Ni ne permettrons qu'un Etat qui a voix & féance aux affemblées de l'Empire s'exempte par maniere de privilége fous quelque prétexte que ce foit, de ces fubfides & impofitions de l'Empire, ni qu'il en foit en aucune maniere exempté par Nous ou par quelque autre, foit dedans, foit hors de l'Empire.

VIII. Nous ne donnerons à perfonne aucune affignation fur les Cercles ou Etats de l'Empire, contre leur volonté; ni ne permettrons fans le fu & le confentement de l'Empire aucune compenfation en général, & encore moins avec les dettes ou deniers de l'Empire d'une part & les notres, ou ceux d'autrui en particulier.

IX. Nous n'accorderons aucune exemption, ou modération de contingens & de la matricule fans le fu préalable & le confentement des Electeurs, Princes & Etats de l'Empire.

X. Mais nous donnerons au contraire tous nos foins pour que, les points de la réintégration des Cercles, de la modération de la matricule & de fon redreffement fur le pied d'une proportion, en un mot toutes les difficultés concernant les exemptions dans l'Empire, foient dûement traitées & terminées, ou à la Diète générale de l'Empire, ou dans une affemblée à convoquer exprès au fujet de cette modération.

XI. Et pour qu'au furplus chaque Etat foit aftreint de fournir ce qui fera par lui dû, & que conformément à l'Ordonnance d'exécution il foit procédé par voie de contrainte contre ceux, qui par mauvaife volonté fe trouveront en retard.

ARTICLE VI.

I. Nous ne voulons, ni ne devons aussi en qualité d'Elû Roi des Romains, ni lorfque nous aurons pris les rênes du gouvernement Impérial, contracter de notre chef pour affaires de l'Empire aucune Alliance ou Union avec perfonne dedans ou hors de l'Empire ; à moins que préalablement Nous n'ayons fur ce obtenu le confentement des Electeurs, Princes & Etats affemblée en pleine Diète.

Cet Art. traite des manieres d'agir dans les cas preffans.

II. Toutefois fi l'intérêt public & le Bien commun demandoit plus de célérité, alors en attendant que l'on puiffe venir à une délibération générale de l'Empire, Nous ferons obligés en ceci principalement, comme dans toutes les autres affaires, qui regardent la fureté de l'Empire & l'Etat public, d'obtenir auparavant le confentement de tous les Electeurs affemblés dans une Diète Collegiale en temps & lieu commodes, & non par des Déclarations féparées, que lefdits Electeurs pourroient donner.

III. S'il arrivoit encore que Nous fiffions à l'avenir quelques alliances à caufe de nos propres pays, cela devra fe faire fans qu'il en puiffe naître du dommage à l'Empire, & fuivant le contenu du traité de Paix.

IV. Mais ce qui regarde les Etats de l'Empire en général, le droit qu'ils ont de faire librement des alliances entre eux, ou avec des étrangers, pour leur fureté, bien & confervation, leur fera confervé en fon entier à tous & à un chacun, en forte pourtant que ces alliances ne foient point contre l'Empereur des Romains régnant & l'Empire, ni auffi contre la Paix Publique, appellée Paix provinciale générale, ou contre la Paix de Munfter & d'Osnabrück, & que tout tout ceci fe faffe conformément auxdits traités & au ferment, en vertu duquel chaque état eft obligé envers l'Empereur des Romains régnant & envers le Saint Empire Romain.

V. Comme auffi que l'affiftance à demander aux Puiffances étrangeres ne foit requife ni prêtée que, fauf l'Empire, & fans l'expofer à aucun danger, ni dommage.

ARTICLE

ARTICLE VII.

I. De plus, Nous Nous obligeons de faire obferver les Réglemens de Police, tels qu'ils exiftent, ou qu'ils pourroient être faits dans la fuite à la Diète de l'Empire, & de travailler de tout notre pouvoir à faire fleurir le Commerce de l'Empire tant par terre que par Eau. *Cet Art. traite des affaires de police & de commerce.*

II. Nous maintiendrons & protégerons auffi de la maniere la plus forte dans leur Navigation, Commerce, Droits & libertés, conformément au traité de Paix, toutes les Villes commercantes en général & particulierement les Villes de Lubec, de Brême & de Hambourg.

III. Promettons de n'accorder en façon quelconque aucun privilége pour des Monopoles à qui que ce puiffe être, foit au fujet du commerce, des manufactures, des Arts, & d'autres chofes regardant la Police ou quelque nom que d'ailleurs cela puiffe avoir, mais au contraire, fi de pareils priviléges ont été obtenus, de les caffer & révoquer comme contraires aux Conftitutions de l'Empire.

IV. Outre ce, Nous n'accorderons, point à l'avenir, en façons quelconques des priviléges pour la conceffion defquels le pouvoir ne s'eft point tranfmis de Nos Prédéceffeurs jufques à Nous,

Tome VI. B b

& qui entreprendroient en aucune maniere fur la Police & autres droits compétans aux Electeurs, Princes, & Etats dans leurs territoires; Nous ne devons, ni ne voulons non plus renouveller ceux, qui ont déja été octroyés.

V. Même fi le paffage, ou l'entrée & le trafic, ou le débit des manufactures fabriquées dans l'Empire, quand elles confiftent en bonne & loyale marchandife, étoit défendu dans les pays voifins, ou qu'on le défendit encore, Nous tâcherons de faire lever ces défenfes d'autant plus qu'elles feroient contraires à la liberté du commerce, & en cas que le fuccès n'y réponde pas, Nous mettrons pareillement ordre à ce qu'il ne foit point permis de faire entrer dans l'Empire des marchandifes de ces mêmes pays.

ARTICLE VIII.

Cet Art. traite des péages & autres droits.

I. Et comme la Nation allemande & le Saint Empire Romain fe trouvent aufli extrêmement furchargés de péages établis tant par Eau que par Terre, Nous ne devons, ni ne voulons permettre, qu'on y en établiffe de nouveaux à l'avenir, ou que ceux, qui y font déja établis d'ancienneté foient hauffés ou prorogés, bien moins encore étendus plus qu'il ne convient & que cela n'eft introduit par un ufage légitime, ou

transféré d'un lieu ou d'un diftrict à un
autre, ni en rétablir, rehauffer, ou proroger aucun pour Nous mêmes ; fans
préjudice toutefois des droits de péages
concédés, continués & rendus perpétuels, fuivant les formalités alors requifes, & avant la Capitulation de feu
l'Empereur Charles VI. par les Empereurs Romains nos Prédéceffeurs, particulierement aux Electeurs de l'Empire
& dont on eft en poffeffion.

II. A moins que non feulement il y
foit procédé du fu, de la volonté &
permiffion de tous & d'un chacun du
Confeil Collégial des Electeurs, ladite
volonté déclarée par un Réfultat unanime en forte qu'aucun Electeur n'y contre-
dife & ne foit d'une opinion contraire
mais que tous foient d'accord en leurs
voix collégiales, vû qu'en ce cas, il ne
doit pas être fait attention à la pluralité des voix, & que fi les voix ne font
unanimes, rien ne peut-être déterminé
quant à cette affaire.

III. Mais auffi que les voifins qui y
font intéreffés, de même que le Cercle
dans le diftrict duquel on prétend établir un nouveau péage, ou rehauffer,
transférer, continuer ou perpétuer l'ancien, foient pareillement entendus, &
& que les moyens d'oppofition, ainfi
que les griefs, qu'ils pourroient avoir,
foient par Nous & tous les Electeurs

mûrement péfés, pour enfuite y avoir
égard en tant que de raifon.

IV. Semblablement Nous ne donnerons aucune éfpérance d'accorder des
lettres de recommendation pour les Electeurs, appellées lettres promotoriales,
à ceux qui pourroient folliciter auprès
de Nous l'octroi de nouveaux péages,
foit par terre ou par eau, ou la translation & le rehauffement des anciens,
ou la prorogation de ce rehauffement, ni
ne ferons émaner de ces lettres en leur
faveur, mais les avertirons pûrement &
fimplement d'attendre une Affemblée
Collégiale des Electeurs.

V. Et tacherons chaque fois, de concert
avec le College Electoral, de faire en
forte que moyennant la conceffion, qui
pourroient être faite de ces nouveaux
péages, les revenus, que les autres
Electeurs, Princes & Etats avoient avant
ce tirés de leurs péages, ne foient
point diminués, & qu'il ne foit porté
aucun préjudice aux droits à eux précédemment compétans, comme auffi
qu'il ne leur foit caufé, à cet égard,
aucun autre dommage.

VI. Nous ne permettrons pas non
plus que dans le Saint Empire l'on pofte fur le Rhin, ou fur aucune autre
rivière navigable, des bâteaux armés,
que l'on y établiffe des impóts appellés

licences, ou que l'on y faſſe d'autres
exactions inuſitées, ni aucune choſe qui
puiſſe aboutir à troubler & à interrompre le Commerce, & particulierement
tourner au préjudice & à la diminution
des droits haut-régaliens, & des autres
droits & uſages des Electeurs du Rhin,
ainſi que des autres Electeurs, Princes
& Etats.

VII. Et pour cette raiſon auſſi, ſi
quelque rivière, qui ſe jette dans le
Rhin ou dans quelque autre fleuve portant bâteau, pouvoit être rendue navigable plus haut vers ſa ſource, Nous
ne ſouffrirons point, que cette entrepriſe puiſſe être empêchée par l'un ou
l'autre des Etats voiſins en y faiſant;
par un motif d'intérêt, conſtruire quelques bâtimens, mais voulons que pour
l'avancement du bien public, ces bâtimens ſoient tout au moins conſtruits
de telle ſorte, que les bâteaux puiſſent
librement, monter & deſcendre, & que
de cette maniere un Etat, auſſi bien
que l'autre, puiſſe jouir ſelon le droit
& l'équité de la grande commodité, que
Dieu a donné & des avantages, que
la nature a accordé.

VIII. Et ſi quelqu'un ou quelques uns,
de quelque condition ou qualité qu'ils
puiſſent être, avoient établi de leur
propre mouvement & ſans les formalités alors requiſes quelque nouveau péa-

gé, ou en avoient transféré, hauffé ou
prorogé d'anciens, dans leurs Electorats,
Principautés, Comtés, Seigneuries &
jurisdictions, par terre ou par eau, en
remontant ou defcendant, fans le confentement des Empereurs Romains précédens, & celui du College Electoral, ou
vouloient dorénavant en ériger ou hauffer quelqu'un autrement qu'en la maniere ci-deffus expliquée.

IX. Et s'il arrivoit auffi, que quelqu'un eut fait paffer & étendre la permiffion d'établir un péage, accordée
par un Empereur Romain & par les Electeurs à lui & à fes héritiers procréés
de fon Corps, à d'autres héritiers ou
poffeffeurs fans le confentement des Electeurs & fans avoir obfervé les formalités requifes, Nous l'en empêcherons
par des mandemens *fine claufulâ* &
par toutes les autres voies praticables,
cafferons & abolirons entiérement ce qui
aura été ainfi entrepris, ou ce que d'autres pourroient s'être arrogés contre de
femblables conceffions reftraintes aux
feuls héritiers & fucceffeurs procréés
d'un mariage légitime.

X. Et ne permettrons pas, que qui
que ce foit entreprenne à l'avenir d'é-
tablir par voie de fait & de fon propre
mouvement de nouveaux péages, ou de
transférer ou rehauffer les anciens de

fon chef, ou de les ufurper & de s'en
mêler en aucune maniere.

XI. Si quelques uns auffi, foit qu'ils
fe trouvent immédiatement ou médiatement foumis à l'Empire, avoient ofé ou
ofoient encore charger aux portes ou
en d'autres lieux dedans ou hors des
villes, les marchandifes qui entrent,
fortent, ou paffent, favoir, bled, vin,
fel, bétail, & autres, de certains impôts fous le nom d'accife, *d'Umgueld*,
droit de décharge, d'étalage, de marché,
de porte, pontenage & paffage, de
douanes, de rente, de pavé, droit appellé Steinfuhren, droit du centiéme
denier, droit de rézal & autres pareils
droits, qui en eux mêmes & par rapport à leurs fuites ne peuvent être ré-
gardés que comme de nouveaux péages, même quelquefois pires, caufant
de grands dommages & incommodités
aux Electeurs, Princes & Etats voifins,
à leurs pays, gens & fujets, comme
auffi aux marchands & négocians, en
général, & étant directement contraires
à la liberté du commerce & du négoce
par eau & par terre, Nous promettons
d'en faire faire une foigneufe recherche
dès le commencement de Notre regne,
& de nous faire informer par les Electeurs, Princes & Etats voifins, en quoi
ces charges illicites & ces abus confiftent afin de les fupprimer & abolir

XII. Casserons & abolirons pareillement par-tout & sans délai les péages
& les impôts appellés Licences, établis
& haussés nouvellement & indûement
sur le Rhin & sur d'autres fleuves navigables avant & durant la guerre, qui
a affligé l'Allemagne pendent trente ans,
ou depuis, ensemble les deniers de
sauf-conduit indus & contraires à l'usage & aux anciennes & nouvelles conventions ; & emploirons, comme il
convient, des moyens rigoureux contre
les contrevenans, & ordonnerons à cet
effet à notre Fiscal de procéder incessamment contre eux sur l'information,
que nous en aurons prise comme dessus,
ou sur une simple dénonciation, conjointement avec le dénonciateur ou sans lui.

XIII. Tellement que chaque Electeur,
Prince & Etat, qui sera trouvé avoir
abusé du droit de péage, qui lui compéte, & de l'avoir étendu ou haussé
plus qu'il n'est en droit de le faire, ou
qui encore à l'avenir pourroit entreprendre de l'étendre, ou de le hausser,
aura (si après avoir de ce été admoné-
té par les directeurs des Cercles, il
n'abolit sur le champ cet abus) encouru de fait la peine de privation de ce
péage & en sera réellement frustré pour
le reste de ses jours, si c'est un Electeur, Prince ou une autre personne de
la qualité d'Etat, ou si c'est un *Corps*
ou une Communauté pour *temps de*

trente années, fi bien qu'il fera d'abord procédé à la déclaration de cette peine par le juge compétent.

XIV. Le pareil fera auffi fait & obfervé en tout ce que deffus, quand même le contrevenant ne foit pas un Etat immédiat, mais médiat.

XV. Avec cette déclaration ultérieure, que fi l'un d'entre les Directeurs de quelque Cercle avoit lui même part à un tel abus du droit de péage, le deuxieme Directeur fera obligé de faire l'admonition, mais s'ils y étoient tous deux intéreffés, ou s'ils négligeoient de faire à cet égard ce qui eft de leur office, alors il compétera aux autres Etats du Cercle de faire cet avertiffement, lequel même fe pourra faire par les Etats voifins qui en fouffriroient, & qui en cette confidération feroient intéreffés à la chofe, dans le cas que celui, qui (comme dit eft ci-deffus) méfuferoit de la conceffion de péage, ne fut d'aucun Cercle.

XVI. Et fera en outre loifible à chaque Electeur, Prince & Etat, y compris la Nobleffe libre immédiate de l'Empire, de fe délivrer & décharger, de leur autorité & du mieux qu'ils le pourront eux & les leurs, d'une pareille vexation.

XVII. Et comme il arrive, que quelquefois on ne fe fert point à la vérité du
terme de péage, mais que par abus &
fous le prétexte du droit de décharge,
de Licence, d'Etape; ou fous quelqu'autre couleur, on exige des bâteaux & des
marchandifes en montant & defcendant
autant que l'on prendroit pour un véritable péage, & que par les débarque-
mens & autres manœuvres, que l'on
contraint indûement de faire, des bleds &
autres marchandifes ou chofes confompti-
bles, l'on caufe de grands préjudices &
retardemens au négoce & à la navigation, toutes ces entreprifes nouvelles,
faites pendant, avant ou durant la guerre fur les fleuves & rivieres navigables
de l'Empire, fans diftinction.

XVIII. En un mot toutes les conceffions de péages accordées, fans que les
formalités alors requifes aient été fui-
vies, comme auffi les conceffions, qui
pourroient être octroyées à l'avenir fans
le confentement unanime du College
Electoral & fans que les conditions mentionnées ci-deffus & qui viennent tout
récemment d'être prefcrites & affermies,
aient été régulierement obfervées, finalement toutes les ufurpations de ces
impôts, qui dans le temps préfent &
futur pourroient en l'un ou en l'autre
endroit être intentées, fous quelque
nom & couleur que ces impofitions
aient été obtenues, ou qu'on cherche à

les faire valoir felon fon gré & d'autorité privée, feront caffées & annullées.

XIX. Et nous n'accorderons point
non plus de pareils droits à perfonne
de quelle qualité & condition qu'elle
puiffe être fans les fufdits agrément &
confentement du College Electoral.

XX. Et fera loifible & libre à chacun des Electeurs, Princes & Etats de
l'Empire, à qui de pareils griefs pourroient
arriver, de s'en délivrer de la maniere,
qu'il trouvera la plus praticable.

XXI. Toutefois fans préjudice ou dé-
rogation des Priviléges, que les Electeurs, Princes & Etats de l'Empire
(y compris la Nobleffe libre de l'Empire) ont obtenus par des voies légitimes, des feus Rois & Empereurs des
Romains dans le temps, où le confentement des Electeurs n'étoit pas encore
requis de cette maniere, ni rendu néceffaire en vertu des Pactes & Capitu-
lations, ou dont ils ont d'ailleurs joui
paifiblement depuis ce temps - là, lefquels Priviléges, à la premiere réquifition qui en fera dûement faite, feront
confirmés par les Empereurs des Romains,
& les Etats en jouiront, & y feront
fur leur requête efficacement maintenus,
fans qu'ils puiffent y être troublés par
qui que ce foit.

XXII. Mais tous les péages illégitimes & impôts injustes d'étape & de décharge, tant par terre que par eau, ou bien les abus, qui pourroient en être faits, s'il y en avoit, feront dès ce moment caffés & abolis.

XXIII. Et Nous n'accorderons plus à l'avenir aucuns priviléges pour droits d'étape, fi ce n'eft en la maniere fuf-dite de l'avis unanime du College Electoral & avec le confentement de tous les Electeurs.

XXIV. Et comme ci-devant les Electeurs, Princes & Etats ont fouvent été requis par dés lettres de recommendation, & de cette maniere auffi-bien que par des mandemens d'exemptions & par des priviléges accordés au préjudice de leurs droits de péage, ou autrement grévés dans la jouiffance de leurs péages établis fur les rivieres navigables & ailleurs ; Nous promettons & Nous Nous obligeòns de faire ceffer ces irrégularités comme infupportables, mêmes de les prévenir, & fur-tout de n'en point occafionner, ni ne fouffrir, que cela fe faffe ou fe pratique à l'avenir.

XXV. Nous n'accorderons non plus aucun privilége d'exemption, & voulons que ceux, qui au contraire ont été octroyés pendant les guerres précéden-

tes, fans le confentement du College
Electoral, foient caffés & annullés.

XXVI. Nous devons & voulons auffi
avertir férieufement & obliger les Etats,
qui ont obtenu des Empereurs Nos prédéceffeurs, du confentement des Electeurs de l'Empire, la permiffion d'établir des nouveaux péages, ou de rehauffer ou continuer les anciens (avec
cette réferve & modification), que lefdits Electeurs, leurs Ambaffadeurs &
Confeillers, & les veuves & héritiers
d'iceux, lors de leur arrivée & départ,
comme auffi leurs fujets & domeftiques,
de même que ceux qui font fous leur
protection, & autres perfonnes exemptes,
enfemble leurs effets & biens, ne pourront être chargés de pareils péages,
nouvellement octroyés, rehauffés ou continués, mais que tant eux que leurs marchandifes & effets pafferont & repaffe-
ront fans payer aucun péage par tous
les lieux des Principautés & terres defdits Etats (ainfi Nous voulons, comme
il eft déja dit) les avertir & obliger, à
fe comporter là-dedans & auffi d'ailleurs
à l'égard des rehauffements de péages
de la façon & maniere prefcrite, & à
l'engager, quant à ce, envers les Electeurs par des reverfales en forme &
fpécialement convenus, & que ceux,
qui n'ont pas encore fourni ces reverfales, faffent en ce leur devoir, & les re-
mettent inceffamment entre les mains

des Electeurs, à peine d'être déchus du privilége à eux accordé.

XXVII. Auffi ne ferons Nous pas expédier Nos Patentes Impériales pour ceux, qui obtiendront à l'avenir permiſ- fion d'établir en la maniere ſuſdite des nouveaux péages, ou de continuer ou de rehauffer les anciens, à moins qu'au- paravant ils n'aient fourni ces contre- lettres.

XXVIII. Et afin qu'on puiffe avoir une connoiffance plus certaine des péa- ges nouvellement établis dans l'Empire de côté & d'autre, par eau & par ter- re, & de ceux qui ont été rehauffés, enfemble d'autres impôts & charges, & comment chaque prétendant s'en eſt emparé, & s'il eſt fondé à le perçevoir, Nous Nous en éclaircirons, ſans man- quer & auffi-tôt que faire ſe pourra, par les Princes Directeurs de chaque Cercle, & Nous Nous en ferons donner un Etat ſpécifié.

XXIX. Ou s'il étoit que ceux ci-mê- mes vinffent à contrevenir à ce qui vient d'être ordonné touchant les péages, Nous Noùs informerons auprès des Etats voifins, qui en fouffrent, defquels Nous retirerons un pareil état ſpécifié, pour enfuite les réduire & abolir, ainfi qu'il a été porté ci-deffus.

XXX. A l'effet de quoi les Princes, Directeurs des Cercles ou, s'ils étoient intéreffés à la chofe, les Etats, qui ont immédiatement après eux la préféance dans les Cercles, feront auffi tenus & obligés de Nous dénoncer d'abord les nouveautés, qui s'y glifferont en fait de péage, pour qu'en vertu de Notre haute fonction Nous puiffions ftatuer à cet égard ce qu'il appartiendra.

XXXI. Comme l'équité demande auffi que les meubles & denrées, telles que font le vin, la bierre, le bled, le bétail & autres, que les Electeurs, Princes & Etats & leurs Ambaffadeurs, qui fe trouvent, ou qui fe rendent aux Diètes générales de l'Empire, aux affemblées Collégiales ou de Députation, comme aux Diètes des Cercles, envoient au lieu de l'affemblée, paffent & repaffent en tous lieux de l'Empire, de même que dans tous nos pays héréditaires indiftinctement, fans payer aucuns péages, droits de douane, impôts ou autres charges femblables, quelque nom qu'elles puiffent avoir en produifant néanmoins des certificats authentiques fignés & munis du fceau des Electeurs, Princes & Etats ou de leurs Ambaffadeurs, & que pareillement, fi aucun d'iceux venoit à décéder, fes héritiers & fucceffeurs puiffent faire retourner & repaffer les mêmes effets exempts de péages, droits de douane, impôts &

autres charges; Nous devons & voulons
pour cet effet faire telles difpofitions,
que tout ceci foit obfervé & qu'aucun
Electeur, Prince, ou Etat, ou fon Ambaffadeur ne foit à cet égard grévé en
façon quelconque, toutefois qu'en même
temps auffi l'on s'abftienne d'y commettre aucune fraude.

ARTICLE IX.

De la
monnoie.
I. Nous devons & voulons remédier,
*felon les réglemens & ordres du Récés
d'Empire de* 1603. §. 51. 52. 53. cha-
quefois inceffamment, de l'avis des
Electeurs & des Etats, aux défordres &
abus, qui fe commettent fur le fait
de la monnoie, & donner tous nos
foins, afin d'y établir un ordre & une
confiftance fixe & immuable.

II. Et à cet effet Nous Nous fervirons des moyens indiqués par le Réfultat
de l'Empire de l'année 1570. & *ceux
de* 1571. 1576. 1594. *ainfi que par
l'Edit Impérial des monnoies, fait conformément auxdits Récés*, au fujet de
l'établiffement de trois ou quatre places
de Monnoie dans chaque Cercle; de
même Nous obferverons ce qui a été
arrêté en général par les Electeurs, Princes & Etats à la Diète de l'Empire,
tenue en 1603. enfemble aux Diètes
antérieures & poftérieures, par rapport
à la

à la conformité des Monnoies, autant
que les fufdits Récès, & Réfultats à
faire à l'avenir concernant la monnoie
peuvent convenir aux temps préfents,
tant dans tout l'Empire Romain, qu'avec
les Etats voifins, comme auffi en particulier au fujet de la punition des
contrevenans, dont les Directeurs des
Cercles font chargés, & touchant l'a-
bolition des monnoies clandeftines, qui
en eft une fuite néceffaire.

III. Et Nous aurons une attention
fuivie à tout ce qu'on pourroit de plus
trouver aux Diètes futures être convenable pour détourner généralement toute forte de femblables défordres.

IV. Comme aux années 1737. &
1738. il a été fait par l'affemblée générale de l'Empire & agréé par notre
avant dernier Prédéceffeur différens réglemens pour rétablir l'affaire des monnoies de même qu'une partie de cet
objet à été renvoyée à une délibération
ultérieure pour en décider, Nous devons & voulons dès que Nous aurons
pris les rênes du gouvernement, Nous
employer férieufement, à ce que tous
les points en général & chacun en particulier foient pleinement conduits à
leur fin, en conféquence que ceux, fur
lefquels il refte encore à délibérer, foient
terminés au plutôt poffible, & qu'en
attendant ce qui eft déja réfolu foit,

Tome VI. C c

au moyen des réglemens de monnoies,
à faire émaner & des tables d'évaluation à y joindre, publié & de plus exactement exécuté en tous lieux sans
distinction, ce que ceux, qui jouissent
du droit régalien de battre monnoie,
auront particulierement à observer.

V. En cette considération Nous donnerons aussi tous nos soins, pour que
les assemblées au sujet de l'essai des
monnoies soient dans les Cercles, où
elles ont été négligées, remises sur pied
& régulierement tenues à temps, &
Nous donnerons encore notre principal
attention à ce que conformément aux
réglemens de l'Empire tant anciens que
modernes touchant le fait de la monnoie, les especes étrangeres ne soient
point reçues dans le pays de l'Empire,
& dans le cours du commerce sur un
pied plus haut que celui de leur valeur
intrinseque, suivant le titre & alloi de
l'Empire, réglé par les Constitutions.

VI. Nous n'accorderons aussi désormais à personne, de quelque qualité ou
condition qu'elle soit, ni aussi à aucune ville, aucun privilége touchant la
monnoie, ou même celui d'établir une
monnoyerie, sans le su & le consentement exprès des Electeurs, comme aussi
sans avoir pris l'avis du Cercle, dans
lequel les biens de l'Etat, auquel on
voudra octroyer ce nouveau privilége,

font fitués, pour Nous y conformer fui‑
vant l'exigence du cas.

VII. Même s'il vient à être avéré
que les États, auxquels ce droit réga‑
lien, & ce privilége ont été accordés,
en abufent ou en permettent l'abus à
d'autres, contre l'Edit de monnoie &
les autres Conftitutions de l'Empire, pu‑
bliées enfuite pour mettre cette affaire
fur un meilleur pied, ayant par un pa‑
reil abus encouru de fait la peine de
privation, fans qu'il foit befoin que
fentence intervienne, non feulement
Nous les interdirons de ce privilége,
auffi bien que ceux, qui n'auront point
obtenu légalement ce droit régalien,
ou qui ne l'auront pas exercé fans in‑
terruption, & ferons procéder contre
eux par les Cercles ainfi qu'il fe doit.

VIII. Mais auffi Nous ne rétablirons
point fans le confentement des Etats,
donné dans une affemblée générale de
l'Empire, ceux qui en feront privés de
cette maniere.

IX. Nous obligeant, outre cette pri‑
vation, de fufpendre du droit de féan‑
ce & de voix (en la maniere & for‑
me toutefois qu'il eft exprimé au pre‑
mier article de cette Capitulation) ceux
qui auront abufé, ainfi qu'il vient d'être
dit, de leur droit régalien de battre
monnoie, au mépris des Conftitutions

de l'Empire, ou qui en auront permis l'abus à d'autres, & de ne faire lever cette fuſpenſion que dans une Diéte générale de l'Empire, après que le contrevenant aura donné ſatisfaction.

X. Et ſi pareille choſe arrivoit du côté des Etats médiats, ou par d'autres, qui ne font pas immédiatement fujets à l'Empire, mais dépendans des Electeurs, Princes & autres Etâts de l'Empire, alors leurs Princes & Seigneurs Suzerains feront obligés de procéder contre eux en la forme qu'il fe doit, & de leur ôter ce droit de battre monnoie, lequel ſera caſſé & annullé, fans qu'il leur puiſſe être octroyé de nouveau.

XI. Promettons auſſi de ne plus accorder à l'avenir aux Etats médiats ces fortes de priviléges, ou d'autres plus conſidérables, fans le conſentement des Electeurs, comme auſſi fans avoir pris & ſuivi en tant que de raiſon comme a été dit ci-deſſus, l'avis du Cercle, dans lequel les biens-fonds de cet Etat font ſitués. & de ceux, qui s'y trouveront intéreſſés, & n'en accorderons encore moins, ſi leſdits priviléges faiſoient tort à quelqu'un parmi eux.

ARTICLE X.

De la
réintégra.

I. De plus & en particulier Nous ne donnerons, n'aſſûrerons par écrit, ne hipothéquerons, n'engagerons, ni n'aliénerons ou changerons en d'autres manieres, rien en tout des domaines du Saint Empire Romain, ni de ſes appartenances, ſoit au dedans ou hors de l'Allemagne, ſans le ſu, conſentement & permiſſion des Electeurs, Princes & Etats.

II. Nous éviterons auſſi tout ce qui pourroit donner occaſion à des exemptions & à des démembremens de l'Empire & Nous Nous abſtiendrons principalement d'octroyer des priviléges & des immunités exorbitantes.

III. Bien loin delà Nous Nous appliquerons avec fermeté, & donnerons tous nos ſoins & toute notre attention, pour réunir au plutôt aux domaines de l'Empire, y ré-incorporer, & y garder tout ce qui en a été détaché, comme des Principautés, des Seigneuries, & des terres hipothéquées, ou tombées en commiſe, ainſi que les biens conſidérables conſiſqués ou non conſiſqués, qui en partie ſe trouvent indûement entre les mains des nations étrangéres.

IV. Non obſtant cela nous protégerons & laiſſerons, conformément aux diſpoſitions du traité de Paix, les Electeurs, Princes & Etats en paiſible poſſeſſion des engagemens impériaux ſans en faire le retrait, rien révoquer à cet

tion de l'Empire, des priviléges exorbitans, des gages, hypothéques & limites de l'Empire, des ſes fiefs & particulierement de ceux d'Italie, & de l'Ordre de St. Jean.

égard, & ce, jufqu'à ce qu'il en foit autrement convenu entre l'Empereur des Romains & les Etats de l'Empire.

V. Et pour ce qui concerne les ré- glemens, qui pourroient être faits, des limites de l'Empire, Nous ne ferons rien à cet égard fans que l'Empire & les Etats qui y font intéreffés y aient auffi donné leur confentement.

VI. Et attendu qu'il a été rapporté, que plufieurs fiefs & feigneuries confi- dérables tant en Italie, qu'ailleurs ap- partenant à l'Empire, auroient été alié- nés, Nous promettons de faire à cet égard une recherche très-exacte, pour être informé au jufte de ce qui concer- ne ces aliénations, & de faire remettre immanquablement dans l'efpace d'un an, après avoir pris les rênes du gouverne- ment, à la Chancellerie de l'Electeur de Mayence les informations que Nous aurons prifes, afin qu'il en foit fait part aux autres Electeurs, Princes & Etats.

VII. En quoi comme auffi en tout ce que Nous venons de dire Nous Nous fervirons, du Confeil, aide & affiftan- ce de tous les Electeurs en particulier, ou felon la fituation des affaires auffi des autres Princes & Etats de l'Empire, afin de prendre là-deffus les mefures que Nous aurons jugé avec eux expédiéntes , utiles & falutaires & dont Nous ferons convenus enfemble.

VIII. Et comme auffi l'Ordre des Chevaliers de Saint Jean a été injufte-ment dépoffédé de plufieurs biens confi-dérables , tant dans l'Empire qu'ailleurs, & particulierement pendant les guerres de 80. ans dans les Pays-bas , & que ces biens lui font encore détenus juf-qu'à préfent; Nous tâcherons de lui en procurer la réftitution par des voies amiables toutefois fans déroger à la Paix de Weftphalie & fans préjudice des droits d'un chacun.

IX. Et s'il fe trouvoit, que Nous mêmes , ou les nôtres , poffédaffions des domaines appartenans à l'Empire , qui ne Nous auroient pas été donnés en fief, ou dont Nous n'aurions pas fait ou ne ferons pas l'acquifition à bon titre , Nous promettons par notre pré-fent ferment de les reftituer fans délai audit Empire, fur leur demande; s'en-tend celle defdits Electeurs.

X. Nous donnerons fur-tout, confor-mément au Réfultat de la Diète de l'Em-pire du 9. de Décembre 1722. tous nos foins à conferver en leur entier les fiefs & droits appartenans à l'Empire Romain fitués dedans ou dehors l'Alle-magne & principalement en Italie, à l'effet de quoi, Nous ferons les difpofitions néceffaires, pour que toutes les fois, que le cas en arrive, iceux foient dûement renouvellés & que les invefti-tures en foient prifes, veillerons auffi à ce que lefdits fiefs, ainfi que les vaf-faux, foient maintenus & protégés contre toute violence injufte.

XI. Et fi Nous en trouvions, un ou plufieurs, qui Nous regardaffent, Nous promettons d'en prendre l'inveftiture fans difficulté, ou fi cela ne pouvoit fe faire commodément, Nous en don-nerons à l'Empire pour fa fûreté des reverfales & reconnoiffances en dûe forme.

XII. Nous porterons également notre attention, à ce que les vaffaux d'Italie contribuent aux befoins communs de l'Empire, comme ci-devant.

ARTICLE IX.

Cet Art. traite des fiefs de l'Empire, des contri-butions des villes impéria-les, & du droit des Electeurs

I. Nous devons & voulons auffi don-ner chaque fois aux Electeurs, Princes & Etats de l'Empire (y compris la Nobleffe immédiate) & aux autres vaf-faux de l'Empire les fiefs & les invefti-tures d'iceux, felon la teneur des repri-fes précédentes (fi ce n'étoit néan-moins, que de leur côté il fut inter-venu quelques circonftances particulieres, qui demandaffent d'autres arrangemens) & ce fans difficulté, & fans avoir égard à aucunes contradictions, lefquelles, s'il

y en avoit, feront renvoyées à la voie de traiter
ordinaire de la juſtice.   conjoin-
                                                       tement

II. Et Nous ne les inquiéterons pas avec l'Em-
fur l'exhibition des anciens Pactes de pereur
famille, encore moins différerons Nous toutes les
les inveſtitures de l'Empire à cauſe d'u-affaires
ne telle production prétendue des pa-importan-
ctes de famille anciens ou nouveaux, tes de
(auxquels toutefois, s'ils font faits fe-l'Empire.
lon les loix fondamentales de l'Empire,
& fuivant les priviléges impériaux accordés en conformité des Conſtitutions
de l'Empire, il ne fera dérogé en rien
quant à leur validité & vigueur par de
pareilles inveſtitures) ni à cauſe des
taxes féodales, ou à cauſe des fommes
dûes pour le *Laudemium*, ou autres
femblables redevances, quand elles font
illiquides & conteſtées.

III. Bien moins encore étendrons Nous
fur Notre Maiſon la foi & hommage
dûe à l'Empire.

IV. Nous ne prefcrirons rien non
plus aux Electeurs & Princes eccléſiaſtiques fur le choix qu'ils ont d'envoyer,
fuivant leur convenance des Plénipotentiaires eccléſiaſtiques, pourvu que ceux-
ci foient des capitulaires, *ex gremio Ca-
pitulorum* ou des plénipotentiaires féculiers pour recevoir devant le trône
Impérial l'inveſtiture de leurs fiefs de
l'Empire.

V. Si auffi quelque Electeur, Prince ou autre Etat immédiat, qui eft vaffal de l'Empire, venoit à décéder, & délaiffer des héritiers féodaux mineurs, foit qu'ils aient atteint l'âge de puberté ou non, le tuteur ou les tuteurs d'iceux feront tenus de requerir actuellement dans l'an & jour, à compter du jour qu'ils auront commencé l'adminiftration réelle de la tutelle, ou de la curatelle, l'inveftiture des droits régaliens & des fiefs, que lefdits mineurs tiennent de l'Empire, de prêter lors de cette inveftiture le ferment de fidélité accoutumé, & de payer les droits dûs, par laquelle inveftiture donnée aux tuteurs, comme auffi par la dite preftation de foi & hommage, les mineurs lors de leur puberté & refpectivement de leur majorité, feront obligés, tout comme fi eux mêmes après avoir pris les rênes du gouvernement avoient été inveftis defdits fiefs, & prêté foi & hommage.

VI. Promettent par contre de ne point obliger lefdits mineurs, après avoir atteint l'âge de puberté ou de majorité, de recevoir de nouveau lefdits fiefs & droits régaliens, & de prêter dérechef foi & hommage, bien moins encore de payer une feconde taxe féodale, mais de nous contenter abfolument de la dite premiere reprife faite par les tuteurs ou curateurs.

VII. Ce qui fera auffi obfervé à l'égard des fiefs, que les vicaires de l'Empire font en droit de conférer, en vertu de la Bulle d'or, ceux que l'on reçoit devant le trône Impérial, étant uniquement exceptés.

VIII. Les lettres d'inveſtiture & d'expectative des fiefs mouvans du Saint Empire ne feront données & expédiées dorénavant autre part qu'à la Chancellerie de l'Empire.

IX. Et celles où (au préjudice des lettres d'expectative données & confirmées précédemment par les Empereurs, & des conventions héréditaires, faites en conféquence confirmées pareillement) extention aura été faite à d'autres fiefs, defquels il n'eſt point fait mention dans les anciennes lettres d'inveſtitures, feront abfolument non-valables.

X. Si auffi à l'avenir des fiefs d'un revenu confidérable, comme Electorats, Principautés, Comtés, Seigneuries, villes & femblables venoient à être vacans, foit par mort ou par félonie, & à retourner à l'Empire, Nous ne devons & ne voulons dorénavant les conférer, que comme il fuit, favoir les Electorats du fu & du confentement du College Electoral, & les Principautés, Comtés, Seigneuries, villes & femblables du fu & confentement des Colleges des Electeurs & des Princes, comme auffi s'il s'agiffoit d'une ville de l'Empire, de celui du College des villes, promettant auffi de ne donner à perfonne l'expactative ou la furvivance de ces fiefs.

XI. Mais de les réferver & réunir au corps de l'Empire pour être employés à maintenir fa dignité & à l'entretien de Notre Etat; de même que de celui des Rois & Empereurs nos fucceffeurs.

XII. Toutefois fans préjudice des droits & immunités, que Nous avons par rapport à nos pays héréditaires, & fans préjudice des droits d'autrui, comme auffi des lettres d'expatative accordées, conformément aux Conftitutions d'alors de l'Empire, par les Empereurs nos prédéceffeurs à des Etats, pour récompenfe de leurs fervices, fur des fiefs de l'Empire, qui dans la fuite pourroient devenir vacans, lefquelles demeurerons en vigueur & ne perdront rien de leur force à cet égard.

XIII. Mais fi à l'avenir des Electorats, Principautés, Comtés, Seigneuries, fiefs & arriére-fiefs, domaines engagés ou quelques autres biens affectés au Saint Empire Romain par des fervitudes, impôts de l'Empire, collectes ou autrement, & dépendans de fa jurisdiction venoient à tomber entre nos mains, ou à nous écheoir après la mort de ceux, qui les auront poſſédés, ſoit par ſucceſſion ou par une autre voie, & que Nous vouluſſions les garder pour Nous.

XIV. Ou les donner à d'autres, du ſu & conſentement des Electeurs, quant aux Electorats, & pour ce qui eſt des Principautés, Comtés & Seigneuries du ſu & conſentement des Colleges des Electeurs & des Princes, comme auſſi, s'il s'agiſſoit ; ſuivant qu'il eſt porté, d'une ville impériale, en même temps de celui du College des villes, ou ſi actuellement Nous en poſſédions de pareils.

XV. En tous ces cas, Nous entendons que l'on en paye au Saint Empire ſes droits, & lui acquitte tous les autres devoirs, comme cela étoit d'uſage ci-devant, dans le Cercle auquel ils avoient-été incorporés précédemment, ſans avoir égard aux prétendues exemptions que l'on pourroit alléguer, & ces terres & biens ſeront conſervés, protégés & maintenus dans leurs priviléges, droits & juriſdictions, ſuivant le traité de Paix, tant pour ce qui regarde le ſpirituel que pour le temporel.

XVI. Nous devons & voulons auſſi entre autres retirer & réunir à l'Empire & employer à ſon profit, les Collectes ordinaires payées ci-devant à l'Empire par les villes Impériales & les autres revenus, qui pourroient être tombés entre les mains des particuliers ou avoir été engagés.

XVII. Et Nous ferons dreffer une défignation de l'état, où ces collectes & revenus fe trouveront, laquelle nous enverrons à la Chancellerie de l'Electeur de Mayence, infailliblement dans l'année après que Nous aurons commencé Notre Régne Impérial, pour la communiquer enfuite aux Etats.

XVIII. Et ne fouffrirons point que l'Empire & le public en foient depouillés contre toute raifon & juftice.

XIX. Si ce n'eft que ces alienations aient été faites du fu & confentement Collégial de tous les Electeurs affemblés en College.

XX. Toutefois pour l'avenir ces fortes de confentement ne feront obtenus que de concert entre les Electeurs, Princes & Etats.

XXI. Nous devons & voulons auffi dans les affaires d'importance, qui regardent l'Empire & qui pourroient avoir de grandes fuites & conféquences, demander dès le commencement aux Electeurs, comme à Nos Confeillers intimes, ce qu'ils en penfent, comme auffi prendre l'avis & le confeil des Princes

& Etats, selon le mérite des affaires,
& ne rien entreprendre sans eux à cet
égard.

ARTICLE XII.

I. Nous devons & voulons aussi faire Des Cer-
travailler avec diligence à la réintégra- cles & des
tion des Cercles de l'Empire (supposé députa-
qu'elle n'ait point encore été faite) & tion ordi-
Nous employerons efficacement tous nos naires de
soins pour qu'aucun des pays & états , l'Empire.
qui leur ont été incorporés d'ancienneté , ne leur soient soustraits & n'en
soient démembrés , ni qu'ils s'en sous-
traient eux mêmes de leur autorité
privée.

II. Nous requerrons aussi, selon l'exigence des cas , & à l'occasion de cette
récupération & réintégration des Cercles de l'Empire, l'avis dudit l'Empire,
& Nous donnerons Notre attention , à
ce que les Cercles & Etats ainsi restitués soient maintenus inviolablement
dans leur ancienne liberté & immédia-
tété de l'Empire, en conséquence que
tout ce qu'on pourroit injustement prétendre & toutes les voies de fait, qui
pourroient être mises en usage soient
promptement abolies , pour l'exécution
de quoi, Nous prêterons efficacement la
main aux Princes Directeurs . même en
cas de besoin aux autres grands officiers
des Cercles.

III. Promettant de ne point apporter d'empêchement, mais de coopérer à ce que lefdits Cercles, foient, en conformité du traité de Paix & des Conftitutions de l'Empire, mis en bon ordre & état, & qu'ils y foient gardés & maintenus perpétuellement, & que ce qui a été arrêté par le réglement qu'on appelle Ordonnance d'exécution, & par la correction de cette Ordonnance, foit dûement obfervé.

IV. Comme aufli de ne point abfolument permettre aux tribunaux de l'Empire ni de toucher, ni de s'immifcer en la connoiffance, ni de laiffer venir à procès ce qui peut concerner l'Etat militaire, civil & économique *des Cercles* de l'Empire.

V. Nous obligeant de ne rien changer à l'égard de l'Ordonnance d'exécution & de l'Ordonnance des Cercles, toutefois à l'exception de ce qui au fujet de l'Ordonnance d'exécution pourroit être agréé & arrêté par tous les Etats, affemblés en Diète générale, enforte qu'au contraire Nous contribuerons autant qu'il nous fera poffible, à ce que l'on mette la derniere main à la Révifion de cette Ordonnance.

VI. Nous voulons aufli non feulement remettre pendant la Diète prochaine

chaine la Députation ordinaire de l'Empire en son état, sa régle & son activité conformément aux Conſtitutions de l'Empire, mais auſſi y laiſſer & maintenir en son entier, sans y rien changer à l'égard des personnes, qui la composent, ni à l'égard des droits qui lui sont attribués, ni autrement, si ce n'étoit que pareils changemens se fiſſent de même en pleine Diète de l'Empire par tous les Electeurs, Princes & Etats.

VII. Sans préjudice néanmoins de l'autorité, que les Conſtitutions de l'Empire attribuent près de ces Députations aux Empereurs Romains; & sauf la maniere de convenir moyennant leurs Commiſſaires Impériaux avec les Etats, comme cela eſt devenu d'usage & de coûtume dans les Diètes de l'Empire.

ARTICLE XIII.

I. De plus Nous promettons, que si dans la suite l'aſſemblée de la Diète générale de l'Empire venoit à se diſſoudre, d'en faire convoquer une autre du consentement des Electeurs, ou à leur réquiſition & admonition, dans un endroit situé dans l'Empire de la nation allemande, toutes les dix années pour le moins, & d'ailleurs auſſi toutes & quantes fois que la sureté ou l'état des affaires de l'Empire, ou le besoin de quelques Cercles le demandera, & de

De la Diète & autres aſſemblées des Etats de l'Empire.

convenir chaque fois avec eux, avant de publier les Lettres de convocation, tant du temps que la Diète devra commencer, que du lieu où elle se tiendra.

II. Comme aussi de Nous rendre en personne à cette Diète au temps prescrit ou d'y comparoître par commissaires, & d'y faire la proposition aussi-tôt que le terme prescrit sera venu, ou pour le plus tard dans la quinzaine.

III. Et d'ailleurs aussi de donner toute notre attention, afin que les délibération & les Résultats ne soient point retardés, mais accélérés autant qu'il se pourra, & que les matieres contenues en ladite proposition, comme aussi celles qui pourroient d'ailleurs par Nous être mises en délibération pendant la tenue de la Diète, ensemble toutes les autres affaires, qui seront à débattre, soient proposées par le Directoire de Mayence, & traitées de la maniere requise jusqu'à ce qu'elles soient terminées.

IV. En quoi cependant les Electeurs, Princes & Etats ne seront point obligés de s'en tenir à l'ordre des points, dont chaque proposition sera composée.

V. Promettons aussi de donner avec la plus grande promptitude Notre déclaration & nos décrets sur les avis, qui nous seront düement adressés de par l'Empire.

VI. Semblablement Nous ne mettrons aucun empéchement à ce que l'Electeur de Mayence, fuivant la propofition Impériale, & pour le bien de l'Empire, porte au College Electoral, ou à tous les Colleges de l'Empire, de certaines affaires, comme auffi les griefs préfentés par des Etats, pour les y propofer & faire mettre en délibération, quand même ces plaintes feroient de nature qu'elles concernaffent Nos Confeillers privés, ou ceux du Confeil Aulique Impérial, ou d'autres de Nos Confeillers & Officiers de Notre Maifon; promettons de même de ne prefcrire en aucune maniere des bornes ou des mefures à l'Electeur de Mayence dans la fonction d'Archi-Chancellier, & dans la Direction des affaires de l'Empire ni de l'y troubler.

VII. Ou d'empêcher que les requêtes préfentées pour pareilles affaires ne foient portées fans délai à la dictature, & communiquées par cette voie aux Etats, pourvû néanmoins qu'elles fe trouvent conçues en termes refpectueux & non avec des expreffions dures & indécentes, fur quoi s'il arrivoit, que le cas fut douteux, le directoire de l'Empire en communiquera toutefois préalablement & prendra langue avec le College Electoral, pour fur ce être ftatué ce qu'il appartiendra.

D d 2

VIII. Bien loin de porter aux directoires aucun empêchement en ce qui est de leurs fonctions directoriales, ni de permettre que les directoires s'en portent entre eux mêmes. Nous tiendrons au contraire la main à ce que le Directoire Electoral de Mayence, après que la dictature des griefs & demandes que les Etats formeront à la Diète de l'Empire sera faite (en quoi bien loin de se refuser ou de traîner la chose en longueur il ordonnera de l'accélérer) les mette en proposition & délibération, dans deux mois tout au plus tard; ou même plutôt, si le cas requéroit célérité.

IX. Et comme après le décès de l'Empereur, ou pendant la minorité, de même que pendant une longue absence hors de l'Empire, il appartient incontestablement aux vicaires de l'Empire, de convoquer & faire tenir la Diète à la place d'un Empereur des Romains, ou de la continuer en cas qu'elle se tienne déja, ils feront en ce cas obligés de se conformer à ce qui est ci-dessus prescrit touchant la convocation d'une nouvelle Diète, & feront autorisés à continuer celle qui subsisteroit encore, si bien qu'en l'un comme en l'autre cas, les Diètes ne feront convoquées, ni continuées, que sous leur autorité.

X. Soit qu'il y ait une Diète de l'Empire, foit qu'il n'y en ait point, il fera toujours loifible & ne fera mis obftacle, par qui que ce foit aux Etats, tant de l'Empire que des Cercles, de s'affembler ou circulairement ou collégialement, ou de quelqu'autre maniere que ce puiffe être, pour prendre foin de leurs affaires toutes & quantes fois que la néceffité l'exigera ou que leur intérét le demandera.

ARTICLE XIV.

I. Nous voulons & Nous Nous obligeons auffi de faire lors de notre régence Impériale, notre poffible auprès du St. Pere le Pape, & du Siége de Rome, afin que (comme Nous en fommes d'ailleurs pleinement perfuadés) l'on ne contrevienne en aucune maniere de fa part, ni aux Concordats des Princes, ni aux traités faits entre l'Eglife, fa Sainteté le Pape, ou le Siége de Rome d'une part, & la nation allemande de l'autre, ni aux priviléges particuliers, ftatuts & coûtumes légales des Archevêques, Evêques & Chapitres des Eglifes cathédrales, foit par des graces hors des régles, refcrits, provifions & annates, foit par la multiplication des Prélatures, ou par rehauffement des Offices de la cour de Rome, par des réferves, difpenfes, particulierement par des réfignations & par la collation, qu'on s'arroge enfuite, de toutes ces

Des griefs contre le Pape & le Siége de Rome.

D d 3

Prébendes, Prélatures, dignités & offices (qui d'ailleurs ne feroient pas dé-
volus par mort à la cour de Rome,
mais dont la collation, en quelque mois
qu'ils puiffent vaquer, appartient toujours aux Archevêques, Evêques, comme auffi aux Chapitres & autres Colla-
teurs) ni en conférant les Coadjutore-
ries des Prélatures électives, & des
Prébendes de cette nature, ni en ju-
geant les preuves de nobleffe, ou de
telle autre maniere, que cela puiffe
fe faire en fraude des Chapitres
& du Clergé, de leurs priviléges &
droits légitimement acquis, ou bien au
préjudice du droit de Patronage & des
Seigneurs féodaux; & que bien au
contraire lefdits concordats, traités, priviléges, ftatuts & coûtumes foient en
tout exactement obfervés.

II. Ni que les Archevêques & Evêques
de l'Empire foient furpris & moléftés
par des monitoires, interdits, commi-
nations ou déclarations des cenfures,
s'il arrivoit que quelques-uns d'entre
leurs eccléfiaftiques, ou féculiers foumis
à leur jurisdiction fiffent des plaintes
contre eux, fans qu'auparavant ont ait
pris une information fuffifante de la
caufe & des circonftances & dépendances (laquelle on prendra fur les lieux,
afin qu'aucune furprife ne puiffe trouver place contre la vérité du fait) &
fans qu'on ait ouï les défenfes de l'ac-

cufé, fur-tout s'il avoit procédé contre
des défobéiffans & mauvais œcono-
mes, en vertu de l'autorité paftorale
pour l'amélioration & l'augmentation du
fervice divin, comme auffi pour la
confervation & l'accroiffement des Eglifes, & Nous voulons faire enforte par
le Confeil & de l'avis des Electeurs
Princes & Etats de l'Empire, qu'il y
foit à l'avenir rémédié & obvié.

III. Nous prendrons auffi garde, que
lefdits Concordats faits avec les Princes,
ainfi que les traités, dont on eft convenu & leurs priviléges, ftatuts & libertés foient maintenus & exactement accomplis & exécutés, & Nous travaillerons à faire ceffer les griefs, qu'on y
a rencontré, & à ce qu'il ne s'y faffe
rien, à l'avenir, fans le confentement
des Electeurs, le tout fuivant les mefures dont on eft convenu à Augsbourg
durant la Diète qui s'y eft tenue en l'année 1530.

IV. Comme auffi Nous abolirons, annullerons & défendrons de tout notre
pouvoir les abus qu'on pourroit introduire en traduifant les caufes civiles,
de leurs juges ordinaires établis dans le
St. Empire, pour les porter devant les
Nonces Apoftoliques, ou même à la
cour de Rome, & pour ce fujet ordonnerons à Nos Procureurs-Fifcaux, foit
en notre Confeil Aulique de l'Empire,

D d 4

foit en la Chambre Impériale, de procéder d'office tant contre les parties, que contre les Avocats, Procureurs & Notaires, qui entreprendront de pareilles chofes, & qui s'y emploieront en quelque maniere que ce foit, afin que les contrevenans foient au plutôt châtiés & punis.

V. Et d'autant que plufieurs difficultés & conteftations fe font préfentées entre les Cours fupérieures de l'Empire & les Nonciatures Apoftoliques, au fujet defdites caufes civiles, en ce que les appels des fentences des Officialités auroient été reçus tant par l'un que par l'autre de ces tribunaux, les procès décrétés, & que l'on a même tâché de les foutenir par toutes fortes de mandemens rigoureux, au grand préjudice des parties, qui ont été foulées par-là, Nous pour y rémédier, & pour prévenir tout conflict de jurisdiction, ferons enforte, que les caufes féculieres foient juridiquement diftinguées des Eccléfiaftiques, & que les cas douteux, qui s'y pourroient préfenter, puiffent être réglés avec le Siége de Rome par une compofition amiable, & qu'enfuite chacun des juges eccléfiaftiques & féculiers puiffent jouir paifiblement de fon droit de judicature.

VI. Le tout néanmoins, en ce qui regarde cet article, fans conféquence,

ni préjudice des Electeurs de la Confession d'Augsbourg & de ceux des Princes
& Etats, qui font de leur Religion (y
compris la Noblesse immédiate de l'Empire) ainsi que de tous leurs sujets respectifs, comme aussi de ceux qui par
leur domicile font sujets à la jurisdiction ou séculiere ou ecclésiastique d'un
Etat Catholique, ou qui en font Land-
sasses (les Réformés étant par-tout compris parmi les dévoués à la Confession
d'Augsbourg) & sans déroger à la paix
publique & de Religion, non plus qu'au
traité de la Paix de Munster & d'Osnabrück, ainsi qu'à tout ce qui en dépend, ou s'y rapporte.

ARTICLE XV.

I. Nous garderons sous notre protection impériale les membres médiats de
l'Empire & les sujets provinciaux des
Etats, & les tiendrons dans le respect
& dans l'obéissance envers leurs Seigneurs
territoriaux.

II. Et n'exempterons point, ni ne
permettrons qu'aucun autre exempte sous
le prétexte de domaine direct, élévation à quelque dignité ou d'autre couleur, de la dépendance & jurisdiction,
comme aussi des tailles qui s'imposent
par droit de supériorité territoriale ou
en vertu d'une possession légitime & respectivement des dîmes & autres char-

*Des affai-
res con-
cernant
les sujets
des Etats
de l'Em-
pire & la
supériori-
té territo-
riale.*

ges & devoirs ordinaires en général, les habitans, appellés Landfaſſes & autres fujets médiats ou immédiats des Electeurs, Princes & Etats (y compris la Nobleſſe immédiate de l'Empire) ni ceux qui ſont domiciliés chez - eux & leur ſont attachés par ferment de fujetion, en conféquence de la fupériorité territoriale ou d'un autre lien de cette nature ou qui d'ailleurs appartiennent à leur territoire.

III. De plus Nous n'approuverons, ni ne permettrons, que les Etats Provinciaux, à l'exclufion du feigneur territorial, s'attribuent en particulier la difpofition des collectes provinciales, de leur recette & dépenfe, & de ce qui regarde l'audition des comptes, ou que pour ces fortes d'affaires, & autres, ils commencent & tiennent des affemblées à l'infu & fans le confentement du feigneur territorial, bien moins encore, que contre la difpofition expreſſe du dernier Réfultat de la Diète & d'autres réfolutions de l'Empire, du depuis intervenues, ils fe déchargent indûement de ce que les habitans dits Landfaſſes & autres fujèts des Electeurs, Princes & Etats font tenus de fournir, tant pour l'entretien des forterefſes, places & garnifons, appartenant à l'un ou à l'autre des Etats de l'Empire, que pour la fubfiftance de la Chambre Impériale.

IV. Et en cas que quelqu'un des États Provinciaux ou des autres sujets osât propofer, ou demander à nous, ou à notre Confeil Aulique Impérial, ou à la dite Chambre Impériale, quelque chofe de contraire à ce que ci-deffus, nous ferons enforte & tiendrons la main à ce qu'il ne foit pas facilement écouté, mais qu'un tel demandeur ou plaignant, foit débouté & d'abord mis hors de cour, conféquemment renvoyé à l'obéiffance, qu'il doit à fon Prince & Seigneur naturel.

V. A l'effet de ce, Nous Nous obligeons de caffer, abroger & annuller, toutefois après avoir fommairement pris connoiffance préalable de la caufe, non feulement tous les priviléges, protectoires & exemptions avec toutes leurs claufes, déclarations & confirmations, obtenus ci-devant fub- & obrepticement contre ce que deffus & au préjudice du droit d'autrui & avant que les parties aient été entendues, mais auffi tous les procès, mandeméns & arrêts, enfuite intervenus au préjudice des Conftitutions de l'Empire, & rendus par le Confeil Aulique où par la Chambre Impériale contre les Princes & Seigneurs territoriaux, avant qu'on ait fur ce demandé & vu leurs avis & défenfes par écrit.

VI. Nous abolirons & annullerons toutes les confédérations, complots & liaisons illicites & odieuses, comme aussi les soulévemens, rébellions & violence des sujets, de quelque état & condition qu'ils puissent étre, lesquelles ils auroient entrepris ou qu'ils voudroient entreprendre contre les Electeurs, Princes & Etats (y compris la Noblesse immédiate de l'Empire) & travaillerons avec le Conseil & l'assistance desdits Electeurs, Princes & Etats pour prévenir & empêcher à l'avenir de pareilles entreprises, ainsi que cela se doit & qu'il est de l'équité.

VII. A quoi Nous ne permettrons pas qu'il soit donné occasion par concession de commissions & procès prématurés, de réscrits & mandemens précipités & d'autres procédures semblables.

VIII. Et pour ce sujet il sera aussi permis aux Electeurs, Princes & Etats (y compris la Noblesse immédiate de l'Empire) de se maintenir conformément à ce que les Constitutions de l'Empire en disposent, eux-mémes & par le secours des Etats voisins, dans les droits de supériorité territoriale & régaliens établis par l'usage & la possession contre leurs sujets, de les réduire à l'obéissance, toutefois sans porter préjudice aux voisins ou à d'autres Etats qui pourroient y avoir intérêt.

IX. Mais si ces différens étoient

pendans en justice , ils seront poursuivis
& décidés au plutôt.

ARTICLE XVI.

I. Nous devons & voulons cultiver Des affai-
dans l'Empire Romain la paix & l'union res de ju-
& y établir la justice, ensorte qu'elle stice par-
prenne, ait & conserve son cours légi-ticuliere-
time & qu'elle soit administrée égale-ment dans
ment aux pauvres comme aux riches, les deux
sans distinction de personne, état, digni-tribunaux
té ou Religion, même dans les affai-suprêmes
res concernant nos propres intérêts & de l'Em-
ceux de notre Maison, le tout confor-pire.
mément aux ordonnances, priviléges &
ancienne louables coûtumes.

II. Nous n'assignerons, in n'ajourne-
rons aussi aucun Etat, ou sujet de l'Empire, en un endroit situé hors de l'Empire, de la Nation Allemande, ni n'exigerons qu'il s'y transfére pour prendre
l'investiture de ses fiefs ; mais les procès desdits Etats de tous & un chacun
seront instruits & vuidés par une justice établie audedans de cet Empire,
conformément à la Bulle d'or, à l'ordonnance pour la Chambre Impériale &
aux autres loix de l'Empire.

III. Nous ne devons ni ne voulons
non plus faire des changemens à l'é-
gard d'aucun ancien tribunal de l'Empire, ni en établir de nouveaux, à

moins que Nous, de concert avec les Electeurs, Princes & Etats de l'Empire, & en pleine Diète, ne le trouvions à propos.

IV. Nous ferons adminiſtrer la juſtice par la Chambre Impériale & par le Conſeil Aulique de l'Empire, en la maniere que le traité de Paix en diſpoſe & ſans partialité, & Nous ferons ordonner, pour que dans les décrets & arrêts, qui émaneront de l'un ou de l'autre de ces Tribunaux, l'on s'abſtienne de toute expreſſion non convenable en général & principalement à l'égard des Electeurs de l'Empire.

V. Nous apporterons auſſi nos ſoins pour que dans les affaires, qui ſont en procès & pendant la litis-pendence, aucun Etat ne porte du trouble à l'autre par des repréſailles, ſaiſies & autres voyes de fait, contraires aux Conſtitutions & Ordonnances de l'Empire & au traité de paix.

VI. Et tiendrons la main, afin qu'à cet égard, les Ordonnances pour la Chambre Impériale & le Conſeil Aulique, qui exiſtent actuellement, de même que celle qui eſt appellée Réglement d'exécution, telles qu'elles ont été corrigées ou qu'elles pourroient être dreſſées & corrigées, dans la ſuite, ſoient exactement obſervées & ſuivies.

VII. Nous laifferons le cours entierement libre aux procès intentés par devant ces tribunaux, & tiendrons pareillement la main pour que l'un n'empiéte point fur l'autre, ou évoque les caufes à foi; bien moins permettrons Nous
que Notre Confeil Aulique Impérial fous
quelque prétexte que ce puiffe être,
prenne connoiffance des fentences &
jugemens rendus par la Chambre Impériale & ne lierons point les mains à la
Chambre Impériale par des réfcrits Impériaux particuliers, ni ne la détourne-
rons de fon devoir envers l'Empire, ni
ne l'empêcherons de donner fon avis à
l'affemblée générale de l'Empire dans les
affaires qui feront de fa compétance,
promettant de ne point faire d'inhibitions, ni au Confeil Aulique de l'Empire, ni à la Chambre Impériale & de
ne point permettre que d'autres leur en
faffent directement ou indirectement.

VIII. Particulierement auffi Nous protégerons & maintiendrons en toute maniere contre quelconque la fufdite Chambre Impériale & de l'Empire en fes
droits, jurisdiction & en fa confiftance,
conformément aux Conftitutions de l'Empire, en fes honneurs & en fon autorité.

IX. Nous ne ferons émaner non plus
aucun réfcrit, mandement, commiffion
ou quelque autre chofe onéreufe, foit
par provifion, foit en quelqu'autre façon

& maniere contraire à ce à quoi Nous Nous obligeons par ces préfentes, ou au préjudice de la Bulle d'or, de l'Ordonnance pour le Confeil Aulique, de celle pour la Chambre Impériale (telles que ces Ordonnances fubfiftent aujourd'hui ou en la maniere qu'elles pourroient être changées, ou corrigées à l'avenir) de la fufdite paix établie tant pour la Religion que pour les chofes profânes, ou contre la Paix provinciale & les déclarations, qui l'ont fuivie, non plus que contre les fufdits traités de Paix de Munfter & d'Osnabrück, contre le traité d'Exécution de la dite paix, fait à Nuremberg en 1650. ni contre les autres loix & Conftitutions déja faites, ou que Nous du confeil des Electeurs, Princes & Etats, & de concert avec eux, pourrions faire à l'avenir.

X. De plus Nous ne voulons rien demander à perfonne pour Nous mêmes, qui foit contraire à la Bulle d'or, aux libertés de l'Empire, & à la Paix établie tant pour la Religion, que pour les chofes profânes, à la Paix de Munfter & d'Osnabrück, à la Paix provinciale, & aux actes dreffés pour la manutention de cette Paix; & s'il arrivoit, que l'on Nous accordât de propre mouvement, à Nous ou à Notre Maifon, quelque chofe de pareil, Nous ne Nous en fervirons point.

XI. Et

XI. Et au cas qu'il fut obtenu ou que Nous fiſſions émaner quelque choſe qui fut contraire au préſent article, ou aux autres points & articles de cette Capitulation, Nous voulons que le tout ſoit de nulle valeur; anéanti, & caſſé, comme nous le caſſons, anéantiſſons & annullons dès maintenant, & pour lors & promettons en cas de beſoin de donner pour cet effet aux parties léſées les documens néceſſaires & des atteſtations par écrit le tout ſans dol ni fraude.

XII. Nous ne permettrons non plus, ni ne ſouffrirons, conſentirons, ni n'ordonnerons, que les autres de nos Conſeillers & Miniſtres, quels qu'ils puiſſent être, en corps ou en particulier, ſe mêlent des affaires de l'Empire, qui ſont du reſſort du Conſeil Aulique Impérial, ni qu'ils y empiétent en aucune façon, moins encore que le dit Conſeil ſoit troublé ou incommodé par des ordres ou décrets, ou qu'il lui ſoit preſcrit des regles ou mis des bornes l'orſqu'il s'agira de prendre connoiſſance d'une affaire, & d'y faire droit ou de s'acquitter en d'autres manieres de ſa fonction.

XIII. Ni que des procès, mandemens, décrets, ſentences & ordonnances, quelque nom qu'elles puiſſent avoir & de quelque nature qu'elles puiſſent être, émanent d'autre part que du

Confeil Aulique Impérial, fuivant les réfolutions qui y feront prifes, ni qu'on en expédie fans fa participation.

XIV. Si auffi dans la fuite quelque chofe de contraire à ce que deffus étoit entrepris ou arrivoit, Nous le déclarerons nul & comme non avenu, & le Confeil Aulique en corps & en particulier, fera obligé de Nous avertir décemment, promettant de l'écouter gracieufement, comme auffi de faire redreffer fans délai les faits & griefs dénoncés, & protéger efficacement ledit Confeil contre les envieux & de maintenir avec fermeté & vigueur l'autorité dont il eft revêtu, contre nos autres Confeillers & Miniftres.

XV. De plus, fi un avis ou arrêt pour affaires de juftice, qui feroient de conféquence, avoit été dreffé par le Confeil Aulique de l'Empire pour nous être rapporté, Nous ne Nous en ferons faire la propofition autrement, qu'en préfence du Préfident du Confeil Aulique, & du Vice-Chancellier de l'Empire, à eux joints le Référendaire, Co-référendaire & autres Confeillers Auliques de l'Empire, des deux Religions, principalement fi l'affaire, qui eft fur le tapis, regardoit des perfonnes des deux Religions, fur quoi Nous délibérerons avec eux, & ne donnerons Notre réfolution là-deffus dans aucnn autre Confeil.

XVI. Voulons que ce qui aura été une fois débattu dans l'ordre , & jugé contradictoirement & avec connoissance de cause par Notre dit Conseil Aulique Impérial , ou par la Chambre Impériale, demeure ferme & stable , sans qu'on en puisse de nouveau prendre connoissance ailleurs , si ce n'est par les voies ordinaires de la Révision ou de la supplication (réquête civile) agréée par le susdit traité de Paix , en observant l'ordre qui y est prescrit , article §. *quoad processum judiciarium.*

XVII. Nous n'évoquerons pas non plus en Notre Conseil Aulique Impérial des causes indécises & pendantes à la Chambre Impériale, n'en ferons cesser les poursuites , & n'y ferons aucunes inhibitions par des rescrits ou en quelqu'autre maniere. Lors qu'à l'occasion d'une affaire principale pendante en ladite Chambre , il naîtra des incidens , qui auront avec le principal une telle connexité, que l'un ne pourra être terminé sans l'autre , le Conseil Impérial Aulique ne s'en mêlera point non plus, comme en général à l'avenir il ne sera rien entrepris contre ce que dessus , & tout ce qui sera fait de contraire sera par la Chambre Impériale tenu pour nul & sans vigueur.

ARTICLE XVII.

I. Lors que dans le Conseil Aulique De toutes

sortes d'affaires touchant les tribunaux de l'Empire & leurs Chancelleries, & particulierement la visitation de la Chambre Impériale de Wetzlar.

Impérial ou dans la Chambre Impériale, sentence définitive aura été rendue, & aura passé en force d'un jugement contre lequel les droits n'accordent plus de reméde, Nous n'arréterons, n'empêcherons, ni ne différerons son exécution en aucune maniere, mais au contraire Nous contribuerons à ce que selon l'ordonnance pour le Conseil Aulique ou celle pour la Chambre Impériale, une telle sentence soit absolument exécutée, sans aucun retardement, & sans égard à des exceptions qui suivant les loix ne seroient point admissibles, & qu'ainsi chacun entre incessamment & sans acception de personne dans les droits obtenus par le gain de cause.

II. Et quoique, suivant qu'il a été dit ci-dessus, le bénéfice de Révision & de supplication ait lieu dans l'Empire, & que conséquemment il ne doive point être regardé dans notre Conseil Impérial Aulique comme odieux & inadmissible, quoiqu'on s'en serve contre les jugemens dudit Conseil, même contre Nos propres résolutions impériales y publiées & rendues après avoir pris son avis, quoiqu'aussi, lorsque les formalités requises ont été observées, ce bénéfice ne doive être refusé à personne, ni même rendu difficile par des épices exorbitantes cependant afin que, les contestations terminées ne recommencent point de nouveau, & que les proces fuscités ne foient pas éternifés audit Confeil Aulique, ou à la Chambre Impériale, ce qui rendroit la juftice fans effet, non feulement Nous ferons notre poffible pour faire accélérer ces révifions, & avertirons à cet égard toutes les fois qu'il fera néceffaire les révifeurs par des mandemens convenables, mais auffi pour d'autant mieux abréger ces révifions, quant à Notre Chambre Impériale, Nous obferverons exactement le réglement fait à la Diète de l'Empire en 1654. & ceux qu'on pourroit encore faire à l'avenir fans leur accorder aucun effet fufpenfif, ni permettre que la Chambre Impériale foit dépouillée de la connoiffance, qui lui appartient touchant la *caution de reftituendo* & la fuffifance de cette Caution, laquelle en vertu du §. 124. du Réfultat de l'Empire de l'an 1654. l'on eft obligé de fournir préalablement au cas qu'on vienne à fuccomber, pour cette connoiffance être attribuée aux révifeurs.

III. Et comme en l'art. 12. ci-deffus, Nous Nous fommes engagés à donner toute notre attention pour rétablir inceffamment la députation ordinaire de l'Empire, par conféquent auffi pour remettre fur pied & en régle les vifites & révifions accoûtümées en ladite Chambre dependant de Nous, & de l'Empire, & qu'avec tout cela pendant cet entretemps le maintien & la confervation de cette Chambre, ainſi que du cours de la juſtice ſi ſalutaire, ne ſauroit ſouffrire un plus long retardement, que même dans ces derniers temps, au défaut du reméde de réviſion, l'on a exercé le *recurſus ad Comitia* (*recours aux aſſemblées de l'Empire*) auquel il convient de mettre certaines bornes, d'autant plus que le §. 130. & ſuivans du dernier Réſultat de l'Empire font voir qu'il doit y être remédié au moyen de la députation extraordinaire de l'Empire y réſolue; c'eſt pourquoi Nous Nous emploierons à ce que ce Réſultat ſoit exécuté ſans délai.

IV. Nous devons & voulons auſſi d'abord après le commencement de notre Régne & même au plus tard dans l'eſpace de trois mois, faire nos diſpoſitions, pour que ſuivant la teneur dudit dernier Réſultat de l'Empire, les Etats dénommés dans la premiere claſſe y contenue pour cette députation de l'Empire, conjointement avec nos Commiſſaires, ſe rendent immanquablement dans l'eſpace de ſix mois, à la Chambre Impériale par des Conſeillers à ce habiles qu'ils y enverront & que pour cet effet ils y ſoient à temps dûement appellés par écrit de la part de l'Electeur de Mayence, en qualité d'Archi-Chancellier de l'Empire.

V. Or attendu, qu'entre ces Etats dé-

putés en 1654, en vertu de la premiere claffe, il eft furvenu un changement
à l'occafion de Lautern Palatin, & de
la ville de Strasbourg, à quoi il eft néceffaire de pourvoir provifionnellement,
c'eft pourquoi quant à préfent, Lautern
fera remplacé par le Duché de Brême
& Strasbourg par la ville impériale de
Nuremberg.

VI. Jufqu'à ce que Nous & l'Empire
faffions des réglemens ultérieurs, les
Etats députés de l'Empire conformé-
ront leur conduite à ce qui, quant à
des fonctions auffi importantes, eft contenu dans les Conftitutions de l'Empire,
fur-tout dans le dernier Réfultat de
l'Empire fus-allégué, dans les anciens
& nouveaux Réfultats de vifitation, ainfi
qu'en tout ce qui y eft connexe, comme auffi dans les inftructions données
de la part de l'Empire à l'occafion de
la députation extraordinaire de l'Empire, en tant qu'elles peuvent être appli-
quées aux circonftances préfentes.

VII. Au cas que (contre nos efpéran-
ces) & fans en donner à temps des
raifons légitimes, l'un ou l'autre des
Etats députés fut tardif à remplir fa
place en cette députation, ou qu'il l'o-
mit tout à fait, Nous laifferons pour le
préfent les chofes fur le pied des peines portées par les anciennes ordonnances de l'Empire, jufqu'à ce qu'à l'ave-

nir la Diète générale de l'Empire aug-
menté la rigueur de ces Ordonnances,
Il conviendroit fur-tout en pareil cas,
que l'Electeur de Mayence appellât à
la place de l'Etat négligent celui, qui
le fuit de plus près.

VIII. Etant porté dans le fufdit dernier Réfultat de l'Empire, que la députation extraordinaire de l'Empire, de
la quelle il a été convenu, feroit em-
ployée, partie à la vifite de la Chambre
Impériale, partie aux affaires de révifion tant anciennes (au fujet defquelles
les parties auront obfervé la formalité
de s'être adreffées à la Chancellerie de
Mayence conformément au §. 130. de
ce Réfultat,) que nouvelles à l'effet de
quoi les 24. Etats, dont chaque claffe
eft compofée, feroient divifés en quatre
Sénats, en conformité de ce, les Etats,
qui conjointement avec nos Commiffaires comparoitront au terme prefcrit,
fe partageront d'abord de la façon ci-
deffus & formeront des Sénats, après
quoi le premier de ces Sénats procédera avant toutes chofes à la vifite,
dont il eft queftion, & d'entre les trois
autres, deux examineront les vieilles
affaires de révifion & le quatrième les
nouvelles, pour le tout être terminé
ainfi que de droit.

IX. Lorfque le Sénat chargé de la
vifite, dont il s'agit, aura achevé cette

occupation, il procédera au defir du dernier Réfultat de l'Empire & avec toute la diligence poffible à la révifion & mélioration du projet, dit communément la Minute de l'Ordonnance pour la Chambre Impériale, & Nous en fera le rapport ainfi qu'à l'Empire.

X. Pour ce qui eft des révifions, Nous devons & voulons dans le fufdit efpace de trois mois à commencer depuis notre Régne, faire émaner un Edit dans l'Empire, par lequel il foit ordonné à toutes & une chacune des parties impetrantes de fe pourvoir au fujet de la pourfuite de la révifion dans l'efpace de quatre mois près de l'Electeur de Mayence & de la Chambre Impériale, à peine de voir déclarer cette révifion périe & déferte.

XI. Cette vifite & ces révifions ne retarderont cependant en rien les fonctions de la Chambre Impériale, lefquelles auront toujours leurs cours ordinaire.

XII. Nous devons & voulons en outre, dans ledit efpace de trois mois, & auffitôt que l'Empire par nos preffans foins fe fera raffemblé en Corps, lui faire part par un décret de Commiffion Impériale de cette Ordonnance provifionnelle, fondée fur le dernier Réfultat de l'Empire fus-mentionné, pour prendre inceffamment fon avis fur ce qu'il conviendra de faire à l'avenir là-dedans pour le bien de la patrie ; Nous tiendrons auffi la main pour que le dernier Réfultat de l'Empire, fi fouvent allégué, foit pleinement exécuté & que la députation extraordinaire arrêtée de la part de l'Empire foit par les claffes ultérieures également mife à dûe exécution.

XIII. Nous ne devons, & Nous ne voulons pas moins férieufement, Nous employer & prendre des mefures efficaces pour faire fans faute & fans perte de temps exécuter ce que la réfolution de l'Empire de l'an 1719. ordonne au fujet du meilleur entretien de la Chambre Impériale & de l'augmentation du nombre de fes Affeffeurs.

XIV. Pour ce qui eft du reméde de la fupplication, qui au lieu de la révifion eft en ufage au Confeil Aulique Impérial, Nous Nous comporterons à cet égard, fuivant qu'il eft porté par l'art. V. §. *Quoad proceffum Judiciarium* du traité de Paix & par l'Ordonnance pour le Confeil Impérial Aulique, & Nous tiendrons la main à ce que cette Ordonnance foit exécutée & qu'il n'y foit contrevenu en façon quelconque.

XV. Ne voulons que dans les affaires, qui avant que d'être réglées demandent préalablement connoiffance de *caufe* &

qui, comme il a été dit ci-deſſus, font
de la compétence du Conſeil Impérial
Aulique, les Etats de l'Empire ſoient
grévés ou moleſtés par des Décrets Impériaux, émanés de Notre Conſeil intime, ni qu'on puiſſe en juſtice ſe pré-
valoir de ces Décrets.

XVI. Nous Nous obligeons de même
à défendre efficacement & à maintenir
contre toute violence étrangère les cauſes jugées dans l'Empire, & au cas que
quelque puiſſance ou République voulût empêcher une exécution de l'Empire, à laquelle il auroit été procédé en
régle, ou qu'elle entreprit de s'en mêler ou de s'y oppoſer, Nous promettons
de l'en détourner en Nous ſervant des
voies indiquées par le traité de la Paix
de Weſtphalie, par le réglement d'exécution, & par les autres Conſtitutions
de l'Empire, & d'employer contre un
ſemblable procédé tous les moyens
convenables.

XVII. Nous ne ſurchargerons, ni ne
permettrons que perſonne ſoit ſurchargé,
près de ces ſoüverains tribunaux, de
droits de Chancellerie ou de droits de
taxe, & Nous ne Nous ſervirons d'aucune taxe de Chancellerie ou autres ſi
ce n'eſt de celles qui auront été agréées
& réglées par les Electeurs, Princes &
Etats de l'Empire en pleine Diète, (ce
que Nous tâcherons d'accélérer autant

qu'il fera poffible) Nous ne les réhauf-
ferons, ni ne fouffrirons que d'autres
les réhauffent fans le fu & confentement des Etats. Nous remédierons au
contraire fans délai aux griefs qui pourroient être portés contre, & dans un
an, à compter depuis le commencement de Notre régne, Nous donnerons
communication aux Electeurs & Etats
affemblés en la Diète, du Réglement de
la taxe, dont on eft convenu ci-devant
dans les affemblées, pour qu'ils en foient
d'autant mieux informés, & qu'ils puiffent en tout cas propofer, s'ils le jugent à propos, des arrangemens plus
plaufibles à ce fujet.

XVIII. Quant à la taxe due pour
l'inveftiture des fiefs, Nous Nous en
tiendrons à ce qui eft à cet égard difpofé par la Bulle d'or, laquelle veut que
pour une inveftiture il ne foit payé
qu'une taxe feulement, quand même
plufieurs fiefs feroient conférés par le
même acte, contre quoi Nous n'allé-
guerons aucune coûtume, ni ne fouffrirons qu'il ne faffe aucune augmentation
de taxe fans le confentement des Etats.

XIX. Bien moins encore chargerons
Nous les Electeurs, Princes & Etats,
ou permettrons Nous qu'ils foient chargés du droit appellé *Laudemium* & des
deniers dite *Anftallsgelder*, de même
que de toutes autres prétentions nouvel-

les, à en faire payer pour les fiefs, dont ils font déja co-inveftis.

ARTICLE XVIII.

I. Nous ne devons ni ne voulons fouffrir non plus qu'à l'avenir aucun Etat de l'Empire s'exempte de la juris-diction des tribunaux fuprèmes de l'Em-pire, ou qu'il s'en fouftraye, fi ce n'eft qu'il ait obtenu ci-devant de quelque Empereur Romain l'exemption de la ju-risdiction de l'Empire, foit par des conventions avec l'Empire Romain, foit par des priviléges ou autres titres légi-times, & qu'il en foit en poffeffion actuelle.

De toutes fortes d'affaires judiciai-res, des exemp-tions d'i-celles, du Confeil de Rothweil & autres tribunaux provin-ciaux.

II. Par contre, Nous laifferons jouir dorénavant de l'exemption des tribu-naux fuprêmes de l'Empire ceux d'entre les Etats, qui ci-devant ont obtenu cet-te exemption des Empereurs Romains, foit par convention avec l'Empire Ro-main, foit par privilége ou par d'autres titres légitimes, & qui en font actuel-lement en poffeffion, les y garderons & maintiendrons, en conformité de l'Ordonnance pour la Chambre Impériale, part. 2, tit. 27. & du traité de Paix, art. 8. mais en même temps auffi Nous les obligerons à obferver de leur part, le plus exactement les traités ou tranf-actions & à faire & exécuter fans y manquer tout ce à quoi ils font tenus en vertu defdits traités, ou qu'ils font d'ailleurs obligés de prefter à l'Empire.

III. Nous ne permettrons pas non plus, que les Electeurs, Princes, Prélats, Comtes, Seigneurs & autres Etats de l'Empire (y compris la Nobleffe immédiate) ou leurs fujets dans l'Empire foient affignés, ajournés, ou contraints à comparoître autre part, foit pour plaider ou pour tranfiger, que par devant leurs Juges ordinaires.

IV. Voulant que chacun puiffe jouir de fon droit d'immédiateté, de fon privilége de juger en dernier reffort & fans appel, de celui de ne pouvoir être traduit devant un autre juge tant au civil qu'au criminel & en matieres féodales, de l'élection du Tribunal, appellé *Jus Electionis fori*, du droit d'Auftrégues tant légaux que conventionnels ou de famille, & quant au fujet, de celui de ne pouvoir être affigné en premiere inftance, que par devant fon Juge naturel & immédiat, aboliffant & annullant toutes les contreventions réfcrits émanés & défenfes, qui auroient pù avoir été faites jufqu'à préfent à ce contraire, fous quelque prétexte ou couleur que ce foit.

V. Et promettant de ne point permettre qu'on les y trouble par des commiffions, mandemens, ou autres Ordonnances, ou que le Conſeil Aulique Impérial ou la Chambre Impériale, y portent atteinte, particulierement Nous tiendrons la main à ce que, lorſqu'il ſera queſtion d'ordonner des Commiſſions, *l'art. 5. du traité de Paix §. 51. in Conventibus Deputatorum* ſoit exactement obſervé; comme auſſi ſi l'affaire concernoit des perſonnes dévouées aux deux Religions, Nous tâcherons, autant qu'il nous ſera poſſible, d'obſerver une égalité dans la nomniation des Commiſſaires, & Nous n'en nommerons point, qui puiſſe avoir dans l'affaire un intérêt propre, vu que d'ailleurs ſemblables Commiſſions ne peuvent être que de nulle valeur.

VI. Nous uſerons d'une grande circonſpection pour obſerver le néceſſaire en accordant les ſuſdits priviléges de *non appellando*, *non evocando*, *electionis fori*, & autres pareils qui pourroient tendre à anéantir ou affoiblir la juriſdiction du St. Empire Romain, ou des priviléges plus anciens des Etats, ou autrement porter préjudice à un tiers, & agirons en pere à cet égard.

VII. Et en conformité du Réſultat de l'Empire de l'année 1654. Nous Nous garderons ſur-tout d'octroyer des priviléges de premiere inſtance, ou d'Auſtrégues particuliers à ceux qui juſqu'à préſent n'en ont point eû, ou qui ne les tiennent pas d'une ancienne poffeffion.

VIII. Et d'autant que depuis nombre d'années les Electeurs, Princes & Etats ont porté toutes fortes de plaintes importantes en différentes affemblées de l'Empire contre la Cour de Juftice Impériale de Rothweil, celle de Weingarten, & autres juftices provinciales en Suabe, ce qui a donné occafion de faire mention de leur abolition dans le traité de Paix, Nous donnerons une férieufe attention à ce qu'il foit coupé racine & porté réméde à ces griefs des Etats, y compris les griefs formés par le Corps de la Nobleffe de l'Empire & à ce qu'au plutôt que faire fe pourra, il foit ftatué quelque chofe de certain à la Diète de l'Empire, au fujet de l'abolition defdites juftices Auliques & Provinciales. En attendant & dans l'efpace d'un an, nous ferons enforte que les cas appellés *Ehehaffts - Fall* auxquels on a donné plus d'étendue que les anciens Réglemens de ces Juftices Auliques & Provinciales ne le permettent, foient abolis, de même que l'on redreffe avant qu'il foit peu les excès & les abus qui s'y font gliffés, pour lequel effet Nous députerons au plutôt des Etats de l'Empire défintéreffés pour en prendre connoiffance, & en donnerons part à la Chancellerie de l'Electeur de Mayence

Mayence, afin qu'elle en puiffe informer les autres Electeurs, Princes &
Etats de l'Empire.

XI. Nous veillerons particulierement
à ce que lefdits Electeurs, Princes &
Etats foient maintenus dans leurs priviléges, d'exemption defdites Jurisdictions
par eux obtenus, quand même on voudroit leur objecter que ces priviléges
ont été caffés.

X. Il fera en outre libre à la partie,
qui fe trouvera léfée, d'appeller defdits
tribunaux à Notre Confeil Impéreil Aulique ou à la Chambre Impériale, fans
que Nous puiffions le mettre en conte-
ftation, ou même l'empêcher en aucune maniere.

XI. Et Nous maintiendrons par-tout
les Electeurs, leurs fujets & ceux des
autres dans leurs priviléges d'exemption
de ladite Cour de Rothweil & autres
Juftices, de laquelle exemption ils jouif-
fent d'ancienneté, fans permettre qu'ils
y foient troublés ou inquiétés.

ARTICLE XIX.

I. Nous ferons enforte, que tous les Des refti-
Electeurs, Princes, Prélats, Comtes, tutions à
Seigneurs, la Nobleffe de l'Empire & faire felon
autres tant Eccléfiaftiques que féculiers, la paix de
qui fe trouvéront avoir été fpoliés ou Weftpha-

lie & au- dépossédés par violence, ou par quel-
tres affai- que exaction illicite, tant en leur per-
res judi- sonne qu'en celles de leurs ancêtres ou
ciaires, & prédécesseurs, en quoique ce soit, &
particulie- tous ceux auxquels restitution n'a pas
rement encore été faite, selon la teneur de
des plain- l'Edit d'Exécution du *Traité de Paix*
tes entre *de Munster & d'Osnabrück*, & de
les Sei- *l'Edit*, appellé *arctior modus exequen-*
gneurs & *di*, & du Résultat pour l'exécution dres-
sujets. sé à Nuremberg, soient rétablis suivant
l'équité, sans avoir égard à personne, &
sans distinction de Religion.

II. Et Nous restituerons aussi à *tous*
& à un chacun pleinement, & sans aucun délai ou déni, tout ce que Nous
mêmes sommes obligés de restituer, en
vertu dudit traité de Paix, de l'Edit de
Nuremberg, & de l'Edit, *arctior modus*
exequendi & d'autres subséquens, &
les y maintiendrons & défendrons en
tant que Nous y avons droit.

III. Promettant de rendre sans partialité & sans empêchement ni retard
bonne & égale justice, tant aux Etats
immédiats, qui ont des possessions, soit
dans nos Royaumes & Pays héréditaires,
soit dans ceux des Electeurs, Princes &
Etats respectivement, qu'à nos Etats &
sujets naturels.

IV. Au cas aussi que quelque Electeur, Prince ou autre Etat (y com-

pris la Nobleſſe libre immédiate de
l'Empire) tombât en procès, par rapport à ſes droits régaliens, immédiateté, franchiſe, droits & jurisdiction,
qu'on auroit entrepris d'affoiblir, de diminuer, ou de l'en priver ou dépoſſé-
der, ou de l'y troubler & inquiéter, &
qu'il voulût faire aſſigner ſa partie adverſe, Nous ne voulons l'en empêcher
& Nous n'empêcherons non plus d'autres pourſuites judiciaires formées dans
les régles, mais nous y porterons plutôt toutes ſortes de facilités pour en procurer une prompte déciſion.

V. Nous n'admettrons point de procès ni ne rendrons aucun mandement,
pour le maintien des nouveaux péages,
impôts & d'autres attentats de cette
nature, entrepris ſans le conſentement
des Electeurs, & contre la diſpoſition
du huitiéme article ci-deſſus.

VI. S'il arrivoit auſſi, que des Etats
Provinciaux & autres ſujets portaſſent
des plaintes contre leurs Seigneurs, &
principalement lorſque ces plaintes re-
garderont la ſupériorité territoriale, &
les Droits Régaliens ; tant en général,
qu'en particulier, & ſuivant la teneur
du *Réſultat de l'Empire de l'année*
1654. §. & *comme &c.* le Droit de Collectes, celui d'armer & de faire marcher les ſujets à la guerre, la défenſe
du pays, le droit d'avoir garniſon dans

les places fortes, l'entretien d'icelles &
autres pareils droits, Nous ne devons,
ni ne voulons accorder, fur la fimple
demande des fujets, des mandemens
ni des Réfcrits de Protection ou de
confervation, mais renverrons les
parties avant tout aux Auftrègues,
felon la difpofition du fufdit Réfultat de l'Empire, §. avec *cela le Ju-*
ge de la Chambre &c. & §. *ce que les*
Electeurs, Princes & Etats &c.

VII. Et quand même la Jurisdiction
fe trouveroit fondée, Nous voulons
néanmoins dans ces cas avant que d'accorder des mandemens & avant toute
chofe mander au Seigneur, contre lequel les plaintes auroient été portées,
de nous informer du fait & de fes raifons (cette formalité n'étant pas obfervée, lefdits Seigneurs feront difpenfés
d'obéir auxdits mandemens ;) & fi alors
il fe trouvoit que les fujets euffent des
raifons légitimes pour fe plaindre, Nous
ferons promptement inftruire & décider
le procès, en obfervant pourtant les
formalités effentielles ; enjoindrons toutefois en attendant aux fujets de ne
pas laiffer de rendre à leurs Seigneurs
l'obéiffance qui leur eft dùe.

VIII. Lorfqu'il s'agira d'un cas amen-
dable, Nous ne promettrons ni aux
Juges qui rendront la fentence, ni à
ceux à qui commiffion pourroit être

donnée à cet égard, aucune part à ces amendes, ni ne leur donnerons la moindre espérance de pouvoir y participer.

ARTICLE XX.

I. Quant aux cas où il s'agira de déclarations au ban, ou au for-ban de l'Empire, Nous devons & voulons Nous conformer abſolument à cet égard, à ce qui a été convenu & ſtatué en vertu du traité de Paix par le dernier *Réſultat de l'Empire § Comme dans le traité de Paix de Munſter & d'Osnabrück il eſt auſſi &c.*

Des affaires de privation & de proſcription.

II. Et principalement tenir de même la main à ce qu'aucune perſonne de haute ni de baſſe condition, Electeur, Prince ou Etat ou autre, ne ſoit à l'avenir, ſans des raiſons légitimes & ſuffiſantes, ou ſans être ouïe, & ſans le ſu, conſeil & conſentement des Electeurs, Princes & Etats du Saint Empire, miſe, déclarée ou condamnée au ban ou for-ban de l'Empire.

III. Mais que dans les cas à venir, où il s'agira d'une déclaration de ban ou d'une privation à ordonner ſuivant la qualité du méfait; ſoit à la requête du Procureur-Fiſcal de l'Empire, qui interviendroit d'office, ſoit à la requête de la perſonne léſée & plaignante, & où nous aurions été implorés de rendre juftice, en s'adreffant au Confeil Impérial Aulique ou à la Chambre Impériale, les loix de l'Empire précédemment rendues & l'Ordonnance pour la Chambre Impériale, foient foigneufement & ftrictement obfervées, tant en accordant les permiffions d'affigner pour voir ordonner ledit ban, ou privation, & les mandemens néceffaires, qu'à l'égard des autres procédures jufqu'à fentence définitive, afin que l'accufé ne puiffe pas fe plaindre de précipitation, mais qu'il foit fuffifamment entendu en fes défenfes légitimes.

IV. Et lorfque le procès fera inftruit pour être rapporté, les pièces feront communiquées à la Diète de l'Empire en pleine affemblée, & enfuite mifes entre les mains de certains Etats tirés des trois Colleges de l'Empire (y compris les Abbés & les Comtes) à ce expreffément dénommés & affermentés & en nombre égal, quant à la Religion, pour après avoir par eux été examinées & mûrement péfées, & le rapport fait aux Electeurs, Princes & Etats en corps, y être pris des conclufions définitives.

V. Et la fentence, après qu'elle aura pareillement été approuvée par Nous, ou par Notre Commiffaire, être publiée en Notre nom, & l'exécution être enfuite faite tant en ce cas qu'en *tous* les autres, en la forme que l'Ordonnance d'exécution le porte, par le Cercle dans lequel le banni se trouvera établi, & duquel il dépendra, & non autrement.

VI. Et promettons de ne point Nous approprier, ni à Notre Maison, ce dont le banni aura été dépouillé en cette maniere, mais le tout sera attribué à l'Empire, après que de cette dépouille, satisfaction aura été donnée à la partie lésée.

VII. Toutefois sans préjudice des droits & prétentions légitimes du Seigneur direct & d'un chacun, & sans déroger à l'Ordonnance pour la Chambre Impériale, quant aux fiefs particuliers, qui ne relévent pas de Nous & de l'Empire immédiatement, mais qui relévent d'autres Seigneurs.

VIII. Comme aussi, lorsque dans le St. Empire Romain pareils biens du banni seront tombés en commise, le méfait de ce banni ne pourra pas porter préjudice aux agnats ni à tous autres qui auront obtenu des expectatives, ou auront des prétentions sur ces biens, & qui ne se feront pas rendus actuellement participans de ce méfait, en leur droit de succession ès-dits fiefs & ès-biens de famille & que le Principe, par lequel on prétend que des Agnats innocents doivent à cause de la félonie du banni être frustrés des fiefs & des autres biens, qui par-là feront tombés en commife, ne pourra nullement avoir lieu.

IX. Et fi celui, qui a été depoffédé & fpolié par violence, demandoit, pendant qu'on inftruit le procès (contre fon adverfaire) pour la déclaration de ban, à être inceffamment reftitué, Nous préterons la main à ce que, fuivant que le cas y fera difpofé, ce demandeur obtienne fans délai & en effet la pleine reftitution, par des moyens fuffifans & conformes à l'Ordonnance pour la Chambre Impériale, & aux autres conftitutions de l'Empire, fans attendre l'iffue de l'action intentée à faire prononcer la peine du ban.

X. Et s'il arrivoit, qu'il ne fut pas procédé en la forme & maniere, qui vient d'être prefcrite, & qui a été expliquée ci-deffus de point en point, en ce cas une telle déclaration de ban & exécution fera réputée nulle & non-valable de plein droit.

XI. Et quant à la déclaration de ban en peine de contumace, comme par plufieurs confidérations cette voie eft infuffifante, Nous l'abolirons entierement & voulons que lorfqu'il s'agira de caufes civiles, on ne fe ferve, pour contraindre les parties à comparoître & pour les ranger à l'obéiffance dûe, que des moyens autorifés par les loix civiles.

ARTICLE XXI.

I. Nous Nous obligeons & promettons auffi, pour ce qui eft des fiefs mouvans des Electeurs, Princes & Etats de l'Empire (la Nobleffe libre immédiate de l'Empire y comprife) en quelques endroits qu'ils puiffent être fitués, de laiffer lefdits Etats en leurs droits, prérogatives & jurisdiction de Seigneur de fief dans les cas qui y appartiennent, fuivant le droit féodal, fans y porter la moindre atteinte, & de ne point fouffrir que les tribunaux de l'Empire y empiétent, ni fous prétexte de connexité de caufe, ni fous prétexte d'une compétence univerfelle.

Des fiefs des Etats de l'Empire, du crime de Lefe-Majefté, & de quelques affaires de juftice.

II. S'il arrivoit auffi, que leurs vaffaux & fujets eûffent encouru pour crime de Lefe-Majefté, ou pour quelqu'autre félonie, ou encourruffent à l'avenir privation de leurs fiefs, Nous les (s'entend les Etats) laifferons agir à cet effet ou en difpofer felon leur volonté.

III. Sans adjuger ces fiefs au fifc de l'Empire, ni prétendre, que lefdits Etats reprennent leurs anciens vaffaux, ou d'autres.

IV. Nous en uferons de même à l'é-

gard des biens allodiaux, qui font
tombés, comme il a déja été dit, ou
pourroient tomber en commife pour crime de Lefe-Maiefté ou pour d'autres
délits, fi bien que Nous ne priverons
point les Electeurs, Princes & Etats,
fous la fupériorité & jurisdiction defquels
ces biens font fitués, & qui font inveftis des droits du fifc, ou qui pourroient
d'ailleurs être en une poffeffion conftante de ces droits, mais laifferons jouir
les Seigneurs territoriaux de la confifcation defdits biens.

V. Nous ne ferons auffi nous mêmes
ni permettrons ni n'entreprendrons par
d'autres ou leurs ordonnerons de faire
aux Electeurs, Princes, Prélats, Comtes,
Seigneurs & aux autres Etats de l'Empire (y compris la Nobleffe immédiate) aucune violence dans les cas ci-deffus marqués & autres fous couleur d'y
avoir droit ou de vouloir rendre juftice.

VI. Mais fi Nous ou quelqu'autre,
avions quelques prétentions ou quelque
demandes à faire, qui regardaffent eux
tous ou l'un d'eux en particulier, Nous
promettons, pour éviter toute révolte,
divifion & voie de fait dans le Saint
Empire, & pour conferver la paix &
l'union, de les faire porter généralement
toutes à la juftice ordinaire pour y être
examinées & décidées conformément
aux Réfultats de l'Empire, à l'Ordon-

nance pour la Chambre Impériale, au Réglement portant exécution de cette Ordonnance, au traité de Paix de Munſter & d'Osnabrück & aux Edits dreſſés à Nuremberg enſuite de cette paix.

VII. Et de tenir la main pour que tant en rendant ſentence, qu'en pourſuivant l'exécution d'icelle on y procéde ſuivant le traité de Paix & les conſtitutions de l'Empire qui viennent d'être alléguées & nous ne permettrons nullement que dans les cas qui appartiennent à la juſtice ordinaire, ceux, qui font prêts à s'y ſoumettre, ſoient attaqués, infeſtés ou endommagés par des vols, rapines, incendies, faiſies, défis, guerres nouvelles, exactions & impoſitions, ou d'une autre maniere.

VIII. Ou ſi de ſemblables violences avoient été commiſes, ou ſe commettoient dans la ſuite contre quelque Etat de l'Empire, Nous devons & voulons tout auſſitôt prendre de ſi juſtes meſures, que les Etats léſés ſoient inceſſamment reſtitués, & les dommages qui leur auront été cauſés, réparés ſelon l'équité & en la maniere que des arbitres impartiaux, nommés par les deux parties, le régleront ou qu'il ſera ordonné en pleine Diète de l'Empire.

ARTICLE XXII.

I. En conférant les dignités de Prin- Des affai-

res de
graces.

ce, de Comte, & autres, Nous aurons, pendant Notre gouvernement Royal & Impérial, une attention particuliere à ce qu'en tout cas ces dignités ne foient à l'avenir conférées qu'à des perfonnes d'un haut mérite, qui poffédent des biens dans l'Empire, & qui aient de quoi foutenir la dignité, dont ils défirent d'être revêtus.

II Nous n'appuyerons non plus aucun des nouveaux Princes, Comtes & Seigneurs, par Décrets ou par de femblables voies, pour parvenir à la féance & voix dans le Confeil des Princes ou dans les Colleges particuliers des Comtes, fi ce n'eft qu'il eût auparavant accompli tout ce qui eft requis par le premier article de notre préfente Capitulation.

III. Et n'accorderons à aucun d'eux quel quil puiffe être, aucune nouvelle qualité ou titre plus éminent, ni des lettres d'armoiries plus diftinguées au préjudice ou à l'aviliffement des Maifons & familles anciennes, de leurs dignités, qualités & titres ufités.

IV. Nous n'accorderons non plus aux enfans iffus d'une méfalliance notoire & inconteftable, quoique procréés d'ailleurs d'un pere qui eft Etat de l'Empire, ou qui defcend d'une Maifon revêtue de cette qualité, les titres, hon-

neurs & dignités paternelles, ce qui ne
pourroit qu'aboutir à l'avilissement de
la Maison, bien moins encore les déclarerons Nous, au préjudice des successeurs légitimes & sans leur consentement spécial, nés d'un mariage égal
& habiles à succéder, & supposé que
semblable concession, ou déclaration,
ait été ci-devant faite, Nous les re-
garderons & tiendrons pour nulles & de
nulle valeur.

V. De plus une pareille élévation en
faveur de celui qui posséderoit des biens
dans le territoire des Electeurs, Princes
& Etats de l'Empire, ne tournera point
au préjudice du droit territorial, mais
sa personne, ainsi que les biens à lui
appartenans, & situés dans ledit territoire, demeureront, d'une façon comme
de l'autre sous l'ancienne jurisdiction du
Seigneur territorial.

VI. Et si quelque Etat pouvoit dé-
montrer par preuves, que dans l'un des
points ci-dessus il lui eût été causé quelque grief, & que par de semblables élévations à quelque dignité nouvelle, il
eût été porté atteinte à ses droits, icelui sera suffisamment ouï en ses plaintes, & ce qui se trouvera avoir été
fait contre l'équité sera changé & aboli.

VII. Nous aurons aussi un soin particulier, & ferons ensorte que toutes les

expéditions que Nous accorderons en
qualité de Roi des Romains ou d'Empereur, en affaires qui Nous concerne-
ront, ou qui concernent l'Empire en
matiere d'Etat, matieres gracieufes &
autres, comme auffi particulierement
les diplômes touchant les élévations à
la dignité de Prince, Comte, Baron,
Noble &c. celle de Palatin (à l'égard
de la quelle il faudra avoir l'œil à ce
qu'il ne foit commis aucun abus dans
l'exercice de la fonction qui y eft atta-
chée, & punir féverement ceux qui en
commettront) & le titre de Confeiller
Impérial de toutes les efpéces, comme
auffi d'autres immunités & priviléges ne
puiffent être dreffés & délivrés ailleurs
que dans la Chancellerie de l'Empire,
conformément à l'ancien ufage & felon
que le requiert Notre grandeur & celle
de l'Empire.

VIII. En conféquence de quoi tous
les diplômes, qui pendant Notre Régne
Impérial feront expédiés fous notre nom
& titre d'Empereur dans une autre Chancellerie que celle de l'Empire feront
nuls & de nulle valeur, fans que les
Impétrans puiffent être reconnus tels
dans l'Empire, & porter les noms &
titres à eux concédés, qu'auparavant
ils n'ayent été confirmés & légitimés
par la Chancellerie de l'Empire, après
y avoir payé la taxe ordinaire.

IX. Et à l'égard des Lettres de grace, d'élévation à quelque dignité, & autres priviléges, qui auront été expédiés en notre Chancellerie de l'Empire, & qui delà auront été infinués à d'autres de nos Chancelleries, celles-ci feront obligées non feulement d'accepter lefdites infinuations fans en faire payer la moindre chofe, ou demander aucune taxe nouvelle, ou droits de Chancellerie quelque nom qu'ils puiffent avoir, mais auffi de donner aux impétrans dans les expéditions la qualité & le titre accordé felon la dignité & le privilége qu'ils auront obtenus, avec défenfe fous les peines y portées de les retrancher.

X. Et comme par des remifes & modérations des droits de la Chancellerie de l'Empire, & de ce que bien fouvent on ne léve point felon le devoir les expéditions des Lettres Patentes accordées fur les conceffions de priviléges, élévations à dignité & autres graces, l'office de taxation des droits de la Chancellerie de l'Empire fouffre beaucoup de préjudice & que cela tourne à une grande diminuation de l'entretien néceffaire des officiers de ce departement & de quelques autres; pour y remédier, Nous travaillerons conjointement avec l'Electeur de Mayence, & tiendrons la main à ce qu'il ne foit plus rien par lui (qui feul, comme Archi-Chancellier de l'Empire, a le droit

d'accorder quelque remife & modération) remis & modéré des droits de
Chancellerie ordinaires , ni des taxes des
expéditions defdites Lettres Patentes accordées fur les conceffions impériales de
priviléges, élévation & autres graces.

XI. Nous promettons auffi, que Nous
ne permettrons en aucune maniere,
que ceux, qui à l'avenir obtiendront
de Nous de pareilles graces, & qui dans
les trois premiers mois ne retireront pas
de la Chancellerie de l'Empire, en y
payant les droits, les diplômes fur ce
expédiés, puiffent fe vanter des graces
& conceffions à eux accordées, ou en
jouir effectivement.

XII. Mais qu'en ce cas & ledit terme paffé, ces graces foient de fait ré-
voquées, caffées & annullées; ordonnons à nos Procureurs-Généraux de l'Empire de procéder, comme il appartient
& avec connoiffance de caufe, contre
ceux qui s'attribueront de cette maniere & indûement aucune dignité, an-
nobliffement, caractere de Confeiller,
conceffion de titres & armoiries, ou
autres pareilles chofes, pour les faire
punir felon la qualité du délit & des
perfonnes.

XIII. Ce qui aura auffi lieu & fera
fans aucune difficulté mis à exécution
envers

envers ceux, qui avanceront contre la vérité avoir obtenu de pareilles graces & conceſſions de nos Prédéceſſeurs en l'Empire, & qui ſe les arrogeront ou qui aprés les avoir réellement obtenues n'en auront pas retiré les expéditions de la Chancellerie de l'Empire & negligeront de les retirer d'aujourd'hui en ſix mois.

ARTICLE XXIII.

I. Nous devons & voulons avoir, établir & tenir conſtamment Notre réſidence Royale & Impériale, Notre demeure & notre Cour dans l'Empire de la nation allemande, pour l'utilité, l'honneur & le bien de tous ſes Membres, Etats & ſujets, à moins que les conjonctures du temps ne le demandent autrement. *Des affaires concernant de la Cour Impériale.*

II. Et donner toujours prompte audience & expédition aux Electeurs, Princes & Etats de l'Empire & à leurs Ambaſſadeurs & Envoyés (y compris les Députés de la Nobleſſe libre impériale) & ne leur cauſer de l'incommodité ou des dépenſes en les obligeant de ſuivre notre Cour, ou en différant de donner notre réſolution.

III. Et promettons de ne Nous ſervir d'autres langues en Notre Cour Impériale dans les écrits & négoces regardant l'Empire, que de la langue allemande & de la latine fi ce n'étoit ès lieux hors de l'Empire, où l'on fe ferviroit & uferoit communément d'une autre langue, cependant en ce dernier cas fans déroger à tous égards à l'ufage conftant de la langue allemande & latine en Notre Confeil Aulique Impérial.

IV. Nous promettons, auffi de faire enforte, que quand nous prendrons les rênes de notre gouvernement impérial, nos offices impériaux, & ceux de l'Empire en Notre Cour, auxquels Nous aurons à nommer & à en revêtir, foit en Allemagne ou hors de l'Allemagne, comme font celui de Protecteur de la nation allemande, les Ambaffadeurs, les offices de Grand-Maître, de Grand-Chambellan, de Grand-Maréchal, de Capitaines des hallebardiers & des gardes du corps & femblables ne foient conférées qu'à des perfonnes nées en Allemagne & qui foient de la nation allemande, ou pour le moins vaffaux de l'Empire, qui aient connoiffance de fes affaires & foient par Nous eftimés être utiles audit Empire; mais qui ne foient pas de baffe condition ou origine mais des perfonnes de confidération & d'une haute extraction & la plûpart Princes de l'Empire, Comtes, Seigneurs ou Gentilshommes, ou d'autre bonne & vaillante race.

V. Et laisserons lesdits offices en leurs honneurs, dignités, revenus (en tant qu'iceux ne sont point en vertu de la présente Capitulation réservés aux offices héréditaires de l'Empire.) droits & priviléges, sans en rien retrancher ou permettre qu'il y soit retranché.

ARTICLE XXIV.

I. De même ne placerons Nous dans Notre Conseil Aulique Impérial que des Princes, Comtes, Barons, Gentilshommes & autres Gens d'honneur des deux Religions & tirés des Cercles de l'Empire, conformément au traité de Paix. *Du Conseil Impérial Aulique.*

II. Lesquels Nous choisirons non seulement parmi nos sujets & vassaux, mais aussi pour la plûpart parmi ceux qui sont nés & élevés dans les autres Provinces de l'Empire de la nation allemande, qui y sont établis & qui y possédent des biens proportionnés à leur condition: qui sont versés dans la connoissance des Constitutions de l'Empire, qui ont une naissance & réputation bien établie, qui soient d'un âge convenable, qui dans l'examen par eux, subi sur le pied de celui qui est usité en la Chambre Impériale aient répondu avec capacité & qui se soient acquis une bonne expérience, soit en quelque Dicastére allemand bien ordonné & dans

G g 2

lequel on traite de matieres contentieu-
fes, foit en quelque faculté ès-droits.

III. Qui, fuivant qu'il eft porté au
formulaire de ferment contenu dans l'Ordonnance pour le Confeil Impérial Aulique (lequel ferment fera à l'avenir
auffi nommément étendu à l'Empire) ne
foient engagés par le lien de fervice
particulier, appointemens ou penfions
qu'envers Nous & l'Empire, & nullement envers aucun des Electeurs, Princes ou Etats de l'Empire, bien moins
encore des Puiffances étrangeres.

IV. Et attendu que l'on s'eft plaint,
qu'il avoit été commis des contreventions à la fufdite Ordonnance pour le
Confeil Aulique, Nous devons & voulons, lorfque Nous ferons entré en notre Régne, faire près Notre Confeil Impérial Aulique, qui fera alors de nouveau établi, des difpofitions fi efficaces,
qu'il foit, comme il convient de droit,
remédié à la chofe, & qu'à l'avenir il
ne foit rien commis de femblable &
encore moins toléré, mais qu'au contraire toutes les mefures y néceffaires foient
exactement prifes.

V. Nous devons & voulons auffi

dès que nous aurons pris les rênes du gouvernement demander par un Décret à l'Empire son avis au sujet des corrections à faire dans l'Ordonnance pour Notre Conseil Impérial Aulique, comme aussi, & autant qu'il dépendra de Nous, faire au plutôt travailler à ces corrections & faire là-dessus mettre cet ouvrage en état.

VI. Nous devons & voulons de plus, aussitôt que Nous aurons pris les rênes du gouvernement & au moyen d'un Décret de Commission Impériale demander aux Electeurs, Princes & Etats de l'Empire un avis Comitial sur les points, qui par le traité de Paix ont été renvoyés à la prochaine délibération de l'Empire, & qui concernent la forme des visites dudit Conseil, comme aussi donner au Résultat de l'Empire qui s'ensuivra, tout le poids & toute la force qui conviendra.

VII. En attendant néanmoins & jusque là, Nous ne Nous opposerons point à ce qu'au plus tard dans un an, à compter depuis le commencement de Notre Régne, l'Electeur de Mayence en qualité d'Archi-Chancelier de l'Empire procéde d'abord à cette visite en la réitérant tous les trois ans, jusqu'à ce qu'il en ait été autrement convenu à la Diète, & seront les Actes de ces visites remis toutes les fois à ladite assem-

blée de l'Empire pour, au cas qu'il s'y
trouve le moindre défaut, y être convenablement pourvu à la même Diète.

VIII. Jusqu'à ce que Nous & tout
l'Empire ayons fait dresser une Ordonnance pour le Conseil Impérial Aulique,
parfaite & accommodée aux présentes
circonstances Notre dit Conseil Aulique
de même que les Visitateurs y nommés
prendront pour régle dans la forme de
procéder & observeront avec la derniere exactitude l'ancienne Ordonnance,
ensemble ce qui en conséquence des
Monita des Etats a été inféré à cet égard
dans le Réglement émané en 1714. de
la part d'un de nos Prédécesseurs en
l'Empire , & Nous donnerons sérieusement & avec appui Nos soins pour que
tout ce que dessus soit exécuté.

IX. Nous donnerons aussi ordre pour
que suivant l'ancien usage l'on ne fasse
dans Notre Conseil Impérial Aulique
aucune distinction pour la séance sur le
banc des Nobles, entre ceux qui suivant leurs casques & armoiries sont issus,
& peuvent faire preuve d'ancienne
Noblesse admissible aux tournois & ha-
bile à entrer dans les Chapitres & entre
les Comtes & Seigneurs, qui n'ont point
de voix ou séance dans les Colleges de
l'Empire , ou ne sont point issus de
Maisons ayant cette séance, mais que
chacun demeure dans le rang qu'il a

felon l'ordre de fa réception, fans s'attribuer au cas préfent aucune prérogati-
ve à caufe de fa qualité.

X. Du refte, pour ce qui eft du rang
de la préféance & confidération attachées à la charge de Confeiller Impérial Aulique, on fe conformera à ce qui
eft porté fur cet article dans l'Ordonnance pour ledit Confeil Impérial Aulique, & qui convient à cette dignité.

XI. Nous ne mettrons, ni n'établirons dans ledit Confeil Aulique aucun
Préfident ou Vice-Préfident, à moins
qu'il ne foit Prince, Comte, ou Baron
de l'Empire de la nation allemande, &
qu'il n'y poffède des biens immédiats ou
médiats.

XII. Et Nous ne fouffrirons pas, que
perfonne, de quelque qualité qu'il puiffe être, empiéte fur la direction qui
compéte en matieres Judiciaires du
Confeil Impérial Aulique à notre Préfident dudit Confeil, & Nous ne permettrons point non plus qu'aucun autre
s'arroge cette direction.

XIII. Au furplus toutes & une chacune des affaires de la compétence de
Notre Confeil Aulique Impérial feront
toujours terminées en pleine affemblée,
& ne feront plus, ni avant, ni après
la litis - pendance traduites par devant

aucune députation, commiſſion de la Cour, ou par d'autres ſemblables voies extraordinaires, quelque nom qu'elles puiſſent avoir, & leur véritable cours judiciaire ne ſera ni gêné ni interrompu.

ARTICLE XXV.

Des affaires concernant le Conſeil Aulique & la Chancellerie de l'Empire.

I. Pour ce qui regarde l'établiſſement & le remplacement en la Chancellerie Aulique de l'Empire, tant de la charge de Vice-Chancellier Aulique dudit Empire, que de celles de Référendaires, Secrétaires & autres perſonnes dependantes de la dite Chancellerie, Nous ne prétendrons en aucune maniere empiéter à l'avenir, ſous quelque prétexte que ce puiſſe être, ſur le droit de l'Electeur de Mayence, comme Archi-Chancelier pour l'Allemagne, ni lui porter du retard, ni l'empêcher par rapport à la diſpoſition de ces charges, appartenante à lui ſeul, moins encore lui preſcrire à cet égard aucune borne ni meſure.

II. Et tout ce qui s'eſt paſſé ci-devant, ou pourroit à l'avenir ſe paſſer, ou ſe faire à ce contraire, doit être cenſé de nulle valeur.

III. Nous ne voulons pareillement point permettre en façon quelconque, qu'on empiéte contre la teneur de l'Ordonnance pour le Conſeil Impérial Auli-

que, & le Réglement pour la Chancellerie Aulique de l'Empire, sur les droits
de la Chancellerie de l'Empire, sous
quelque prétexte & par quelque personne que cela puisse être entrepris.

IV. Surtout Nous n'évoquerons point
à la Chancellerie Aulique de nos Pays
héréditaires & ne ferons passer que par
les mains du Vice-Chancelier de l'Empire, ni n'adresserons qu'à lui seul, les
affaires qui nous regardent en qualité
d'Empereur, ou qui concernent les intérêts de l'Empire, telles que sont les
affaires de la Diète, les instructions
pour Nos Ambassadeurs, dedans ou hors
de l'Empire, leur rapport touchant les
affaires de l'Empire, comme aussi les
négociations & traités concernant les
affaires de la guerre ou de la Paix de
l'Empire.

V. Et donnerons sans délai des ordres positifs, afin que les appointemens
pour le Conseil Impérial Aulique, savoir ceux du Président actuel, du Vice-
Chancelier Aulique de l'Empire, comme
étant en même temps Conseiller actuel
audit Conseil, du Vice-Président; &
des autres Conseillers soient payés exactement & sans aucune diminution,
préférablement à toute autre dépense,
& ce des deniers du revenant de Notre
Chambre Aulique, aussi-bien que des
deniers qui entreront du côté de l'Empire.

VI. Et feront iceux, pour ce qui eſt des exemptions de péages, impôts & autres charges, également traités, comme les Conſeillers Affeſſeurs de la Chambre Impériale.

VII. Ils ne feront pas moins que les Envoyés, Réſidens & Agens des Etats de l'Empire, exempts de la Jurisdiction de l'office du Grand-Maréchal de Notre Cour auſſi-bien que de celle de la Régence de nos Provinces & des autres Juges & Juſtices, & particulierement de tout ce qui regarde le ſcellé, les ſaiſies, confections d'inventaires, productions ou repréſentations de teſtamens, établiſſement de tuteurs & curateurs à leurs enfans, & autres choſes ſemblables: ils jouiront auſſi de l'exemption de toutes les charges perſonnelles.

VIII. Et ceux qui voudront quitter notre Cour, & transférer leur domicile ailleurs, n'en pourront être empéchés en aucune maniere ; mais au contraire l'on ſera obligé de les laiſſer librement & ſûrement ſortir & paſſer avec leurs biens & effets, même ſans leur en demander aucun droit de tranſmigration ou autre rétribution ; à l'effet de quoi on leur accordera à leur réquiſition les paſſeports à ce néceſſaires.

ARTICLE XXVI.

I. Nous devons & voulons auſſi don- De la
ner au Roi de Sardaigne comme Duc Savoye.
de Savoye, en la perſonne de ſon Plénipotentiaire légitime ; l'inveſtiture du
Montferrat, de même que de ſes autres
terres qu'il poſſéde comme fiefs de
l'Empire conformément aux Conſtitutions de l'Empire, droits féodaux, &
particulierement aux lettres de la derniere inveſtiture de 1755. auſſitôt qu'à-
près avoir pris les rênes du gouvernement, Nous en ferons dûement requis.

II. Confirmons auſſi par les préſentes
tout à fait ce que le Collège Electoral,
en date du 4. Juin 1658. à écrit au
Duc de Mantoue d'alors, pour annuller
& abolir le Vicariat & le Généralat Impérial de l'Empire en Italie, entrepris
au préjudice de la Maiſon de Savoye,
tellement que Nous inſiſterons fermement ſur ſon contenu, protégerons &
maintiendrons dûement le Roi de Sardaigne comme Duc de Savoye, dans
les droits de Vicariat dont il eſt en poſ-
feſion, & en ſes priviléges.

ARTICLE XXVII.

I. Et comme les Lettres de Protection De la pro-
que quelques Puiſſances & Princes tection
étrangers, exempts de la jurisdiction des étran-
de l'Empire ont obtenu ſur des Villes gers & de
& Etats immédiats & médiats, ſoit par l'exemp-
priviléges anciens des Rois & Empereurs tion de la
des Romains nos Prédéceſſeurs, ſoit jurisdi-

ction de leurs tribunaux. que les dites Villes & Etats se les soient acquis & les aïent pris eux-mêmes, ou qu'il y soit intervenu quelque autre usurpation, les sujets s'en étant servis ès-causes civiles & affaires de justice contre leurs propres Princes & Seigneurs territoriaux, au préjudice des Constitutions de l'Empire, ont donné occasion à de grands inconvéniens & à des troubles aboutissans au bouleversement de la Paix Publique Provinciale, par où la jurisdiction & le droit souverain du Saint Empire ont été beaucoup diminués & même renversés par le démembrement de quelques Etats notables; à ces causes, pour obvier à ces demembremens pernicieux & à ces mésintelligences dangeureuses & préjudiciables à la tranquillité du Saint Empire, Nous n'accorderons point aux Puissances & Potentats, qui ne reconnoissent point, comme il a été dit, la dépendance & la jurisdiction du Saint Empire de semblables Lettres de Protection sur des villes & pays médiats, ni ne permettrons que ceux-ci en demandent ou en obtiennent aucune, ni ne confirmerons non plus par rescrit ou autrement, celles qui peuvent avoir été octroyées par les Empereurs précédens dans une autre conjoncture & situation de temps & d'affaires & qui auroient été acceptées par des Etats médiats.

II. Mais tâcherons plutôt, par notre

interpofition ou par d'autres moyens permis & voies convenables, de faire révoquer lefdites Lettres de Protections obtenues des Empereurs précédens, & de faire renoncer à celles qui d'ailleurs ont été acceptées, ou du moins de reftraindre celles-là & les réduire dans les bornes des premieres conceffions Impériales ou Royales, en cas qu'il s'en trouve:

III. Afin que dorénavant chacun demeure uniquement fous notre Protection & défenfe & celle du Saint Empire, & que les Electeurs, Princes & Etats du Saint Empire (y compris la Nobleffe immédiate) & leurs fujets refpectifs, chacun en fon endroit, foient confervés en une égale protection & adminiftration de juftice, tant pour les caufes de Religion, que pour les caufes féculieres, fans implorer aucun autres fecours ou fupport étranger ou domeftique, conformément aux Conftitutions de l'Empire, & aux Ordonnances de la Chambre Impériale, aux traités de Paix de Munfter & d'Osnabrück, à l'Edit y fondé touchant leur exécution, à celui qui eft nommé *actior modus exequendi*, au Réglement pour l'exécution, fait à Nuremberg & au dernier Réfultat de l'Empire.

IV. Et qu'en particulier les abus à ce contraires, que l'on a introduit depuis quelque temps en traduifant les procès de devant les Juges de l'Empire, en Hollande, Brabant ou par devant d'autres Puiffances étrangeres & entre-autres que les Procès d'Evocation, fous prétexte de la prétendue Bulle de Brabant, & qui tendent au grand préjudice de quelques Electeurs, Princes & Etats foient entiérement abolis; que la Réfolution dont on eft convenu en 1594. à la Diète de l'Empire foit exécutée, & qu'en cas de befoin l'on prête affiftance efficace par droit de repréfailles aux Etats qui font léfés par la dite Bulle Brabantine.

ARTICLE XXVIII.

Des Ambaffadeurs des Puiffances étrangeres.

I. Et pour éviter toute diffention & les fuites dangereufes qui en refultent, Nous ne permettrons pas que les Puiffances étrangeres, ou leurs Ambaffadeurs fe mêlent ouvertement ou en fécret des affaires de l'Empire.

II. Moins encore fouffrirons-Nous que ces Ambaffadeurs foit à Notre Cour, foit aux affemblées des Députés de l'Empire ou aux autres affemblées publiques, fe faffent accompagner par les rues & dans les chemins par des gardes armés à pied ou à cheval.

ARTICLE XXIX.

I. Et comme quantité de plaintes ont été faites au fujet des poftes qui font établies dans le Saint Empire Romain, l'examen defquelles a été renvoyé par le traité de Paix à la Diète de l'Empire, en Nous y conformant, Nous ne permettrons en aucune maniere qu'on employe dans les Pays & Diftricts de la Domination des Electeurs, Princes & Etats, où il y a des poftes impériales, des gens qui ne foient pas fujets de l'Empire, & de la fidélité defquels on ne foit pas affuré, ni qu'outre la franchife perfonnelle on leur accorde celle de la contribution aux charges réelles.

De la pofte & affaires concernant les meffagers.

II. Nous Ordonnerons auffi au Grand-Maître-Général héréditaire des Poftes de l'Empire de bien pourvoir & bien fournir les Poftes de toutes les chofes néceffaires, & d'avoir foin que les lettres foient fidélement rendües & avec fureté moyennant un port raifonnable, à l'effet de quoi il y aura un imprimé affiché dans tous les bureaux de pofte, où la taxe des Lettres fera marquée, afin que chacun en puiffe avoir connoiffance, fi bien qu'il ne foit plus donné de fa part aucun fujet de plainte & de de correction.

III. Par contre il ne fera point permis aux meffagers ordinaires des villes

médiates ni à ceux des villes impériales de porter & ramaffer chemin faifant, & entre les lieux où ils vont &
d'où ils viennent, des Lettres, changer
de chevaux, & fe charger de paquets
ni de perfonnes qui voyagent ; mais les
villes impériales ainfi que leurs meffagers à pied, à cheval & conduifant voi-
ture, fe conformeront en cela aux Décrets, Lettres patentes & Réfcrits Impériaux des années 1616. 1620. & 1636.
tellement que ces fortes de meffagers
ne puiffent porter aucun préjudice ni à
l'Electeur de Mayence, quant à fon
droit de Protection des Poftes de l'Empire, ni au Grand-Maître-Général & héréditaire defdites Poftes, ni à quicon-
que que ce puiffe être.

IV. Nous devons & voulons auffi faire une difpofition permanente pour que
l'office de Notre Grand-Maître-Général
des Poftes de l'Empire foit par-tout maintenu en fon Etat, & que rien ne foit
entrepris, accordé ou toléré, qui puiffe
y porter aucune diminution, en conféquence ; que, foit près de notre perfonne Impériale & en Notre Cour, foit ailleurs dans l'Empire, il ne foit apporté
aucun trouble dans la poffeffion, où font
ceux qui en dépendent, de reçevoir,
depêcher & diftribuer toutes & une chacune des lettres & paquets, en perçe-
vant néanmoins les ports fur un pied
équitable.   V. Et

V. Et Nous obferverons & ferons obferver le préfent article concernant les affaires des poftes, tant & fi longtemps qu'il n'en fera point ordonné autrement de la part de l'Empire.

ARTICLE XXX.

I. Et afin que les Confeillers Auliques de l'Empire, comme auffi la Chambre Impériale puiffent fe conformer lors de leurs délibérations, expéditions & autrement, à la préfente Capitulation, Nous devons & voulons non feulement la leur communiquer, ainfi qu'à nos autres Miniftres & Confeillers, mais leur enjoindre auffi férieufement de s'y conformer en tout temps, en ce qui les regarde, & ne point permettre qu'ils faffent ni ne confeillent rien qui y foit contraire, ce que Nous ferons auffi expreffément inférer dans le formulaire du ferment, qu'ils prêtent lorfqu'ils entrent en office.

Des affaires concernant la Capitulation, & le gouvernement Impérial.

II. De plus Nous devons & voulons, auffitôt que nous aurons pris les rênes du gouvernement, faire mettre à la Diète de l'Empire l'affaire de la Capitulation perpétuelle fur le tapis (à l'égard de la quelle pourtant les Electeurs fe réfervent le droit d'y faire des additions) & travaillerons à ce qu'elle foit mife en toute fa perfection auffitôt qu'il fera poffible.

Tome VI. H h

III. Nous ne devons ni ne voulous nous arroger aucune forte d'adminiftration du Saint Empire, pendant que Sa Majefté Impériale préfentement regnante fera en vie, à moins qu'elle Nous y engage, ou qu'elle y confente expref-fément. Nous ne porterons pareillement aucun préjudice aux droits & dignités de fadite Majefté.

IV. Et comme, à caufe de notre abfence, Nous n'avons pû prêter d'abord en perfonne le ferment fur cette Capitulation, Nous avons donné à cet égard plein - pouvoir à Nos Commiffaires pour le prêter provifionnellement en notre nom.

V. Promettant & Nous obligeant de prêter ce ferment auffi en perfonne, & encore avant que de recevoir la Couronne & de Nous lier de rechef pour le maintien de la dite Capitulation.

VI. Toutes lefquelles chofes fufdites en général & chacune d'icelles en particulier, Nous ci-deffus nommé Roi des Romains avons accordées & promifes de bonne foi fur notre honneur & fur notre dignité & parole Royale, aux Electeurs de l'Empire, pour eux & comme repréfentant à cet égard le Saint Empire Romain, & les accordons & promettons en vertu de ces Patentes; ainfi que Nous Nous fommes obligés par le

ferment folemnel prêté à Dieu fur le
Saint Evangile, de les garder conftamment, fermement & inviolablement, &
de les exécuter fidélement, fans y
contrevenir ou faire que l'on y contrevienne en quelque façon ou maniere
que ce puiffe être, renonçant à toute
refervation, exception, difpenfe, abfolution, au droit Canon & Civil, & généralement, à tout ce qui pourroit
aboutir à Nous en vouloir faire dégager.

VII. En foi de quoi Nous avons fait
expédier neuf exemplaires de ces Patentes d'une même forme & teneur,
munis de notre grand fceau y pendant,
dont il en a été remis un à chacun des
Electeurs, données en Notre Ville Impériale de Frankfort le 27. du mois de
Mars, l'an après la naiffance de Notre
Seigneur & Sauveur Jéfus-Chrift 1764.
de notre Regne le premier.

Nicolas Prince Efterhazi premier Ambaffadeur Royal & Electoral de Bohème
à la Diète d'Election, ayant plein-
pouvoir pour l'acte préfent.

Jean Antoine Comte de Bergen
fecond Ambaffadeur Royal & Electoral
de Bohème à la Diète d'Election
ayant plein-pouvoir pour l'acte préfent.

Ægide Valentin Felix de Borrie
troifieme Ambaffadeur Royal & Ele-

ctoral de Bohème à la Diète d'Election ayant plein-pouvoir par l'acte préfent.

Lettres de Reconnoiſſance
(Reverſales)
de Sa Majeſté Impériale.

Nous Joſeph II. par la grace de Dieu, élu Roi des Romains, toujours Augufte, Roi de Germanie, Hongrie, Bohème, Dalmatie, Croatie, Eſclavonie &c. &c. Prince Royal héréditaire, Archi-Duc d'Autriche, Duc de Lorraine & de Bar &c. &c. Grand-Duc de Toſcane &c. &c.

Reconnoiſſons publiquement par ces préſentes lettres, qu'au jour que Nous avons été élu Roi des Romains, qui étoit le 27. du mois de Mars courant, nos Ambaſſadeurs & Plénipotentiaires ſon Alteſſe le Prince, & les très nobles Impériaux, Royaux, Conſeillers intimes reſpectifs, Chambellans, Maréchal-Lieutenant de Camp, Colonel d'un Régiment d'Infanterie, Miniſtres de différentes Cours Electorales & Princieres de l'Empire, Conſeiller du Conſeil Impérial Aulique, & Conſeiller Impérial-Royal d'Etat touchant les affaires internes de l'Allemagne, Nicolas Eſterhazi de Galantha, Prince du Saint Empire Romain, Comte héréditaire du Comté de Forch-

tenftein, Chevalier de l'ordre militaire
Théréfien. Jean Antoine Comte de Bergen, & Ægide Valentin Felix Baron de
Borrie, en vertu d'un plein-pouvoir
fpécial à eux donné fous notre fceau,
font convenus en notre Nom & de notre part, fur quelques articles par maniere de ftipulation & de pacte pour
la gloire de Dieu tout-puiffant, l'honneur du Saint Empire, & le bien public, avec les très-dignes & Révérendiffimes Princes, Emmerich Jofeph,
Jean Philippe, & Maximilien, Archevêques, de Mayence, de Trêves & de
Collogne, Archi-Chanceliers, en Germanie, dans les Gaules & dans le
Royaume d'Arles, & en Italie, Nos
chers Neveux & Electeurs. Comme auffi
avec Fréderic Charles Jofeph Baron
d'Erthal, Charles Ernefte Baron de
Breidbach à Bürresheim, François Antoine Chriftoph Comte de Hohenzolle-
ren, Nicolas Efterhazi de Galanthe,
Jean Jofeph Comte de Baumgarten,
Charles Augufte Comte de Rex, Erich
Chriftoph Gentilhomme de Plothow,
Pierre Emanuel Baron de Zetwitz, Jean
Clamer Augufte de Buche, refpectivement Ambaffadeurs & Plénipotentiaires,
qui ont comparu à notre Diète d'Election de la part & au nom des refpectivement Illuftriffimes, Révérendiffimes,
Séréniffimes & très-puiffans Marie The-
refe, Impératrice Romaine, Reine de
Hongrie & de Bohème, par rapport à

l'Electorat du dit Bohème, Maximilien Joseph Electeur de Baviere, Xavier Duc de Saxe en qualité de tuteur & administrateur de l'Electeur & l'Ectorat de Saxe, Fréderic Roi de Prusse comme Electeur de Brandebourg, Charles Théodore Electeur Palatin, & George Roi de la Grande Bretagne comme Electeur de Brunswic-Lunebourg, respectivement Archi Echanfon, Archi-Maître d'hôtel, Archi-Maréchal, & Archi-Tréforier, Nos respectivement, chere, & gracieufe Mere, Oncles, Freres, Coufins & Electeurs, de même que Nos dits Ambaffadeurs & Plénipotentiaires ont accepté ces articles & juré en notre nom de les obferver, tels qu'ils font rédigés en forme de Patentes, & à eux remis fous notre nom avec l'appofition de notre fceau, dont la teneur s'enfuit.

Nous Joseph II. par la grace de Dieu,

Elu Roi des Romains, toujours Augufte &c. &c.

Donné dans notre ville libre Impériale de Frankfort le 27. du mois de Mars, l'an depuis la naiffance de notre Sauveur, & Seigneur Jéfu Chrift 1764.

Comme Nos dits Ambaſſadeurs & Plénipotentiaires ont promis à Nos chers
Neveux, gracieuſe Mere, Oncles, Freres, Couſins & Electeurs fus-mentionnés,
préſens & abſens, qu'avant que Nous
prenions les rênes du gouvernement de
l'Empire, Nous renouvellerons en perſonne, & confirmerons par notre ſerment corporel les fufdits articles.

Pour ces cauſes, Nous avons préſentement, d'abord à notre arrivée en cette
ville, & avant de reçevoir la Couronne
Impériale, de notre plein gré & libre
volonté, agréé de nouveau & accepté
tous les points & articles fuſdits, tels
que Nos Ambaſſadeurs & Plénipotentiaires les ont ſtipulé avec les fus-mentionnés, Nos chers Neveux, & les Ambaſſadeurs des Electeurs abſens, les avons
accordé, & accepté ſous ferment, & tels
qu'ils ont été rédigés ſous notre nom &
ſceau, & mis entre leurs mains, &
avons juré à Dieu & aux Saints de les
obſerver inviolablement, & faire généralement tout ce qui ſera du devoir
d'un Roi des Romains, ce que Nous
faiſons de notre ſcience, en vertu
des préſentes, ſans aucune fraude ni
détour.

*En foi de quoi Nous avons ſigné ces
Patentes de notre propre main & y*

avons fait mettre notre fceau, donné dans notre ville Impériale de Frankfort le 29. du mois de Mars 1764.

JOSEPH. mppr.

(L. S.)

Vt. Rudolph Comte Colloredo. mppr.

Christian Auguste Baron de Beck. mppr.

*Traité entre leurs Majestés l'Impéra-
trice - Reine de Hongrie & de Bohème, & le Roi de Prusse, conclu à Hubertsbourg le 15 Février
1763.*

*Au nom de la Très-Sainte Trinité, Pere,
Fils & Saint Esprit.*

Sa Majesté l'Impératrice-Reine Apostolique de Hongrie & de Bohème, & Sa Majesté le Roi de Prusse étant également animés du désir de mettre fin aux calamités de
la guerre, laquelle à leur grand regret se
soutient depuis plusieurs années, & voulant
à cette fin par une reconciliation prompte &
sincere rendre le repos & la tranquillité à
leurs sujets & États respectifs, ainsi qu'à
ceux de Leurs Amis & Alliés, on a tra-
vaillé à un ouvrage aussi salutaire, dès que
Leurs dites Majestés ont été informées de la
conformité de leurs intentions à cet égard,
& on est convenu de faire tenir au château
de Hubertsbourg des Conférences de paix
par les Plénipotentiaires nommés de part &
d'autre. Sa Majesté l'Impératrice - Reine
Apostolique de Hongrie & de Bohème a
nommé & autorisé à traiter & conclure en
son nom le Sieur Henri Gabriel de Collenbach, son Conseiller Aulique actuel & Tré-
sorier de l'Ordre militaire de Marie Thé-

rese ; & Sa Majesté le Roi de Prusse a nommé & autorisé de son côté pour la même fin le Sieur Ewald Frédéric de Herzberg, son Conseiller privé d'Ambassade, & l'esprit de conciliation qui a présidé à cette négociation, lui ayant donné tout le succès désiré, les susdits Plénipotentiaires après s'être dûement communiqué & avoir échangé leurs pleinpouvoirs, sont convenus des Articles suivans d'un Traité de paix.

Article I.

Il y aura desormais une paix inviolable & perpétuelle, de même qu'une sincére union & parfaite amitié entre Sa Majesté l'Impératrice - Reine Apostolique de Hongrie & de Bohême d'une part, & Sa Majesté le Roi de Prusse de l'autre, & entre leurs héritiers & successeurs, & tous leurs États & sujets, de sorte qu'à l'avenir les deux hautes parties contractantes ne commettront ni permettront qu'il se commette aucune hostilité secretement ou publiquement, directement ou indirectement, & n'entreprendront quoique ce soit, & sous quelque prétexte que ce puisse être, l'une au préjudice de l'autre ; mais elles apporteront plutôt la plus grande attention à maintenir entre elles & leurs États & sujets une amitié & correspondance réciproque, & évitant tout ce qui pourroit altérer à l'avenir l'union heureusement rétablie, elles s'attacheront à se procurer en toute occasion ce qui pourra contribuer à leur gloire, intérêts & avantages mutuels.

Article 2.

Il y aura de part & d'autre un oubli éternel & une amneſtie générale de toutes les hoſtilités, pertes, dommages & torts commis pendant les derniers troubles des deux côtés de quelque nature qu'ils puiſſent être, de ſorte qu'il n'en ſera jamais plus fait mention ni demandé aucun dédommagement, ſous quelque prétexte ou nom que ce puiſſe être. Les ſujets de part & d'autre n'en ſeront jamais inquiétés, mais ils jouïront en plein de cette amneſtie & de tous ſes effets, malgré les avocatoires émanés & publiés ; toutes les confiſcations ſeront entièrement levées, & les biens confiſqués ou ſéqueſtrés ſeront reſtitués à leurs propriétaires, qui en étoient en poſſeſſion avant ces derniers troubles.

Article 3.

Sa Majeſté l'Impératrice = Reine Apoſtolique de Hongrie & de Bohème renonce tant pour elle, que pour ſes héritiers & ſucceſſeurs généralement, à toutes les prétenſions qu'elle pourroit avoir ou former contre les États & pays de Sa Majeſté le Roi de Pruſſe, & ſur tous ceux, qui lui ont été cédés par les Articles préliminaires de Breslau & le Traité de paix de Berlin, comme auſſi à toute indemniſation des pertes & dommages, qu'elle & ſes États & ſujets pourroient avoir ſouſferts dans la dernière guerre.

Sa Majeſté le Roi de Pruſſe renonce également pour elle & ſes héritiers & ſucceſfeurs généralement à toutes les prétentions qu'elle pourroit avoir ou former contre les États & pays de Sa Majesté l'Impératrice Reine Apostolique de Hongrie & de Bohème, comme aussi à toute indemnisation des pertes & dommages, qu'elle & ses sujets pourroient avoir soufferts dans la derniere guerre.

Article 4.

Toutes les hostilités cesseront entièrement de part & d'autre dès le jour de la signature du présent Traité de paix. A cet effet on dépechera incessamment les ordres nécessaires aux armées & troupes des deux hautes parties contractantes, en quelque lieu qu'elles se trouvent; & au cas que par cause d'ignorance de ce qui a été stipulé à cet égard, il arrivoit, qu'il se commit quelques hostilités après le jour de la signature du présent Traité, elles ne pourront être censées y porter aucun préjudice, & on se restituera fidélement en ce cas les hommes & effets, qui pourroient avoir été pris & enlevés.

Article 5.

Sa Majesté l'Impératrice - Reine Apostolique de Hongrie & de Bohème retirera ses troupes de tous les pays & États de l'Allemagne, qui ne sont pas de sa domination, dans l'espace de vingt - un jours après l'échange des ratifications du présent Traité, & dans le même terme elle fera entièrement évacuer & restituer à Sa Majesté le Roi de Prusse le Comté de Glatz, & géné-

ralement tous les États, pays, villes, places
& forteresses, que Sa Majesté Prussienne a
possédées avant la présente guerre, en Silésie
ou autre part, & qui ont été occupées par
les troupes de Sa Majesté l'Impératrice Reine
Apostolique de Hongrie & de Bohème, ou
par celles de ses amis & alliés, pendant le
cours de la présente guerre. Les forteresses
de Glatz, de Wesel, de Gueldres seront
restituées à Sa Majesté Prussienne dans le
même état par rapport aux fortifications où
elles ont été, & avec l'artillerie, qui s'y
est trouvée, losqu'elles ont été occupées.

Sa Majesté le Roi de Prusse retirera dans
le même espace de vingt-un jours après
l'échange des ratifications du présent Traité
ses troupes de tous les pays & États de l'Allemagne, qui ne sont pasde sa domination, & elle évacuera & restituera de son
côté tous les États & pays, villes, places
& forteresses de Sa Majesté le Roi de Pologne. Electeur de Saxe, conformément
au Traité de paix, qui a été conclu ce même
jour entre Leurs Majestés les Rois de Prusse
& de Pologne, de sorte que la restitution
& l'évacuation des provinces, villes & forteresses occupées réciproquement doit être
faite en même tems & à pas égaux.

Article 6.

Les contributions & livraisons de quelque nature qu'elles soyent, ainsi que toutes
demandes en recrues, pioniers, chariots,
chevaux &c. & en général toutes les prestations de guerre cesseront du jour de la
signature du présent Traité, & tout ce qui

Ii 3

fera exigé, pris ou perçu depuis cette époque, fera reftitué fans délai & de bonne foi.

On renoncera de part & d'autre à tous les arrérages des contributions & preftations quelconques; les lettres de change ou autres promeffes par écrit qu'on a données de part & d'autre fur ces objets, feront déclarées nulles & de nul effet, & feront reftituées gratuitement à ceux, qui les ont données. L'on relachera auffi fans rançon les ôtages pris ou donnés par rapport à ces mêmes objets, & tout ce que deffus aura lieu immédiatement après l'échange des ratifications du préfent Traité.

Article 7.

Tous les prifonniers de guerre feront rendus réciproquement & de bonne foi, fans rançon & fans égard à leur nombre ou leur grade militaire, en payant toutefois préalablement les dettes qu'ils auront contractées pendant leur captivité. L'on renoncera réciproquement à ce qui leur aura été fourni ou avancé pour leur fubfiftance & entretien, & l'on en ufera en tout de même à l'égard des malades & bleffés d'abord après leur guérifon. On nommera pour cet effet de part & d'autre des Généraux ou Commiffaires qui procéderont d'abord après l'échange des ratifications, dans les endroits dont on conviendra, à l'échange de tous les prifonniers de guerre.

Tout ce qui eft ftipulé dans cet article, aura également lieu à l'égard des États de l'Empire, en conféquence de la ftipulation générale exprimée à l'Article 19. Cependant

comme Sa Majesté le Roi de Prusse & les
États de l'Empire ont eux-mêmes fourni à
l'entretien & à la subsistance de leurs prisonniers de guerre respectifs, & qu'à cette fin
des particuliers pourroient avoir fait des
avances, les hautes parties contractantes
n'entendent point déroger par les stipulations ci-dessus aux prétensions desdits particuliers à cet égard.

Article 8.

Comme l'on est d'accord de se rendre
mutuellement les sujets de l'une des hautes
parties contractantes, qui pourroient avoir
été obligés d'entrer dans le service de l'autre, l'on s'entendra après la paix amiablement sur les mesures nécessaires à prendre
pour exécuter cette stipulation avec l'exactitude & la réciprocité convenables.

Article 9.

Sa Majesté l'Impératrice Reine Apostolique de Hongrie & de Bohème fera fidélement restituer à sa Majesté le Roi de Prusse
tous les papiers, lettres, documens & archives, qui se sont trouvés dans les pays, terres, villes & places de Sa Majesté Prussienne, qu'on lui restitue par le présent
Traité de paix.

Article 10.

Il sera libre aux habitans du Comté & de
la ville de Glatz, qui voudront transférer
leur domicile ailleurs, de pouvoir le faire
pendant l'espace de deux ans, sans payer
aucun droit.

Article 11.

Sa Majesté le Roi de Prusse confirmera & maintiendra la collation de toutes les prébendes & bénéfices ecclésiastiques, qui a été faite pendant la derniere guerre *in Turno Clivensi* au nom de Sa Majesté l'Impératrice Reine Apostolique de Hongrie & de Bohème, ainsi que la nomination qu'elle a faite aux places de Drossard, qui sont devenues vacantes pendant cette guerre dans le pays de Cleves & de Gueldres.

Article 12.

Les Articles préliminaires de la paix de Breslau du 11. Juin 1742, & le Traité définitif de la même paix, signé à Berlin le 28. de Juillet de la même année, les Récès de limités de l'année 1742, & le Traité de paix de Dresde du 25. Décembre 1745, pour autant qu'il n'y est pas dérogé par le présent Traité, sont renouvellés & confirmés.

Article 13.

Sa Majesté l'Impératrice Reine Apostolique de Hongrie & de Bohème, & Sa Majesté le Roi de Prusse s'engagent mutuellement de favoriser réciproquement, autant qu'il est possible, le commerce entre leurs États, pays & sujets respectifs, & de ne point souffrir, qu'on y mette des entraves ou chicanes, mais elles tacheront plutôt de l'encourager & de l'avancer de part & d'autre fidélement pour le grand bien de leurs États réciproques. Elles se proposent de faire travailler pour cet effet à un Traité de com-

merce auffitôt que faire fe pourra ; mais en
attendant & jufqu'à ce qu'on ait pu convenir fur cet objet , une chacune d'elles arran-
gera dans fes États felon fa volonté tout ce
qui a du rapport au commerce.

Article 14.

Sa Majefté le Roi de Pruffe confervera
la Religion Catholique en Siléfie dans l'état
où elle étoit au tems des Préliminaires de
Breslau & du Traité de paix de Berlin,
ainfi qu'un chacun des habitans de ce pays
dans les poffeffions, libertés & priviléges
qui lui appartiennent légitimement , fans déroger toutes fois à la liberté entiere de con-
fcience de la Religion proteftante & aux
droits de Souverain.

Article 15.

Les deux hautes perties contraftantes re-
nouvellent les engagemens , qu'elles ont
pris dans l'Article 9. & dans l'Article féparé
du Traité de Berlin du 28. Juillet 1742,
relativement au payement des dettes hypothéquées fur la Siléfie.

Article 16.

Sa Majefté l'Impératrice Reine Apoftolique de Hongrie & de Bohème , & Sa Majefté le Roi de Pruffe fe garantiffent mutuellement de la maniere la plus forte leurs
États, favoir : Sa Majefté l'Impératrice-Reine tous les États de Sa Majefté Pruffienne
fans exception , & Sa Majefté le Roi de
Pruffe tous les États, que Sa Majefté l'Impératrice-Reine poffede en Allemagne.

Article 17.

Sa Majefté le Roi de Pologne, Electeur de Saxe, doit être compris dans cette
paix, fur le pied du Traité de paix, que Sa
dite Majefté a conclu ce même jour avec
Sa Majefté le Roi de Pruffe.

Article 18.

Sa Majefté le Roi de Pruffe renouvellera
la convention faite en 1741 entre elle &
l'Electeur Palatin au fujet de la fucceffion de
Juliers & de Bergue, fous les mêmes conditions, fous lefquelles elle a été conclue.

Article 19.

Tout l'Empire eft compris dans les ftipulations des Articles deux, quatre, cinq,
fix & fept, & moyennant cela tous fes Princes & Etats jouiront en plein de l'effet des
d*es ftipulations, & ce qui y eft arrêté &
convenu entre Sa Majefté l'Impératrice Reine Apoftolique de Hongrie & de Bohème
& Sa Majefté le Roi de Pruffe, aura également & réciproquement lieu entre Leurs
dites Majeftés & tous les Princes & États
de l'Empire. La paix de Weftphalie & toutes les autres conftitutions de l'Empire font
auffi confirmées par le préfent Traité de
paix.

Article 20.

Les deux hautes parties contractantes
font convenues de comprendre dans le préfent Traité de paix leurs alliés & amis, &
elles fe refervent de les nommer dans un

Acte féparé, qui aura la même force, que s'il étoit inféré mot à mot dans ce Traité, & il fera également ratifié par les deux hautes parties contractantes.

Article 21.

L'échange des ratifications du préfent Traité de paix fe fera à Hubertsbourg dans quinze jours à compter du jour de la fignature, ou plutôt fi faire fe pourra.

En foi de quoi Nous fouffignés Plénipotentiaires de Sa Majefté l'Impératrice Reine Apoftolique de Hongrie & de Bohème, & de Sa Majefté le Roi de Pruffe en vertu de nos pleinpouvoirs, qui ont été échangés de part & d'autre, avons figné le préfent Traité de paix & y avons fait appofer les cachets de nos armes. Fait au château de Hubertsbourg ce quinze Février de l'année mil fept cents foixante-trois.

(L. S.) EWALD FRÉDÉRIC DE HERZBERG.

L'exemplaire de la Cour de Vienne eft figné

(L. S.) HENRI GABRIEL DE COLLENBACH,

Articles fécrets du précédent Traité de Hubertsbourg.

I. Sa Majefté le Roi de Pruffe, Electeur de Brandebourg, fouhaitant de donner à Sa Majefté Apoftolique l'Impératrice, Reine de Hongrie & de Bohème, une preuve de fon amitié, ainfi que du contentement qu'elle a d'entrer dans ce qui pourroit être agréable à cette Princeffe, promet de donner fa voix à Son Alteffe Royale l'Archiduc Jofeph à la future élection d'un Roi des Romains, ou d'un Empereur.

II. Sa Majefté l'Empereur & Sa Maj. l'Impératrice-Reine ayant arrêté par une convention avec le Séréniffime Duc de Modène le mariage d'un des Archiducs cadets avec la Princeffe de Modène, petite-fille du fufdit Duc, & s'étant déterminés à s'adreffer en fon tems à l'Empereur & à l'Empire pour l'expectative à la fucceffion des Etats de Modène en faveur de celui des Archiducs qui époufera ladite Princeffe; Sa Majefté le Roi de Pruffe, qui fe fait un plaifir d'entrer, autant qu'il dépend de lui, dans tout ce qui peut contenter Leurs Majeftés Impériales, s'engage dès ce moment, & pour toujours, à donner fa voix pour cet effet, le cas échéant; & Leurs dites Majeftés affurent de leur côté Sa Majefté Pruffienne de leur reconnoiffance, & du défir fincere, où elles font, de lui donner des marques de leur amitié dans toutes les circonftances que les occafions pourront leur fournir.

Traité entre Leurs Majestés le Roi de Pologne, Electeur de Saxe, & le Roi de Prusse, conclu à Huberts- bourg le 15. Février 1765.

Sa Majesté le Roi de Pologne, Electeur de Saxe, & Sa Majesté le Roi de Prusse, animés du désir réciproque de mettre fin aux calamités de la guerre, & de rétablir l'u- nion & la bonne intelligence entre eux, & le bon voisinage entre leur États respectifs, ayant réflêchi sur les moyens les plus pro- pres pour parvenir à un but si salutaire, & Son Altesse Royale le Prince Royal de Po- logne & Electoral héréditaire de Saxe s'étant employé à concerter une assemblée de Plé- nipotentiaires, qui fût suivie d'une négocia- tion, pour l'avancement de laquelle & pour écarter les retardemens, que l'éloignement auroit pû faire naître, Sa Majesté le Roi de Pologne, Electeur de Saxe, lui a confié le soin d'y menager ses intérêts, on est con- venu de faire tenir au château de *Huberts- bourg* des conférences de paix.

En conséquence de quoi Leurs Majestés ont nommé & autorisé des Plénipotentiai- res, savoir: Sa Majesté le Roi de Pologne, Électeur de Saxe, le Sieur THOMAS BA- RON DE FRITSCH, son Conseiller privé, & Sa Majesté le Roi de Prusse le Sieur EWALD FRÉDÉRIC DE HERTZBERG, son Conseiller privé d'Ambassade, lesquels après s'être duëment communiqué & avoir

échangé leurs pleinpouvoirs en bonne forme
ont arrêté, conclu & signé les Articles suivans d'un Traité de paix.

Article I.

Il y aura une paix solide, une amitié
sincere & un bon voisinage entre Sa Majesté
le Roi de Pologne, Electeur de Saxe, &
Sa Majesté le Roi de Prusse, & leurs Héritiers, États, pays & sujets: en conséquence
de quoi il y aura une amnestie générale &
un oubli éternel de tout ce qui est arrivé
entre les hautes parties contractantes à l'occasion de la présente guerre, de quelque
nature que cela puisse avoir été, & il ne
sera point demandé de dédommagement de
part & d'autre, sous quelque prétexte ou
nom que ce puisse être; mais toutes les
prétensions réciproques, occasionnées par
cette guerre, demeureront entiérement éteintes, annullées & anéanties.

Les hautes parties contractantes & leurs
héritiers cultiveront à l'avenir entre elles
une bonne harmonie & parfaite intelligence
en tachant d'avancer leurs intérêts réciproques, & d'écarter tout ce qui leur pourroit
préjudicier ou y donner la moindre atteinte.

Sa Majesté le Roi de Prusse promet en
particulier, que dans les occasions qui se
présenteront de pouvoir procurer des convenances à Sa Majesté le Roi de Pologne,
Electeur de Saxe, ou à sa Maison, sans
que ce soit aux dépens de Sa dite Majesté
Prussienne, elle y contribuera avec le plus
grand zèle, & se concertera à cet effet avec

Sa Majesté Polonoise & avec leurs amis communs.

Article 2.

Toutes les hostilités cesseront entiérement à compter du onze de Février inclusivement, & depuis le même jour Sa Majesté Prussienne fera cesser entiérement & pleinement toutes contributions ordinaires & extraordinaires, toutes livraisons des provisions de bouche, fourages, chevaux & autre bétail ou autres effets, toutes demandes de recrues, valets, travailleurs & voitures, & généralement toutes fortes de prestations de quelque nature & dénomination qu'elles puissent être, & sous quelque titre ou prétexte qu'elles pourroient être demandées & exigées, comme aussi toute coupe de bois & autres endommagemens dans tout l'Electorat de Saxe & toutes ses parties & dépendances, y compris la Haute - & Basse - Lusace. Si les ordres que Sa Majesté le Roi de Prusse a donné là - dessus ne fussent pas arrivés ledit jour en tous les endroits occupés par les troupes de Sa Majesté Prussienne, & que par cette raison ou sous d'autre prétexte il dût arriver qu'on eut pris ou exigé encore quelque argent ou quelque autre prestation, de quelque nature ou prix qu'elle pourroit être, des caisses ou des sujets de Sa Majesté Polonoise, ou qu'on eut causé d'autres dommages, Sa Majesté Prussienne fera restituer sans délai tout ce qui auroit été pris ou exigé, & bonifier tout dommage & perte. En conséquence de cette cessation générale de toute forte de prestations Sa Majesté Prussienne renonce également à tous les arrérages des contributions, livraisons & autres prestations antérieurement demandées & exigées, & déclare, que toutes les prétensions y relatives seront & demeureront entiérement éteintes, annullées & anéanties, de forte qu'il n'en sera jamais plus fait mention.

Article 3.

Sa Majesté le Roi de Prusse promet de commencer les dispositions nécessaires pour une prompte évacuation de la Saxe, dès que le présent Traité sera signé, & d'effectuer & achever l'évacuation & la restitution de tous les États & pays, villes, places & forts de Sa Majesté Polonoise, & généralement de toutes parties & dépendances desdits États, que Sa Majesté Polonoise a possédées avant la présente guerre, dans l'espace de trois semaines à compter du jour de l'échange des ratifications, bien entendu que les troupes de Sa Majesté l'Impératrice Reine da Hongrie & de Bohème évacuent toute la Saxe dans le même espace de tems.

Dès le onze de Février Sa Majesté le Roi de Prusse fera nourrir ses troupes de ses propres magazins, sans qu'elles soient à charge au pays, & on procédera incessamment au réglement des routes que lesdites troupes prendront en quittant les États de Sa Majesté le Roi de Pologne, dans lesquelles elles seront conduites & logées par des Commissaires nommés par Sa Majesté Polonoise, qui auront pareillement soin des *Vorspann*, dont les troupes auront besoin pour leurs marches, & qui leur seront fournis gratuitement,

tement, à condition que ces *Vorfpann* ne
foient pas obligés de paffer les frontieres de
Saxe que jufqu'au premier gite.

Article 4.

Sa Majefté le Roi de Pruffe renverra
fans rançon & fans délai tous les Généraux,
Officiers & foldats de Sa Majefté le Roi de
Pologne, Electeur de Saxe, qui font encore
prifonniers de guerre, & les autres fujets de
Sa Majefté Polonoife, qui ne voudront pas
refter dans le fervice & dans les États de Sa
Majefté Pruffienne, bien entendu, que chacun d'eux paye préalablement les dettes qu'il
aura contractées.

Sa dite Majefté le Roi de Pruffe rendra
auffi toute l'artillerie appartenante à Sa Majefté le Roi de Pologne, qui fe trouve encore en Saxe & qui eft marquée aux armes
de Sa dite Majefté Polonoife.

En particulier les villes de Leipfic, Tor-
gau & Wittenberg feront reftituées par rapport aux fortifications dans le même état,
où elles font à préfent, & avec l'artillerie
qui s'y trouve marquée aux armes de Sa
Majefté Polonoife.

Sa Majefté Pruffienne mettra auffi en liberté les ôtages & autres perfonnes qui ont
été arrêtées à l'occafion de la préfente guerre,
& fera rendre tous les papiers qui appartiennent aux archives de Sa Majefté le Roi de
Pologne, Electeur de Saxe, ou aux autres
bureaux du pays, & à l'avenir il n'en fera
rien allégué ou inféré contre Sa Majefté le
Roi de Pologne, ni contre fes Héritiers ou
États.

Article 5.

Le Traité de paix conclu à Dresde le 25. Décembre 1745. est expressement renouvellé ou confirmé dans la meilleure forme & dans toute sa teneur, autant que le présent Traité n'y déroge pas, & les obligations y contenues sont de nature à pouvoir encore avoir lieu.

Article 6.

Pour redresser réciproquement tous les abus, qui se sont glissés dans le commerce au préjudice des pays, Etats & sujets respectifs des hautes parties contractantes, il est convenu, que d'abord après la paix conclue on nommera de part & d'autre des Commissaires qui régleront les affaires de commerce sur des principes équitables & réciproquement utiles.

Il sera aussi réciproquement administré bonne & prompte justice à ceux des sujets respectifs qui auront des procès & des prétensions liquides dans les Etats de l'une ou de l'autre partie, & quand il y en aura qui auront changé ou voudront encore changer de domicile, & le transférer de la domination de l'une sous celle de l'autre des hautes parties contractantes, on ne leur fera point de difficulté à cet égard.

Article 7.

Sa Majesté le Roi de Prusse consent d'accéder & fera accéder ses sujets créanciers de la *Steuer* de Saxe aux arrangemens qu'on prendra incessamment par rapport aux intérêts à payer, & pour l'établissement d'un fond d'amortissement solide & durable sans aucune préférence.

Sa Majesté le Roi de Pologne, Electeur de Saxe, assure & promet d'un autre côté, que conformément auxdits arrangemens tous les sujets de Sa Majesté Prussienne, qui ont ou auront des capitaux dans la *Steuer* de Saxe, recevront leurs intérêts exactement, & que les capitaux leur feront aussi remboursés en entier, sans la moindre deduction ni diminution, & dans un espace de tems raisonnable.

Article 8.

L'échange de la ville & du péage de Furstenberg & du village de Schidlo contre un équivalent *an Land und Leuten*, stipulé dans l'article VII. de paix de Dresde, ayant rencontré beaucoup de difficultés dans l'exécution, on est ultérieurement convenu, que pour le faciliter la ville de Furstenberg avec ses dépendances, situées en-deçà de l'Oder, ne sera pas comprise dans ce troc & restera à Sa Majesté Polonoise, mais que d'un autre côté Sa dite Majesté le Roi de Pologne, Electeur de Saxe, cédera à Sa Majesté Prussienne non seulement le péage de l'Oder, qu'elle a perçu jusqu'ici à Furstenberg, & le village de Schidlo avec ses appartenances au-delà de l'Oder, mais aussi généralement tout ce qu'elle a possédé jusqu'ici des bords & rives de l'Oder, tant du côté de la Lusace que de celui de la Marche, de sorte que la rivière de l'Oder fasse la limite territoriale, & que la supériorité des deux rives & bords de l'Oder & de tout ce qui eſt au - delà de l'Oder du côté de la Marche, appartienne deſormais en entier & excluſivement à Sa Majeſté le Roi de Pruſſe, ſes ſucceſſeurs & héritiers à perpétuité.

Il eſt auſſi convenu, que l'équivalent à donner à Sa Majeſté Polonoiſe ne pourra être évalué qu'à proportion du revenu réel, qu'elle a tiré juſqu'ici des poſſeſſions, qu'elle cédera à Sa Majeſté Pruſſienne, en conſéquence de quoi Sa Majeſté Polonoiſe ſe contentera d'un équivalent *an Land und Leuten*, dont le revenu réel ſeroit égal au revenu réel des poſſeſſions, qu'elle cédera à Sa Majeſté Pruſſienne.

Au reſte dans tous les autres points relatifs à cet échange l'Article VII. de la paix de Dreſde ſera exactement obſervé & exécuté.

Article 9.

Sa Majeſté le Roi de Pruſſe accorde à Sa Majeſté le Roi de Pologne, Electeur de Saxe, le libre paſſage en tout tems par la Siléſie en Pologne, & renouvelle en particulier ce qui a été ſtipulé là - deſſus dans l'Article X. du Traité de paix conclu à Dreſde en 1745.

Article 10.

Les hautes parties contractantes ſe garantiſſent réciproquement l'obſervation & l'exécution du préſent Traité de paix, & tâcheront d'en obtenir la garantie des Puiſſances, avec leſquelles elles ſont en amitié.

Article II.

Le préfent Traité de paix fera ratifié de part & d'autre, & les ratifications feront expédiées en bonne & duë forme, & échangées dans l'efpace de quinze jours, ou plûtôt fi faire fe peut, à compter du jour de la fignature.

En foi de quoi les fouffignés Plénipotentiaires de Sa Majefté le Roi de Pologne, Electeur de Saxe, & de Sa Majefté le Roi de Pruffe, en vertu de leurs pleinpouvoirs, ont figné le préfent Traité de paix, & y ont fait appofer les cachets de leurs armes.

Fait au château de Hubertsbourg, le quinze Février mil fept cents foixante-trois.

(L. S.) THOMAS BARON DE FRITSCH.

(L. S.) EWALD FRÉDÉRIC DE HERTZBERG.

Article féparé I.

On eft convenu, que duns les arrérages ou autres preftations arriérées, qui devront ceffer du onze de Février 1763, ne fera pas compris ce qui eft encore dû fur les lettres de change & autres engagemens par écrit, que Sa Majefté le Roi de Pruffe fe referve expreffément, & que Sa Majefté le Roi de Pologne promet de faire acquitter exactement, & felon la teneur defdites lettres de change & autres engagemens par écrit donnés là-deffus, fans le moindre ra-

bais ou défalcation, & dans les monnoies
y promises.

Article séparé 2.

Pour ne laisser aucun doute sur la nature
& la solidité des arrangemens à prendre sur
les affaires de la *Steuer*, dont il a été fait
mention dans l'Article 7. du Traité de paix,
Sa Majesté le Roi de Pologne, Electeur de
Saxe, déclare, qu'elle prendra des arrangemens, pour qu'aucun des créanciers de
la *Steuer* ne perd la moindre partie de son
capital ;

Qu'il est impossible de leur payer les
intérêts arrierés, après que tous les revenus
du pays ont été notoirement absorbés par
les calamités de la guerre ;

Que la même raison doit valoir pour
l'année présente après toutes les charges,
auxquelles le pays a déja été obligé de fournir.

Mais que pour le futur Sa Majesté prendra incessamment avec les Etats de la Saxe
assemblés en diéte les arrangemens nécessaires pour établir un fond prélevable sur les
revenus les plus clairs du pays, lequel sera

1°) principalement employé pour payer
exactement les intérêts, qui ne pourront pas être fixés au-dessous de trois
pour cent, tout comme ils ne pourront
pas passer lesdits trois pour cent ;

2°) Que le reste fera le fond d'amortissement pour l'acquit successif des capitaux,
qui augmentera à proportion de l'acquit
des capitaux & de la diminution des
intérêts, & dont la distribution se fera
annuellement par le sort, sans aucune

préférence pour qui ou à quel titre que ce soit ;

3°) Que l'adminiſtration dudit fond total deſtiné au payement des intérêts & au rembourſement des capitaux ſera fixée en la ſuſmentionnée diéte prochaine des États de Saxe, de façon que plé-niere ſureté s'y trouve, Sa Majeſté le Roi de Pologne, Electeur de Saxe, promettant de donner là-deſſus toutes les aſſurances convenables.

Article ſéparé 3.

Il a été convenu & arrêté, que les titres employés ou omis de part & d'autre à l'oc-caſion de la préſente négociation dans les pleinpouvoirs & autres actes, ou par tout ailleurs, ne pourront être cités ou tirés à conſéquence, & qu'il ne pourra jamais en réſulter aucun préjudice pour aucune des parties intéreſſées.

Les préſens trois Articles ſéparés auront la même force que s'ils étoient mot à mot inſérés dans le Traité principal, & ils ſeront également ratifiés des deux hautes parties contractantes.

En foi de quoi les ſouſſignés Plénipo-tentiaires de Sa Majeſté le Roi de Pologne, Electeur de Saxe, & de Sa Majeſté le Roi de Pruſſe ont ſigné ces préſens Articles ſépa-rés & y ont fait appoſer les cachets de leurs armes.

Fait au château de Hubertsbourg le quinze Février mil ſept cents ſoixante-trois.

(L.S.) THOMAS BARON DE FRITSCH,

(L.S.) EWALD FRÉD. DE HERTZBERG.

K k 4

Traité de Teschen, conclu entre Leurs
Majestés l'Impératrice Reine Apo-
stolique de Hongrie & de Bohème,
& le Roi de Prusse, le 30. Mai
mil sept cents septante-neuf.

Au nom de la Très-Sainte Trinité, Pere, Fils & Saint Esprit.

Soit notoire à tous présents & à venir, à qui il appartient ou appartiendra :

Que le feu de la guerre s'étant malheu-reusement allumé à l'occasion des différends survenus sur la succession de Baviere entre Sa Majesté la Sérénissime & très-puissante Princesse Marie Thérese, Impératrice douai-rière des Romains, Reine de Hongrie & de Bohème &c. & Sa Majesté le Sérénissime & très-puissant Prince Frédéric Roi de Prusse, Electeur de Brandebourg &c. Leurs dites Majestés ne sont pas moins occupées depuis lors des moyens d'en arrêter les pro-grès & la bonne intelligence, que venoit d'altérer ce fâcheux événément. Par une suite de leurs intentions & de leurs senti-mens réciproques Leurs dites Majestés ont établi & repris à cette fin entre elles plu-sieurs négociations pacifiques; mais comme le succès n'en a point été favorable, & qu'el-les ont jugé moyennant cela ne pas pouvoir continuer à travailler directement au réta-blissement de la paix, persistant néanmoins à la désirer sincèrement de part & d'autre, elles fe font déterminées à réclamer pour cet effet la médiation de leurs Alliés refpectifs., perfuadées qu'elles pouvoient mettre la confiance la plus entière dans les fentimens d'équité & d'impartialité, qu'ils leurs avoient témoignés dans tout le cours de cette occurrence.

Elles les en ont donc requis en conféquence, & Sa Majefté Très-Chrétienne, ainfi que Sa Majefté Impériale de toutes les Ruffies, ayant bien voulu s'en charger, il a réfulté enfin de la louable réunion des foins de Leurs dites Majeftés l'heureufe réconciliation entre les hautes parties belligerantes. Lefquelles ayant donné les mains ou plan de pacification, qui leur a été propofé par les Puiffances médiatrices, Sa Majefté Apoftolique l'Impératrice douairière Reine de Hongrie & de Bohème a nommé en conféquence pour Plénipotentiaire de fa part le Sieur Jean Philippe Comte de Cobenzl, Baron de Brofeck &c. fon Chambellan, Confeiller d'État intime actuel, Confeiller d'État d'épée aux Pays-Bas, Vice-Préfident de la Députation miniftérielle de la Banque; & Sa Majefté le Roi de Pruffe de fon côté le Sieur Jean Hermann Baron de Riedefel, fon Chambellan; lefdits Miniftres fe font affemblés dans la ville de Tefchen, où Leurs Majeftés le Roi Très-Chrétien & l'Impératrice de toutes les Ruffies ont auffi envoyé leurs Plénipotentiaires pour affifter aux conférences de paix; favoir le Sieur Louis Augufte Baron de Breteuil, Chevalier des Ordres de Sa Majefté Très-Chrétienne, Brigadier de fes armées & Gouverneur de Gergeau, & le

Sieur Nicolas Prince de Repnin, Général en Chef des armées de Sa Majesté Impériale de toutes les Russies, Gouverneur Général de Smolensko, Bielgorod & Orel, Sénateur, Lieutenant-Colonel des Gardes du Corps, & Chevalier des Ordres de St. Alexandre Newsky, de l'aigle blanc, de Ste. Anne, & de l'Ordre militaire de St. George. Le travail infatigable de ces deux Plénipotentiaires Médiateurs a eu un succès si heureux, que les susdits Plénipotentiaires de Sa Majesté l'Impératrice Reine de Hongrie & de Bohème, & de Sa Majesté le Roi de Prusse, après s'être duement communiqué & avoir échangés leurs pleinpouvoirs respectifs, ont arrêté définitivement & réduit en forme solemnelle les Articles de paix ci-après à savoir.

Article I.

Il y aura à l'avenir & pour toujours une paix solide & inviolable, ainsi qu'une vraie & sincere amitié entre Sa Majesté l'Impératrice-Reine & Sa Majesté le Roi de Prusse, leurs héritiers & successeurs, leurs Royaumes & États, sujets & vassaux, de quelque qualité & condition qu'ils soient.

Article 2.

Pareillement il y aura un oubli perpétuel de tout ce qui a été commis de part & d'autre avant ou depuis le commencement de la présente guerre. Les sujets des hautes parties contractantes, sans nul excepter, jouiront aussi d'une amnestie générale & de tous ses effets, nonobstant toutes lettres avocatoires.

& en conséquence main-levée leur sera accordée des biens, effets & revenus, faisis, confisqués ou détournés, sans qu'ils puissent être inquiétés sous aucun prétexte dans leurs personnes, biens, honneurs & droits quelconques, mais devront au contraire être laissés & retablis en leur possession & jouissance paisible.

Article 3.

Les hostilités ayant delà cessé depuis la suspension d'armes, dont on est convenu, chacune des deux hautes parties contractantes évacuera immédiatement & dans l'espace de seize jours après la signature du présent Traité de paix, & restituera à l'autre, sans aucune réserve, les provinces, villes, lieux & places, qu'elle peut avoir occupé sur l'autre; bien entendu, que les villes & places soient delivrées de part & d'autre dans l'état, où par rapport aux fortifications, à l'artillerie & aux munitions elles étoient au moment de l'occupation.

Article 4.

Tous les prisonniers de guerre & les sujets respectifs detenus pour la cause de la guerre seront, sans distinction ni réserve & sans payer aucune rançon, delivrés & restitués de part & d'autre dans six semaines au plus tard après l'échange des ratifications du présent Traité, en payant toutefois préalablement les dettes, qu'ils auront contractées pendant leur captivité. L'on renoncera réciproquement à ce qui leur aura été fourni ou avancé pour leurs subsistance & entretien,

& l'on en usera en tout de même à l'égard
des malades & blessés d'abord après leur
guérison : à quelle fin seront incessamment
nommés des Commissaires de part & d'autre,
pour procéder à l'exécution de cet Article.

Article 5.

Les contributions, livraisons, fournitu-
res & prestations quelconques de guerre cesseront du jour de la signature du présent
Traité ; tous les arrérages dûs à cette époque, ainsi que les billets & promesses donnés pour cause de la guerre, sont déclarés
nuls & de nul effet à jamais, & l'on est
convenu de plus, que tout ce qui aura été
exigé, pris ou perçu après l'époque susdite,
soit d'abord rendu gratuitement & de bonne
foi.

Article 6.

L'on est convenu aussi de se rendre mutuellement les sujets de l'une des hautes parties contractantes, qui pourroient avoir été
obligés d'entrer dans le service de l'autre,
& l'on s'entendra après la paix amiablement
sur les mesures nécessaires à prendre pour
exécuter cette stipulation avec l'exactitude &
la réciprocité convenables.

Article 7.

La convention signée cejourd'hui entre
Sa Majesté l'Impératrice-Reine, tant pour
elle-même que pour ses héritiers & successeurs d'une part, & de l'autre le Sérénissime
Electeur Palatin pour lui, ses héritiers &
successeurs, & Monsieur le Duc des Deux-

ponts, qui y a pris part comme partie principale contractante également pour lui, ses héritiers & succeſſeurs ſera annexée au préſent Traité ; elle ſera cenſée en faire partie, comme ſi elle y étoit inſérée de mot à mot, & elle ſera garantie par les Puiſſances médiatrices, ainſi que le Traité de paix même.

Article 8.

Les hautes Puiſſances contractantes & médiatrices du préſent Traité ſont convenues de garantir & garantiſſent formellement à toute la Maiſon Palatine, & nommément à la ligne de Birkenfeld, les Traités & Pactes de famille de 1766, 1771 & 1774, en tant qu'ils ſont conformes au Traité de paix de Weſtphalie, & qu'il n'y eſt pas dérogé par les ceſſions faites par le préſent Traité & Convention, ainſi que l'acte ſigné aujourd'hui entre le Séréniſſime Electeur Palatin & Monſieur le Duc des Deux-Ponts, ſur l'obſervation & l'exécution de leurs ſuſdits pactes de famille, lequel eſt annexé au préſent Traité, & cenſé en faire partie, comme s'il y étoit inſéré mot à mot.

Article 9.

La Convention particuliere d'aujourd'hui, par laquelle les prétenſions du Séréniſſime Electeur de Saxe, ſubſtitué au droit de Madame l'Electrice douairiere, ſa mere, héritiere allodiale du feu Electeur de Baviere, ont été réglées & fixées entre les parties intéreſſées, ſera pareillement annexée au préſent Traité, dont elle ſera cenſée faire partie, comme ſi elle étoit inſérée mot à mot,

& sera garantie par Leurs Majestés l'Impératrice-Reine & le Roi de Prusse; elle sera également garantie par les Puissances médiatrices, ainsi que le Traité de paix même.

Article 10.

Comme on a élevé des doutes sur le droit, que Sa Majesté Prussienne a de réunir à la primogéniture de sa Maison les deux Principautés de Bareuth & d'Anspach, en cas d'extinction de la ligne, qui possede actuellement ces deux Principautés, Sa Majesté l'Impératrice - Reine s'engage pour elle & pour ses héritiers & successeurs à ne jamais mettre aucune opposition à ce que les dits pays d'Anspach & de Bareuth puissent être réunis à la primogéniture de l'Electorat de Brandebourg, & qu'elle puisse en disposer à son gré.

Article 11.

Et entendu que lesdites Principautés contiennent d'un côté dans leur territoire des fiefs dépendants de la Couronne de Boheme, tandis que de l'autre ces Marggraviats ont dans leur mouvance des fiefs situés sur territoire d'Autriche, Leurs Majestés l'Impératrice-Reine & le Roi de Prusse consentent dès à présent à renoncer, lorsque le cas écherra de la réunion prévue dans l'article précédent, à tous droits & domaines sous quelque dénomination qu'ils soient désignés, ainsi qu'à toute dépendance de ces fiefs & parties de fiefs, & à faire cesser respectivement tout lien féodal sans nulle réserve.

Article 12.

Les Traités de Weftphalie & tous les Traités conclus depuis entre Leurs Majeftés Impériale & Pruffienne, & nommément ceux de Breslau & de Berlin de 1742, de Drefde de 1745, & de Hubertsbourg du 15 Février 1763 font expreffément renouvellés & confirmés par le préfent Traité de paix, comme s'ils y étoient inférés mot à mot.

Article 13.

Sa Majefté l'Impératrice - Reine fe joindra à Sa Majefté Pruffienne, à Monfieur l'Electeur Palatin & à Monfieur le Duc des Deux-Ponts, pour réquérir Sa Majefté l'Empereur & l'Empire, de vouloir bien conférer à Son Alteffe Electorale Palatine, tant pour elle que pour toute la Maifon Palatine, les fiefs de l'Empire fitués tant en Baviere qu'en Suabe, tels qu'ils ont été poffédés par le feu Electeur; & pour convaincre d'autant plus l'Electeur Palatin de la fincérité de fes intentions pour fa perfonne & en faveur de fa Maifon, elle promet de s'employer auffi à faire abandonner l'adminiftration defdits fiefs à Son Alteffe Electorale immédiatement après la ratification du préfent Traité de paix.

Article 14.

Sa Majefté l'Empereur & l'Empire font requifes par toutes les parties intéreffées & contractantes d'accéder au préfent Traité & aux Actes & Conventions, qui en font partie, & de donner leur confentement plénier à toutes les ftipulations, qui y font contenues.

Article 15.

Finalement Sa Majesté l'Impératrice-Reine interposera volontiers conjointement avec Sa Majesté Prussienne ses bons offices auprès de Sa Majesté l'Empereur, pour le porter à accorder à la Maison Ducale de Mecklenbourg le privilege de *non appellando* illimité, lorsqu'elle l'aura demandé selon l'usage.

Article 16.

Leurs Majestés le Roi Très-Chrétien & l'Impératrice de toutes les Russies ayant de plus contribué à l'heureuse réussite de cette pacification pour leur intervention amicale & leur médiation efficace & équitable ; Leurs dites Majestés sont requises par toutes les parties contractantes & intéressées de se charger aussi de la garantie du présent Traité, ainsi que de toutes les conventions & stipulations qui en font partie.

Article 17.

Les ratifications du présent Traité expédiées en bonne & due forme seront échangées en cette ville de Teschen dans l'espace de quatorze jours ou plutôt, s'il est possible, à compter du jour de la signature.

En foi de quoi Nous soussignés Ministres plénipotentiaires avons signé en vertu de Nos pleinpouvoirs le présent Traité, & y avons fait apposer le cachet de Nos armes.

Fait à Teschen le treize Mai mil sept cents soixante & dix-neuf.

(L. S.) JEAN PHILIPPE COMTE COBENZL.

(L. S.) JEAN HERMANN BARON DE RIEDESEL.

Nous

Nous Plénipotentiaire de Sa Majesté le Roi Très-Chrétien, & Nous Plénipotentiaire de Sa Majesté l'Impératrice de toutes les Russies, ayant servi de Médiateurs à l'ouvrage de la pacification, déclarons, que le Traité de paix ci-dessus entre Leurs Majestés l'Impératrice-Reine & le Roi de Prusse avec les Conventions, Article séparé, Actes particuliers & séparés, Actes d'accession & d'acceptation y annexés, & qui en font partie, de même qu'avec toutes les clauses, conditions & stipulations, qui y sont contenues, a été conclu par la médiation & sous la garantie de Sa Majesté Très-Chrétienne, & de Sa Majesté Impériale de toutes les Russies. En foi de quoi Nous avons signé les présents de Notre main, & y avons fait apposer le cachet de Nos armes.

Fait à Teschen le treize Mai mil sept cents soixante & dix-neuf.

(L. S.) LE BARON DE BRETEUIL.

(L. S.) NICOLAS PRINCE REPNIN.

Article séparé.

Le Sérénissime Electeur de Saxe est compris dans ce Traité de paix & de réconciliation comme partie contractante. Son Altesse Sérénissime Electorale jouira de tous les effets de cette paix, qui peuvent le regarder, & elle s'engage aussi de son côté pour elle, ses héritiers & successeurs, d'observer religieusement la paix & de s'y conformer en tout.

Cet Article féparé aura de part & d'autre la même force & vertu, que fi dans le Traité de paix il étoit fait mention expreſſe de Son Alteſſe Séréniſſime l'Electeur de Saxe, & ſera ratifié en même tems que ledit Traité.

En foi de quoi Nous ſouſſignés Plénipotentiaires de Sa Majeſté l'Impératrice Reine de Hongrie & de Bohème, & de Son Alteſſe Séréniſſime l'Electeur de Saxe, en vertu de Nos pleinpouvoirs, avons ſigné le préſent Article féparé, & y avons fait appoſer le cachet de Nos armes.

Fait à Teſchen le treize Mai mil ſept cents ſoixante & dix-neuf.

(L. S.) JEAN PHILIPPE COMTE DE COBENZL.

(L. S.) FRÉDÉRIC AUGUSTE COMTE DE ZINZENDORF & POTTENDORF.

_____

Convention entre Sa Majeſté l'Impératrice - Reine Apoſtolique, & Son Alteſſe Séréniſſime Electorale Palatine.

Sa Majeſté l'Impératrice Reine Apoſtolique de Hongrie & de Bohème, & Son Alteſſe Electorale Palatine s'étant déterminées à s'arranger avec le concours de Monſieur le Duc de Deux-Ponts au ſujet de la ſucceſſion délaiſſée par feu l'Electeur de Baviere, Sa dite Majesté d'une part, & Monsieur l'Electeur Palatin pour lui & ses Agnats d'autre part, sont convenues des Articles suivans.

Article I.

L'Electeur Palatin rentrera avec sa Maison aux conditions énoncées dans les Articles 4, 5, 6. en possession de tous les districts qui sont actuellement occupés par la Maison d'Autriche, tant en Baviere que dans le Haut - Palatinat, en renonçant à toutes prétensions quelconques qu'il pourroit former du chef de cette occupation; & Sa Majesté l'Impératrice - Reine de son côté délie Monsieur l'Electeur Palatin de la convention du 3 Janvier 1778, en renonçant par le présent Article, & de la maniere la plus formelle & la plus obligatoire pour elle & pour ses héritiers & successeurs à perpétuité à toutes les prétensions qu'elle a formées ou pourroit former à quelque titre que ce puisse être, sur aucune partie de la succession du défunt Electeur.

Article 2.

Par une suite de son affection particuliere pour Monsieur l'Electeur Palatin Sa Majesté l'Impératrice - Reine pour elle & ses successeurs cede à Monsieur l'Electeur pour lui & ses héritiers & successeurs la Seigneurie de Mindelheim. Elle lui cède également tous les droits quelconques de la Couronne de Bohème sur les Seigneuries de Glaucha, Waldenbourg & Lichtenstein avec leurs dépendances appartenantes aux Comtés de

Schœnbourg, pour faciliter l'arrangement des prétentions allodiales de la Maison de Saxe, & Sa Majesté consent enfin à conférer à Monsieur l'Electeur Palatin & à toute la Maison Palatine les fiefs de la Couronne de Bohème, situés dans le Haut-Palatinat, tels qu'ils ont été possédés jusqu'à présent par les Electeurs de Baviere.

Article 3.

Promet également Sa Majesté l'Impératrice - Reine Apostolique de requérir Sa Majesté l'Empereur & l'Empire de vouloir bien conférer à Son Altesse Electorale Palatine, tant pour elle que pour toute la Maison Palatine, les fiefs de l'Empire situés tant en Baviere qu'en Suabe nouvellement acquis par la branche Wilhelmine, tels qu'ils ont été possédés par le feu Electeur de Baviere, & pour convaincre d'autant plus Monsieur l'Electeur Palatin de la sincerité de ses intentions pour sa personne & en faveur de Sa Maison, Sa Majesté promet de s'employer aussi à faire abandonner l'administration desdits fiefs à Son Altesse Electorale immédiatement après la ratification de la présente convention.

Article 4.

En échange Monsieur l'Electeur Palatin pour repondre à ces marques d'affection de Sa Majesté l'Impératrice - Reine cède & abandonne en même tems pour lui, ses héritiers & successeurs à Sa dite Majesté & à ses héritiers & successeurs dans l'état, où ils sont actuellement, les bailliages de Wilds-

hut, de Braunau avec la ville de ce nom,
de Maurkirchen, de Frybourg & de Mat-
tigkofen, de Ried, de Scharding, en général toute la partie de la Baviere, qui eſt
ſituée entre le Danube, l'Inn & la Salza,
faiſant partie de la Généralité ou Régence
de Bourghauſen.

Article 5.

Les rivieres mentionnées dans l'Article
précédent feront communes à la Maiſon
d'Autriche & à l'Electeur Palatin, en tant
qu'elles touchent les pays cédés, aucune
des deux parties contractantes ne pourra y
altérer le cours naturel des rivieres, ni empêcher la libre navigation & le libre paſſage
des ſujets, des marchandiſes, denrées &
effets de l'autre, & il ne ſerá permis à aucune d'elles d'y établir des nouveaux péages
& aucun autre droit, quel nom qu'il puiſſe
avoir; les ſtipulations ci-deſſus auront également lieu pour la partie de l'Inn, qui
coule entre le Bailliage de Scharding & le
Comté de Neubourg relevant de la Maiſon
d'Autriche.

Article 6.

Les pays compris dans les limites indiquées par l'Article 4. appartiendront à l'Impératrice-Reine & à ſes ſucceſſeurs avec
tous les droits de ſupériorité territoriale, &
tous-autres ſans rien excepter; bien entendu
qu'en aucun tems & ſous aucun titre Sa
Majeſté l'Impératrice-Reine, ni ſes héritiers & ſucceſſeurs, ne pourront former des
prétenſions ſur aucune autre partie des États

de Baviere, soit à titre d'appartenance ou de dépendance, ou à quelque autre que ce puisse être; Sa Majesté l'Impératrice-Reine déclare en outre qu'elle ne prendra part ni à la Diete de l'Empire, ni au Cercle de Baviere, au droit de séance & de suffrage des Ducs de Baviere, & qu'elle abandonne tous ses droits à Monsieur l'Electeur Palatin, ses héritiers & successeurs, lequel de son côté prend sur lui, ainsi que pour ses héritiers & successeurs, toutes les charges quelconques qui y sont affectées.

Article 7.

Sa Majesté l'Impératrice-Reine & Son Altesse Electorale Palatine se feront remettre & délivrer les papiers, lettres, documens & archives, appartenants ou relatifs aux pays, villes & lieux qu'elles se cédent réciproquement par la présente convention.

Article 8.

Seize jours après la signature de cette convention les troupes de Sa Majesté l'Impératrice-Reine évacueront la partie de la Baviere, qui en vertu de l'Article I. doit être restituée à la Maison Palatine, & Sa dite Majesté Impériale & Royale entrera en même tems en possession de la partie du district de Bourghausen, qui lui est cédée par l'Article 4. de cette convention,

Article 9.

Les ratifications de la présente convention expédiées en bonne & due forme seront échangées dans la ville de Teschen dans l'efpace de quatorze jours, ou plutôt, s'il eft poffible, à compter du jour de fa fignature.

En foi de quoi Nous fouffignés Miniftres plénipotentiaires avons figné en vertu de Nos pleinpouvoirs la préfente convention, & y avons fait appofer le cachet de Nos armes.

Fait à Tefchen le treize Mai mil fept cents foixante & dix-neuf.

(L. S.) JEAN PHILIPPE COMTE DE COBENZL.

(L. S.) ANTOINE COMTE DE TERRINGSEEFELD.

Son Alteffe Séréniffime Monfieur le Duc des Deux-Ponts accéda à la préfente convention par fon Miniftre plénipoten-tiaire, Chriftien de Hohenfels, le treize Mai, mil fept cents foixante & dix-neuf. V. *Faber neue Europ. Staats-Canzley*, Tom. 53. p. 26.

Copie de la convention entre Leurs Alteffes Séréniffimes l'Electeur Pa-latin & l'Electeur de Saxe.

Les Séréniffimes parties contractantes pour la fucceffion allodiale du dernier Electeur de Baviere, étant convenus de s'arranger à l'amiable & fans difcuffion des droits, avec le concours du Séréniffime Duc des Deux-Ponts, par les foins & fous la garantie des hautes puiffances médiatrices, de même que

sous celle des hautes Puissances contractantes du Traité de paix de ce jour, ont pourvu
à cet effet des pleinpouvoirs nécessaires leurs
Plénipotentiaires au congrès de Teschen,
lesquels, après les avoir échangés, ont arrêté les Articles suivans.

Article I.

Son Altesse Sérénissime l'Electeur Palatin, pour satisfaire entiérement aux prétentions allodiales de Son Altesse Sérénissime
l'Electeur de Saxe, formées en vertu de la
cession faite par Son Altesse Royale Madame
l'Electrice douairiere de Saxe, sa mere, promet & s'engage pour lui, ses héritiers &
successeurs, de la maniere la plus obligatoire, de lui accorder la somme de six millions de florins, argent d'Empire, le marc
fin à vingt-quatre florins, payable à Mu-
nic en grosse monnoie, en douze années,
sans intérêts, à raison de cinq cents mille
florins par an, en deux termes égaux de six
mois en six mois, de deux cents cinquante
mille florins chacun, à commencer du quatre Janvier mil sept cents quatre-vingt, &
à continuer de la même maniere jusqu'à
l'acquit totale de ladite somme, réglée pour
équivalent & assurée par cet Article à titre
d'hypotheque générale & spéciale sur toute
la masse fidéicommissaire, mobilier & immobilier de Baviere, à l'effet de pouvoir
faire saisir légalement, où bon lui semblera,
les revenus des susdits pays, jusqu'à la concurrence de la somme restante, en cas que
ledit payement ne se feroit pas aux tems,
dont on est convenu.

Article 2.

Céde & transfére Son Altesse Séréniffime Electorale Palatine, fans referve aucune pour elle & fes fucceffeurs tous les droits quelconques, que la Couronne de Bohème a exercé jufqu'ici fur les Seigneuries de Glaucha, Waldenbourg & Lichtenftein, appartenantes aux Comtes de Schœnbourg, & fituées dans le territoire de l'Electeur de Saxe, de la même maniere qu'ils lui ont été cédés pour faciliter le préfent arrangement par l'article 2. de la convention fignée aujourd'hui entre Sa Majefté l'Impératrice-Reine & Son Alteffe Séréniffime Electorale Palatine, & que dès ce moment & à jamais il ne puiffe être établi & exercé contradiction & oppofition quelconque, par qui que ce puiffe être, contre tous les droits de l'Electeur de Saxe fur lefdites Seigneuries.

Article 3.

Son Alteffe Séréniffime l'Electeur de Saxe de fon côté, étant fatisfait par cet arrangement pour fes prétenfions en fa qualité de ceffionaire de Son Alteffe Royale Madame l'Electrice douairiere de Saxe, unique héritiere allodiale de Baviere, renonce pour lui, fes héritiers & fucceffeurs de la maniere la plus formelle & folemnelle que ce puiffe être, à toutes les prétenfions, qu'il a eu, ou pu former fur la totalité de l'alleu de Baviere en terres & biens, mobilier & immobilier, provenant des ancêtres & nouvellement acquis, fans exception & fans égard à quelque qualité féodale ou allodiale, & il eſt ſtipulé de plus, que cet alleu paſſera à la ſubſtitution perpétuelle affectée ſur tous les États Electoraux Bavarois-Palatins, réunis maintenant dans l'ancienne ligne Electorale, & en une ſeule maſſe fideicommiſſaire. En même tems Son Alteſſe Séréniſſime Electorale Palatine lui promet & garantit l'immunité de toutes charges & obligations provenantes de la ſucceſſion de Baviere, de façon que Son Alteſſe Séréniſſime Electorale de Saxe ne ſera jamais redevable, ni reſponſable d'aucunes dettes paſſives ou autres charges affectées à ladite ſucceſſion, ſous quelques dénominations ou titres que ce puiſſe être.

Article 4.

Sa Majeſté l'Empereur & l'Empire ſont ſuppliés & réquis par les Séréniſſimes parties contractantes de la préſente convention, ainſi que par le Séréniſſime Duc des Deux-Ponts, d'y accéder & de donner leur conſentement plénier à toutes les ſtipulations, qui y ſont contenus.

Article 5.

Les hautes Puiſſances contractantes & médiatrices du Traité de paix ſont réquiſes par Leurs Alteſſes Séréniſſimes-Electorales & le Duc des Deux-Ponts, de vouloir bien ſe charger auſſi de la garantie de la préſente convention.

La préſente convention ſera ratifiée par les Séréniſſimes parties contractantes, & les ratifications ſeront échangées en cette ville de Teſchen dans l'eſpace de quinze jours, ou plutôt si faire se peut, à compter du jour de sa signature.

En foi de quoi la présente convention a été dressée en double par les Plénipotentiaires des deux parties contractantes, qui ont signé & scellé de leurs armes chacun un exemplaire, & les ont échangés.

Fait à Teschen le treize Mai mil sept cents soixante & dix-neuf.

Les exemplaires sont signés, l'un

(L.S.) FRÉDÉRIC AUGUSTE COMTE DE ZINZENDORF & BOTTENDORF.

& l'autre

(L.S.) ANTOINE COMTE DE TERRINGSEEFELD.

Son Altesse Sérénissime Monsieur le Duc des Deux-Ponts accéda à la présente convention par son Ministre plénipotentiaire, Christien de Hohenfels, le treize Mai, mil sept cents soixante & dix-neuf. V. *Faber neue Europ. Staats-Canzley*, Tom. 53. p. 45.

Sa Majesté l'Empereur Joseph II. accéda pareillement en sa qualité de Corégent & héritier des États de Sa Majesté l'Impératrice Reine Apostolique de Hongrie & de Bohème au Traité de Teschen, ainsi qu'aux Actes & Conventions y annexées, le seize Mai, mil sept cents soixante & dix-neuf.

Les hautes Puissances contractantes du Traité de paix, de même que les hautes Puissances médiatrices, ont bien voulu garantir les Pactes de familles qui suivent. *Faber d. l. p. 54.*

Erbvertrag zwischen Sr. letztver-
storbenen Churfürstlichen Durchlaucht in Bayern 2c. und Sr.
Churfürstlichen Durchlaucht zu
Pfalz, von Anno 1766.

Von Gottes Gnaden Wir Maximilian
Joseph, in Ober- und Nieder-
Bayern, auch der obern Pfalz Herzog,
Pfalzgraf bey Rhein, des heil. Röm.
Reichs Erztruchseß und Churfürst, Land-
graf zu Leuchtenberg, und

Von Gottes Gnaden Wir Carl Theo-
dor, Pfalzgraf bey Rhein, des heil.
Röm. Reichs Erzschatzmeister und Chur-
fürst, in Bayern, zu Jülich, Cleve und
Berg Herzog, Fürst zu Mörs, Marquis
zu Bergen-op-Zoom, Graf zu Veldenz,
Sponheim, der Markt und Ravensperg,
Herr zu Ravenstein 2c.

Urkunden und bekennen hiemit gegen
einander für Uns, Unsere Erben und
Nachkommen, samtlichen Herzogen in
Bayern und Pfalzgrafen bey Rhein, die
da vermög der gemeinschaftlichen Abkunst
von einem Stammvater unter gleichem
Schild, Namen und Stammen mit beständiger Blutsverwandtschaft in ein Haus
zusammen gehören.

Wasmassen Wir während Unserer Re-
gierung sowohl aus eigener Erfahrung,
als im Gegenhalt der vorgehenden Hand-

lungen unferer Vorfahrer, wahrgenom-
men, daß, um unfere beede erbverbrüderte Häufer zu gebührendem Aufnehmen
zu befördern, und bey ihren altväterlichen Herkommen, Würde und Anfehen
zu erhalten, auch zu Beywirkung der allgemeinen Ruhe und Wohlfahrt Unferer
Unterthanen, und in dem heil. Röm.
Reich, als Unferm wertheften Vaterland,
Uns und Unferen Nachkommen an der Beybehaltung und genauen Beobachtung der
in Unferm Haus zum öftern wiederholt-
und erneuerten Hausunion und Erbeini-
gungsverträgen faft alles gelegen, und
gleichfam die Seele unferer beederfeitigen
Hausverfaffung ausmachen, hingegen
auch beobachtet haben, daß in den vorigen Zeiten bey entftandenen Krieg und
Spaltungen in viel Weg davon abgegan-
gen worden, die da gleich anfänglich in
derjenigen Erbeinungs - Erneuerung nicht
nur einen Unterbruch und Einhalt veran-
laßt, welche durch die in den Jahren 1552
bis 1563 zwifchen Pfalzgrafen Friderich II.
Ott, Heinrich und Friderich dem III,
dann Herzog Albrechten dem V. in Bayern
mit Zuziehung famtlicher Agnaten zum
Beften des gefamten Haufes und der ver-
einigten Landen und Leuten gepflogene Un-
terhandlungen fchon wirklichen zum Be-
fchluß und affeitiger Einverftändniß gebracht worden, fondern auch nach der
Hand in den weiteren Handlungen noch
immer etwas zuruck gelaffen haben, fo fich
mit der angebohrnen Blutsverwandtfchaft
und dem gemeinfchaftlichen Intereffe be-

der erbverbrüderter Häuser nach den Ge-
fätzen und Vorschriften Unserer Voreltern nicht wohl vereinbaren läßt, minder
bey Uns und Unseren Nachkommen in der
Aufrichtigkeit Unserer Gemüthsbeschaffen-
heit und freundschaftlichen Gesinnung neben der vorzüglichen Achtung und Zunei-
gung gegen Unser gemeinsames Haus fer-
nerhin Platz finden solle.

Nachdem aber unterdessen auch dergleichen Steine des Anstoßes auf die
Seite geraumet sind, und Wir dadurch
auf das neue in Stand gesetzet worden,
nach dem Sinn, Willen und Meynung
Unserer Voreltern und Stammvätern,
und nach ihrem Beyspiel in die vorige
durchgehends unbedingte Haus- und Erbeinung mit gleicher Verbindlichkeit aller-
seits einzutretten, dieselbe zu wiederho-
len, zu erneuern, und zu erläutern; als
haben Wir uns in solcher Absicht und
sonderbaren Betrachtung, daß bey uner-
wartetem Erbfolg und Abgang ein- oder
des andern Hauptstammes sowohl die
Wohlfahrt Unsers gesamten Hauses zu
Vermeidung alles Misverstandes und
fremden Eintrags, als auch das Heil Unserer Landen und Leuten zu Beybehaltung
künftiger Ruhe, Frieden und Sicherheit
davon abhangt, vorläufig, bis zu ferner-
weitern Berichtigung des ganzen Vorhabens, unter anhoffendem Beytritt der
übrigen im Leben sich befindenden Agnaten
über nachfolgende Puncta mit reifem Vor-
bedacht und vieler Ueberlegung entschlos-
sen, vereint und verglichen:

10. Gleichwie neben Gemeinschaft der Abstammung von Ottone Wittelbacense und Ottone Illustri der zwischen Kaiser Ludwig IV. und seinem, dann seines Bruders Pfalzgrafen Rudolphen Söhnen, als den Stammvätern Unserer beeden Häuser, zu Pavia im Jahr 1329 am St. Oßwaldstag getroffene, und mit Beybriefen von den Churfürsten in dem Römischen Reich bestättigt = und angenommene Theilungs = und Erbeinungs=Vertrag bey all = übrigen nachgefolgten Hausunions= und Erbverbrüderungs = Erneuerungen zum Grund genommen worden, und das eigentliche pragmatische Hausgesätze Unserer Voreltern ist, welches schon von der Zeit an, da Bayern und Pfalz zusammen kommen, nach denen gemeinen Lehenrechten also hergebracht, und durch beständige Observanz für und für beobachtet worden ist, dergestalten, daß die unter dem Mannsstamm vertheilt = und altväterlicher Stammgüter und Lande mit denjenigen, so nach der Hand am Lehen oder Eigen weiters eroberet worden, unter der beständigen Erbeinungs = Verbindlichkeit vereinigt verblieben, und mit Ausschluß der weiblichen Descendenz an den überlebenden Mannstammen von einer Linie auf die andere zuruckgefallen sind, wie es sich bald darauf An. 1340 mit der Erbschaft des Landes in Nieder=Bayern zugetragen hat; als wird gedacht pragmatisches Hausgesätze auch Unseres Orts dahier bey gegenwärtig vorhabender Erbeinigungs = Erneuerung zum Grund genom-

men, und in Folge deſſen Inhalt alle bey
damals unvertheiltem gemeinſamen Haus
beſtandene, beſonders die in gedachtem
Theilungs = Vertrag mit Namen benannte
Lande, Herrſchaften, Pfleg = und Land=
gerichte, Städte, Märkte, Schlöſſer und
Güter mit ihrem ganzen Umfang und Zu=
gehörungen in Bayern und am Rhein,
in der obern Pfalz, in Schwaben, oder
wie die ſonſt entlegen, auch das Land in
Nieder = Bayern, ſo weit wir im Innha=
ben, und ſolches zu gewähren im Stand
ſind, wiederum auf das neue verſichert,
und mit dem beſtändigen pacto mutuæ ſuc=
ceſſionis wiederholter belegt.

2º. Nachdem aber mittlerweil ver=
ſchiedene in dem Paviiſchen Vertrag be=
namste beträchtliche Orte von Baiern
und Pfalz durch Krieg oder in andere
Weg hinweggekommen, andere hingegen
von den nachgefölgten Pfalzgrafen und
Herzogen in Bayern erobert worden, und
ſich auf ſolche Art gleichſam ſelbſten zu=
getragen hat, daß die letztere den Erſatz
der erſteren ausmachen, welches noch
mehr aus dem Grund folget, daß der Pa=
viiſche Vertrag ſich auf alle Erben und
Nachkommen, mithin auch nach dieſem
Geſätze und Beyſpiel der ſtammväterli=
chen Verordnungen hinwiederum auf ihre
Requiſita in gleicher Weis und Verbind=
lichkeit erſtreckt; ſo ſind wir entſchloſſen,
und mit einander weiter dahin einver=
ſtanden, dieſe Unſere Erbverbrüderungs=
Erneuerung auf ſämtliche Acquiſita, ſo
nach dem Paviiſchen Vertrag bis auf die
Artikel

Artikel 3. festgesetzte Jahre, sowohl zu
dem Herzogthum Bayern, als zu der
Pfalzgrafschaft bey Rhein erobert wor=
den, zu erstrecken, und damit iedem die=
ser Fürstenthümer, als der Hauptmasse
des gesamten Hauses, ohne Unterschied
und Ausnahm einzuverleiben, folglichen
auf alles unbewegliche zu erweitern, was
bis dahin ab intestato verlassen, und da=
durch à primo Acquirente gleichsam selbst
gedachten Hauptlanden einverleibt wor=
den ist.

Wann nun aber im übrigen, um al=
lem künftigen Widerspruch und Anständen
bestmöglichst vorzubiegen, vorläufig noch
erforderlich ist, sammentliche auf beeden
Seiten vorhandene besondere Hausver=
träge, Lineal-Pacta, Verzichten, Testa=
menta und dergleichen Dispositiones einan=
der gemeinschaftlich zu machen, und ohne
allen Hinterhalt vorzulegen, und um de=
ren Verstand und rechtliche Wirkung so=
wohl, als auch die übrige entgegen ste=
hende Umstände mit und neben einander
in reife Ueberlegung zu ziehen, auch die
Mittel und Wege, im Fall zur gänzlichen
Berichtigung unsers Vorhabens noch ei=
nige nothwendig seyn sollten, zu unterre=
den; als welches noch eine längere Zeit
erfordert; so haben wir Uns, um in die=
sem wichtigen Werk nichts ohne genug=
same Vorbereitung zu übereilen, wegen
der gänzlichen Berichtigung dahin verstan=
den, daß dasselbe in zwey Theil abgeson=
dert, und dahier neben obiger Erläute=
rung in Ansehung der Acquisiten derjenige

als der erste Theil berichtiget werden solle,
welchem keine sonderliche Verordnung und
Ansstände im Weg stehen.

3°. Da nun der Pavische Vertrag
obverstandener massen schon für sich selbsten alle Erben, so hieran Theil nehmen,
zur gleichmäßigen Erbeinungs-Verpflich-
tung und Einschaltung ihrer Acquisiten
den Weg bahnet, und in beeden Häusern
nach ihrer ersten Abtheilung unter denen
sich noch weiters vermehrten Linien zwar
besondere Hausverträge oder Pacta linea-
lia, als nemlich auf Seiten Pfalz Anno
1357 und 1395, und auf Seiten Bayern
Anno 1349, 1353 und 1392 geschlossen
worden, welche aber nicht nur gegen
den ersten Haupt- und Stammvertrag zu
Pavia nichts enthalten, noch sonst von
der Erbeinung eine Ausnahm machen,
sondern jenes alt-väterliche Hausgesätze
vielmehr selbsten zum Grund haben, und
mit einerley Absicht gänzlichen erreichen,
da vermög derselben einstimmigen Verordnung und besständig beybehaltener Observanz von den männlichen Geschlechts-
linien, eine nach der andern, die unbewegliche Güter, Land und Leute der vorabsterbenden, mit Ausschluß der nächst-
gesetzten Töchter und übrigen Allodial-
erben an sich gebracht, wie dann hiernach
sammentl. Agnaten durch den An. 1490
wiederholten Unionstractat nicht undeut-
lich zu erkennen gegeben, daß sie als sammentl. erbverbrüderte Blutsverwandten
an jenen vorbenannten sonderbaren Ver-
trägen, auch überhaupt modo reciproco

gemeinſchaftlichen Antheil nehmen, und
durch den zu Cölln An. 1505 wegen dem
Teſtament und Erbſchaft des Herzog Geor=
gens in Nieder=Bayern erfolgt=königli=
chen Spruch die alt=väterliche Stamm=
güter mit den neueren Acquiſitis alſo un=
termiſcht und mit einander vereinigt wor=
den, daß dieſer Unterſcheid von ſelbſten
hinweggefallen, und dadurch abgethan
worden iſt, ingleichen da mehrmalen ſam=
mentliche Agnaten bald darauf zu Nürn=
berg den 15ten Märzen 1524 in die be=
kannte Hausunion und Erbeinung zuſam=
men getretten, und neben dem Baviiſchen
Vertrag abſonderlich denjenigen Theil und
Erbeinungs=Brief, welchen die Herzoge
in Bayern Anno 1392 am Freytag vor
St. Catharinen unter ſich geſchloſſen,
und in dieſer Art der deutlichſte iſt, ge=
meinſchaftlich zum Grund und allſeitiger
Verbindlichkeit angenommen, auch ſich
alle dieſe zuſammen getragene Erbeinungs=
Pacta der Erneuerung willen durch mehr=
fache Vidimus verſichern laſſen; alſo neh=
men Wir hierinnfalls gar keinen Anſtand,
dieſe unſere gemeinſchaftliche Erbeinungs=
Verbindlichkeit nicht nur bis auf gedachte
Zeiten und ſammetl. bis dahin mit unſe=
ren übrigen ſtammväterlichen Güteren
vereinigte Acquiſita zu erſtrecken, ſondern,
nachdeme ſowohl die Pfalzgrafen in den
Jahren 1545, 1551 und 1557 mit ihren
beſonderen Pactis Succeſſoriis auf die vo=
rige Art fürgefahren, als auch Herzog
Albrecht V. in Bayern, während denen
obverſtandener maſſen mit ihnen Anno

Mm 2

1552 und 1563 gepflogenen Unterhand-
lungen auf eine durchgehends gemein-
schaftl. Erbeinungs-Erneuerung, ohne
alle Widerrede und Ausnahm verstanden
gewesen, und von diesen Jahren an noch
weiters und zwar ab Seiten Bayern bis
Anno 1578, da nämlichen Herzog Albrecht V. kurz vor seinem Ende die von
Kaiser Ferdinand I. bestättigte Primogenitur und Fideicommiss-Constitution zuruckgelassen, und auf Seiten Pfalz bis auf das
Jahr 1568, allwo Pfalzgraf Wolfgang,
als der gemeinsame Stammvater aller
heunt zu Tage lebenden Pfalzgrafen bey
Rhein, unter seinen Kindern mit letzter
Willensverordnung disponirt hat, zu erweitern, so daß die bis dahin in beeden
Häusern erworbene Lande, Herrschaften
und Besitzungen, mit denen bonis avitis
ohne Ausnahm consolidiret und unter der
nämlichen Erbeinungs-Verbindlichkeit in
steter Beobachtung des Wegs und Lineal-
Ordnung der Primogenitur unwiederrufen
begriffen seyn sollen, als wann sie wirklichen in dem Paviischen Vertrag mit Namen benamset wären; hieraus folgt

4°. daß die weibliche Descendenz hier-
auf in so lang keinen Zuspruch haben könne,
als ein männlicher Sprossen durch Gottes
Gnad von beyden Häusern im Leben ist,
und daß deren Allodial-Erben Regrels-
Sprüche sich nur auf die von ein oder
anderer Seite hinterlassende Mobiliar-
verlassenschaft erstrecke, und dieses bey je-
desmaliger Erlöschung des Mannsstamm
jener Linie, aus welcher selbe entsprossen
sind.

5°. Wir haben uns ingleichen wegen
denen sonderbaren Reichslehen, so wir
neben unseren übrigen Landen besitzen,
und vom Römischen Reich sonderbar zu
Lehen empfangen, in so weit unterredet
und verglichen, daß auch dieselbe in diesem Pacto mutuo Successionis eingeschlos-
sen, und ohne Unterschied darunter verstanden seyn sollen, obschon etwa primus
Acquirens die anfängliche Investiturbriefe
nicht namentlich auf beede Häuser und
sammentliche erbverbrüderte Agnaten,
sondern nur überhaupt für seine Erben
und Nachkommen erhalten und angesucht
haben möchte, wie Wir Uns dann dessen
sowohl nach dem eigentlichen Verstand
gedachter Lehenbriefen, als auch in Kraft
der goldenen Bull, Kaiserlichen Wahlcapitulation und übrigen Reichsconstitu-
tionen, Inhalt welcher die denenselben
gemäß gemachte Uniones und unter Churfürsten, Fürsten und Ständen aufgerich-
tete Erbverbrüderungen gehandhabet und
geschützet werden sollen, verfolglich dann
auch durch die Baviische Erbtheilung, als
einer selbsten von einem regierenden Kaiser errichteten und jener Zeit von samtlichen Churfürsten begnehmigten wahren
Erbverbrüderung, und nach der Gewohn-
heit der bey anderen alt-fürstlichen Häusern hergebracht-üblichen Observanz al-
lerdings, jedoch dem Lehenherrn im übrigen ohne allen Schaden und Abbruch be-
rechtiget zu seyn erachten.

Sollten aber gleichwohlen einige Le-
henstücke wirklichen darunter begriffen

seyn, welche ausdrücklich nur einer Linie
allein, mit Ausschluß der andern, durch
die Belehnung zugedacht worden, oder
die letztere mit glaubwürdigen Anzeigen
dahin ausgedrückt werden können, oder
wo natura & qualitas feudi diesem Unserm
Vorhaben selbsten im Weg stehet, da machen wir Uns anheischig, und versprechen
einander auf das kräftigste, alle Gelegenheit zu Hilf zu nehmen, und zu allen Zeiten nach möglicher Thunlichkeit dahin zu
verwenden, damit auch solche feuda linea-
lia vel impropria durch besondere Verträg-
und Investiturbrief auf das gesamte Haus
gebracht, und die reciprocirliche Lehens-
folge gegeneinander, wie in den übrigen
Feudis avitis, versichert werde.

Da hingegen im übrigen die Belehnung mit gesamter Hand bey unseren beeden Häusern keineswegs Herkommens ist;
so sollen dergleichen Investituræ simultaneæ,
wie in der Kaiserlichen Wahlcapitulation
verordnet ist, auch künftig nicht angesu-
chet, sondern es diesfalls bey dem alten
Herkommen gelassen werden.

6°. Betreffend die gemeinschaftliche
Hilf und Beystand in Fällen und Umständen, in welchen dieselbe einander zu lei-
sten, auch die Art und Weis, wie solches
geschehen solle, schon vorhin bedungen
worden ist; desgleichen die Beobachtung
jenes freundschaftlichen Vernehmens belangend, welches fast in allen wichtigen
Haus = Reichs = und Kriegsangelegenhei-
ten, oder bey dergleichen vorfallenden
Handlungen mit auswärtigen Mächten

und andern Reichsmitständen zu Errei-
chung des gemeinschaftlichen Hausinteresse
erforderlich ist, und künftighin desto mehr
beobachtet werden solle, als solches die
wesentliche Verbindlichkeit der Unseren
beeden Häusern angebohrnen Blutver-
wandtschaft und Erbeinung selbsten mit
sich bringt. Diesfalls wollen Wir die in
Annis 1724, 1728, 1734, 1746 und
letzthin den am 5ten October 1761 getrof-
fenen und den 27sten vorigen Monats und
Jahr ratificirten Unionstractat, so weit
einer durch den andern erläutert wird,
gegenwärtig bestättiget und wiederholet
haben, dahero solle ein Theil des andern
Nutzen zu befördern, und Schaden zu
wenden sorgfältigst trachten, vorzüglich
aber bey seinen Landen, Leuten, Herkommen, Freyheiten, Dignitäten, recht-
lichen Ansprüchen und guten Gewohnhei-
ten handhaben, helfen und schützen, auch
selbsten in allweg dabey bleiben, und an
solch - freund - vetterlichen Willen und
Bestreben sich weder durch widerwärtigen
Eintrag abwendig machen lassen, minder
dergleichen schädlichen Einstreuungen und
fremden Absichten oder auswärtigen An-
dringungen ein Gehör geben, sondern im
Fall ein erhebliches und billiges Bedenken
obhanden zu seyn scheinet, solches einander sogleich selbsten, ohne allen Hinterhalt, in Erwartung freundschaftlicher Ge-
generklärung, zu erkennen geben, und
auf solche Weis in unverruckter Aufrichtigkeit und beständigem Wohlwollen verbleiben.

7°. Wie nun bereits oben erwehnet worden, so solle gegenwärtig vorläufiger Tractat zwar nur den ersten Theil des vorhabenden Haupterbeinungs-Vertrags ausmachen; doch hat es dabey den Verstand und Meynung, daß bey allen vorberührten Punkten jetzt, alsdann, und dann als jetzt eine unwiderrufliche Verbindlichkeit seyn, und gleich viel gelten solle, als wenn dieselbe dem Hauptvertrag schon wirklichen einverleibt, und alles andere zu Stand gebracht worden wäre, wie dann hiemit einander feyerlich versichert wird, mit Untersuchung deren nach obgesetztem Ziel in beeden Häusern errichtete Particular-Dispositionen ohne Zeitverlust weiters fürzuschreiten, und mit Gottes Beystand auch den übrigen Theil, folglich das ganze Werk ehestens zu Stand zu bringen, daß allen bey Trennung beyderseitigen Landen zu befürchtenden schweren Unruhen möglichst vorgebogen, und beyderseitigen Unterthanen bevorstehenden Unheil, Schaden und Verderben, so viel von menschlicher Vorsicht abhangt, auf ewige Zeiten gesteuert werde, als zu wessen allen Festhalt- und Beglaubigung Wir beyde Eingangs benannte Churfürsten diesen Erbeinungs-Brief in zweyfacher Fertigung nicht nur mit eigenhändiger Namens-Unterschrift wissend oder wohlbedächtlich unter Chur- und Fürstlichen hohen Worten und Ehren an Eidesstatt bekräftiget, sondern auch beyderseitige Unsere hohe Insiegel daran zu hangen verfüget haben.

So geschehen zu Nymphenburg den
5ten September und Schwetzingen den
22ten Sept. des Jahrs 1766.

Maximilian Joseph,
Churfürst.

Carl Theodor,
Churfürst.

Aloysius Freyhr. von
Kreitmayr.

Vt. B. de Zedtwitz.

Joseph Euchari von
Obermayr.

Joh. Georg Anton
von Stengel.

Erbvertrag zwischen Sr. Chur=
fürstl. Durchlaucht in Bayern
und Sr. Churfürstl.Durchlaucht
zu Pfalz, de dato 26. Febr. 1771.

Von Gottes Gnaden Wir Maximilian
Joseph, in Ober= und Nieder=
Bayern, auch der obern Pfalz Herzog,
Pfalzgraf bey Rhein, des heil. Röm.
Reichs Erztruchseß und Churfürst, Land=
graf zu Leuchtenberg ꝛc. ꝛc. und

Von Gottes Gnaden Wir Carl Theo=
dor, Pfalzgraf bey Rhein, des heil.
Röm. Reichs Erzschatzmeister und Chur=
fürst, in Bayern, zu Jülich, Cleve und
Berg Herzog, Fürst zu Mörs, Marquis
zu Berg=op=Zoom, Graf zu Veldenz,
Sponheim, der Mark und Ravensperg,
Herr zu Ravenstein ꝛc.

Mm 5

Urkunden und bekennen, daß Wir in
dem Vorhaben, die zwischen Unseren beeden Stammhäusern blutsverwandt-
lich = obwaltende Erbeinungs = Rechte nach
Vorschrift und dem Beyspiel Unserer gemeinsamen Voreltern zu erneuern, und
die vorab schon auf sammentliche Stamm-
Genossenschaft bezielte Gemeinschaft in
nachbeschriebener Weise näher aufzuklä-
ren, und mit seinen Erläuterungen zu be-
stimmen, folglichen nach Anweisung des
schon voraus im Jahre 1766 zwischen
Uns beeden als dermaligen Hauptgliedern
des gesamten blutsverwandten Hauses ge-
schlossenen Tractats von demselben auf den
zweyten noch übrigen Theil zu kommen,
sammentliche dahin einschlagende auf beeden Seiten vorhandene, sowohl gemeinschaftliche als einseitige Hausverträge
oder sonderbare Lineal = Pacta, Verzichten, Testamenta und dergleichen Dispositiones, so viel uns bekannt, und in unseren
geheimen Briefsgewölbern anzutreffen gewesen, in glaubwürdigen Abschriften gegen einander ausgewechselt, und nach
reifer darüber gepflogener Berathschla-
gung uns nachfolgender Gesätze, Bünd-
nisse und Ordnungen weiters verglichen,
vereiniget, und auf beständig unwieder-
rufliches Ende verstanden haben.

1°. bestättigen Wir gedachten im Jahr
1766 zu Schwetzingen den 22ten und zu
Nymphenburg den 5ten September gesche-
henen Erbvereinigungs = Receß und Vertrag, wie die Bedingniß Art. 7. solches
mit sich bringt, nach seinem völligen In-

halt, in allen und jeden Punkten, wie derselbe geordnet ist, in der nämlichen Mas und Verbindlichkeit, als wenn er gegenwärtigem Haupt-Receß selbsten wirklich einverleibt worden wäre.

2°. haben wir vermög desselben wegen der Erbfolge auf ein- oder des andern unseres gemeinsamen Hauses, Bayerisch- oder Pfälzischer Linie, gänzlichen Abgangs (vor welchem der gütige Gott beede verwahren wolle) eine gemeinsame Erbeinung und wechselweise Erbverbrüderung nicht nur auf unseren Hauptlanden und alt-väterlichen Stammgütern, nach dem Zustand, wie sie nach der ersten Abtheilung und nach Inhalt des Pavischen Vertrags beschaffen gewesen, und an Uns kommen seynd, zum Grund genommen, sondern auch in Rucksicht der verschiedenen durch auf- und Abnehmung gedachter Länder unterloffenen Veränderungen aus denen allda mit mehrern angeführten Ursachen, auf sammentliche Acquisita, bis auf die Art. 3. festgesetzte Zeit erstrecket, benanntlichen auf Seiten Bayern bis Anno 1578, da Herzog Albrecht V. die von Kaiser Ferdinand bestättigte Primogenitur und Fideicommiß-Disposition zuruckgelassen, und auf Seiten Pfalz bis Anno 1568, da Pfalzgraf Wolfgang der Stammvater aller noch lebenden Pfalzgrafen bey Rhein unter seinen Kindern mit letzter Willensmeynung disponiret hat.

So viel nun die von solcher Zeit an weiter erworbene, und zwar insonderheit die lehenbare Acquisita betrifft, gleichwie

Wir bereits in dem erſten vorläuſigen Tractat Art. 5. wegen derſelben Reuni=rung und Incorporirung mit Unſeren alt=väterlichen Hauptlanden, oder Bayeriſch= und Pfälziſchen Stammgütern, nach In=halt der goldenen Bull, Kaiſerlichen Wahl=capitulationen und übrigen Reichsconſti=tutionen die nöthige Vorſehung getroffen, und dergleichen Lehens=Acquiſita gemei=niglich ſchon Unſeren Kaiſerlichen Haupt=lehen=Briefen einverleibt, oder unter dem allgemeinen Ausdruck der Landgraf=und Herrſchaften verſtanden ſind; alſo wollen Wir vorgedachte Reunir=und Incorpo=rirung auch auf die übrige lehenbare Ac=quiſita, ſo Unſere Vorfahrer nach obiger in dem erſten Tractat beſtimmten Zeit weiter erlangt haben, und auf Uns kom=men ſind, oder Wir und Unſere Nach=kömmlinge von Sr. Kaiſerl. Majeſtät und dem heil. Röm. Reich ſelbſten erhalten, oder noch künftig überkommen werden, auf gleiche Weis erſtrecken, und kraft dieſer Unſerer Erbeinungs=Beſtättigung Unſern alt=väterlichen Hauptlanden, ſo weit Natura & Qualitas Feudi fœminini nicht ſelbſten in Weg ſtehet, incorporirt, und mit denſelben denen lehensherrlichen Ge=rechtſamen unabbrüchig reunirt haben. Und zumalen bey ſolcher Reunirung we=der ſonderheitliche Lehensinveſtituren, noch ſonderbare Lehensbriefe mehr nothwendig ſind; alſo ſolle man ſich zu deſſen gänzli=cher Vollſtreckung bey Sr. Kaiſerl. Ma=jeſtät mit guter Gelegenheit gemeinſchaft=lich dahin beſtreben, damit gegen Aufhe=

bung sothaner sonderbaren Lehenbriefen
die Belehnung künftighin zugleich mit unter den Hauptlanden coram Throno ge-
schehe.

3°. Belangend die Einschaltung der
übrigen neuern Acquisiten, so unter die
lehenbare Gattungen nicht gehören, wegen denenselben haben Wir auf Seiten
Pfalz weder in den Testamentis der sammentlichen Pfalzgrafen bey Rhein, noch
in anderen dergleichen Handlungen eine
Hinderniß, sondern vielmehr im Gegen-
theil auch in dem Orleanischen Succes-
sionsstreit beobachtet, daß die Sache durch
den päbstlichen am 17ten Februarii 1702
publicirten Superarbitral-Spruch sowohl,
als durch die mehrfältige in den Jahren
1673, 1728 und 1734 in jener Absicht
wiederholte Hausunions-Erneuerungen
zu Unserm Vorhaben gleichsam schon ge-
schlichtet ist, welche folglichen diesem er-
neuten Erbeinungs-Pacto einverleibt seynd,
und mit den altväterlichen Landen beständ-
dig reunirt bleiben sollen, wie dann auch
auf Seiten Bayern Unser Antrag gleich-
stimmig dahin gehet, sammentliche Acquisita mit den altväterlichen Stammgütern zu vereinigen, und gegenwärtiger
Erbverbrüderung einzuschalten. In Folge
dessen aber, wo von Churfürst Maximilian I. in dem Pfälzischen Haus bis daher
unbekannt verbliebener Codicill de dato
5ten Julii 1650 zum Vorschein kommen
ist, Inhalt dessen nach gänzlichem Abgang der männlich Wilhelmischen Linie
die nächstgesipte Allodialerben vor dem

erbverbrüderten Landesnachfolger in den
Herrschaften Mindelheim, Wiesensteig,
Mattighofen, Winzen und in den Degen-
hergischen Gütern succediren sollen; dieser Codicill hingegen von Seiten Pfalz,
absonderlich was darinnen in Ansehung
der obern Pfalz wegen denen Böhmischen
Kriegsschulden pr. 13 Millionen einge-
mischt worden, aus mehrfältigen auf vor-
gehende Erbverbrüderungen und dem
Verstand des Westphälischen Friedens
selbsten gegründeten Ursachen mit feyer-
lichsten Verwahrungen protestirt wird; so
seynd Wir Maximilian Joseph Churfürst
in Bayern des Vorhabens, und machen
Uns auch gegenwärtig, so weit es immer
in Unseren Kräften steht, anheischig, diesen An- und Gegenstand mit verstandenen
Allodialerben, im Fall Uns die göttliche
Vorsehung der menschlichen Ordnung
nach mit den Jahren von der Hoffnung
ehelich gewärtiger männlicher Leibserben
entfernen würde, unter Churpfälzischer
Beystimmung und Mitwirkung auf hie-
nach Art. 9. bestimmte Art noch selbsten
nm so mehr zu schlichten, als in dem
dreyßigiährigen Krieg Land und Leut an
Gut und Blut bis auf die letzte Kräften
erschöpfet worden, die dortmalige Lasten
noch zum Theil mit Passivschulden auf
sich tragen, und das übrige ebenfalls aus
ihren Mitteln abgeführt haben, was nichts-
weniger als die Vermehrung einer künftigen Allodialmassa, sondern vielmehr den
Aufnahm und die Erhaltung des gesamten Staats zum Grund gehabt hat, und

Unsere Aufmerksamkeit desto mehr ver-
dienet, damit durch zweyfaltige Ab = und
Gegenberechnungen die künftige Lands=
nachfolgere mit verstandenen Allodialerben
keinen weiteren Unruhen ausgesetzet, sondern durch solche Unsere vorhabend = güt-
liche Vermittlung, wie durch nächstfol-
gend angeordnete Verzichten, auf den
weitern mit selben sich ergebende Fall, in
Ruhe und Frieden verbleiben. Sollte sich
dahero

4°. durch göttliche Verhängniß über
kurz oder lang zutragen, daß Wir Maxi=
milian Joseph Churfürst oder Unsere mit
göttlichem Beystand anhoffend männliche
Leibserben, als von Kaiser weiland Lud=
wigen IV. abstammende, und in dieser
Linie zum Haus Bayern gehörige Für=
sten, oder Wir Carl Theodor Churfürst
und Unsere freundlichgeliebte Herren Vet=
tern, die dermalige Pfalzgrafen und
Herzogen zu Zweybrücken, und Unsere,
auch ihre anhoffende eheleibliche männ=
liche Erben und Nachkommen, als weil.
von Pfalzgrafen Rudolpho des Kaisers
Ludwigs Herrn Brudern abkommende
und in dieser Linie zum Haus der Pfalz=
grafen bey Rhein gehörige Fürsten ohne
Hinterlassung männlicher Succeßions = fä=
higer Leibserben, ehelich und nit ex dis-
pari matrimonio entsprossen, gar ab = und
aussterben würden, alsdann solle der an=
dere männliche Stamm (wie bereits Her=
zog Albrecht V. vor Uns in jenen mit
Pfalzgrafen Friedrich II, Otto Heinrich
und Friedrich III. desfalls gepflogenen ze=

henjährigen Tractaten auch schon verstanden waren) alle des vorabsterbenden mit
dem Pacto & nexu mutuæ Succeßionis be-
haftete Lande, Leut, Lehen und Eigen,
Pfand und Anwartschaften mit allen Rech-
ten, Gerechtigkeiten und Zugehörungen,
wie sie immer Namen haben, erben und
an sich ziehen, in denselben als rechter wah-
rer Blutsverwandter und Lehenserbe ein-
und des andern Stammes und Namens
der Herzogen in Bayern und Pfalzgrafen
am Rhein succediren, dieselbe regieren
und besitzen, doch also

5°. daß auf den ereignenden Fall die
Succeßionsordnung die Churlinie und in
derselben den Landsfürsten, welcher in
dem überlebenden Haus die Churlande besitzen, und das Haupt der ganzen Familie
seyn wird, mit Ausschluß aller übrigen
Agnaten allein treffen, und nach ihme
wiederum auf den erstgebohrnen Prinzen
kommen, sofort beständig bey der Churlinie nach dem Recht der Erstgeburt, und
nach derselben Abgang wiederum bey der
nachfolgend = älteren Linie, welche der
Zutritt zur Chur treffen wird, auf gleiche
Weis verbleiben solle, also, daß in den
angefallenen Landen unter mehreren überlebenden Linien keine Theilung zu gestat-
ten, oder vorzunehmen ist, sondern wie
dieselbe anfänglich unter Herzog Ludwi-
gen, Unserm gemeinsamen Stammvatern,
beysammen gewesen, also wiederum zusammen und nach göttlicher Fügung ein
oder das andere Haus dadurch desto mehr
empor kommen, und immerwährend, wo
nicht

nicht in ferner aufnehmenden Flor ge=
bracht, doch wenigſt in ſolch vereinbartem
Stand erhalten werden ſolle, welchen
Falls, da das Haus Bayern oder Pfalz
vor abſterben würde, der Landsnachfolger
inſonderheit verbunden wird, die gewöhn=
liche Reſidenz zu München in den hero=
bern Bayeriſchen Landen in Unſerm ge=
meinſamen älteſten Stammhaus und all=
da perſönlich Hof zu halten, auch dieſe
Lande ſelbſten zu regieren, vorzüglich
aber nach Innhalt der eifrigen fideicom=
miſſariſchen Ermahnungen des Herzogs
Albrecht des V. ſich zu fügen, mithin keine
andere, als die katholiſche Religion ſelb=
ſten bekennen, und in Bayern einzufüh=
ren, in Anſehung der untern Pfalz am
Rhein aber ſofort die weitere Verfügung
wegen der Adminiſtration oder Verwal=
tung zum Vortheil der nachgebohrnen
Prinzen, die weder Bißthum noch eigne
Lande, durch welche das Appanage ceſ=
ſirt, beſitzen, die vorſorgliche Veranſtal=
tung zu treffen, daß dieſelbe einem unter
ihnen ebenfalls katholiſcher Religion in
der Abſicht zugetheilt werde, damit er
deſto füglicher zu einer convenablen Ma=
riage gelangen, und dem beſorglichen Ab=
gang künftig männlicher Succeſſion deſto
mehr ſteuren möge, mit dem weitern An=
hang, daß auch das Appanage, oder der
Unterhalt deren nachgebohrnen mit be=
reits vorhin von dem Haus abgetheilt ei=
genen Landen nicht verſehenen Prinzen
nach Proportion dieſes Zuwachſes eben=
falls, ſonderbar auf den Fall, wo in je=

Tom. VI.　　　　N n

ner Abficht die Verehelichung eines fol-
chen Prinzen nach fürftlicher Geburt und
Stand einverftändlich befchloffen wurde,
vermehrt, in eine jährliche gewiffe Abgabe
eingetheilet, jedoch dasjenige Quantum
nicht überfchritten werden folle, welches
vorhin in dem abgeftorbenen Hauß unge-
fähr Herkommens war, und auf vorbe-
ftimmt-fonderbaren Fall jährlich die Sum-
me höchftens von einmal hunderttaufend
Gulden nicht überfteigt.

Ingleichem wird auch ausdrücklich bedungen und vorbehalten, daß keinem Re-
genten in das Herzogthum Bayern einige
proteftantifche Miniftres, Räthe und Be-
amte einzuführen, noch in der Pfalzgraffchaft bey Rhein und derfelben einverleib-
ten Herzogthum, Graf- und Herrfchaften
die vorgefetzte Landesbehörden, als Re-
gierungen, Ober- Appellation- und Hof-
gericht, auch Ober-Landbeamte, mit andern als katholifchen wohlqualificirten
Subjecten zu befetzen erlaubt feye; wo-
hingegen dem reformirten Kirchenrath,
lutherifchen Confiftorio und Ehe- auch hiezu
beftellten Ober- Appellationsgerichte und
geiftliche Güterverwaltung in ihren her-
gebrachten Verfaff- und Ordnungen der
Religions- Declaration gemäß, weniger
der Gewiffensfreyheit der gefamten Lan-
deseinwohnerfchaft deren in dem Röm.
Reich angenommenen 3 Religionen, wie
und wo es in gedachter Pfalzgraffchaft
bey Rhein, deren incorporirten Zubehör-
den, auch dem Herzogthum Sulzbach
hergebracht ift, kein widriger Eintrag ge-

schehen, sondern ein Unterthan wie der andere bey seinen häuslichen Wesen und Nahrungsstand ruhig gelassen, und gehandhabet werden soll.

6°. Wie es nun aber bey solch bedingter Erbeignung mit den künftigen Verzichten, in Ansehung der ausgesteuerten und unverziehenen Töchtern, auch mit unsern fräulichen eheleiblichen Nachkommenschaften zu halten seye, darüber sind Wir folgender Gestalten übereins kommen: Zuförderst lassen Wir es bey demjenigen bewenden, was wegen ihrer Versorgung, Heurathgut und Aussteurung, oder so lang sie unverheurathet bleiben, wegen ihrem fürstlichen Unterhalt in jedem Haus Herkommens und bishero beobachtet worden ist, welches jedoch bey anwachsenden Landen mit einer proportionirlichen Vermehrung, wie bey dem Appanage, zu verstehen ist, und im übrigen jedem Landesnachfolger selbsten oblieget, die unverheurathete Prinzeßinnen, wie seine eigene Töchter, zu berathen.

7°. Hingegen sollen die Verzichten der künftig auszusteuren kommenden Prinzeßinnen zum Besten des Mannsstammes Unsers gesamten Hauses ausdrücklich und deutlich eingerichtet, und zwar so viel Land und Leute sowohl des Herzogthums Bayern, als der Pfalzgrafschaft bey Rhein, samt allen damit vereinbarten jetzt und zukünftigen Acquisiten und Zugehörungen betrifft, in denenselben ausdrücklich die vorzügliche Succeßions=Abwechslung für das gesamte Haus insgemein vorbehal-

ten, in Ansehung der Baarschaften und
Mobilien aber nur zum Besten der fürstlichen Brüdern und männlichen Agnat-
schaft, in jeder sonderbaren ab- oder Af-
ter-getheilten Nebenlinie eingeschränkt,
und dergleichen Verzicht in ein wie in
dem andern Haus pro Lege pragmatica un-
veränderlich beybehalten, sofort, wenn
schon kein feyerlicher Actus hierüber erge-
hen würde, oder könnte, gleichwohl die
Töchter und Prinzeßinnen insgesamt in
Unsern Häusern schon ipso facto für wirklichen also verziehen geachtet werden.

8°. Wir verstehen also unter dem Al-
lodio, so auf gänzlichen Abgang des
männlichen Stammes von ein oder dem
andern Haus denen Allodial-Erben vor
dem in denen ledigen Landen succediren-
den Agnaten, vermög der in den Verzichten vorbehaltenen Regreßsprüchen und
Anwartschaft, zufallen solle, nichts an-
ders, wie Wir bereits in dem vorigen
Traktat Art. 4. zu erkennen gegeben haben, als die wirklich vorhandene Mobi-
liarverlassenschaft, auffer dem Geschütz,
Munition, und was sonsten zur Lands-
wehr gehörig ist, soviel nemlichen über
Abzug der denen Landen und succediren-
den Agnaten nicht zuzumuthen seyenden
fürstlichen Privatschulden, die entweder
zu Anschaffung derley Mobiliarschaft con-
trahiret worden, oder sonsten des Landes
Nutzen und Nothwendigkeit nicht betrof-
fen, an baarem Geld, Kleinodien, Sil-
bergeschmeid und andern Fahrnissen übrig
verbleiben wird, jedoch mit der Beschei-

denheit, daß jedem Theil die weitere Be=
ſtimmung durch ſelbſt beliebige Particu=
lar=Diſpoſitionen vorbehalten ſeyn ſolle,
was zur Nothdurft oder Zierde deren Re=
ſidenzien und fürſtlichen Luſtſchlöſſern un=
verrückt verbleiben müſſe, oder ſonſten ad
uſum publicum zu Fortpflanzung der Künſte
und Wiſſenſchaften gehörig und nothwen=
dig iſt.

9°. Damit aber gedachte Allodial=Er=
ben, ſich auf Seiten Bayern eben ſo we=
nig, als auf Seiten Pfalz, mit Fug be=
klagen mögen, daß ihnen durch vorverſtan=
dene Verzichten auf ſammentliche Immo=
bilia etwas entzogen werde, was ihnen
unſre Voreltern zugedacht, oder denen=
ſelben ſonſt von Rechtswegen gebühren
könnte: ſo haben Wir, um einer Seits
zwiſchen obigen Ab= und Gegenrechnun=
gen eine beyläufige Ausgleichung zu tref=
fen, und anderer Seits als oberſte Vor=
ſteher des Uns vorzüglich am Herzen lie=
gend gemeinen Weſens auf gänzlichen Ab=
gang des Mannsſtammes in ein oder dem
andern Haus folgendes Temperament und
Vermittlung zielſetzlich getroffen, nemli=
chen, daß auf ſolchen Fall über die ge=
wöhnliche Ausſteurung und ihnen mit vor=
berührtem Vorbehalt zugedachte Mobi=
liarverlaſſenſchaft, und zwar auf Seiten
Pfalz, wenn der Töchter oder Schweſtern
eine, zwey, drey oder vier ſind, jeder
125000 Reichsthaler, wo aber derſelben
mehr ſind, für alle insgeſamt 500000
Reichsthaler, und auf Seiten Bayern,
wenn der Töchter oder Schweſtern nur

558 DES LOIX FONDAMENTALES

zwey ſind, ieder 250000 Reichsthaler, wenn deren aber mehr ſind, für ſämtliche 650000 Reichsthaler noch ſonderbar als eine Abfertigung von allen unbeweglichen Gütern bezahlt werden, und ſobald der Landnachfolger genugſame Verſicherung wegen der beſtimmten Zahlungsfriſten geleiſtet haben wird, von all weiterer Anſprache auf Eigen oder Lehen abſtehen, und gänzlich hintan gerichtet ſeyn ſollen.

Wir verſehen Uns, daß dieſer Verordnung deſto unverbrüchlicher nachgelebet werde, weilen dieſelbe das einzige Entſcheidungsmittel iſt, welches ſowohl in dem Haus Bayern ſchon Anno 1340 bey Erledigung des Landes in Nieder-Bayern, als auch in dem Haus Pfalz bey Gelegenheit des Orleaniſchen Succeßionsſtreit, durch den päbſtlichen den 2ten Febr. 1702 publicirten Superarbitral-Spruch, nach allen darwider verſuchten landsverderblichen Unruhen, am Ende doch vorhanden genommen, und in mehr andern fürſtlichen Häuſern alſo beobachtet worden iſt, zumalen keinem Staat zugemuthet werden mag, wegen dem Verluſt deſſen angebohrnen Landesfürſten, ſo allein in den Händen des götilichen Verhängniß ſtehet, bey den Nachfolgern von gleichem Geblüt und Stammen ſich von dem in mehr hundert Jahren gemeiniglich durch deſſen Mittel und Kräften erworbenen Wachsthum entſetzet, oder derentwegen in Krieg und Unruhen verwickelt zu ſehen.

10°. Wir ſollen und wollen Uns dahero auf obbeſtimmten Fall, wenn Uns in Un-

fern Lebzeiten, oder Unfere Herren Vetter
Liebden Liebden, die göttliche Vorsehung
auf einer und der andern Seite von der
ehelich gewärtiger männlicher Leibserben
menschlicher Ordnung nach entfernen
würde, nichts mehrers angelegen seyn laffen, als nach der allda geäufferten Abficht, Unfere fammentliche unbewegliche
Güter mit und bey Unfern altväterlichen
Stammgütern unzertrennt zu erhalten,
die ganze Sache mit denenjenigen Prinzeßinnen, welche in den Platz der nächst-
gefiepten Allodial-Erben eintretten, auf
vorgemeldte oder was immer für thun-
liche Wege, ohne Verschreib- oder Zer-
trümmerung unbeweglicher Güter felbften, noch mittels Beftimmung oder al-
lenfallfiger Vermehrung des Paufch-Quanti
zu fchlichten, und durch einen fonderba-
ren Tractat in allfeitige Einverftändniß
zu bringen, und hierzu ein Theil dem andern auf alle Art und Weis verhilflich zu
feyn. Würden aber wider Verhoffen die-
felbe fich folcher fcheidlichen Vermittlung
weigern, und nicht dazu bewegen, fondern alles auf den ledigen und leidigen
Fall felbften ankommen laffen, oder Unfere fräuliche Allodial-Nachkommenfchaft
der obbeftimmten Verordnung und vor-
gefchriebenen Verzicht gerichtlich oder auf-
fergerichtlich, fonderbar mit thätiger
Hand, oder dergleichen Anfchlägen felbft,
oder durch fremde Beyhilf widerftreben,
und Unfere zur Ruhe und Frieden abzie-
lende landesväterliche Abficht zu zernichten
trachten, auf folch unerwarteten Fall folle

weder ein noch den andern Theil an denen in gegenwärtigem Tractat ihnen zu guten bestimmten Vortheilen und von jener Erbschaft, so sie bey nicht vorhandener Disposition ab Intestato sonsten an sich bringen könnten, lediglich nichts zu Theil werden, sondern solche denen erbsverbrüderten Landesnachfolgern gänzlich und eben also zufallen, als ob in deren Favor würklichen also disponiret worden wäre, und dennoch im übrigen auf der Conservation samtlich unbeweglicher Güter verharret, folglich zu dessen Bewirkung von einem Theil aus uns dem andern kräftige Hand geleistet, und zeitlicher Vorschub gebotten werden.

11°. behalten Wir Uns und Unsern Nachfolgern die Befugniß ausdrücklich bevor, über Unsere eigene nova Acquisita, sowohl mobilia als immobilia, frey und auf eine so verbindliche Art disponiren zu können, daß, unter was immer für einem Vorwand, hiervon nichts abgeändert, sondern Unserer Disposition von Wort zu Wort nachgekommen, und der Innhalt dieses Tractats selbsten niemal zum Anlaß genommen werden solle, Unsere hierinfalls gemachte Verordnung zu alteriren, oder anderst auszulegen, als es der klare Buchstab anzeiget; im Fall Wir oder Unsere Nachfolgere aber in Unsern Lebzeiten mit solch Unsern eigenen Immobilibus, novis Acquisitis namentlich und sonderheitlichen nicht disponiren würden, alsdann sollen dieselbe unter Unserer übrigen Allodialschaft auch nicht begriffen, sondern ipso facto für wirkliche mit denen bonis avitis consolidirte Stücke geachtet und angesehen werden, und dieser Erbeinungs- Verbindlichkeit einverleibt bleiben.

12°. Um auch diese Erbeinung in be- ständig wesentlicher Wirkung und Ge- dächtniß zu erhalten, und bey jeder Re- gierungs-Abwechslung gleichsam zu er- neuern, auch zu Einpfropfung zuneigli- cher Landsmannschaft zwischen Unsern erbvereinigten Unterthanen, sowohl gegen ihre wirklich regierende und anwartende Landesfürsten, als unter sich selbsten, ha- ben Wir Uns gegen gemeinschaftlicher Eventual-Huldigung dahin unterredet, daß künftig bey jeder Erb- und Landes- huldigung Unsere Stände und Untertha- nen neben dem neuangehenden Landesfür- sten zugleich dem andern erbverbrüderten Haus, jedoch sammentlich übrigen Agnatis ejusdem Lineæ an ihren Vorrechten und succeßiven Erbfolgs-Rang unschädlich und unhinderlich, eventualiter mit denen Wor- ten angeloben sollen: daß sie zuvörderist dem angehenden Landesfürsten und nach Abgang des männlichen Stammes seines ganzen Hauses ingleichem eventualiter dem nächstfolgenden anwartenden Landesfür- sten der ältern Linie nach dem Erstgeburts- Recht aus dem überlebenden erbverbrü- derten gesamten Haus treu, unterthänig und gewärtig seyn wollen, und sollen, als getreuen Landständen und Unterthanen zu- stehet, welches bey dem nächsten Erfolg einer Landshuldigung mit denen Landstän- den gegen Versicherung deren ihnen gebüh-

renden Privilegien und Freyheiten zu un-
terhandlen, und zum erstenmal zum Voll-
zug zu bringen ist. Wie wir denn überhaupt, wenn sich der Fall bey Uns oder
Unsern Erben nähern wird, nichts er-
mangeln lassen wollen, noch sollen, dem
anwartenden Nachfolger in obbestimmter
Maas und Ordnung den Vorschritt zu
Land und Leuten vor all-andern fremden
Ein- und Zudringungen zu erleichtern und
die leztere nach Möglichkeit zu hintertreiben.

13². Gleichwie es folglichen nach er-
eignetem Falle in Ansehung der Allodial-
Erben auf die Beschreibung und Anzeige
der Mobiliar-Verlassenschaft, und dann
auf die Berechnung und Auseinanderse-
tzung der landesfürstlichen Particular-
Schulden ankommt, welche aus der Massa
allodiali vorzüglich und getreulich abzufüh-
ren sind, bringt es die gewöhnliche, in
Unsern Häusern beständig also beobachtete
Ordnung mit sich, daß sowohl in diesen
als übrigen Dingen wegen einsweiliger
Verwaltung und wirklichen Vertheilung
der Allodialmassa dem regierenden Landesnachfolger die erste Hand, als eine
Folge der landesfürstlichen Oberherrlich-
keit, nicht geweigert werde.

Welch alles derselbe mit Zuziehung
der Allodial-Erben nach Recht und Bil-
ligkeit auszurichten, und möglichen zu be-
schleunigen, und wie sich wider Vermu-
then Streit und Anstände, die sich gütlich
nicht beylegen lassen, reignen sollten, solch
Fried und Gerechtigkeit liebende Bieder-
männer von Landsleuten zu Scheidsrich-

tern niederzusetzen hat, wider welche we=
der der ein noch der andere Theil eine
rechtliche Ausstellung einzuwenden haben
mag.

14°. Damit aber die unter der Erb=
einung begriffene Lande und Leute unver=
äusserlich in jedem Haus beysammen ver=
bleiben und erhalten werden, gleichwie in
dem Paßauischen und andern Hausverträ=
gen schon darauf gedacht worden ist, auch
die Fideicommiß= und Erbeinungs Eigen=
schaft von selbsten mit sich bringt, daß aus=
ser den Nothfälleu oder Verschaffung bes=
sern Nutzens weder Veräusserungen, noch
Verpfändungen Platz haben: so solle es
auch künftig also beobachtet werden, und
wenn ein Theil aus verstandenen Ursachen
veranlasset, oder gezwungen würde, dem
andern Theil nicht nur das Vorkaufsrecht,
sondern auch der Einstand gebühren; doch
erstrecket sich die Meynung dieses Artikels
auf die landesfürstlich gemeine Handlun=
gen mit ihrem Land, Leuten und Unter=
thanen keineswegs, noch auf die Verträge
und Receß, welche mit Nachbarn wegen
strittigen Gränzen und Regalien oder der=
gleichen Gerechtsamen abgeschlossen wor=
den, und zum öftern vorfallen, es wäre
dann, daß sie von einer sonderbaren Be=
trächtlichkeit wären, oder bey den unter=
handelnden Räthen solche Gefährden un=
terliefen, welche die erste Absicht blos ver=
eiteln sollten. In diesem letztern Fall bleibt
jedem Haus seiner Zeit die rechtliche Re=
medur von selbsten offen, wo unterdessen
dergleichen nachbarliche Tractat und end=

liche Receß allein nach Gutbefinden und freundvetterlichen Bezeugen und nachrichtlichem Vernehmen einander communiciret werden mögen.

15⁰. Wegen dem Wittibsitz der überlebenden Frauen Fürstinnen vorzüglich in Bedacht zu nehmen ist, solle nicht nur dasjenige, was in Lebzeiten durch die Pacta dotalia nach eines jeden Hauses Herkommen bedungen worden, getreulich gehalten werden, und dem ablebenden Ehegemahl frey stehen, dieselben aus der Allodial-massa zu verbessern, sondern auch nach Befund der Umständen aus den Einkünften der erbvereinigten Landen in so weit zu vermehren, als sich hieran kein namhaftes Uebermaas abnehmen läßt, zumalen dergleichen Genuß ohnehin nur leibs- und lebenslänglich zu verreichen ist, und dem Land wieder zurückfällt. Dahero sollen auch die Anweisungen und Versicherungen auf unbewegliche Güter anderer Gestalten nicht, als mit Vorbehalt der Landeshoheit und höchsten Regalien, geschehen, und dem Land also vorgesehen werden, damit es niemalen von demselben zu einer Veräusserung kommen könne.

16⁰. Im Fall eine ausgesteuerte fürstliche Prinzeßin in ihrem nach der Hand erfolgenden Wittibstand aus erheblichen Ursachen in ihr Vaterland, um ihre übrigen Lebenstage allda zuzubringen, zurück kehren wollte, da versiehet man sich beederseits zu jedem Landesnachfolger, daß ihnen solches nicht abgeschlagen, noch erschweret, sondern mit fürstlicher Woh-

nung, und dergleichen geneigtem Willen,
wie den übrigen Frauen Wittiben, in sol=
cher Maaß begegnet werden solle und wol=
le, als wenn es um eigene Töchter zu thun
wäre.

Da Wir nun auf solche Weis nach Ab=
gang ein= oder des andern Hauses Unsern
Landen und Leuten nnd der Aufrechthal=
tung Unsers gemeinsamen Geschlechts in
den nothwendigsten Dingen vorgesehen zu
seyn glauben, also sollen und wollen Wir
nicht nur selbsten bey dieser Erbeinungs=
Erneuerung lebenslänglich verbleiben, son=
dern derselben als einem unwiederruflichen
pragmatischen Hausgesetze unverbrüchlich
nachzuleben Unsere sammentlichen Erben
und Nachkommen auf das höchste ermah=
net haben, dergestalten, daß dieselbe hie=
von abzugehen weder Fug noch Macht ha=
ben, sondern hinwiederum verbunden seyn
sollen, dasselbe in beständiger Wirkung
und Verbindlichkeit zu erhalten, und da=
durch die gemeinsamen Hausrechte nach
dem Beyspiel Unserer Voreltern desto mehr
zu befestigen. Im Fall sich aber hierinfalls
einiger Zweifel oder Misverstand zutragen,
oder in gewissen Nebendingen eine Aende=
rung und weitere Erläuterung nöthig seyn
würde, so solle ein Theil allein ohne Vor=
wissen und Einwilligen des andern nichts
vorzunehmen befugt, sondern dergleichen
einseitige Handlung nichtig und kraftlos
seyn, mithin die Sache gemeinschaftlich,
oder wo man sich nicht kürzlich in Güte
miteinander verstehen könnte, durch gleiche
Zusätze und Scheidrichtere von solchen Lan=

desleuten ausgetragen werden, welche einem wie dem andern Theile unbedenklich seynd.

Ueber welch gegenwärtigen für Uns, Unsere Erben und Nachkommen sammentlichen Herzogen in Bayern und Pfalzgrafen bey Rhein, die da vermög der gemeinschaftlichen Abkunft von einem Stammvater unter gleichem Schild, Namen und Stammen mit beständiger Blutsverwandtschaft in ein Haus zusammen gehören, abgeschlossenen Haupt-Tractat dann mehrmalen zwey gleichlautende Originalia verfasset, und mit eigener Namens-Unterschrift wissend und wohlbedächtlichen unter Chur- und Fürstlichen Worten und Ehren an Eidesstatt bekräftiget, auch beyderseitige Unsere hohe Insiegel daran geleget worden. So geschehen München den 26sten Februar 1771.

Maximilian Joseph, Churfürst.	**Carl Theodor,** Churfürst.
Aloysius Freyhr. von Kreitmayr.	Vt. B. de Zedtwitz.
Joseph Euchari von Obermayr.	Joh. Georg Anton von Stengel.

Erbvertrag zwischen Sr. Churfürstl. Durchlaucht in Bayern und Sr. Churfürstl. Durchlaucht zu Pfalz, de dato 19. Febr. 1774.

Von Gottes Gnaden Wir Maximilian Joseph, in Ober- und Nieder-Bayern, auch der obern Pfalz Herzog, Pfalzgraf bey Rhein, des heil. Röm. Reichs Erztruchseß und Churfürst, Landgraf zu Leuchtenberg ꝛc. ꝛc. und

Von Gottes Gnaden Wir Carl Theodor, Pfalzgraf bey Rhein, des heil. Röm. Reichs

Erzschatzmeister und Churfürst, in Bayern, zu
Gülch, Cleve und Berg Herzog, Fürst zu
Mörs, Marquis zu Berg=op Zoom, Graf zu
Veldenz, Sponheim, der Mark und Ravens-
berg, Herr zu Ravenstein rc.

Bekennen für Uns und Unsre Erben, was-
gestalten Wir zu desto mehreren Veststellung
Unserer im Jahr siebenzehen hundert sechs und
sechszig und siebenzehen hundert ein und sieben-
zig erneuerter Hausunion und Erbverbrüderung, wie auch des wirklichen Vollzugs derselben, und damit, casu eveniente, ein dritter
mit anmaßlicher Possessionsergreifung das Prä-
venire zu spielen desto minder im Stand seyn
möchte, Uns weiter mit einander dahin unterredet und einverstanden haben, daß

1°. das Constitutum Possessorium auf alle
und jede in dem Pacto mutuæ Successionis begriffene beederseitige Lande und Besitzthümer
zuvorderst Uns selbsten und hiernächst auch allen darinn eingeschlossenen Haus=Agnaten reci-
proce und eventualiter, jedoch dergestalten hiemit eingeraumt seyn solle, daß solches zwar con-
tra quemcunque tertium die volle Wirkung einer Compossession nach sich ziehen, inter Com-
paciscentes aber, so lang der in Haupt=Pacto
begriffene beedseitige Mannsstamm dauert, zu
gar keinem Gebrauch dienen, folglich kein Theil
dem andern bey seinen oder seiner männlichen
Descendenz Lebzeiten in der Regierungs = oder
andern Geschäften unter dem Vorwand des
Constituti einen Eingriff, Hinderniß und Einhalt erzeigen, oder sich im mindesten darein mi-
schen, sondern nichts desto weniger ein jeder
Theil ganz frey und ungesperrte Hand hierinn
haben und behalten solle; Und weil auch

2°. der in Gottes Hand stehende Succeßions-
fall auf Unserer, des Churfürsten von Bayern
Seite dermal nur auf ein paar Augen beruhet,
mithin dieser von Gott zu verhütende Fall eine
mehrere und zeitlichere Vorsorge erfordert, so
ist ferner zwischen Uns abgeredet und beschlossen

worden, daß all = jene Expeditiones, welche seiner Zeit auch zu Erlangung der natürlich = und solitarischen Poſſeßion dienlich oder nöthig ſeyn möchten, gleich ietzo präpariret und hergeſtellet, ſofort dahier in München dem geheimen Raths = Kanzler Freyherrn von Kreitmayr, oder da er den Fall nicht erlebt, nach ſeinem Tod alſogleich einem andern vertraut, und beederſeits anſtändigen Subſtituto zur geheim = und fleißigen Verwahr mit dem Auftrag übergeben werden, daß derſelbe, ſobald nur der Fall ſich ergiebt, in inſtanti nicht nur die bis dahin in Bianco verbleibende Data ſamtlicher ſchon in Bereitſchaft liegend und mit der Churfürſtl. eigenhändigem Unterſchrift bezeichnete Expeditionen zu erſetzen, ſondern auch ſolche durch einen hieſigen geheimen Secretarium unterzeichnen, und unter dem größern geheimen Inſiegel an die gehörige Ort ausfertigen, und eilfertigſt dahin überliefern zu laſſen habe, damit die vorhin ſchon erlangte Poſſeſſio mere civilis durch den darauf erfolgenden natürlichen Beſitz nur deſto mehr Kraft und auf dieſe Weiſe auch ſein thätig und vollkommenes Weſen erreichen möge.

Urkund deſſen iſt gegenwärtiges Inſtrument in duplo hierüber errichtet, und einem jeden compaciſcirenden Theil ein Exemplar unter Unſerer beederſeitigen Handunterſchrift und Sigills = Vordrückung zugeſtellt werden.

München, den 19ten Jul. 1774.

Maximilian Joſeph,   **Carl Theodor,**
Churfürſt.   Churfürſt.

Aloyſius Freyhr. von   Vt. B. de Zedtwiz.
Kreitmayr.

Joſeph Euchari von   Joh. Georg Anton
Obermayr.   von Stengel.

Errata du I. Tome.

page 348. ligne 11. liſ. pere d'Otton le Grand.
p. 315. à la fin, au lieu de *Mordfeld*, plaine du maſſacre, liſ. *Ochſenfeld.*

Avertissement.

Il faut avertir mon lecteur que depuis le 1. Juin 1782. tous les vingt-cinq Affesseurs de la Chambre Impériale sont en fonction, & perçoivent des appointemens, ainsi il y a une correction à faire à la note (c) p. 144. Tom. III.

Errata du présent VI. Tome.

Page 3, ligne 14, lisez Algarves.
     item ligne 23, lif. Marggraves.
28, ligne 10, lif. enverra.
64, ligne 1, lif. qui ont eu lieu.
72, ligne 6, lif. ou plutôt.
110, ligne 17, lif. confirmons.
134, ligne 13, lif. de la prêter.
152, ligne derniere lif. de Luxembourg.
161, ligne 5, lif. aux autres points.
165, ligne 19, lif. Duchés, nommés.
207, ligne 28, lif. dreffé depuis.
215, ligne 24, lif. plaintes.
222, ligne 19, lif. quant à la peine.
223, ligne 17, lif. des biens meubles.
225, ligne 30, lif. l'ancien ufage.
227, ligne 3, lif. s'appercevant.
230, ligne 6, lif. différens.
270, ligne 21, lif. une expofition.

271 , ligne 8 , *lif.* veillé fur foi.
309 , ligne 19 , *lif.* la Chancellerie.
352 , ligne 20 , *lif.* des Etats.
377 , ligne 12 , *lif.* ou fouffrir.
483 , ligne 18 , *lif.* Etats affemblés.
402 , ligne 30 , *lif.* exprès.
410 , ligne 24 , *lif.* promettons.

NB. Pendant que le V. & le VI. Tomes
étoient fous preffe ; j'ai découvert quelques fautes dans le fecond & le quatrieme Tomes , je me fais une obligation d'en faire part à mon lecteur.

Errata du II. Tome.

Page 197 , lignes 8 & 9 , lifez *celui
d'Olmütz & les Suffragans de
l'Archevêque de Prague.*
400 , ligne derniere lif. *dans toutes les cérémonies publiques il
précéde l'Ambaffadeur ordinaire.*

Errata du IV. Tome.

Pag. 184 , ligne 16 , lifez 730.
276 , ligne 5 , lif. *Princes Electeurs.*
285 , ligne 32 , *foit que le défis.*
292 , au Titre du Chapitre XIX.
lif. *qui enverra.*

306, ligne 18, lif. *la marche en procession.*

308, la dixieme ligne doit être effacée.

310, ligne 7, *lif.* goblet.

374, ligne 23, *lif.* Ochfenhaufen.

375, ligne 15 & 16, *lif.* & detention du Prince Philippe Landgrave.